우리 속에 있는 **여신들**

A New Psychology of Women 심리여성학

우리 속에 있는 여신들

진 시노다 볼린 지음
조주현 · 조명덕 옮김

도서출판 또 하나의 문화

Goddesses in Everywoman
by
Jean Shinoda Bolen, M.D.

Copyright ⓒ 1984 by Jean Shinoda Bolen, M.D.
All rights reserved.
Korean Translation Copyright ⓒ 2003 by Alternative Culture Publishing Co.
This Korean edition was published by agreement with Jean Shinoda Bolen
through John Brockman Associates, Inc., New York.

이 책의 한국어 저작권은 John Brockman Associates, Inc.를 통한
저작권자와의 독점 계약에 의해 도서출판 또 하나의 문화에 있습니다.
신저작권법에 의해 한국 내에서 보호를 받는 저작물이므로
무단 전재와 복제를 금합니다.

국립중앙도서관 출판시도서목록(CIP)

우리 속에 있는 여신들 / 진 시노다 볼린 지음 ; 조주현 ; 조명덕 [공]옮
김. -- 서울 : 또 하나의 문화, 2003
    p. ;   cm

원서명: Goddesses in everywoman
원저자명: Bolen, Jean Shinoda
ISBN 89-85635-56-5 03330 : ₩15000

182.2-KDC4
155.633-DDC21   CIP2003000799

어머니 메구미 야마구치 시노다 박사께
이 책을 바칩니다.
그분은 내가 딸로 태어난 것이 행운이며,
무엇이든지 할 수 있다는 느낌을 가진 여성으로
자랄 수 있도록 도와주셨습니다.

차례

서문 글로리아 스타이넘 · 9

감사의 말 · 15

서론 우리 속에는 여신이 있다 · 19

1. 내 모습을 담고 있는 여신들 · 33

2. 여신 살려 내기 · 46

3. 처녀 여신 셋
    — 아르테미스, 아테나, 헤스티아 · 57

4. 아르테미스
    — 사냥과 달의 수호신, 경쟁심이 가득한 우리들의 큰언니 · 71

5. 아테나
    — 지혜와 공예의 수호신, 전략가이며 아버지를 따르는 딸 · 108

6. 헤스티아
    — 화로와 신전의 수호신, 지혜로운 노처녀 고모 · 150

7. 상처받기 쉬운 여신 셋
    — 헤라, 데메테르, 페르세포네 · 184

8. 헤라
    — 결혼의 수호신, 신실한 아내 · 192

9. 데메테르
    — 곡식의 수호신, 양육자, 어머니 · 231

10. 페르세포네
　　— 처녀이자 지하 세계의 여왕, 감수성이 예민한 여성이자 어머니의 딸 · 270
11. 창조하는 여신 · 307
12. 아프로디테
　　— 사랑과 미의 수호신, 창조적인 여성, 연인 · 318
13. 어느 여신이 황금 사과를 얻는가? · 357
14. 모든 여성에게는 자기만의 주인공이 있다 · 377
부록　그리스 신화에 나오는 인물들 · 401
　　　여신 원형 도표 · 404
주 · 406
참고문헌 · 419
옮긴이의 말 · 429
찾아보기 · 433

서문

당신이 이 책 주제에 거부감을 갖고 있다면, 저는 특히 당신에게 이 책을 읽도록 권하겠습니다. 제가 바로 그랬으니까요. 어떻게 과거 가부장제 사회에나 존재하던 신화 속의 여신들을 살펴보는 것이 현재 우리의 현실을 분석하고 미래의 평등한 사회를 만들어 가는 데 도움을 줄 수 있겠냐는 거죠.

우리가 책을 고를 때 주변의 믿을 만한 친구의 추천에 가장 많이 의존하는 것처럼, 제가 이 원고를 읽어 봐야겠다는 생각을 하게 된 것도 이 책의 글쓴이를 제가 이미 개인적으로 신뢰하고 있었기 때문입니다.

제가 진 시노다 볼린 박사를 처음 알게 된 것은 그녀가 미국 정신 의학회 소속 의사들을 모아서 ERA^{남녀 동등권 개정안}를 지지하는 그룹을 만들 때였습니다. 그들이 ERA를 지지한 이유는, 의사의 경험으로 볼 때 법률상의 남녀 평등이 여성 정신 건강에 결정적인 도움이 된다고 믿었기 때문입니다.

어떤 그룹이나 여러 사람의 노력이 합쳐진 결과이긴 하지만, 볼린 박사의 경우는 특히 효과적이고 생기 있게 그룹을 이끌어 나가는 조직자의 능력을 발휘해 전국에 흩어져 각기 바쁘게 지내는 의사들을 한 조직으로 뭉칠 수 있도록 했습니다. 그 과정에서 볼린 박사는 회원들간의 나이, 인종, 전문적 견해의 차가 극복되도록 노력했고, 정확하고 유용한 정보를 수집했으며, 이 그룹에 가장 적대적인 견해를 갖고 있는 사람에게도 그룹에 대한 새로운 이해와 그룹의 품격이 전해질 수 있도록 했습니다.

볼린 박사의 활동을 보면 그녀가 구체적이고도 전문적인 조직 경영자임을 확실히 알 수 있습니다. 그녀는 부드러운 혁명가입니다. 상처를 치유해 주는 잔잔함과 수용적인 태도를 지니고 일을 함으로써 그녀 자신이 여성 혁명이 가져올 더 나은 세계에서 살아갈 여성의 모습을 보여 주고 있다고 하겠습니다. 그녀는 미국 내에서 가장 영향력 있고 명성 높은 전문인 조직의 하나인 미국 정신 의학회 내에 변화를 일으키게 한 장본인입니다. 더구나 이런 변화를 가져온 장본인이 여성이며 백인 여성이 아니란 사실에 주목할 필요가 있습니다. 미국 정신 의학회는 89%가 남성이고 거의 대부분이 백인 남성이며, 아직도 남성 지배적인 프로이트 이론들로 제한되어 있는 조직입니다. 미국 정신 의학회의 역사, 특히 정신과 의사의 사회적 책임에 대한 역사를 쓴다면, 이 작은 체구에 부드러운 목소리를 지닌 볼린 박사의 활동은 중요한 업적으로 기록될 것입니다.

『우리 속에 있는 여신들』의 첫 장을 읽고 있을 때, 저는 간결하고 분명한 각 문장에서 볼린 박사의 믿음직스런 목소리를 들을 수 있었습니다. 하지만 제 마음속에는 여전히 글이 진행되면서 여신들에 대한 전형적인 논의가 나타나리라는 염려를 지울 수 없었습니다. 즉 융$^{Jung(1875~1961)}$과 그 동료들은 그리스 신들을 집단 무의식 원형을 설명하는 예들로 사용했는데, 이때 신들의 분류 기준을 서로 대비되는 개념, 즉 남성적인 것과 여성적인 것을 대표하는 것으로 나누었습니다. 따라서 이 분류 방식에 따르면 남성과 여성 모두 전인적인 인간 개념을 갖기가 어렵고, 특히 이러한 이분법으로 여성적 양식은 남성적 양식보다 열등하다는 개념이 만들어지게 됩니다. 저는 그리스 신들을 이런 식으로 원형화해서 우리 여성들 자신이 그 원형들을 닮으려고 하고, 그렇게 해서 그 원형들의 한계까지 받아들이게 되는 게 아닌가 염려스러웠습니다.

그러나 제 염려는 각 여신들을 설명하는 부분을 읽으면서 해소되었고, 더불어 새로운 이해를 할 수 있게 되었습니다.

한 예로, 일곱 여신들이 다양한 방식으로 서로 연결되고 설명되며, 각 여신은 자신 속에 무한한 변화의 가능성을 지니고 있습니다. 이 일곱 여신들은 가부장제 사회에서 통용되고 있는 처녀와 창녀, 어머니와 첩이라는 단순한 이분법을 멀리 걷어내 버립니다. 사실상 이 여신들 중에는 권력을 쥔 남성과의 관계를 통해서만 자신의 의미를 발견해 내는 여신도 있습니다. 결국에는 이들도 우리처럼 가부장제에서 살았으니까요. 그러나 이들은 또한 공개적이든 은밀하게든 그들 고유의 힘도 지니고 있습니다. 여신들 중에는 독립적인 모습을 보여 주는 신들도 있는데 성적 매력이 있거나 지성적인 유형에서부터 정치적이고 영적인 유형까지 다양합니다. 가장 예외적인 유형으로는 여신들끼리 강한 유대감을 가지면서 서로를 도와주는 경우일 것입니다.

둘째로, 이 일곱 유형들은 서로 결합해 더욱 다양한 유형들을 제시함으로써 우리 각자의 상황이 요구하는 유형이나, 우리 자신 속에 아직 개발되지 않는 부분의 유형까지도 제시해 줄 수 있습니다. TV에 나오는 여성의 역할을 한번 보는 것만으로도 우리 자신의 삶이 중요한 영향을 받는다면, 우리 안에서 원형을 찾아내고 활성화시키는 작업은 얼마나 더 근원적인 영향을 우리에게 주는 것이겠습니까?

마지막으로, 우리는 자신을 특정한 여신 한 명이나 몇 명에 제한해 유형화할 필요가 없음을 말해 둡니다. 이 여신들은 사실상 다 함께 어울려서 인간 본성의 총체적 모습을 드러내고 있습니다. 각 여신들은 전인적인 여성의 모습을 보여 주는 여신 중의 여신, 즉 '위대한 여신'의 일부만 대변하고 있기 때문입니다. 그리고 이 전인적인 '위대한 여신'은 가부장제 사회가 도래하기 전에 적어도 종교와 우리의 상상력 안에서 존재했습니다. 그렇다면, 그때와 마찬가지로 지금도 전인적인 '위대한 여신'을 상상해 보는 일이 그것을 실현하는 첫 작업이라고 할 수 있을 것입니다.

여신들의 유형을 분석함으로써 우리들의 다양한 행동 방식과 성격의 특징들을 분석하고 설명하는 간단하고 유용한 방법을 배울 수 있습니다. 그리고 크게는 이 여신들을 통해서 우리에게 필요한 힘과 특성들이 무엇인지를 알 수 있습니다. 앨리스 워커가 『컬러 퍼플』에서 분명히 한 것처럼 우리는 신을 만들고 그 신에게 우리가 생존하고 커 나가기 위해 필요한 특성들을 부여하는 것입니다.

이 책의 가장 값진 가치는 이 책이 제공하는 깨달음의 순간에 있을 것입니다. 글쓴이는 그것을 '감탄의 순간'이라고 이름지었습니다. 우리가 이해하고 내면화하는 감탄의 순간 말입니다. 그것은 우리가 경험한 것을 인정하고 그에 따라 생기는 신뢰감과 한걸음 더 나가 "아, 바로 그래서였구나!" 하는 자각으로 이어지는 것을 말합니다.

독자들은 각기 다른 것을 배울 것이고 감탄의 순간도 각기 다를 것입니다. 제 경우는 아르테미스를 읽을 때 그 순간이 왔는데, 아르테미스는 다른 여성들과 연대 의식을 갖고 있으며, 어머니를 구해 냈지만 어머니처럼 되고 싶지는 않았던 여신입니다. 아르테미스를 통해 제가 경험한 것들을 확인하게 되었고 가부장제 사회에선 드문 유형인 아르테미스의 예로 제가 인용되는 것이 자랑스러웠습니다. 그러나 아르테미스와 달리 저는 진정한 자율성을 지니지 못했고 갈등 상황을 두려워하지 않는 태도를 개발하지도 못했습니다. 페르세포네는 우리 대부분이 사춘기 때 경험한 느낌들을 보여 줍니다. 그녀의 장점과 단점은 또 다른 감탄의 순간을 자아냅니다. 자신이 특별히 좋아하는 남성이 원하는 모습대로, 또는 이 사회가 원하는 모습의 여성상을 자기 자신에게 투영해 보는 시기가 이때지요. 다양한 여성상을 이때 연습해 보게 됩니다. 끊임없는 독서와 삶을 머리 속에서만 구현하는 아테나의 태도도 우리에게는 친근한 모습이고, 산만하면서도 감수성이 예민한 모습을 보여 주는 헤라, 데메테르, 페르세포네, 그리고 인간 관계나 창작 행위에서 지속성보다는 순발력과 강렬한 집중력에 더 가치를 두는 아프로디테의 모습도 우리에게는 친근한 모습입니다.

여신들의 모습에서 내게는 없지만 개발해야 하는 특성들이나, 주변 사람들에게서 볼 수 있지만 우리가 이해할 수 없던 특성들을 볼 수 있습니다. 예를 들어서 저는 헤스티아가 계획성 있게 집안일을 꾸려 나가는 모습에서는, 좀더 상징적이고 정신적인 면에서 볼 때 집안일이라는 것이 중요한 정도에 따라 일을 구분하고 순서를 정하는 작업이라는 것을 알 수 있었습니다. 저는 아테나와 아르테미스의 집중력이 부러웠고, 그들을 통해 사소한 것들에 신경을 쓰지 않는 법을 배운 남성들을 이해할 수 있게 되었습니다. 저는 자립적인 이 두 여신에게서 갈등과 적개심이 필요할 수도, 심지어 바람직한 것일 수도 있으며 그것을 인신 공격으로 받아들이면 안 된다는 것을 배웠습니다.

글쓴이는 그리스 여신들을 가부장제의 틀에 고정시켜 분석하지 않고, 생동적이고 믿음직스런, 현실적인 여성으로 우리에게 제시합니다.

예를 들어서, 이제부터 저는 꾸밈이 없고 매혹적인 대화를 나누고 싶을 때, 그 대화의 구체적인 부분들만으로는 설명될 수 없는, 전체적으로 강한 인상을 주는 그런 대화를 나누고 싶을 때, 대화를 하는 상대와 내가 음악의 즉흥곡처럼 자발적으로 이야기를 나누는 그런 대화를 하고 싶을 때, 아프로디테의 특성들을 생각해 낼 것입니다. 제가 집안에 들어앉아 명상에 잠길 필요가 있을 때, 헤스티아가 저를 인도할 수 있을 것입니다. 제가 자신을 위해서나 다른 여성들을 위해서 갈등에 직면해야 하지만 용기가 부족할 때, 아르테미스를 기억할 것입니다.

이제는 더 이상 현실과 신화 중에서 어느 것이 우선이냐는 문제가 되지 않습니다. 진 휴스턴이 『바람직한 인간』 $^{The\ Possible\ Human}$ 에 썼듯이, 신화는 과거에 묻혀 있는 것이 아니라, 늘 현재 속에서 다시 살아나는 것이라고 생각하기 때문입니다.

우리가 이 불평등한 사회에서 벗어날 때, 남신과 여신은 하나가 되며 똑같은 모양을 이루게 될 것입니다. 그때까지, 이 책은 우리에게 새로운 길, 즉 새롭게 보고 새롭게 태어나는 길을 제시해 줄 것입니다.

당신은 스스로를 정확하게 보여 주는 신화를 이 책에서 발견할 수 있을 것입니다.

글로리아 스타이넘

감사의 말

이 책을 쓰면서 많은 사람들의 도움을 받았습니다. 여신들 각각의 다양한 모습을 보여준 제 환자와 친구, 동료들 덕분에 각 여신에 대한 통찰력을 갖게 되었습니다. 그러니까 대부분의 서술은 제가 여러 상황에서 알게 된 많은 여성들, 특히 20년간 정신과 의사로 임상에서 알게 된 여성들의 모습을 엮어 만든 작품입니다. 사람들이 저를 믿고 그들의 깊은 가슴속까지 제게 보여 준 덕분에 그들의 심리를 더 잘 이해할 수 있었고, 그로 인해 저를 포함한 다른 사람들의 심리도 더 잘 이해할 수 있게 된 것을 영광스럽게 생각합니다. 제 환자들은 저의 가장 훌륭한 선생님입니다. 모두에게 감사합니다.

이 원고를 완성하는 데 3년이 걸렸습니다. 그 동안에 원고를 발전시키고 좋은 글을 쓸 수 있게 조언해준 편집진에게 감사를 드립니다. 특히 커스틴 드림스테드, 킴 셔닌, 마릴린 란다우, 제레미 타커, 스테파니 번스타인은 원고를 비평하고 편집하는 일을 했으며, 린다 퍼링톤은 원고를 정리해 주었습니다. 그런데 그들이 각기 다른 의견을 제시했을 때 저는 제 자신의 생각과 목소리에 귀를 기울여야 한다고 생각했고, 결국에는 출판사를 바꾸게 되었습니다. 이 과정에서 킴 셔넌의 격려는 특히 위안이 되었습니다.

낸시 베리는 원고를 컴퓨터에 입력하는 작업을 빠르고 정확하게 해주었습니다. 저의 저작권 대리인 존 브럭맨과 카틴카 맷슨은 원고가 책으로 만들어지는 어려운 과정에서 전문가의 식견으로 도움을 주었습니다. 저의 출판인인 하퍼 앤 로우 출판사에 있는 클레이톤 칼슨은 저의 첫 책 『도교와 심리학』을 좋게 평가해 주었는데, 『우리 속에 있는 여신들』에 대해서도 기대를 걸고 있었습니다.

이 원고를 쓰는 동안 제 가족은 가장 훌륭한 지지자였습니다. 저는 제가 글을 쓰게 된다면 가족과 떨어져서 문을 닫은 채 쓰지는 않겠다고 결심했었습니다. 저는 항상 가족 곁에 있으면서 그들이 저를 필요로 할 때 함께 할 수 있는 상태에서 글을 쓸 것이며, 가족들도 이런 저를 배려해 주어야 한다고 생각했습니다. 남편 짐과 아이들 멜로디와 앤디는 제가 이 글을 쓰는 내내 저와 함께 있었습니다. 정신적인 격려 외에도 제 남편 짐은 편집자의 전문적인 안목을 가지고 제 원고를 가끔씩 읽어 보았고, 제 자신의 직감을 믿으라고 격려해 주었습니다.

제가 낙심할 때마다 이 책이 다른 사람에게 도움이 될 것이라고 상기시켜 주면서 책이 끝날 수 있도록 격려해 준 많은 분께 감사 드립니다. 제 임무는 이 책이 완성될 때까지 버티는 일이었습니다. 일단 출판이 되면, 책은 그 자체로 생명을 가지게 되며 다양한 독자를 만나면서 새롭게 태어난다는 것을 알고 있습니다.

진 시노다 볼린

씨앗에서 뿌리가 나오고, 그리고 싹이 나오기 시작한다. 싹이 자라 묘목이 되고, 묘목에서 줄기가 뻗는다. 줄기 주위로 가지가 솟고, 그리고는 맨 위에 꽃이 핀다… 이러한 성장을 가져오게 한 것은 씨앗도 아니고 그렇다고 대지도 아니다. 성장의 가능성은 신비한 기의 형태로 씨앗 안에 놓여 있다. 바르게 키워짐으로써 이 기가 일정한 형식으로 표현되는 것, 그것을 성장이라고 말할 수 있을 것이다.

― M. C. 리처드, 『도자기, 시 그리고 사람을 중심으로』에서

서론
우리 속에는 여신이 있다

우리 모두는 각자의 인생을 엮어 나가는 동안 뚜렷한 한 역할을 갖는다. 정신과 의사인 나는 그 동안 수백 명의 환자들의 인생 이야기를 들어 왔다. 그 경험을 통해 나는 우리 각자에게는 신화적 공간이 있음을 실감하게 되었다. 정신과 의사를 찾는 여성들 중에는 사기가 떨어지거나 우울증으로 정상적인 생활을 이어나갈 수 없는 경우와, 일정한 상황에 사로잡혀서 왜 자신이 그런 느낌이 드는지, 또 그런 상황에서 벗어날 수 있는 방법이 무엇인지 알고 싶어 하는 경우가 포함된다. 두 가지 중 어느 경우든, 여성들이 정신과 의사를 찾는 이유는 자신이 엮어 가는 인생에서 어떻게 하면 더 나은 주인공이 될 수 있을까를 알기 위해서일 것이다. 더 나은 주인공이 되려면 여성은 자신의 인생을 구체화할 수 있도록 의식 있는 선택을 할 수 있어야 한다. 우리 문화가 만들어낸 여성에 대한 스테레오 타입이 여성 자신에게 얼마나 강력한 영향을 끼치고 있는지 여성들은 의식하지 못하고 있다. 여성들은 또한 그들이 무엇을 하고 어떻게 느끼는지에 영향을 끼치는 강력한 추진력이 그들 내부에 있다는 것도 의식하지 못하고 있다. 이 책에서 나는 이 추진력을 그리스 여신들의 예를 들어 설명하려고 한다.

여성들을 각기 다른 유형으로 분류하는 이유는 여성 내부에 있는 강력한 양식들(또는 원형들)의 다양성 때문이다. 한 예로, 결혼을 하고 아이를 낳음으로써 인생의 충족감을 느끼며, 이렇게 할 수 없을 때 비탄과 분노에 잠기는 여성이 있다. 이 여성에게는 전통적인 여성의 역할이 의미 있는 것이다. 이 여성은 자율적이고 자신에게 중요한 계획들을 완성해 나가는 것에 가치를 가장 크게 두는 여성과는 분명히 다르다. 이 여성은 또한 감정적인 강렬함을 지닌 채 새로운 경험을 찾아서 끊임없이 새로운 관계를 형성하고 새로운 창의적 노력을 기울이는 여성과도 다르다. 또 자신의 영혼 세계가 가장 중요한 의미를 지녀서 혼자 있는 것을 좋아하는 여성도 있다. 여성 각자의 마음속에 어떤 여신이 가장 활동적이냐에 따라서 한 여성에게는 충족된 삶을 주는 양식이 다른 여성에게는 아무런 의미가 없을 수 있다.

또 마음속에 여러 여신을 모시는 여성도 있다. 그 여성이 까다로우면 까다로울수록 그녀 안에서 활발한 활동을 벌이는 여신의 수는 많아진다. 한 여신은 그녀가 원하는 것의 일부만을 만족시켜 줄 뿐이며, 그녀가 원하는 다른 부분에는 아무런 의미도 주지 못하기 때문이다.

내 마음속에 있는 여신들에 대해 알게 됨으로써 나 자신을 더 잘 이해하게 된다. 그리고 내가 왜 부모, 친척, 연인, 아이들, 주변 사람들과 지금과 같은 상태의 관계를 맺고 있는지에 대해서도 잘 이해하게 된다. 또한 우리는 다양한 양식의 여신들을 이해하게 됨으로써 어떤 여성에게는 자극을 주거나, 좌절감 또는 만족감을 주는 일들이 다른 여성에게는 전혀 그런 동기가 되지 못한다는 것도 알게 된다.

여신들에 대한 이해는 남성들에게도 도움을 준다. 남성들은 다양한 유형의 여신들을 접하면서, 세상에는 각기 다른 유형의 여성들이 있으며, 이 각기 다른 여성들에게 기대해야 할 것이 모두 다르다는 것을 알게 됨으로써, 여성들을 더욱 잘 이해하게 된다. 여신들에 대한 이해는 특히 하나로 뭉뚱그려 설명할 수 없는 여성, 겉으로 보기에 모순 덩어리인 여성을 이해하는 데 도움을 준다.

여신들에 대한 이해는 의사에게도 도움을 준다. 여신들에 대한 이해가 여성 환자의 사회 생활과 심리 상태의 갈등을 이해하는 데 도움을 줄 수 있기 때문이다. 다양한 성격들에 대한 이해를 가능케 하며, 심리적인 어려움을 겪거나 정신 질환을 일으키기 쉬운 성격들에 대해서, 그리고 어떤 유형의 여신을 모시고 있는 여성이 어떤 식으로 발전될 수 있는지에 대해서 예측할 수 있게 한다.

이 책은 새로운 여성 심리학의 관점을 제시한다. 그리고 그 관점은 그리스 여신들의 분석을 통해 성립되는데, 그리스 여신들은 지난 삼천 년 동안 우리의 상상력 속에서 여성의 다양한 모습을 구현하는 존재로 살아 숨쉬어 왔다. 이 책에서 제시하는 여성 심리는, "'정상적'인 여성이란 이런 유형으로 이런 성격과 이런 심리 구조를 가지고 있다"고 주장하는 이론들과 관점을 달리한다. 이 책은 정상적인 여성이 다양한 모습을 보여 줄 수 있다고 주장한다.

내 직업상 여성에 대해 많은 것을 배울 수 있었다. 융 심리학을 받아들이는 정신과 의사로 환자를 치료하면서, 캘리포니아 의대 정신과 임상 교수로 강의를 하면서, 그리고 샌프란시스코에 있는 융 연구소 선임 정신 분석가로 여성 심리에 대해 배워 나갔다. 그러나 이 책에서 내가 말하려는 여성 심리가 단지 내 직업 경험에만 의존해서 나온 것은 아니다. 내 자신이 여성으로, 딸, 아내, 두 아이의 엄마로 살아가면서 여성에 대해 많이 알게 되었다. 여성 모임에서, 친구들과 대화하면서, 나는 여성에 대해 많은 것을 알게 되었다. 서로에게 서로의 모습을 비춰 보고, 친구의 경험 속에서 나 자신의 모습을 보게 되고, 그 전까지 알지 못했던 새로운 내 모습, 그리고 여성인 우리 모습을 보게 된다.

여성 심리에 대한 내 이해는, 또한 이 시대를 살아가는 여성의 경험에서 나온 것이다. 1963년에 나는 정신과 레지던트였다. 그 해에 훗날 1970년대의 여성 운동을 불러온 두 가지 사건이 일어났다. 첫 사건은 베티 프리단이 쓴 『여성의 신비』가 출간된 일이다. 가족을 위해, 또 가족을 통해서 삶을 살아온 여성들의 텅 빈 느낌과 불만을 다룬 이 책에서, 프리단은 불만의 원인이 정체성의 위기에서 비롯된다고 보았고, 그것은 자신이 성장을 할 수 없다는 인식에서 나온다고 밝혔다. 그러나 우리 문화는 여성의 이 같은 불만을 무시해 버림으로써 인간으로서 계속 성장하고 싶어하는 여성들의 기본적인 욕구를 누르고 있다고 설명했다. 우리 사회가 제시하는 정상적 여성의 유형에 대해, 프로이트식 교리에 대해, 그리고 대중 매체가 조작해 내는 여성의 모습에 대해 의문을 제기함으로써 프리단의 책은 여성 해방 운동의 탄생을 예고하는 인식들을 보여 주었다.[1]

같은 해 1963년, 케네디 대통령의 여성 권리 위원회는 미국 경제 구조의 차별성에 대해 보고했다. 여성은 같은 일을 하면서도 남성보다 적은 임금을 받으며, 고용 기회와 진급에서 차별 대우를 받는다는 내용이었다. 이것은 여성의 역할이 격하되고 제한된 것이었음을 보여 주는 예다.

그러니까 나는 미국에서 여성 운동이 막 시작되려는 때에 정신과에 입문했고, 1970년대를 지나면서 여성 문제에 대한 의식이 많이 고양되었다. 나는 여성에 대한 차별과 불평등을 알게 되었고, 남성들이 정한 정상적인 여성의 규정을 받아들이면 편하게 지낼 수 있고, 거부하면 힘든 삶을 살게 된다는 것도 알게 되었다. 그 후 나는 북 캘리포니아 정신 의학회와 미국 정신 의학회에 여성주의자 동료들과 함께 가입했다.

여성 심리에 대한 두 가지 시각

내가 여성주의 시각을 받아들일 즈음에, 나는 또한 융 이론을 따르는 정신 분석가로 훈련받고 있었다. 1966년 정신과 레지던트를 마친 다음, 샌프란시스코의 융 연구소에 입학해 1976년에 정신 분석가 자격증을 받았다. 여성 심리에 대한 내 시각은 융 심리학에 여성주의 통찰력을 가미한 것으로, 이 시기에 주로 형성되었다.

융의 시각을 지닌 정신 분석가로, 여성주의 정신과 의사로 활동하는 동안 나는 마치 전혀 다른 두 세계를 드나들고 있는 기분이었다. 융 이론을 따르는 동료들은 바깥 세상의 정치와 사회 변화에 무관심했으며, 그 변화와 여성 운동 사이의 상관성을 별로 인정하지 않았다. 반면에 정신과에서 일하는 여성주의자 친구들은 내가 하고 있는 융의 정신 분석학이 여성 문제와는 상관이 없는 내 전공 분야일 뿐이라고 생각했다. 하지만 나는 두 세계를 왔다갔다하면서 융과 여성주의의 두 시각이 합쳐졌을 때 여성 심리에 대한 새롭고 깊이 있는 이해가 가능하다는 것을 깨달았다.

융의 시각은 여성들이 강력한 내부의 힘들 혹은 **원형**archetypes에 의해 좌우된다고 보는데, 이 원형들을 나는 그리스 여신들로 의인화해 보았다. 반면에 여성주의 시각은 외부의 힘들, 즉 사회가 여성에게 제시하는 **표준 여성상**stereotypes에 의해 여성들이 좌우된다고 보는데, 나는 이 외부의 힘들이 어떤 여신 유형은 억압하고 어떤 유형은 밀어 준다고 보았다. 다시 말해 모든 여성은 이 두 힘 사이에 끼여 있다고 할 수 있다. 안으로는 어떤 여신 원형에 의해 움직이면서 밖으로는 표준 여성상의 요구에 의해 움직이고 있는 것이다.

일단 내 마음을 움직이는 내부의 힘들이 무엇인지 알게 되면, 나는 새로운 힘을 얻게 된다. 내 안에 있는 여신들은 내 감정과 행동을 구체화하는 강력하고도 보이지 않는 힘이다. 그 여신들을 새롭게 인식하는 일은 나 자신을 의식화할 수 있는 새 영역이 된다. 어떤 여신들이 나를 지배하는지 알 수 있다면 나는 내 자신의 장점과 특징을 알 수 있고, 그에 따라 내 가능성을 구체화시킬 수 있기 때문이다.

내 마음속에 있는 여신 유형은 내가 맺는 남성들과의 관계에도 영향을 끼친다. 내가 왜 어떤 유형의 남성들에게는 매력을 느끼고, 또 어떤 유형의 남성들에게는 거부감을 갖게 되는지 그 이유를 설명해 준다. 나는 사회적 으로 성공한 능력 있는 남성을 좋아할까? 아니면 사회 생활은 잘 못하지만 창의력 있는 남성에게 매력을 느낄까? 혹은 소년 같은 남성에게 끌릴까? 어떤 여신이 내가 그 남성을 좋아하도록 이끄는가? 내 마음속의 여신이 내가 바로 그 남성을 선택하고 지속적인 관계를 맺도록 하는 추진력이다.

가족 관계도 여신들의 영향을 받는다. 부녀간, 모녀간, 남매간, 자매간, 모자간에도 여신들마다 특히 자연스러운 모습을 보여 주는 관계가 있다.

우리 모두는 각자 안에 있는 여신이 주는 장점과 약점이 있다. 이 약점을 변화시키고 싶다면 우선 나 자신이 그런 경향이 있다는 것을 인정하고 그 것을 극복해야 한다. 내 안에 그런 경향이 있고 나를 통해서 그런 경향을 충족시키려는 여신이 내 안에 있다는 것을 인정하지 않는다면 나는 결코 그 여신이 지배하는 유형의 생활에서 벗어나지 못할 것이다.

통찰력의 도구가 되는 신화

처음으로 신화의 유형과 여성 심리를 연결하여 설명한 사람으로 에리히 노이만을 들 수 있는데, 그는 융 이론을 따르는 정신 분석가로『아모르와 프시케』를 쓴 저자다. 노이만은 여성 심리를 묘사하기 위해 신화를 이용했는데, 노이만의 설명은 매우 효과적인 것으로 보인다.

예를 들어 아모르와 프시케의 그리스 신화를 보자. 프시케의 첫 임무는 산더미처럼 쌓인 잡곡더미에서 곡식들을 종류대로 구분하는 일이었다. 프시케가 이 일과 다른 세 가지 일을 하면서 보여준 모습은 낙담하는 것이다. 나는 이 신화가 많은 일에 둘러싸여 있어서 힘들어하는 내 여성 환자들의 많은 경우를 설명해 준다는 것을 알았다. 엄청난 자료들을 어떻게 종합해서 학기말 보고서를 작성해야 할지 고민하는 대학원 여학생, 집안일에 짓눌려서 자기 시간을 만들어 그림 그리는 작업을 계속하기 어려워 우울해하는 젊은 엄마 등이 좋은 예다. 그들은 둘 다 프시케처럼 자기가 할 수 있다고 생각되는 정도보다 더 많은 일에 묻혀 있었지만 사실은 그 일들은 그들 자신이 선택한 것이었다. 프시케 신화를 듣고 그들은 신화가 자신들의 상황을 대변해 준다는 것을 알았다. 그리고 일상 생활에서 새로운 요구에 어떻게 반응해야 할지 신화를 통해 배웠으며 상황을 헤쳐 나가는 그들의 노력이 의미 있는 것임을 알게 되었다.

내 생활 방식에 신화적 공간이 놓여 있다는 주장을 일단 받아들이게 되면 그때부터 내 마음 깊은 곳에 있는 창의력을 새롭게 깨달아 가기 시작한다. 신화는 우리의 감정과 상상력을 불러일으키며 인간사의 공통된 주제를 다룬다. 그리스 신화와 수천 년간 지속되어 온 다른 신화들은 그것이 바로 우리 자신들의 경험을 다루고 있기 때문에 친근하게 느껴지며 수천 년간 지속될 수 있었다.

신화의 해석에는 지적인 이해와 직감적인 이해가 있다. 신화는 마치 꿈처럼 우리가 그 뜻을 알지 못해도 그것이 상징적인 의미를 갖기 때문에 회상하게 되는 그런 것이다. 신화학자인 조셉 캠벨은 '꿈은 개인의 신화이고 신화는 집단의 꿈'이라고 말했다.[2] 그러므로 신화를 들을 때 무언가 친근감을 갖게 되는 것은 당연한 이치다.

내 꿈이 정확하게 해석되었을 때 나는 그 꿈이 말하는 상황을 분명하게 인식하면서 '아하!' 하는 감탄의 순간을 갖게 된다. 나는 직감적으로 그 뜻을 파악한 것이다.

신화의 해석을 읽으면서 당신도 어느 순간 '아하!' 하는 반응을 하게 된다면 그 특정 신화가 바로 당신에게 의미 있는 어떤 것을 상징적으로 말하고 있기 때문이다. 이제 당신은 핵심을 붙잡은 것이다. 내가 신화의 예를 들면서 그 뜻을 설명할 때 청중이 이러한 깊은 차원의 이해를 하는 것을 볼 수 있었다. 여성 심리 이론은 바로 나 자신과 주변의 다른 여성을 이해할 수 있게 해주는, 핵심을 찌르는 학습 방법이다.

나는 1960년대 말과 1970년대 초에 걸쳐서 캘리포니아 의과 대학, 산타 크루즈에 있는 캘리포니아 대학, 그리고 샌프란시스코의 융 연구소에서 여성 심리학 세미나를 하면서 신화를 사용하기 시작했다. 그리고 그 후 15년간 시애틀, 미네아폴리스, 덴버, 캔자스 시티, 휴스턴, 포틀랜드, 포트 웨인, 워싱턴 D.C., 토론토, 뉴욕, 샌프란시스코만 지역에서 특강을 하면서 내 생각을 발전시켜 나갔다. 어디서나 반응은 같았다. 즉 신화의 예를 들어 내 임상 자료들과 개인적 경험, 여성 운동에 대한 내 견해를 설명할 때, 청중은 새롭고 깊은 이해를 했다.

특강을 할 때 나는 프시케 신화로 말문을 연다. 프시케는 사람들과의 관계를 우선으로 하는 여신이다. 그리고 나는 두 번째 신화를 시작하는데, 그것은 내가 발전시킨 것으로서, 학교와 사회에서 모두 성공적인 생활을 해나가며, 수많은 할 일과 어려움으로 둘러싸여 있을 때조차 그것들에 압도되기보다는 의욕적인 상황으로 해석하는, 그런 여성을 설명하기 위한 것이다. 이런 성향을 가진 신화의 주인공은 아탈란테인데, 그녀는 달리기와 사냥에 매우 뛰어나서, 이 두 방면에서 그녀를 꺾어 보려고 했던 남자들을 모두 능가했다. 아탈란테는 아름다운 여성으로 사냥과 달의 여신인 아르테미스와 비교된다.

　이런 식으로 강의하면서 나는 다른 그리스 여신들에게도 관심을 가지게 되었고 그들이 보여 주는 다양한 모습에 대해 공부해 나갔다. 그리고 나 자신이 '아하!' 하는 감탄의 순간을 갖게 되었다. 한 예로 어느 날 내 사무실에서 질투심과 원한으로 가득 찬 여성 환자를 만나게 되었는데, 그녀에게서 나는 제우스의 아내이며 결혼의 수호신인 헤라의 굴욕적인 모습을 본 것이다. 헤라는 남편의 끊임없는 바람기에 화가 나서 그의 상대 여성을 찾아내 죽여 버리는 일을 계속하고 있었다.

　위의 환자는 남편이 바람을 피우고 있음을 최근에 알았고 그 뒤부터는 남편이 상대하는 여성에 대한 생각으로 괴로워하고 있었다. 그 상대 여성을 뒷조사하고, 잔인하게 앙갚음하는 상상을 하고, 어떻게 하든지 복수를 하겠다는 생각으로 그녀는 미칠 지경이 되었다. 헤라의 경우처럼, 위의 환자도 정작 자신을 속이고 바람을 핀 남편에게는 분노를 터뜨리지 않았다. 나는 그 환자에게 헤라를 그렇게 만든 것은 제우스의 배신 때문이라는 얘기를 해주었고, 그 환자는 헤라의 경우를 통해 자신이 왜 그렇게 분노로 가득 차게 되었고 파멸로 치닫게 되었는지 알게 되었다. 결혼 문제는 그들 부부간의 문제인 것이며 문제는 남편에게 있는 것이므로 남편과 문제를 해결하려고 해야지, 헤라처럼 복수심에 가득 찰 필요가 없다는 것을 깨달은 것이다.

　그리고 언젠가 내 여자 동료가 내가 지지하고 있는 **ERA**에 반대하는 얘기를 내 앞에서 한 적이 있었다. 나는 화도 나고 속이 상했는데 그 순간에 '아하!' 하는 느낌이 왔다. 그 순간의 갈등은 우리 둘이 각기 모시고 있는 서로 다른 여신들간의 충돌 때문에 일어났다. 그 순간 그 주제에서 나는 여성을 보호하는 큰언니 격인 아르테미스 원형과 닮아 있었고, 내 동료는 제우스의 머리에서 탄생했으며 모든 영웅들의 수호신이며, 가부장제를 수호하는, '그 아버지의 그 딸'인 아테나를 닮아 있었다.

그리고 또 언젠가는 패티 허스트 양 유괴 사건을 신문에서 읽었는데 지옥의 남신인 하데스에게 유괴당해서 강간당하고 볼모로 잡혀 있던 페르세포네의 신화가 생각났다. 지옥의 남신이 그때 그 순간에 신문의 서두를 장식하고 있었으며, 페르세포네는 신문왕인 거부를 부모로 둔 애지중지 보호를 받고 큰, 캘리포니아 대학을 다니는 학생 패티였다. 패티는 자칭 해방군의 두목에 의해 암흑가로 유괴되었으며 옷장 속에 갇혀 있으면서 수 차례 강간당했다.

나는 곧 우리 모두 마음속에 여신들을 모시고 있다는 것을 알게 되었다. 그리고 어떤 여신이 우리 각자에게 가장 활발한 활동을 벌이는지를 아는 것이 극적인 사건의 이해뿐만 아니라 일상 생활을 이해하는 데도 도움이 된다는 것을 알았다. 즉 내가 음식을 만들고 집안일을 할 때는 어떤 여신이 내 안에서 그 영향력을 발휘하고 있는지가 한 예가 될 수 있다.

여기 간단한 예가 있다. 남편이 일주일간 출장을 가게 되었을 때 나는 밥을 어떻게 지으며 집안일은 어떻게 하는가? 헤라나 아프로디테를 모시고 있는 여성은 밥과 집안일에 신경을 쓰지 않는다. 음식은 대충 찬밥과 냉장고에 남아 있는 반찬으로 때운다. 남편이 집에 있을 때 따끈하고 맛깔스런 식사 준비를 하는 것과는 전혀 딴판이다. 나는 남편을 위해 밥을 짓는 것이다. 반찬은 내가 좋아하는 것보다는 남편이 좋아하는 것으로 한다. 나는 헤라처럼 맛있는 음식을 준비하는 좋은 아내이며, 데메테르처럼 모성애로 남편을 보살피며, 페르세포네처럼 남편을 즐겁게 하는 일을 하려고 하며, 아프로디테처럼 남편에게 매력적으로 보이고 싶어한다. 그러나 헤스티아가 내게 영향을 끼치는 여신이라면 상황은 달라진다. 나는 혼자 있을 때도 나를 위해서 맛있는 음식을 차릴 것이고 집안을 정돈해 놓고 지낼 것이다. 이것은 남편이 돌아올 때까지 집안을 치우지 않고 지내는 다른 여성들의 행동과는 다르다. 헤스티아의 영향을 받는 여성은 그녀 자신이 즐기기 위해 꽃을 꽂아 놓는 여성이다. 그리고 집안은 항상 아늑하다. 그녀가 살고 있는 집이기 때문이다.

그런데 여성 심리를 신화를 통해 이해하는 것을, 나처럼 다른 사람들도 유용하다고 생각할까 하는 의문이 들었다. 그 의문은, 내가 「우리 속에 있는 여신들」이라는 제목으로 강연을 할 때 보여준 청중들의 적극적인 호응으로 풀렸다. 신화가 통찰력의 도구가 될 수 있다는 것에 대한 호응이었다. 내가 신화를 얘기했을 때 청중은 내가 말하는 것을 그대로 이해했고, 신화를 해석했을 때는 '아하!' 하고 감탄했다. 남자와 여자 모두 신화의 의미를 각자의 상황을 설명해 주는 진실로 받아들였는데, 이는 우리가 지금까지 무관심하게 알고 있던 것들이 새로운 의미를 가질 수 있음을 입증해 주는 셈이었다.

나는 정신과 의사이며 심리학자로서 이러한 내 생각을 학회에서도 발표했다. 이 책의 일부는 내가 국제 분석 심리학회, 미국 정신 분석학회, 미국 정신 의학회, 미국 예방 정신 의학회 여성 분과, 그리고 트랜스퍼스널 심리학회(심리학 내부의 혁신 운동. 개인·자아를 초월한 심리학 — 옮긴이 주)$^{transpersonal\ psychology}$에서 발표한 것이다. 학회에서 보인 반응은 신화를 통한 여성 심리의 해석이 임상학적으로 도움이 되며, 성격 유형과 정신 질환 증세들에 대한 통찰력을 갖고 있다고 평가했다. 그들 대부분에게 융 이론을 따르는 정신 분석가로서는 처음으로 시도하는 여성 심리에 대한 발표였다. 융 이론가인 동료들은 내가 여성 심리에 대해서 융 이론과는 다른 생각들을 발전시키고 있으며 정통 심리학에 여성주의 시각을 결합하는 작업을 하고 있다는 것을 알았다. 이 책은 일반 독자를 대상으로 씌인 것이지만 융 이론을 공부하고 있는 독자들은 나의 여성 원형에 기초한 여성 심리가 융의 남성적인 것과 여성적인 것에 대한 이론$^{anima\text{-}animus\ theory}$과는 다르다는 것을 발견할 것이다(3장「처녀 여신 셋」을 참조할 것). 융 이론가들은 그리스 남신과 여신을 원형으로 많은 글을 써 왔다. 그리고 나는 그들의 글에서 많은 것을 배웠고, 그들의 글을 인용했다(각 장의 주를 참조할 것). 그러나 특별히 일곱 그리스 여신을 선정하고, 그들을 심리적 기능에 따라 세 그룹으로 나누면서 나는 심리적 갈등을 이해하는 수단과 유형을 특별히 만들어 냈다. 이 유형을 통해서 나는 융 이론에서 이미 언급되고 있는 집중력 있는 의식과 분산된 의식의 두 유형에다 세 번째 유형인 아프로디테적 의식을 더했다 (11장「창조하는 여신」을 참조할 것).

나는 새로운 심리학 개념 두 가지도 이 책에서 다뤘지만 이 책의 주제와는 직접적으로 연결되어 있지 않기 때문에 자세히 언급하지는 않았다. 그 새 개념들은 다음과 같다.

첫째, 내가 설명하는 '여신들'은 심리적 유형에 따른 융 이론과 여성들의 실제적 행위 간의 차이에 대해 설명해줄 수 있다. 융의 심리적 유형에 따르면 우리는 양극화된 유형을 보인다. 즉 태도는 외향적이거나 내성적이고, 사고 방식은 감성적이거나 사유적인 것 중의 한 형태를 띠며, 사물을 감지하는 방식은 직감 아니면 오성이다. 이 네 가지 기능(감성과 사유, 직감과 오성) 중에서 한쪽이 의식의 수준에서 급격히 발달하게 되면, 다른 한쪽은 상대적으로 개발되지 않게 된다. 융의 이분법에 대해서 융 심리학자인 준 싱어와 메리 루미스는 예외를 제시했다. 내 경우도 여신 유형이 융의 이분법에서 벗어난 예외적 여성들을 잘 설명한다고 본다.

한 예로, 내가 어떤 한 모습에서 다른 모습으로 바뀔 때, 나는 한 여신 유형에서 다른 여신 유형으로 바뀌는 것이다. 어떤 상황에서 나는 외향적이고 논리적인 아테나를 닮고 있지만, 또 다른 상황에서는 고요하고 내성적이며 집안을 지키는 헤스티아 여신을 닮는다. 한 여성이 이런 상반된 모습을 상황에 따라 보여 줄 수 있는 것이 왜 여성이 융의 도식에 따른 유형으로 설명될 수 없는지의 이유가 된다. 또 나는 미적인 것에 대해서는 (아프로디테의 경우처럼) 세부 상황까지 자세히 알고 있으나 스토브의 연료가 다 떨어져 간다는 것에 대해서는 잘 알지 못한다. (아테나라면 이런 경우는 없을 것이다.) 여신 원형에 따른 설명은 역설적이게도 한 기능(이 경우에 오성)이 가장 발달했으면서도 동시에 가장 덜 발달되어 있는 경우에 대한 설명을 가능케 한다(13장 「어느 여신이 황금 사과를 얻는가?」 참조할 것).

둘째, 나는 임상을 통해 자신의 자아를 압도하면서까지 정신 질환 증세를 일으키는 여신 원형의 힘이, 고대 유럽의 위대한 여신으로부터 여러 단계를 거쳐 딸이거나 처녀들인 그리스의 여신에 이르면서 그 영향력이 줄어들긴 했지만 역사상 여신이 지녔다고 생각되던 힘과 같은 것임을 알게 되었다(1장 「내 모습을 담고 있는 여신들」 참조할 것).

이 책은 정신과 의사들에게 도움이 될 이론과 내용을 담고 있지만, 한편 여성을 더 잘 이해하고 싶어하는 사람과 특히 가장 가까이 여기고 아끼지만 때때로 이해할 수 없는 여성을 이해하고 싶어하는 사람, 그리고 자기 자신 속에 있는 여신을 발견하고 싶어하는 모든 여성들을 위해 이 책을 쓴 것임을 밝힌다.

1 내 모습을 담고 있는 여신들

선천성 심장병을 가진 연약한 여자 아기가 내 친구 앤의 품에 안겨 있었다. 품에 안긴 아기의 얼굴을 쳐다보는 순간 앤은 가슴이 뭉클해졌다. 그리고 나도 가슴이 저린 것을 느꼈다. 잠깐 사이에 앤과 아기는 서로 연결되었다. 그 뒤로 앤은 정기적으로 아기를 보러 왔으며 가능한 한 오래 아기를 안고 있었다. 아기는 곧 수술을 받았지만 살지 못했다. 아기는 단지 몇 달만을 살았을 뿐이지만 앤에게 깊은 영향을 끼쳤다. 둘이 처음 만났을 때, 아기는 앤의 마음 깊숙이 숨어 있는 감성적인 부분을 건드린 것이다.

1966년에 정신과 의사이며 작가인 앤터니 스티븐스는 그리스 아테네 근방에 있는 메트라 고아원에서 갓난아이가 어떻게 어른과 감정적인 교류를 갖게 되는지를 연구했다. 갓난아이와 아이를 봐주는 간호사 사이에서 생기는 유대감은 앤의 경우와 같았다. 즉 둘은 서로 매력을 느끼면서 마치 사랑에 빠지는 것처럼 유대감을 형성했다.

스티븐스의 관찰은 우리가 생각하고 있듯이, 모자간의 사랑은 양육을 통해 서서히 형성된다는 이론이 사실이 아님을 보여 준다. 그는 고아원의 아기들의 삼분의 일 이상이 결연을 맺기 전에는 듣지도 보지도 못한 간호사들에게 애착을 갖는다는 사실을 발견했다. 그리고 일단 유대감이 형성된 뒤에는 간호사가 그 아이에게 특히 정성을 쏟게 되는데, 그것은 아이가 다른 간호사에게는 거부감을 보이기 때문이었다.[1]

어떤 어머니들은 방금 태어난 자신의 아기를 안자마자 아기에 대한 모성애와 깊은 애정을 느낀다. 아기가 어머니의 마음속에 있는 어머니 원형을 건드린 것이다. 그러나 또 다른 어머니들에게 모성애는 시간이 지나면서 자라게 되어 아기가 8~9개월이 되었을 때 확실해진다.

아기를 낳았는데 모성애가 동하지 않을 때, 그녀는 곧 자신이 다른 어머니들이 느끼는 것을 느끼지 않고 있거나 또는 첫아이를 낳았을 때의 느낌을 갖고 있지 않음을 깨닫는다. 어머니에게서 어머니 원형이 작동하지 않을 때, 아이는 유대감을 형성할 수 없으며, 어머니 원형이 어머니에게 생기기만을 바라게 된다. (하지만 고아원의 예에서 본 것처럼, 유대감은 반드시 낳아준 어머니하고만 생기는 것은 아니다.) 그리고 그 바람은 아이가 어른이 돼서도 계속된다. 내가 어떤 여성 모임에서 만난 마흔한 살의 여성은 어머니가 돌아가셨다면서 흐느꼈는데 이제 다시는 어머니에게서 유대감을 기대할 수 없게 되었기 때문이었다.

'어머니'라는 여성의 마음 깊숙이 있는 한 존재 방식이 아이에 의해 활성화되는 것처럼, 아이도 '어머니'를 찾도록 그렇게 만들어져 있다. 어머니와 아이 모두에게, 따라서 인간 모두에게, 어머니의 모습은 모성애와 감성으로 연상된다. 마음속에서 작동하고 있는 내 안의 이 모습, 무의식적으로 내 행동과 감정을 결정하는 이 모습이 바로 원형이다.

'어머니'는 여성 안에 있으면서 활성화될 수 있는 많은 원형 가운데 하나다. 우리가 다양한 원형들을 구분할 수 있을 때 어떤 원형이 내 안에서 활성화되고 있는지, 그리고 다른 사람 안에서 활성화되고 있는 원형은 무엇인지 알아낼 수 있다. 이 책에서 나는 여성들 마음속에 활성화되어 있는 다양한 원형들을 그리스 여신들의 의인화를 통해 설명하려 한다. 한 예로 데메테르는 어머니 원형을, 페르세포네는 딸을, 헤라는 아내를, 아프로디테는 연인을, 아르테미스는 자매와 경쟁자를, 아테나는 전략가를, 헤스티아는 집안을 지키는 사람의 원형을 구현하고 있다. 이 원형에 내가 그리스 여신의 이름을 붙인 것은 그 여신들의 모습이 여성들의 느낌을 잘 나타내고 있다고 보기 때문이다. 사실상 원형에는 이름이 붙어 있지 않다.

융은 심리학에 원형 개념을 도입했다. 원형은 집단 무의식에 들어 있는 본능적 행동 유형을 말한다. 집단 무의식이란 무의식의 한 부분으로, 독립적인 것이 아니고 일반적인 것으로서 어디서나, 누구에게나 통용되는 행동 양식과 내용을 담고 있다.[2]

신화와 옛날 얘기들은 원형의 다양한 표현들이다. 모든 사람에게 공동으로 있는 원형의 유형을 설명하므로 각기 다른 문화에서 나타나는 신화들이 공통점을 갖는 것이다. 선재하는 유형들로서, 원형은 우리가 행동하는 방식과 인간 관계를 맺는 방식에 영향을 끼친다.

여신 원형

우리 대부분은 학교에서 올림포스산의 남신들과 여신들에 대해 배웠고, 그들에 대한 그림이나 동상들을 본 적이 있다. 로마인들도 이 신들을 섬겼는데 이름을 로마 이름으로 바꿔 불렀다. 올림포스의 신들은 매우 인간적인 속성을 가지고 있어서 그들의 행동과 외모와 감정적인 반응들이 인간들의 행동, 사고 방식과 유사했다. 이 신들은 모두 우리한테 친숙한데 그 이유는 그들이 원형적이기 때문이다. 즉 우리 모두가 공유하고 있는 집단 무의식에서 나타나는 존재와 행동 유형을 그 신들이 보여 주고 있다.

그 신들 중 가장 유명한 신들은 올림포스산의 열두 신이다. 제우스, 포세이돈, 하데스, 아폴론, 아레스, 헤파이스토스 그리고 여섯 여신들, 헤스티아, 데메테르, 헤라, 아르테미스, 아테나, 아프로디테다. 이 중에 화로와 신전의 수호신인 헤스티아가 술의 수호신인 디오니소스로 교체되어서 남녀의 비율은 7대5가 된다. 내가 이 책에서 묘사하는 여신들은 이 여섯 여신에다 페르세포네를 합친 것인데, 페르세포네 신화는 데메테르 신화와 연결되어 있다.

이 일곱 여신을 나는 처녀 여신들, 상처받기 쉬운 여신들, 창조하는 여신 이렇게 세 그룹으로 나누었다. 처녀 신들은 고대 그리스 시절부터 그렇게 분류되었고, 다른 두 그룹은 내가 묶은 것이다. 그들의 의식 상태와, 원하는 역할, 자극을 받는 것의 종류에 따라 그룹으로 나누었는데, 각 그룹은 다른 사람에 대한 태도, 관계를 중요시하는 정도, 주변 사람과 강한 유대감이 있어야 하는 정도에서 분명히 구분되었다. 이 세 그룹의 성격을 모두 지니고 있는 여신은 생활 어딘가에서 깊이 사랑하고 자신에게 의미 있는 일을 하고 매력적이면서 창의적인 그런 자신을 표현해야만 했다.

첫 번째로 소개될 그룹은 처녀 여신들인데, 아르테미스, 아테나, 헤스티아가 여기에 속한다. 로마인에게는 다이아나로 알려진 아르테미스는 사냥과 달의 수호신이다. 그녀 자신이 백발백중의 궁수였고 모든 어린 생명들의 수호신이었다. 로마인에게는 미네르바로 알려진 아테나는 지혜와 공예의 수호신으로 그녀의 이름을 딴 아테네 도시의 보호자이면서, 모든 영웅들의 수호신이기도 했다. 아테나는 보통 무장한 모습으로 많이 알려져 있으며 전쟁에서는 최고의 전략가로 알려져 있다. 로마인에게는 베스타로 알려진 헤스티아는 화로의 수호신으로 올림포스의 신들 중에는 별로 잘 알려지지 않은 여신이다. 그녀는 가정이나 신전 화로의 불길로 알려져 있다.

처녀 여신들은 자율적이고 충분한 자질을 가지고 있는 여성들을 대표한다. 다른 올림포스의 여신들과는 달리 이들은 사랑에 쉽게 빠지지 않는다. 그리고 감정적인 애착 때문에 그들이 중요하게 생각하던 것을 포기하는 일은 하지 않는다. 따라서 그들은 피해자가 되지도 고통을 받지도 않는다. 원형으로서, 이 세 여신들은 여성에게도 독립심의 욕구가 있다는 것을 보여 주며, 자기 자신에게 의미가 있는 일에 집중할 수 있는 능력이 있다는 것을 보여 준다. 아르테미스와 아테나는 목표 지향적이고 논리적인 사고를 하는, 업적 지향적인 원형을 보여 준다. 헤스티아는 내향적이면서 영적인 세계에 관심을 갖는 원형이다. 이 세 여신은 모두 활발하게 각자의 목표를 추구하는 여성적 원형들이다. 이 여신들은 자율적이며 능력이 있는 것이 여성적 속성에 포함될 수 있다는 것을 보여 주었다.

두 번째 그룹인 헤라, 데메테르, 페르세포네를 나는 상처받기 쉬운 여신들로 분류했다. 로마인에게는 유노로 알려진 헤라는 결혼의 수호신이며 제우스의 아내다. 로마인에게는 케레스로 알려진 데메테르는 곡식의 수호신인데 그녀의 신화 중에 가장 중요한 것이 그녀의 어머니 역할이다. 로마인에게는 프로세르피나로 알려진 페르세포네는 데메테르의 딸이며 '처녀'로 불리기도 한다.

이 세 상처받기 쉬운 여신들은 아내, 엄마, 딸이라는 전통적인 역할을 대표한다. 이 세 여신들은 관계 지향적인 여신들로서, 자신에게 의미 있는 관계를 잘 유지하는 것이 그들이 자신감을 갖는 데 매우 중요한 요소가 된다. 이들은 애정과 유대감이 필요한 여성을 대변한다. 이들의 마음은 다른 사람에게로 향해 있으며 상처받기 쉽다. 이 세 여신들은 남신들에게 강간당하거나 버림을 받았거나 아니면 지배를 받거나 굴욕을 당했다. 그리고 각자는 그들의 애정이 깨졌을 때 괴로워했고 정신 질환 증세를 보였다. 그러나 각 여신은 또한 괴로움으로부터 벗어남으로써, 애정의 파탄에 대한 대응의 유형을 보여 주었으며 고통을 통한 성장의 가능성이라는 인식을 여성들에게 마련해 주었다.

로마인에게는 비너스로 알려진 아프로디테는 사랑과 미의 여신인데, 창조하는 여신으로서 세 번째 그룹에 속한다. 그녀는 여신들 중 가장 예쁘고 매혹적이었다. 그녀는 수많은 연애를 통해 많은 아이를 낳았다. 그녀는 사랑과 미를 만들고, 성적 매력과 관능미를 지녔으며, 창조적인 생활을 만들어 냈다. 그녀는 자신이 선택해 새로운 관계를 맺었으며 결코 상대방으로부터 희생당하지 않았다. 처녀 여신들처럼 자율성을 유지했고, 동시에 상처받기 쉬운 여신들처럼 관계를 맺었다. 그녀의 의식은 집중력 있으면서 동시에 포용성이 있어서, 자신과 상대가 서로 영향을 주고받는 것이었다. 아프로디테 원형은 지속성보다는 강렬함을 관계에서 구하고, 창조적인 과정에 가치를 두며, 항상 변화할 수 있는 여지가 있다.

족보

이 여신들이 누구이며 다른 신들과 어떤 관계를 맺었는지 더 잘 이해하기 위해 신화 속에서 그들을 살펴보기로 하자. 기원전 700년경 헤시오도스가 처음으로 다양한 전통을 갖고 있는 신들을 정리하는 작업을 했는데, 『신통기』라는 책에서 어느 신이 누구에게서 나왔고 누구를 낳았는지를 설명했다.[3]

헤시오도스에 따르면 태초에 혼돈이 있었다. 이 혼돈으로부터 가이아(땅), 탄탈로스(지옥), 에로스(사랑)가 나왔다.

가이아는 여성성을 지닌 땅으로, 우라노스(하늘)라는 아들을 낳는다. 그 후 가이아는 우라노스와 결합해 열둘의 티탄을 탄생시키는데, 티탄은 원시적인 자연의 힘으로서 고대 그리스에서 숭배를 받았다. 헤시오도스의 족보에 의하면 티탄들이 바로 올림포스 신들의 부모 또는 조부모가 되는 셈이다.

우라노스는 그리스 신화에 나오는 첫 번째 가부장의 모습인데, 가이아와 사이에 난 자식들을 점점 미워하게 되어 자식들이 태어나자마자 모두 가이아에 다시 묻어 버렸다. 가이아는 고통과 괴로움으로 지새다가 그녀의 티탄 자식들에게 도움을 청했다. 그러나 모두들 나서기를 두려워하던 중에 로마인에게는 사탄으로 알려진 막내 크로노스가 나섰다. 어머니가 준 작은 낫을 가지고 어머니가 계획한 대로 아버지가 오기를 기다렸다.

우라노스가 가이아와 부부 관계를 맺기 위해 가이아 가까이 다가올 때, 크로노스는 낫을 들고 아버지의 성기를 잘라서 바다에 던져 버렸다. 크로노스는 그 후 가장 강력한 남신이 되었다. 크로노스와 티탄이 우주를 지배하였고 강, 바람, 무지개 같은 것이 되었다. 또 일부는 괴물이 되거나 악마와 같은 위험한 것이 되었다.

크로노스는 그의 누이 레아와 결합했다. 그리고 이들로부터 올림포스의 신, 헤스티아, 데메테르, 헤라, 하데스, 포세이돈, 제우스가 태어났다.

그런데 이번에는 크로노스가 자기 자식들을 없애려고 했다. 크로노스의 운명은 자신의 아들로부터 축출당하는 것이라는 얘기를 듣고 이것을 막기 위해 아이가 태어나자마자 아들인지 딸인지 구별하지도 않고 삼켜 버렸다. 결국 세 딸과 두 아들을 없앴다.

슬픔에 싸인 채 다시 임신을 하게 된 레아는 자신의 부모인 가이아와 우라노스에게 도움을 청했고 아버지를 고자로 만들고 자식을 다섯이나 삼켜 버린 크로노스에게 벌을 내려 주기를 원했다. 부모는 레아에게 이번에는 크레타에 가서 몸을 풀도록 하고, 크로노스에게는 돌멩이를 옷으로 싸서 아이로 속이라고 했다. 크로노스는 돌멩이를 아이라고 생각하고 허둥지둥 삼켜 버렸다.

이렇게 살아난 아이가 제우스이고, 제우스는 과연 아버지를 축출하고 인간과 신 모두를 지배하게 된다. 제우스는 속임수를 써서 아버지가 그의 형제들을 다 다시 토해 내게 한 뒤, 다시 살아난 형제들의 도움으로 아버지와의 오랜 정권 쟁탈 투쟁 후에 권좌를 차지한다. 한편 크로노스와 그의 형제들인 티탄들은 탄탈로스(지옥)에 갇히게 된다.

이 승리 후에 세 형제 신들인 제우스, 포세이돈, 하데스는 우주를 셋으로 갈라서, 제우스는 하늘을, 포세이돈은 바다를, 하데스는 지하 세계를 다스리게 된다. 대지와 올림포스산은 공동의 소유였지만, 결국에는 제우스가 다스리게 된다. 세 자매 여신들인 헤스티아, 데메테르, 헤라는 이 와중에 아무런 재산도 받지 못했는데, 이는 그리스 종교가 이미 가부장적 성격을 확실히 했음을 보여 주는 것이다.

제우스는 여러 여신과 성 관계를 맺어 많은 아이를 낳았다. 레토 사이에는 아르테미스와 태양의 수호신인 아폴론을, 메티스와는 아테나를, 데메테르와는 페르세포네를, 마이아와는 전달자의 수호신인 헤르메스를 낳았고, 그의 아내인 헤라와 사이에는 전쟁의 수호신인 아레스와 대장간의 수호신인 헤파이스토스가 태어났다. 아프로디테의 출생에 관해서는 두 가지 설이 있다. 하나는 제우스와 디오네 사이에서 태어났다는 것이고 다른 하나는 아프로디테가 제우스보다 먼저 태어났다는 것이다. 한편 디오니소스는 제우스와 인간인 세밀레 사이에 태어났다.

역사와 신화

그리스 신들을 탄생시킨 신화는 역사적 사건에서 출발한다. 제우스와 다른 영웅들이 정권을 잡게 되는 것은 이미 가부장적 신화로서, 어머니를 숭배하는 종교를 가진 종족이 전쟁의 남신을 숭배하고 아버지를 숭배하는 종교를 가진 종족과 맞서다가 결국에는 항복하게 되는 것을 말한다.

로스앤젤레스의 캘리포니아 대학에서 유럽 고고학 교수로 있는 마리아 짐부타스는 고대 유럽을 유럽의 첫 번째 문명[4]으로 본다. 가부장적 종교가 생겨나기 5,000년쯤 전에(혹은 25,000년쯤 전) 고대 유럽은 어머니 중심적이고, 정착민이었으며, 평화롭고, 예술을 사랑하며, '위대한 여신'을 숭배하는 농경 문화 또는 해양 문화를 형성하고 있었다. 유적지의 유물을 보면 고대 유럽은 평등 사회였으며, 멀리 북쪽과 동쪽으로부터 온 기마 민족이자 반유목 민족인 인도유럽어족에게 정복당했음을 알 수 있다. 이 침입자들은 아버지 중심적이고 전쟁을 좋아하며 하늘 지향적이고 예술에는 무관심한 종족이었다.

침입자들은 그들 자신이 정착민보다 더 뛰어난 종족이라고 생각했는데 그들보다 문화적으로 더 발달한 정착민을 그들 손안에 넣을 수 있었기 때문이다. 바로 이 초기 정착민들이 경배한 신이 '위대한 여신'The Great Goddess 이다. 이 '위대한 여신'은 아스타르테, 이슈타르, 이난나, 너트, 이시스, 아쉬토레스, 오세트, 하토르, 니나, 남무, 닌갈 등으로 알려져 왔는데 자연과 출산에 깊이 관련된 여성적 생명력으로 숭배받아 왔으며 생명을 창조하고 파괴하는 일을 담당하는 것으로 알려졌다. 이 여신을 상징하는 것으로는 뱀, 비둘기, 나무, 달이 있다. 역사학자이며 신화학자인 로버트 그레이브에 따르면 가부장적 종교가 도래하기 전에는 바로 이 '위대한 여신'이 영원불변하고 전지 전능한 신이었다. '위대한 여신'은 아이에게 아버지를 만들어 주기 위해 연인을 만드는 것이 아니고 쾌락을 위하여 연인을 가졌다. 부성이라는 개념이 아직 생기지 않았으며 남신이 없던 시대다.[5]

인도유럽어족의 계속되는 침략으로 여신에 대한 숭배는 줄어들기 시작했다. 이 침략이 시작된 시기는 대략 기원전 4500년에서 2400년으로 잡고 있다. 여신 숭배는 완전히 사라지지 않고 침략자의 종교에 융화되기 시작했다.

　침략자들은 그들의 가부장적 문화와 호전적 종교를 피정복 민족에게 강요했다. 이제 '위대한 여신'은 침략자가 모시는 남신의 비굴한 배우자가 되었고 원래 여신의 속성이던 것들을 남신에게 빼앗기게 되었다. 강간이 처음으로 신화에 등장하고 '위대한 여신'의 상징이던 뱀이 영웅들에게 살해되는 이야기가 신화에 등장하게 되었다. 그리고 그리스 신화에 나타난 것처럼 '위대한 여신'의 힘과 상징과 권력은 여러 여신들의 등장으로 각기 갈라지게 되었다. 그래서 신화학자인 제인 해리슨은, 한때는 '위대한 여신'에게 모두 속해 있던 것들이 이제 결혼의 예식은 헤라에게, 여신의 성찬물은 데메테르에게, 여신의 뱀은 아테나에게, 여신의 비둘기는 아프로디테에게, 야생의 처녀의 기능은 아르테미스에게로 나뉘어졌다[6]고 했다.

　『신이 여자였을 때』의 저자인 멀린 스톤은 이 '위대한 여신'의 몰락이 인도유럽어족의 침입에서 시작되어 유대교, 기독교, 이슬람교에 의해 완성되었다고 보았다. 남신이 지배하고 여신은 뒷전에 머무는 형식이 되었고 일반 사회에서도 이 형식은 그대로 답습되었다. 여신 숭배의 억압과 여권의 억압이 어느 정도 상관성이 있는지 생각해 보아야 할 것이다.[7]

역사 속에 나타나는 여신들과 원형들

'위대한 여신'은 생명을 창조하고 파괴하는 담당자로, 자연을 풍요롭게도 하고 황폐하게도 할 수 있는 담당자로 숭배받았다. 그리고 이 '위대한 여신'은 아직도 우리 마음속에 집단 무의식의 원형으로 존재한다. 나는 내 환자들에게서 이 '위대한 여신'의 파괴적인 면을 자주 느끼곤 했다. 산후우울증에 걸려 있던 한 환자가 특히 파괴적인 면에서 이 '위대한 여신'의 모습을 보여 주었다. 재닛은 방금 아이를 낳고 나서 정신 질환 증세를 보이는 젊은 엄마였다. 그녀는 자신이 세상을 다 없애 버렸다고 확신하고 있었고 정신 착란과 우울증에 시달리고 있었다. 슬픔과 죄의식에 빠져서 그녀가 병동을 서성이고 있을 때 나는 같이 동무가 되어 걸었다. 그때마다 재닛은 자기가 이 세상을 다 먹어 버렸으며 파괴해 버렸다고 말했다. 임신한 동안 재닛은 '위대한 여신'이 갖고 있는 생명의 창조자로서의 긍정적인 면을 보여 주었다. 그러나 출산 후에 재닛은 자기가 창조한 것을 파괴해 버리는 힘을 가진, 그리고 그렇게 한, 위대한 여신이 된 것이다. 그녀의 감정적인 확신은 너무도 강렬해서 세상이 아직도 존재한다는 증거를 그녀는 무시해 버렸다.

위대한 여신의 원형의 긍정적인 면도 여전히 존재한다. 한 예로 생명을 유지시키는 여신의 모습을 보자. 한 여성과의 관계에 자신의 존재 의미를 부여하는 남성에게는 그 여성이 '위대한 여신'이 된다. 그 사람에게는 그 특정 여인이 위대한 여신으로 생각되는 것이다. 실제로 이런 환상은 매우 흔하게 일어난다. 이 관계가 끝났을 때 그 충격이 너무나 커서 자살을 하는 경우도 있는데, 그렇다면 그 남성의 생명이 진실로 그 여신에 의해 유지되는 셈이다.

'위대한 여신'이 과거의 찬란했던 세력을 대변하듯이 '위대한 여신'의 원형은 다른 어느 원형들보다 강력한 힘을 지니고 있다. 즉 '위대한 여신'은 비합리적인 공포심과 혼동된 현실감으로 우리를 사로잡을 수 있다. 반면에 그리스 여신들은 그 힘이 덜한 대신 전문적이다. 각 여신들은 자기가 세력을 펼칠 수 있는 영역이 제한되어 있다. 여성 심리 면에서도 그리스 여신들은 '위대한 여신'만큼 힘을 쓰지는 못한다. 즉 우리의 감정을 완전히 장악하거나 현실을 혼동시키게 하지는 못한다.

여성들의 일반적인 유형을 대표하는 그리스의 일곱 여신들 중에서 아프로디테와 데메테르, 헤라가 우리의 행동을 조정하는 가장 강력한 힘을 가지고 있다. 이 세 여신이 나머지 다른 여신들보다 '위대한 여신'에 더욱 가깝다. 아프로디테는 '위대한 여신'의 출산 능력을 담당하고 있고, 데메테르는 '위대한 여신'의 어머니 기능을, 헤라는 '위대한 여신'의 여왕의 기능을 담당하고 있다. 그리고 각 여신들이 '위대한 여신'보다 힘에서는 덜하지만, 일단 이 여신들이 자기 몫을 요구할 때는 우리의 정신 속에 강력한 본능의 힘을 드러낸다.

이 세 여신들 중의 하나에게서 행동의 지배를 받는 여성이 있다면, 그 여성은 저항하는 법을 배워야 한다. 이 세 여신을 맹목적으로 추종하는 것은 여성의 삶에 악영향을 줄 수 있다. 이 원형들은 신이 아니고 인간인 여성들의 현실적 삶과 그에 따른 인간 관계들을 고려하지 않기 때문이다. 그리고 그 이유는 원형들이 시간 밖에 존재하기 때문이다.

나머지 네 여신들 중의 셋인 아르테미스, 아테나, 페르세포네는 처녀 여신들로 딸 세대를 대표한다. 이 세 여신들은 '위대한 여신'에게서 한 세대 더 멀리 떨어져 있다. 따라서 이 세 여신들은 원형으로서 덜 지배적이며 주로 우리의 성격 유형에 영향을 끼친다.

가장 나이가 많고 현명하며 존경받는 여신인 헤스티아는 전혀 세력을 갖고 있지 않다. 헤스티아는 존경받는 여성의 영적인 면을 대표하고 있다.

그리스 여신과 우리

그리스 여신들은 삼천 년 동안 인간의 상상력 속에 유지되어 왔던 여성의 모습이다. 여신들은 우리들의 모습을 반영하는데 단지 우리가 실제로 행사할 수 있는 것보다 더 많은 힘과 다양성을 가지고 있을 뿐이다. 여신들은 강하고 아름다우며 우리들의 삶의 과정을 구체화하는 원형이나 유형을 대표하고 있다.

  이 여신들은 서로 다르다. 각 여신은 각각 장점과 단점이 될 수 있는 성향을 가지고 있다. 이들의 신화는 이들이 중요하게 생각하는 것이 무엇인지를 보여 주며, 비유로서 각 여신을 닮은 여성은 어떤 식의 행동을 펼쳐 나가는지를 보여 준다.

  또한 그리스 여신들은 다양하고 복잡한 면을 지닌 여성들에 대한 비유로도 사용될 수 있다. 여신들 모두는 각 여성의 내면에 잠정적으로 존재하고 있다. 내 안에 몇몇의 여신들이 서로 내 마음을 지배하기 위해 경쟁하고 있다면 나는 나의 어떤 면을 언제 표현해야 할지 결정해야 한다. 그렇지 않으면 나는 한번은 이쪽으로 다음에는 저쪽으로 끌려 다니는 생활을 하게 될 것이다.

  그리스 여신들도 우리처럼 가부장제 사회에서 살았다. 남신들이 하늘과 땅과 바다와 지하 세계를 지배하는 동안에 여신들은 현실에 적응하여 남신에게서 떨어져 나가거나 남신과 섞이거나 마음속으로 움츠러들었다. 관계 지향적인 여신들은 쉽게 상처를 받았으며 남신에 비해서 약했다. 남신들은 여신이 원하는 것을 무시할 수 있었고 여신을 억압할 수 있었다. 즉 여신들은 가부장적인 문화에서의 여성의 삶을 반영하고 있다.

2 여신 살려 내기

고대 그리스 여성들은 직업의 종류와 삶의 여정에 따라 특정한 여신의 지배를 받는다고 알고 있었다. 그에 따라 여성들은 그 여신들을 숭배했다. 베짜는 여성은 아테나의 후원이 필요했고, 어린 소녀는 아르테미스의 보호를 받아야 했으며, 결혼한 여성은 헤라를 숭배했다. 여성들은 그들이 도움을 필요로 하는 여신들의 제단에 예물을 바치고 경배했다. 아이를 분만하는 여성은 아르테미스에게 고통을 호소했고, 집안을 아늑한 가정으로 만들고 싶은 여성은 헤스티아를 불렀다. 여신들은 힘이 있었기 때문에 여성들은 여신들에게 제사와 경배와 예물을 바쳤다. 여성들은 또한 헌금도 했는데, 그렇게 하지 않을 경우 여신들의 분노와 보복이 따를 것이라고 여겼기 때문이다.

현대 여성의 경우에도, 여신들은 원형으로 남아 있으며, 고대 그리스 시대에서처럼 우리에게서 그들의 몫을 요구하고 지배하려 든다. 즉 내가 지금 어떤 여신의 지배를 받는지는 알지 못하지만 나는 내 삶의 과정에 맞는 특정한 원형에 몰두하게 되는 것이다.

한 예로, 사춘기 여학생이 이성에 눈뜨고 쉽게 유혹받는 학생이어서, 결국 성 경험을 일찍 하고 원하지 않는 임신을 하게 되었다고 치자. 아직 어린 소녀는 자신이 결합과 출산을 갈망하는 아프로디테의 욕구에 붙잡혀 있었을지도 모른다는 것을 알지 못하고 있는 것이다. 혹은 어떤 여학생은 아르테미스의 보호 아래 있으면서, 독신으로 사는 삶에 가치를 두고 야생의 생활을 좋아해서, 승마나 걸 스카우트의 야영 생활을 즐겼을지도 모른다. 또 어떤 여학생은 젊은 아테나가 되어서 책 속에 파묻히는 생활을 하며, 과학 경시 대회에 참가하기도 한다. 지혜의 여신에 의해서 점수를 잘 받고 남으로부터 인정을 받고 싶어하는 마음을 갖게 된 것이다. 또 어떤 여학생은 처음 인형을 가지고 놀던 어린 시절부터 계속 데메테르의 영향 아래 있으면서 아이를 낳고 싶은 꿈을 간직한다. 또 어떤 여학생은 풀밭에서 꽃을 따고 있는 페르세포네같이 구체적인 목적 의식 없이 누군가가 자신을 데려가기를 기다린다.

모든 여신들은 우리 마음속에 잠재적으로 존재하고 있는데, 그중에서 어떤 여신 원형은 활성화되고 어떤 여신 원형은 퇴화된다. 융은 수정^{水晶}을 만드는 작업을 가지고 일반적인 원형(일반적인 것)과 활성화된 원형(우리 내부에서 작용하고 있는 것) 사이의 차이점을 설명하곤 했다. 원형이란 보이지 않는 유형으로서 수정이 어떤 모습을 취하게 될지 결정하는 동력이다.[1] 일단 수정이 어떤 모습을 갖추게 되면 이제 눈에 보이는 유형은 활성화된 원형이라고 할 수 있다.

원형은 또한 씨앗에 포함돼 있는 청사진과 같다. 씨앗으로부터의 성장(청사진의 구체화)은 흙과 기후 조건, 영양 상태, 화분의 깊이 등에 따라 달라진다. 마찬가지로, 어떤 여신이 어떤 삶의 주기에 내 안에서 활성화되느냐는 여러 요소, 즉 내 자신의 성향, 가족, 문화, 호르몬, 주변 사람들, 예상치 않은 환경들, 내가 선택한 활동들, 현재 내 삶의 국면들에 따라 달라진다.

타고난 성향

갓난아이는 자기의 성격을 타고나는데, 활동적이거나 고집스런 성격, 조용하거나 호기심 많은 성격, 혼자 잘 지내거나 사교적인 성격 등은 각 여신 원형과 잘 어울린다. 여자 아기가 두세 살이 되었을 때 아이는 이미 특정 여신에게 나타나는 특성들을 보이기 시작한다. 엄마가 하라는 대로 졸졸 따라하는 여자 아기는 혼자서 대문 밖으로 나가서 동네를 돌아다니는 아기와는 다르다. 페르세포네와 아르테미스가 다른 것처럼.

가족 환경과 여신들

가족의 기대가 내 안에 있는 어떤 여신은 후원하고 어떤 여신은 억누르는 효과를 낳는다. 부모가 딸에게 원하는 것이 모든 면에서 예쁘게 행동하거나 엄마 예행 연습을 하는 것이라면 부모는 딸한테 페르세포네와 데메테르의 특성들을 강화하고 있는 것이 된다. 자기가 무엇을 원하는지 알고 있으며 오빠나 남동생처럼 특권과 기회를 갖고 싶어하는 딸이 있다면, 그 딸은 자신 속에 있는 아르테미스를 표현하고 있을 뿐인데도 고집스럽다고 불리기 십상이다. 혹은 딸이 아테나를 표현하고 있을 때, 제발 여자답게 행동하라는 충고를 받게 될지 모른다. 반면에 요즘은 여자 아이가 그 반대의 경우를 맞기도 한다. 즉 집안에서 엄마가 하는 일을 따라하는 것을 딸은 정말로 원하는데도 부모는 딸에게 조기 교육과 운동을 강요하는 경우다.

아이가 타고난 여신 유형은 가족의 기대와 만나면서 서로 상승 작용을 하게 된다. 그러나 가족이 아이가 지니고 있는 특정 여신 유형을 인정해 주지 않는다고 해도 그 유형은 사라지지 않고 단지 아이가 부자연스럽게 행동하게 되고 자존심에 상처 입는 결과를 낳을 뿐이다. 한편 아이가 지닌 여신 유형이 가족의 지지를 받을 때도 문제는 남는다. 한 예로, 페르세포네처럼 남이 지도하는 대로 따라하던 여자 아이는 남을 즐겁게 하는 일로 칭찬을 받는 것에 익숙해 있기 때문에 자신이 진정 원하는 것이 무엇인지 알기 힘들다. 그리고 아테나 유형의 어린이가 월반할 때는 지적 능력은 강화되지만 그 대가로 우정을 포기해야 한다. 즉 아이 속에 내재하는 여신의 유형과 가족이 원하는 유형이 같아서 한 여신을 활성화하게 될 때 그러한 발전은 편중된 것이기 쉽다.

그러나 가족이 자연스럽게 여자 아이가 지니고 있는 속성을 발전시키고 격려할 때, 아이는 자기가 원하는 일을 하면서 자신에 대해 만족감을 느낀다. 반대의 경우는, 아이가 타고난 여신 유형이 가족의 반대에 부딪칠 때다. 가족의 반대가 아이의 타고난 유형을 변화시키지는 못하지만, 그 대신 아이는 자신이 갖고 있는 속성과 관심에 대해 혐오감을 갖게 된다. 그러면서 자기 아닌 다른 모습을 함으로써 갖게 되는 거짓된 느낌에 휩싸인다.

여신에게 끼치는 문화의 영향

우리 문화는 여성의 어떤 역할을 인정함으로써 결과적으로 어떤 특정 여신을 후원하고 있는 것일까? 사회가 평가하는 여성의 역할은 여신 원형들의 긍정적인 면이나 부정적인 면 가운데 하나를 부각시킨 것에 기초하기 일쑤다. 가부장제에서 인정받는 여성의 역할은 처녀(페르세포네), 아내(헤라), 엄마(데메테르)다. 아프로디테는 창녀나 끼 있는 여자로 경멸의 대상이 되는데, 이것은 아프로디테 원형의 성적 감각에 대한 의도적인 오해며 가치 절하라고 할 수 있다. 자기 주장이 강하고 분노에 찬 헤라는 잔소리가 심한 여자로 묘사된다. 그리고 아직도 몇몇 사회에서는 여성이 자율적이고 지적이며 성적인 표현을 하는 것이 금지되어 있다. 결국 아르테미스, 아테나, 아프로디테의 모습들은 보이지 않아야 하는 것이다.

한 예로, 고대 중국에서는 여자의 발을 묶는 관습이 있었는데 여성들은 신체적으로 기형이 되었고 심리적으로도 의존적이 되었다. 그런 상황에서 여신 유형 중의 몇몇은 단지 신화 속에서만 살아 있게 된다. 작가 맥신 홍 킹스턴은 소설 『여인 무사』에서,[2)] 현실적으로 중국 여성이 어떻게 무시 당하고 있는지에 대해 썼다. 그리고는 신화 속에만 등장하는 용맹하고 거대한 중국 여인 무사에 대해 새로이 써나갔다. 그 신화는 특정 여신 유형이 여성의 현실적 삶에서는 존재하지 못했지만 신화와 옛 얘기와 상상 속에서는 존재하고 있음을 보여 주고 있다.

여성의 삶은 그 시대가 상정하는 바람직한 여성상에 의해 규정된다. 사회가 제시하는 바람직한 여성상은 특정 여신 유형을 선호하는 결과를 낳는다. 미국의 경우, 바람직한 여성상은 지난 몇 십 년 사이에 크게 바뀌었다. 한 예로, 이차 대전 후의 베이비 붐은 여성들에게 결혼과 모성애를 강조하는 결과를 낳았는데, 아내가 되고 싶은 헤라의 욕구와 모성애가 가득 찬 데메테르의 유형을 갖고 있는 여성들에게는 만족스러운 시대였다. 그러나 지적 호기심과 경쟁심이 있고 가정을 갖는 것 외에 다른 일에서 두각을 나타내고 싶어하는 아테나나 아르테미스의 유형을 갖고 있는 여성에게는 어려운 시대였다. 그 시대에 여성들은 결혼을 잘하기 위해 대학에 갔고, 일단 결혼을 하면 학업을 중단했다. 아늑한 주택가에서 가족끼리 사는 것이 꿈인 시대였다. 그 당시 미국 여성들은 아이를 둘만 낳고 마는 것이 아니라 셋, 넷, 다섯, 여섯까지 낳았다. 1950년에 미국의 출산율은 인도의 출산율과 같았는데 그런 일은 역사상 처음이었다.

20년 후인 1970년대에, 여성 운동이 시작되면서 아르테미스와 아테나의 시대가 열렸다. 무언가 업적을 이루어 싶어하던 여성들에게 만족할 만한 시대가 온 것이다. 여성주의자와 직업 여성이 이제 관심의 초점이 되었다. 많은 여성들이 박사 학위를 따기 위해, 의사와 판사가 되기 위해, 회사에서 일하기 위해 대학에서 공부하고 있다. '죽음이 우리를 갈라 놓기까지는'의 혼인 서약은 해가 갈수록 깨지는 율이 높아지고 출산율은 계속 떨어지고 있다. 반면에 짝을 찾고 싶은 헤라의 욕구와 아이를 갖고 싶어하는 데메테르의 욕구를 갖고 있는 여성들은 점점 더 악조건 속에서 지내야 했다.

자기 안에 있는 특정 원형이 그 시대가 요구하는 여성상과 맞아떨어질 때 여성은 자기가 원하는 것을 하면서 동시에 사회의 인정을 받는 행운을 누릴 수 있다. 외부의 지원이 그렇게 중요한 것이다. 한 예로, 아테나의 논리적 사고를 타고난 여성은 대학에 가서 지성을 계발해야 한다. 한편, 헤스티아의 영혼을 가진 여성은 종교 집단에서 능력을 발휘할 수 있다.

여신에게 끼치는 호르몬의 영향

호르몬이 갑자기 변하게 되는 사춘기, 임신 시기, 폐경기에는 특정 원형이 강세를 보이게 된다. 사춘기에 가슴과 성기 주위의 발달을 가져오는 호르몬은 아프로디테의 특징인 관능과 성을 자극할지도 모른다. 어떤 소녀는 신체가 발달할 때 아프로디테의 성향까지 보이는 경우가 있고, 또 어떤 소녀는 가슴이 나오고 월경이 시작되지만 남자 아이들에 대한 관심은 시작되지 않는 경우가 있다. 우리의 행동은 호르몬으로만 결정되는 것이 아니고 호르몬과 우리 안에 있는 여신 원형들과의 상호 작용에 의해 결정된다.

임신했을 때 몸 안에는 프로게스테론이 급격히 생성되고 이 호르몬이 생리적으로 임신을 유지시킨다. 그런데 이 호르몬의 증가에 대한 반응은 여성들마다 각기 다르다. 어떤 여성은 배가 불러오는 것을 보면 정신적으로 충족감을 느끼고 어머니 여신인 데메테르가 된 것 같은 기분이 된다. 또 어떤 여성은 임신했다는 사실조차 잊어버리고 하루도 빠지지 않고 일하곤 한다.

폐경은 에스트로겐과 프로게스테론이 감소하면서 생기는 것으로, 여성이 일생 중 또 한번 맞는 호르몬 변화의 시기다. 데메테르는 아이들이 다 떠난 후의 적막감으로 우울증에 걸리는 반면, 또 다른 여성은 마거릿 미드의 말처럼 폐경기의 열정으로 가득 차게 된다. 이 열정은 새롭게 충전된 여신이 오랫동안 기다리던 자기 차례를 드디어 만났음을 말한다.

어떤 여성은 월경 주기에 따라 호르몬과 원형이 상호 작용해 그들 심리에 영향을 끼치는 것을 경험한다. 민감한 여성들은 월경 주기의 처음 반 동안은 자율적인 여신들인 아르테미스와 아테나의 지배하에 외향적이고 진취적이 되는 반면, 주기의 나머지 반 동안에는 여성 호르몬인 프로게스테론이 증가하면서 몸을 사리게 되고 의존적이 되는 것을 경험한다. 즉 데메테르나, 헤라, 페르세포네, 헤스티아가 강력한 영향을 끼치는 것이다.[3]

호르몬과 그에 따른 여신 유형의 변화는 각기 다른 여신이 시간에 따라 주도권을 잡게 됨에 따라 우리에게 갈등과 혼란을 겪게 한다. 일반적인 예로서 자율적인 아르테미스 여성이 또 마찬가지로 자율적인, 결혼에 얽매이고 싶어하지 않는 남성과 동거하는 경우를 들 수 있다. 동거는 아르테미스 여성에게는 잘 어울리는 생활 방식이다. 그런데 호르몬이 바뀌어, 월경 주기의 나머지 반의 시간이 될 때 결혼을 하고 싶은 헤라의 욕구가 등장하게 된다. 결혼하지 않고 있는 상태가 자신이 거부당하고 있는 것으로 생각되고 걷잡을 수 없는 분노를 느끼게 된다. 월경 주기마다 이 여성은 우울증에 빠졌다가는 다시 정상적인 생활을 하는 일을 반복한다.

여신을 활성화하는 인물과 사건들

우리 속에 있는 여신 원형은 인물과 사건들에 의해 활성화될 수 있다. 한 예로, 어떤 여성은 주변 사람이 곤란에 빠졌을 때 자기가 하던 일을 중단하고 그 사람을 도우려고 하는 데메테르가 된다. 이런 태도는 결국 그녀가 자기 일에 충실하지 못하게 함으로써 직업 경력에 나쁜 효과를 갖게 된다. 그녀는 남의 고민을 들어주느라 오랫동안 전화를 받기도 하고, 남을 돕기 위해 자리를 비우곤 해서, 결국 해고를 당할 위기에 놓이게 된다. 반면에 어떤 여성은 여성주의자들의 모임에 참석한 후, 여성들간의 결집이 필요하다는 것을 절실히 느낀 끝에 여성들의 영역에 남성들이 침입하는 것을 극도로 싫어하는 아르테미스로 변한다. 그리고 사람들과 친근한 보통의 여성이 금전적인 문제에서는 계약서에 명시된 대로 자기 몫에 철저한 아테나로 변하곤 한다.

또한 여성이 사랑에 빠질 때에 변화가 올 수 있다. 심리적으로, 원형의 수준에서 변화는 이미 왔을지도 모른다. 아프로디테가 활성화될 때, 아테나의 영향은 줄어드는데, 이때 자신의 경력을 쌓는 일보다는 사랑이 더욱 중요하다고 생각하게 된다. 또는 헤라처럼 결혼을 우선으로 생각하던 것이 상대방의 배신으로 인해 생각이 바뀔 수도 있다.

정신 질환 증세는 여신의 부정적인 측면이 활성화될 때 나타난다. 아이의 죽음이나 가족의 죽음은 여성을 슬픔에 지친 데메테르로 만들어 깊은 우울증에서 헤어나지 못하도록 한다. 그리고 남편이 바람둥이어서 동료나 부하 여직원, 이웃 여자 중에 매력 있는 여성들을 볼 때마다 접근하려고 할 때, 아내는 질투심 많은 헤라가 된다. 이때 헤라는 의심이 많아지고 과대 망상에 빠져서 실제로 아무 일도 없는데 남편이 자신을 속이고 배신했다고 상상한다.

여신을 활성화하는 행동들

'행하면 이루어진다'는 말은 우리 속의 특정 여신을 활성화하는 작업이 구체적인 행동을 통해서만 가능하다는 것을 표현하는 것이다. 한 예로, 내가 매일 명상 시간을 갖는다면 내 안의 헤스티아는 점차 강력해져서 내향적이고 침착한 헤스티아가 활성화될 것이다. 명상의 효과는 주관적인 것이기 때문에 변화를 느끼는 사람은 주로 당사자 자신이다. 하루 한두 번의 명상으로 일과를 더욱 차분히 해나가면서 나는 헤스티아의 특징인 편안하고 만족한 느낌을 갖게 된다. 때때로 다른 사람도 그 변화를 느끼게 되는데, 한 예로 명상을 계속하는 상사가 침착해지고 따뜻한 사람으로 변하는 것을 부하 직원이 느낄 때다.

대학에 진학해 공부를 계속하는 여성들은 아테나의 특성을 더 개발하려는 사람들이다. 공부하는 것, 지식을 정리하는 것, 시험을 치르는 것, 논문을 쓰는 것 모두 아테나의 논리적 사고가 필요하다. 아이를 낳기로 한 여성은 모성적인 데메테르가 자기 안에 활성화되기를 원한다. 한편, 등산을 하려고 장비를 챙기고 길을 떠나는 여성은 아르테미스가 활성화된 것이다.

여신들 불러내기

호메로스 시의 많은 부분은 그리스 신들을 불러내는 것이다. 호메로스의 시 한 편을 보면 여신의 모습과 특성과 업적을 묘사하는데, 듣는 이의 마음속에 여신의 모습을 그려 넣고 있다. 그 다음에 시는, 집으로 들어와서 우리를 축복해 주도록 여신을 초대하는 것으로 이어진다. 즉 고대 그리스인들은 우리가 배울 만한 것 한 가지를 알고 있었는데 그것은 여신들을 상상하고 나서 그 여신을 불러내는 것이다.

각각의 여신을 다루는 다음의 글에서 독자는 자신이 잘 모르는 여신에 대한 글도 접하게 될 것이다. 그리고 어떤 원형은 독자에게 특별히 도움이 될 수 있지만 독자의 마음속에 없거나 거의 발달되어 있지 않다는 것을 발견할지도 모른다. 그러나 의식적으로 보고 느끼려고 애쓰는 가운데 상상으로 여신에게 초점을 맞춤으로써 여신을 불러내어 자신에게 필요한 힘을 달라고 요구할 수 있다. 다음의 기원은 그 예가 될 수 있다.

- 아테나, 지금 이 상황에서 분명히 생각할 수 있도록 도와주세요.
- 페르세포네, 솔직하고 활달해질 수 있게 해주세요.
- 헤라, 남편에게 충실한 아내가 될 수 있게 해주세요.
- 데메테르, 참을성이 많고 너그러운 좋은 엄마가 될 수 있게 해주세요.
- 아르테미스, 정한 목표를 향해 꾸준히 추진해 나갈 수 있게 해주세요.
- 아프로디테, 내 몸을 존중하고 사랑할 수 있도록 해주세요.
- 헤스티아, 당신이 내 곁에 있어 평화와 고요를 느끼게 해주세요.

삶의 단계에 따른 여신들

여성은 일생 동안 많은 삶의 단계를 거친다. 그리고 인생의 단계마다 가장 영향을 크게 끼치는 여신이 자리 잡고 있다. 혹은 어떤 여성은 일생 동안 한 여신의 유형을 따를 수도 있다. 지금까지 살아온 일생을 되돌아보면 어떤 여신이 우리를 지배했는지, 아니면 특정한 몇몇의 여신이 돌아가며 우리에게 영향을 끼쳤는지를 알 수 있다.

청소년기 여성은 공부에 전념하기 쉽다. 나도 의대에 다니는 동안 공부에 몰두했다. 그 동안 아르테미스 원형이 의사가 되려는 내 목표를 지속시키게 해줬다. 한편, 진료를 할 때에는 내가 알고 있는 모든 지식을 동원하여 정확한 처방을 내릴 수 있도록 아테나의 능력을 원했다. 반면에 대학 친구들이 졸업하자마자 결혼을 해서 아이를 낳고 살림하는 것을 볼 때, 내 안의 헤라와 데메테르가 자극 받는 것을 알 수 있었다.

인생의 중년기는 변화의 시기다. 내게 영향을 끼치는 여신이 바뀌는 시기도 이때다. 삼십대 중반에서 사십대 중반에 지금까지 나를 지배해 오던 원형의 강도가 약해지고 새로운 여신이 나타나는 경우가 잦아진다. 인생의 중년기까지 각자가 노력해 온 결과 — 결혼과 육아일 수도 있고, 직업 경력을 쌓는 일, 창작 활동, 한 남자에게 몰두하는 일, 또는 이 모든 것의 종합일 수 있다 — 가 명백하게 드러나면서, 무언가 지금과는 다른 것에 자신의 힘을 쏟을 수 있는 여가와 힘이 남게 된다. 이것은 곧 새로운 여신의 등장을 말해 주는 것이다. 아테나가 영향을 끼쳐서 다시 대학원에 가서 공부를 계속하고 싶다는 생각을 할 수도 있고, 데메테르의 욕망에 따라 경력을 쌓던 여성이 아이를 갖고 싶다는 생각을 하게 될 수도 있다.

그 다음 변화의 시기로, 새로운 여신이 등장할 때가 여성이 폐경기를 맞을 때, 혹은 남편과 사별하거나 은퇴를 할 때, 나이가 듦을 느낄 때다. 남편과 사별하고 나서 처음으로 집안 경제를 꾸려 나가야 할 때 과연 아테나가 등장하여 그 동안 남편이 투자해 놓은 것을 잘 이해하고 유지시킬 수 있을까? 헤스티아의 등장으로 갑자기 찾아온 고독함을 편안한 독신의 삶으로 받아들일 수 있을까? 그렇지 않으면 이제 아무도 돌보아줄 사람이 없기 때문에 낙심하게 된 데메테르처럼 삶을 무의미하고 허무한 것으로 느끼게 될까? 다른 모든 삶의 단계에서와 마찬가지로 그 결과는 각자의 정신 속에 활성화되어 있는 여신에 따라, 각자가 속해 있는 현실에 따라, 각자의 선택에 따라 달라질 것이다.

3 처녀 여신 셋

아르테미스, 아테나, 헤스티아

그리스 신화에 나오는 세 처녀 여신은 사냥과 달의 수호신인 아르테미스, 지혜와 공예의 수호신 아테나, 신전과 가정의 수호신인 헤스티아다. 이 세 여신들이 대표하는 성격은 여성 심리 중에서 자율적이고 활동적이면서 관계 지향적이지 않은 부분들이다. 이 부분들 중에, 외향적이고 업적 지향적인 원형은 아르테미스와 아테나이고 내부 지향적인 원형이 헤스티아다. 자신의 능력을 계발하고 싶어하고, 이익을 추구하며, 다른 이들과 경쟁하고, 글과 예술의 형식을 이용하여 자신을 표현하며, 정돈된 삶을 살고, 자신의 삶을 관조하는 그런 삶을 원하는 원형이 바로 이 세 여신이다. '자기만의 방'(버지니아 울프가 쓴 여성 해방에 관한 글의 제목. 여성이 자신의 권리를 찾기 위해서는 첫째 경제적으로 독립할 것, 둘째 자기 혼자의 시간을 가질 수 있는 자기만의 방을 가질 것을 주장했다 — 옮긴이 주)을 갖고 싶어하는 여성들, 자연 안에서 편안함을 느끼는 여성들, 지식을 얻는 데 기쁨을 느끼는 여성들, 고독하면서 관조할 수 있는 삶을 좋은 삶으로 여기는 여성들은 모두 이 세 여신 유형들과 밀접한 관계를 갖고 있다고 하겠다.

이 세 여신들의 특성은 아직 남성의 지배를 받지 않는 부분, 또는 남성에 의해 건드려지지 않은 부분을 보여 준다는 데 있다. 어떤 여성이 이 세 여신 중의 한 원형을 드러낸다면 그것은 그녀의 중요한 부분이 심리적으로 처녀임을 말해 주는 것이다.

처녀란 단어는 깨끗하고 순수하며 부패되지 않고 사용되지 않은, 즉 아직 '남성'이 만지지 않은 것을 말하는데, 처녀지$^{virgin\ soil}$나 원시림$^{virgin\ forest}$이라고 말할 때의 뜻, 또는 아직 처리되지 않았다는 뜻으로서 생 양털$^{virgin\ wool}$의 뜻과 같은 의미를 담고 있다. 또 버진 오일$^{virgin\ oil}$은 올리브에서 처음 짜낸 기름으로 아무 열처리도 하지 않은 상태이며 감정이나 정열의 열기에 다치지 않았다는 것으로 비유되기도 한다. 순 금속$^{virgin\ metal}$이라는 것도 천연의 상태로서 순금,$^{virgin\ gold}$ 아직 다른 금속과 합성되지 않은 것을 말한다.

남신들이 지배하는 종교 제도 안에서, 실제 역사에서 아르테미스, 아테나, 헤스티아는 예외에 속한다. 이 세 여신들은 결혼한 적이 없으며 결코 남신들이나 남성들에 의해 굴욕을 당하거나, 강간을 당하거나, 유혹을 받고 멸시를 받은 적이 없다. 이 여신들은 자기의 본 모습을 유지할 수 있었다. 더구나 단지 이 세 여신들만이 모든 신과 인간들 중에서, 사랑의 여신인 아프로디테의 강력한 힘에 휘둘리지 않고 열정과 성적 욕망, 낭만적인 감정들에서 벗어날 수 있었다. 이 세 여신들은 한눈에 반해서 사랑의 열병을 앓게 되는 것들과 같이, 사랑과 성욕 때문에 마음이 흔들리지는 않았다.

처녀 여신의 원형

처녀 여신들인 아르테미스, 아테나, 헤스티아가 지배적인 원형일 때, 여성은 융 분석가인 에스더 하딩이 『사랑의 이해』에서 썼듯이, 자기만으로 온전한 하나가 된다. 처녀 여신의 원형을 지닌 여성 심리의 중요한 부분은 어떤 남자에게도 속해 있지 않다는 데 있다. 그래서 하딩은 이렇게 말한다.

"처녀이며 자기 안에 온전히 하나인 여성은 누구를 즐겁게 하기 위해서나 남의 사랑을 받기 위해서, 또는 인정을 받기 위해서 무슨 일을 하는 것이 아니다. 그녀는 권력을 잡기 위해서나 그의 사랑과 관심을 얻기 위해서가 아니고 자신이 하는 일이 옳다고 여기기 때문에 한다. '그래요' 하고 말하기가 훨씬 쉬울 때에도 그녀는 '안 돼요' 하고 말해야 할지도 모른다. 하지만 이 여성은 처녀 원형을 갖고 있지 않은 여성들이, 실제로 결혼을 했든 안 했든, 자신의 행동을 변화시켜 가면서까지 신경을 써야 하는 여러 가지 것들로부터 영향을 받지 않는다."[1]

여성이 온전히 자기 자신일 때, 그녀는 자신이 지키는 가치에 따라 행동하고 자신을 충족시키며 자신에게 의미가 있는 것에 의해 움직이고 남들이 어찌 생각하느냐에 대해서는 관심이 없다.

심리적으로 말해서 처녀 여신은 집단적이고 남성 중심적인 사회 문화적 기대 속에서 그려지는 여성의 모습에서, 또 남자가 판단하는 여성의 모습에서 벗어난 여성 영역에 있다. 처녀 여신들의 모습은 내가 진정 누구며 바라는 것이 무엇인지를 있는 그대로 보여 준다. 이 진면목은 오염되지 않고 잘 유지되는데 그녀가 자신의 그런 점을 드러내지 않기 때문이다. 그녀는 그러한 자신의 면모를 침해당하지 않게 잘 지키며 남성들의 기준에 맞추려고 자신의 모습을 수정하지 않으면서도 자신을 잘 표현한다.

처녀 원형은 공공연히 또는 비밀리에 여성주의자인 여성의 일부분을 잘 보여 준다. 처녀 원형들은 여성들에게는 일반적으로 허락되지 않는 영역에서 야심을 펴는 행동으로 표현되기도 한다. 예를 들어 여성 조종사였던 아멜리아 에어하트(1897~1937?, 태평양 횡단 비행 중 행방 불명됨 — 옮긴이 주)는 그 당시 조종사 가운데 그 누구도 가보지 못한 곳을 비행하려는 야망을 가졌다. 또 여성적 창의력을 갖고 있는 시인, 화가, 음악가들 중에는 여성의 경험을 바탕으로 예술 활동을 하기도 한다. 아드리엔느 리치의 시나 주디

시카고의 그림들, 또는 홀리 니어의 자작곡인 민요들이 그 예다. 또 우리들이 하는 매일 명상이나 조산원의 역할도 그 예가 될 수 있다.

많은 여성들이 여성적 형식을 창조하기 위해 함께 참여하는 방식을 택했다. 여성의 의식화 운동을 위한 소모임들(1960년대 말과 1970년대 초에 미국에 풍미했던 소모임 운동으로서 여성 해방 운동에 참여하는 길 중의 하나가 되었다 — 옮긴이 주)과 산 정상에서 여신에게 경배 드리는 의식, 여성이 여성을 돕는 여성 전용 병원, 그리고 다 같이 참여하여 조각 이불 만들기 등은 처녀 여신 원형들이 여성 집단을 통해 표현되는 예들이다.

의식의 특징: 초점을 맞춘 조명처럼

내가 분류한 세 그룹의 여신 유형은(처녀 여신, 상처받기 쉬운 여신, 창조하는 여신) 각기 특징적인 의식의 형태를 보여 준다. 그중 처녀 여신들의 특징은 초점을 맞춘 의식을 갖고 있는 것이다.[2] 아르테미스, 아테나, 헤스티아 같은 여성은 자신의 관심을 현재 자신에게 문제되는 것에 집중하는 능력을 갖고 있다. 그런 여성은 자기가 하고 있는 일에 완전히 몰두한다. 그리고 집중하는 동안, 그녀는 현재 하고 있는 일과 길게 잡고 있는 자신의 목표에 관련되는 것이 아니라고 생각되는 것은 무엇이든지 쉽게 관심에서 제거할 수 있다.

나는 이 초점을 맞춘 의식이 꼭 어느 한 곳을 비추는 강렬한 빛과 같다는 생각이 든다. 무대 위를 비추는 하나의 강렬한 조명 같은 이 빛은 빛이 비추는 대상 이외의 것은 모두 어둠 속으로 삼켜 버린다. 그것이 가장 강렬한 형태를 띨 때, 초점을 맞춘 의식은 날카로운 광선과 같아서 대상을 분석할 수 있는 능력이 믿을 수 없을 정도로 정확하고 심지어 파괴적이기까지 하다. 집중적 의식이 어떤 형태를 띠느냐 하는 것은 의식의 강도와 초점의 대상에 따라 달라진다.

여성이 어떤 문제를 해결하기 위해 또는 목표를 달성하기 위해 주변 사람들의 요구에 의해 중단되지 않고, 심지어는 먹고 자는 일까지도 아랑곳하지 않고 집중할 수 있을 때, 그녀는 자신의 목표를 달성할 수 있는 초점 있는 의식을 가졌다고 할 수 있다. 그녀는 자기가 하고 있는 일에 혼신의 힘을 기울인다. 그녀는 올곧은 마음을 가지고 있어서 단지 그 한곳만을 향하여 마음이 향한다. 그녀가 이렇게 자기한테 주어진 일이나 자기가 정한 외부 목표에 집중하는 것은 아르테미스와 아테나의 특징이고, 그 초점이란 목표 달성을 향한 것이다.

다니엘 스틸은 17권의 소설을 썼는데, 18개의 언어로 번역되어 4천 5백만 권 이상이 팔렸다. 그녀의 경우가 바로 초점 있는 의식의 예가 된다. 그녀는 자기 자신을 '목표 달성에 전념하는 자'로 표현했다. 그녀는 자신의 태도를 이렇게 말했다. "매우 긴장된 나날이에요. 나는 하루 평균 스무 시간씩 일하고 잠은 하루에 두서너 시간만 자요. 이런 식으로 매일같이 하루도 빠짐없이 여섯 주를 보내면서 소설을 완성합니다."[3]

이 의식의 초점이 자신의 내부로, 특히 자기 영혼으로 향할 때 그녀는 헤스티아처럼 오랜 시간을 주위로부터 방해받지 않고 한 자세를 그대로 유지하면서 명상할 수 있다.

존재와 행위의 유형들

자기 내부의 진정한 욕구에 따라서 수영 선수, 적극적인 여성주의자, 과학자, 통계학자, 회사 중역, 가정 주부, 승마의 기수, 수녀, 스님이 되는 여성들은 모두 이 처녀 여신들의 특성을 지녔다고 할 수 있다. 자신이 가진 재능을 계발하기 위해, 자신이 가치 있다고 생각하는 것을 추진하기 위해 처녀 여신 성향을 가진 여성들은 자주 전통적 여성의 역할을 피하곤 한다. 어떻게 이렇게 할 수 있을까? 즉 자기 자신에 충실하면서도 동시에 현재의 남성의 세계에서 적응하며 살아가는 방법을 알아내는 것은 처녀 여신 성향의 여성들에게 주어진 도전이라고 할 수 있다.

신화에서 이 세 여신들은 각기 이 문제에 직면했고 각자의 방식으로 문제를 해결해 나갔다.

사냥의 수호신인 아르테미스는 도시를 떠남으로써 남성과 만나는 일을 피했다. 그 대신 황야에서 수많은 요정들과 함께 지냈다. 아르테미스의 현실 적응 방식은 남성들과 그들의 영향으로부터 **분리**되는 것이라고 할 수 있다. 의식화 그룹에 참여하여 여성주의자가 되어서는 자기 자신을 찾고 자신의 문제에 열중하는 여성들, 또는 여성들의 필요에 따라 세워진 여성들만의 집단에서 일하는 현대 여성들이 이 유형에 속한다. 또한 고집 센 개인주의자들도 아르테미스 유형의 여성에 속한다. 이들은 자신이 중요하다고 생각되는 것이면 주변의 도움이나 격려 없이도, 남성들이 인정해 주지 않아도, 심지어는 다른 여성들이 인정해 주지 않아도 상관없이 홀로 일을 추진해 나간다.

그와는 반대로 지혜의 수호신인 아테나는 남성과 동등하게 또는 남성보다 뛰어난 상태로 남성과 같이 일한다. 아테나는 전쟁터에서는 가장 냉정하면서도 최고의 전략가였다. 아테나의 적응 방식은 남성과의 **동일시**라고 할 수 있다. 아테나는 남성 중의 하나처럼 되었다. 아테나의 방식은 현대 여성 중에 기업에서 일하거나 전통적으로 남성 직종이던 곳에서 성공한 여성들에게서 많이 발견된다.

마지막으로 신전과 가정의 수호신인 헤스티아처럼 남성들로부터 **움츠러들면서** 내성적인 방식으로 적응하는 경우가 있다. 그녀는 자기 안으로 움츠러들고, 외모에 무관심하며, 홀로 지낸다. 이런 방식을 받아들이는 여성은 자신의 여성적 모습을 무시해서 뭇 남성의 관심을 끌지 않으려 하며, 경쟁적인 상황에 있지 않으려 하고, 조용히 살면서 그녀가 가치 있게 여기고 관심을 가지는 집안일을 하면서 명상 속에 삶의 의미를 찾는 생활을 한다.

이 세 여신들은 다른 사람들과의 관계 때문에 변화를 갖게 되지는 않는다. 그들은 결코 자신들의 감정에 따라 또는 다른 신들에 의해 휘둘리지 않았다. 그들은 쉽게 고통받지 않으며, 사람들의 영향을 받지 않고, 변화에 둔감하다고 할 수 있다.

마찬가지로 자신의 문제에 더욱 집중할수록 다른 사람의 영향을 덜 받는다고 할 수 있다. 즉 자신의 문제에 집중하는 것이 남과의 연관뿐만 아니라 자신의 감정적이고 본능적인 삶으로부터도 분리되게 하는 것이다. 이런 여성은 완전히 그녀를 꿰뚫지 않는 한 아무도 그녀와 가깝다고 말하기는 어렵다. 어느 누구도 그녀에게 큰 문제가 되지 않으며, 그녀로서는 감정적으로 밀착돼 있다는 것의 의미를 알기 어렵다.

따라서 사람인 우리가 이 처녀 여신 유형을 닮았다면 주변에 진정으로 가까운 사람이 없는, 편파적이고 외로운 삶을 살아갈지도 모른다. 그러나 여신은 자신의 유형에 갇혀서 그 역할만을 수행하지만 사람인 우리는 삶을 통해 성장하고 변화할 수 있다. 한 여성이 근본적으로 이 처녀 유형을 하고 있더라도, 그녀는 사는 동안, 밀착된 관계가 어떤 것인지를 가르치는 헤라를 자신 안에 발견할 수 있고, 데메테르의 강렬한 모성애를 자신 안에서 느낄 수 있으며, 어쩌면 예상 외로 사랑에 빠져서, 자신 안에 아프로디테가 일부를 차지하고 있음을 발견할 수도 있다.

새로운 이론

나는 아르테미스, 아테나, 헤스티아를 긍정적이고도 활동적인 여성적 유형으로 설명했다. 그런데 이것은 심리학에서 전통적으로 설명한 것과는 다르다.

프로이트의 견해를 따르면 처녀 여신들의 특성은 정신 질환 증세로 설명되며, 융의 견해를 따르면 처녀 여신들의 특성은 여성 심리 속에 있는 반(半) 무의식적인 남성적 요소의 표현으로 규정되어 왔다. 이 이론들은 처녀 여신 유형에 어울리는 여성들의 행동을 규제하여 왔고 그녀들의 자존심을 손상시켜 왔다. 프로이트 이론을 잘 알고 있는 많은 여성들이 아이를 원하기보다는 직업의 경력을 쌓기 원하는 자기 자신을 비정상적이라고 여기게 되었다. 또한 융의 이론에 익숙한 많은 여성들이 자신의 의견을 발표하기를 주저했는데, 그것은 객관적으로 사고하는 능력 면에서 여성이 남성에 비해 열등하고 독단적이기 쉽다는 융의 이론을 잘 알고 있기 때문이었다.

지그문트 프로이트의 여성 심리에 대한 이론은 성기 중심적인 것이라고 요약할 수 있다. 프로이트는 여성 신체와 정신에 **나타난** 다른 면을 보려 하지 않고 해부학상 여성에게는 남성의 성기와 같은 것이 **없다는** 인식 위에서 여성을 설명했다. 프로이트의 견해에 의하면[4] 성기가 없는 여성은 불구이며 남성에 비해 열등하다. 그 결과로 정상적 여성은 남성의 성기를 부러워하는 괴로움을 갖게 되고, 따라서 자학적이면서 자기 도취적인 성향을 띠며, 초자아(양심)의 발달이 남성에 비해 더디다.

프로이트의 정신 분석학 이론 중 여성 심리를 설명한 것을 요약하면 이렇다.

- 능력 있고 자신감 있으며 사회에서 무슨 일인가를 이루고, 자신의 지성과 능력을 구체화할 기회를 갖게 된 것을 기뻐하는 여성은 '남성성 콤플렉스' masculinity complex 를 갖고 있음을 보여 준다. 프로이트에 따르면 이런 여성은 남성의 성기가 없는데도 성기가 있는 듯이 행동하는 것이

다. 정상적인 여성이라면 남보다 뛰어나고 싶다는 욕구를 갖지 않는다. 그런 욕구는 남성성 콤플렉스의 증세이며 현실을 부정하는 것이다.
● 아기를 낳고 싶어하는 여성은 실제로는 성기를 갖고 싶어하는 것이며, 이 욕구를 아기로 대치하고 있다.
● 남성에게 성적인 매력을 느끼는 여성은 자기 엄마가 성기가 없음을 발견했기 때문이다.(프로이트 이론에 따르면, 여자 아이가 커서 남자와 짝을 이루고 싶다고 느끼게 되는 욕구는, 어렸을 때 자기가 남자 아이와 같은 고추가 없으며, 더구나 엄마도 고추가 없음을 발견하고, 엄마에 대한 사랑을 고추가 있는 아버지한테로 전환하는 일련의 사건에서 생긴다고 보았다.)
● 남성만큼 성적으로 분방한 여성은, 프로이트의 견해에 따르면, 사실상 자신의 관능을 표현하고 성을 즐기는 것이 아니다. 차라리 성기 절단에 대한 불안감을 가라앉히기 위한 강박 관념의 표현일 뿐이다.

한편 여성 심리에 대한 융의 이론[5)]은 프로이트의 이론에 비하면 여성에게 훨씬 친절한 편인데, 그 이유는 융은 프로이트처럼 여성을 '결함이 있는 남성'으로 생각하지 않았기 때문이다. 융은 남성과 여성의 심리 구조는 남성과 여성으로 분리시키는 각기 다른 염색체에 따라 다르다고 보았다. 융에 의하면 여성의 의식선상에서는 여성적 성격을 갖고 있지만 무의식 속에 남성적 요소^{animus}를 갖고 있다. 반면에 남성은 의식선상에서는 남성적 성격을 갖고 있지만 무의식 속에 여성적 요소^{anima}를 지닌다.

융에 의하면, 감수성, 수동성, 육아, 주관성 등은 모두 여성적 성격이다. 반면에 합리성, 영성, 객관적이고 확고하게 행동할 수 있는 능력은 남성적 속성이라고 보았다. 남성은 남성적 속성을 자연스럽게 가지고 있다고 본 것이다. 그런데 여성이 남성적 속성을 성격으로 갖고 있다면, 그 속성이 아무리 잘 발달했다 하더라도 그녀는 결함이 있는 여성이 된다. 그녀는 여성이지 남성이 아니기 때문이다. 사회에서 성공하고 합리적인 사고 능력을 갖고 있는 여성은 단지 잘 발달된 남성적 요소를 갖고 있을 뿐이다. 그녀의 남성적 요소는 아무리 잘 발달했다 해도 규정상 의식 면에서 남성에 못 미치며 따라서 남성보다 열등하기 때문이다. 더구나 여성이 갖고 있는 남성적 요소^{animus}는 적대적이고 권력 추구적이며 비합리적인 편파성을 특징으로 할 수 있다고 융은 보았다. 이런 속성들은 융과 현재 융의 이론을 따르는 이론가들에 의해 무의식 속에 있는 남성적 요소의 특징으로 인정되고 있는 것들이다.

융은 여성에게 근본적으로 결함이 있다고 보지는 않았지만, 남성보다는 근본적으로 덜 창의적이고 객관화해서 행동을 취할 수 있는 능력이 적다고 보았다. 대체적으로 융은 남성과의 관계 안에서 남성을 섬기는 것에 따라서 여성을 정의하려 했고 여성이 자신의 욕구에 따라 자율적인 행동을 취하는 것을 인정하지 않았다. 한 예로, 창의성에 대해 융은, 창조자는 남성이고 여성은 남성의 창조적 과정에서 보조적 역할을 한다고 보았다. "남성은 자신의 무의식 속에 있는 여성적 요소로부터 완전한 창작품을 만들어 낸다. 그리고 여성은 자신의 무의식 속에 있는 남성적 요소로부터 창작의 씨앗을 만들어 내어 남성 속에 있는 여성적 요소에 뿌린다."[6]

융의 이론적 입지는 여성의 성취 욕구를 억누르는 것이라고 할 수 있다. 융은 다음과 같이 말했다. "남성의 직업을 택하고 남성처럼 일하고 공부함으로써, 여성은 자신의 여성적 성질에 직접적으로 해가 되지는 않는다 해도 전적으로 어울리지는 않는 일을 하고 있다."[7]

여신 유형들

여신들 모두가 정상적인 여성적 행동 유형을 보여 주는 것이라고 가정해 보자. 그렇다면 타고나기를 헤라나 데메테르보다는 아테나나 아르테미스에 더 가까운 여성이 자신의 목표 지향적인 태도를 유지하면서 활발한 활동을 벌이는 것에 대해서도 여성적인 자아를 가지고 있다고 평가할 수 있을 것이다. 그녀는 자신이 진정으로 원하는 것을 하면 되는 것이다. 그녀는 더 이상 프로이트가 진단한 것처럼 남성성 콤플렉스라고 생각하여 괴로워할 필요도 없고, 융이 말한 것처럼 태도가 남성적이고 따라서 남성적 요소를 가지고 있다는 말을 들을 필요가 없는 것이다.

어떤 여성이 아테나나 아르테미스 같은 여신 유형에 속한다면, 그녀의 성격에는 소위 '여성적' 속성으로 간주되고 있는 의존성, 수용성, 아이를 키우는 마음 같은 것이 없을지 모른다. 그러나 그녀가 가까운 관계를 만들고 싶다면, 그래서 상처받기 쉽고 사랑과 위로를 주고받고 다른 사람의 성장을 지켜보고 도와주는 사람이 되고 싶다면, 그녀는 '여성적' 속성을 자기 안에 계발해야 한다.

한편 사색적인 헤스티아는 자신의 내부에만 관심을 쏟기 때문에 사람들로부터 감정적인 거리를 두고 있다. 그러나 그녀가 거리를 두고 있지만 그녀의 잔잔한 따뜻함은 사람들에게 위로가 되고 도움이 된다. 헤스티아 유형에게 필요한 것은 아르테미스나 아테나의 경우와 마찬가지로 사람들과의 친밀한 관계를 가질 수 있는 능력이라고 하겠다.

아르테미스, 아테나, 헤스티아에게 필요한 것들은 헤라나 데메테르, 페르세포네, 아프로디테를 닮은 여성들이 필요로 하는 것과는 다르다. 후자에 속하는 여신 유형들은 여성들이 우선 관계 속에서 자신을 규정하는 것을 전제로 한다. 이런 여성의 성격은 융의 도식에 잘 맞는다. 이런 여성이 필요한 것은 집중력과 객관적 사고 능력, 자기 주장 등인데, 바로 이런 점들이 이들에게는 부족하다. 따라서 이들은 남성적 요소를 계발하거나 자신의 삶 속에서 아르테미스나 아테나를 활성화하는 것이 필요하다.

헤스티아가 지배적 원형인 여성의 경우, 그녀는 관계 지향적인 다른 여성들처럼 남성적 요소를 계발하는 것이 필요하며, 또한 이 사회에서 적극적으로 살기 위하여 아르테미스와 아테나를 활성화할 필요가 있다.

남성적 요소인가, 아니면 여성적 원형인가

각자의 주관적인 느낌과 꿈속에 나타난 인물들을 분석해 보면 여성의 활동적인 성향이 남성적 요소 때문인지, 아니면 여성적 원형 때문인지를 구분할 수 있다. 한 예로, 어떤 여성은 그녀의 강한 부분이 진정한 자기 모습이 아니라고 느낀다고 하자. 즉, 어려운 상황에 직면할 때 '좀더 강해지자'든지 '남자처럼 생각하자'고 자신을 부추긴다든지, 그런 강한 모습을 보이는 것이 자신에게도 편하지 않다고 하자. 이때 그녀의 강한 모습은 그녀의 남성적 요소로서 때때로 그녀를 돕기 위해 나타나는 것이다. 전기가 나갔을 때 보조 엔진을 이용하는 것처럼, 남성적 요소는 항상 사용되는 것이 아니라 비축되어 있는 것이다. 이런 보조 형식은 헤스티아, 헤라, 데메테르, 페르세포네, 아프로디테 같은 유형의 여성에게 많이 보인다.

그러나 한 여성이 아테나나 아르테미스의 성격을 지니고 있을 때, 그녀는 타고나기를 강하게 태어났고, 합리적으로 사고할 뿐 아니라, 자신이 진정으로 하고 싶은 일이 무엇인지 알고 있고, 그리고 여유 있게 경쟁적인 상황에 대처한다. 이런 성향은 그녀 자신에게 이질적으로 느껴지는 것이 아니고 **여성으로서의** 자신을 표현하는 것일 뿐이며 따라서 그녀를 위해 특별히 작용하는 남성적 요소가 아니다.

꿈의 해석은 아테나나 아르테미스 원형과 남성적 요소를 구분할 수 있는 두 번째 방법이다. 한 여성의 활동적이고 목표 지향적인 성향이 처녀 여신 원형을 지니고 있기 때문인지 또는 그 여성의 남성적 요소 때문인지를 꿈이 구별해 줄 수 있다.

　아테나나 아르테미스 원형을 지닌 여성은 꿈속에서 자주 낯선 곳을 혼자 탐험하는 꿈을 꾼다. 꿈속에서 그녀는 장애물과 싸우고, 산을 오르며, 처음 보는 나라를 돌아다니며, 지하 세계를 헤매기도 한다. 한 예로, "차를 운전하면서 밤에 시골 길을 질주하는데 나를 쫓아오는 다른 차를 따돌려 버렸어요." "생전 처음 보는 도시에서 헤매고 있었어요." "나는 이중 첩자였어요. 나는 거기 있으면 안 되는 사람이었고 내가 누구인지 아는 사람이 있다면 큰일 날 상황이었어요" 등의 꿈을 들 수 있다.

　꿈속에서 온갖 장애물을 만나거나 아니면 아주 쉽게 여행하는 것 등은 그녀가 확고하게 사회에서 경력을 쌓는 데 대해 내부와 외부로부터 방해를 받는 정도를 말해 주는 것이다. 꿈속에서처럼 그녀는 현실 세계에서도 자신이 자신의 앞길을 정하는 것에 자연스러움을 느낀다. 그녀는 활동적이며 자기 자신을 책임지는 사람이다.

　진취적인 성향이 구체화되는 초기 단계에는 대개 다른 사람과 함께 있는 꿈을 꾸곤 한다. 이때 꿈속에 같이 등장하는 사람은 남성일 수도 여성일 수도 있으며, 자기가 잘 아는 사람일 수도 또는 누군지 구분할 수 없는 사람일 수도 있다. 이때 같이 등장하는 사람의 성이 여성인가 남성인가에 따라 이 진취적인 성향이 남성적인 것(남성적 요소)인지 여성적인 것(처녀 여신)인지 구분할 수 있다.

　한 예로, 한 여성이 아테나나 아르테미스의 성향을 구체화하고 있다면, 그리고 학업이나 경력이 아직 초기 단계에 있는 정도라면, 그녀가 꿈속에서 동반할 가장 일반적인 유형은 누군지 모습이 분명하지 않은 여성일 것이다. 나중에, 그녀가 좀더 발달된 단계에 도달할 때, 그녀의 꿈에서는 동반자의 모습이 확실해져서 교육 정도와 진로가 그녀와 같은 여성, 또는 대학 친구로서 사회 활동을 하고 있는 친구가 나타나기 쉽다.

꿈속의 모험에 동반하는 사람이 성인 남성이거나 소년일 경우, 그녀는 전통적인 여성일 가능성이 높으며 상처받기 쉬운 여신들의 유형에 가깝고 헤스티아나 아프로디테와 비슷한 경우이기 쉽다. 이런 여성에게 남성은 행동을 상징하고, 그녀의 진취적이며 경쟁적인 성향은 남성적인 것의 표현이라고 말할 수 있다.

그래서 어떤 여성이 미심쩍어하며 남성적인 요소의 도움을 받아 직업을 갖거나 대학원에 진학했다면, 그녀의 그런 태도는 잘 모르는 남성이나 소년이, 낯선 곳이나 위험한 곳에서 그녀를 동반하고 있는 꿈으로 나타나곤 한다. 그러다가 그녀가 새로운 세계에서 좋은 성적을 받거나 진급이 됐을 때, 그래서 자신의 결정에 대한 확신이 생기게 됐을 때, 그녀가 꾸는 꿈의 내용은 이제 좀더 우호적인 것이 되고, 꿈속의 동반자는 좀더 구체적으로 자기가 잘 알고 있는 남성으로 바뀐다. 한 예로 "나는 남자 친구와 버스를 타고 길고 먼 여행을 떠나고 있었어요." 또는 "나는 차를 타고 있었는데 현실에서는 알지 못하는 남자가 차를 몰고 있었어요. 그러나 꿈속에서는 아주 잘 아는 사람이었지요." 같은 경우를 말한다.

내가 이 책에서 주장하는 이론은 원형에 기초해 만들어졌고, 원형에 대한 개념은 융에게서 얻은 것이다. 나는 융이 설명한 여성 심리 도식에 반대하지 않는다. 다만 융의 도식이 어떤 여성에게는 설명력이 있지만 모든 여성에게 설명력이 있는 것이 아니라는 것을 강조하고 싶다. 상처받기 쉬운 여신들과 아프로디테에 관한 내 설명은 근본적으로 융의 도식에 기초하여 좀더 다듬은 결과들이다. 반면에 이제부터 보게 될 아르테미스, 아테나, 헤스티아에 대한 글은 융의 도식을 벗어난 새로운 유형을 제시하는 것이라고 말할 수 있다.

아르테미스

사냥과 달의 수호신, 경쟁심이 가득한 우리들의 큰언니

아르테미스 여신

로마인에게는 디아나로 알려진 아르테미스는 사냥과 달의 수호신이다. 훤칠한 키에 사랑스러운 모습의 아르테미스는 제우스와 레토 사이에서 태어났다. 짧은 가운을 입고 은빛 활과 화살통을 메고서, 수많은 요정들과 사냥개를 이끌고 산과 들을 질주하는 아르테미스는 백발백중의 명사수다. 또한 달의 여신인 아르테미스는 양손에 횃불을 들고 있거나 머리 위로 달과 별이 원을 그리는 모습으로 나타나기도 한다.

  야생 동물, 특히 어린 야생 동물의 수호신 아르테미스는 그녀의 특성을 나타내는 야생 동물에 비유되기도 한다. 숫사슴, 암사슴, 숫토끼, 메추라기 같은 것은 모두 그녀가 지닌, 붙잡기 어려운 성질을 공유하고, 암사자는 사냥꾼다운 그녀의 용맹과 위엄을, 사나운 멧돼지는 그녀의 파괴적 성향을 드러낸다. 또한 젊은이들을 보호하는 아르테미스의 역할은 곰으로 상징된다. 그리스의 사춘기 소녀들은 아르테미스에게 제사를 드렸고, 아르테미스의 보호 아래 말괄량이 시절을 '여자 곰'이라는 이름으로 보냈다. 그리고 마지막으로 아르테미스는 들판을 질주하는 야생마로 표현되기도 했다.

계보와 신화

아르테미스는 태양의 수호신인 아폴론과 쌍둥이로 태어났다. 그들의 어머니인 레토는 자연신으로서 티탄 신들 사이에서 태어났고, 그들의 아버지인 제우스는 올림포스산의 주신이었다.

레토가 출산이 임박하면서 큰 문제가 발생했다. 레토가 가는 곳마다 모두들 레토를 외면했는데 그것은 제우스의 정실 부인인 헤라의 분노가 두려워서였다. 결국 델로스라는 척박한 섬에서 레토는 아르테미스를 낳는다.

아르테미스는 태어나자마자 곧 아폴론을 낳기 위해 진통하는 어머니를 도왔다. 레토는 아흐레 밤낮을 고통 속에서 헤맸는데 헤라의 저주가 내렸기 때문이다. 아르테미스는 어머니의 산파 역할을 했고 그래서 출산의 여신으로 불리기도 했다. 진통 중에 있는 여성들은 아르테미스를 부르며 진통을 멎게 해주기를 기도하거나, 아르테미스의 화살에 맞아 죽음으로써 진통이 끝날 수 있기를 기도했다.[1]

아르테미스가 세 살이 되었을 때, 어머니는 아르테미스를 데리고 올림포스의 제우스를 만나러 갔다. 「아르테미스에게 바치는 노래」에서 시인 칼리마쿠스는 흡족해 하는 제우스의 무릎에서 놀고 있는 아르테미스를 이렇게 노래한다. "제우스는 아르테미스를 쓰다듬으며 말했다. 여신들이 아르테미스 같은 아이만 낳아 준다면 질투심 많은 헤라의 분노가 무슨 걱정이랴? 아가야, 너는 네가 원하는 것은 모두 갖게 될 것이다."[2]

아르테미스는 활과 화살을 달라고 했다. 그리고 한 무리의 사냥개들과 같이 지낼 요정들, 뛰어다니는 데 불편이 없을 짧은 겉옷, 드넓은 산과 황야, 영원히 처녀로 지낼 수 있을 것을 요구했다. 제우스는 이 모든 것들을 아르테미스에게 주었고 아르테미스가 직접 고를 수 있게 했다.

　그러자 아르테미스는 숲과 강가를 다니며 가장 예쁜 요정들을 직접 뽑았다. 바다 밑으로 들어가서는 포세이돈의 기능공인 키클로푸스를 찾아가서 자신이 쓸 활과 화살을 만들도록 했다. 그리고 마지막으로 한 손에 활을 들고 요정들을 이끌고서는, 반은 염소이고 반은 사람인 피리를 부는 자연신 판을 찾아가서, 가장 뛰어난 사냥개들을 얻었다. 날이 어두워졌지만 빨리 사냥을 하고 싶은 아르테미스는 횃불을 밝히고 사냥을 했다.

　신화를 살펴보면 아르테미스는 자신에게 도움을 청하는 사람들에게 재빨리 단호하게 행동하여 그들을 구해 주고 보호해 주었음을 알 수 있다. 반면에 아르테미스는 자신을 배반하는 사람에게는 가차없이 벌을 내렸다.

　한번은 아르테미스의 어머니 레토가 델포이에 있는 아들 아폴론을 방문하러 가던 중 타티우스와 만나게 되었는데, 타티우스는 레토를 강간하려 들었다. 레토가 도움을 청하자 아르테미스는 재빨리 달려와서 화살로 타티우스를 죽임으로써 어머니를 구했다.

　또 한번은 거만하고 우둔한 니오베가 레토를 비웃는 실수를 저질렀다. 자기는 예쁜 자식들을 많이 낳았는데 레토는 겨우 둘만 낳았다고 자랑을 한 것이다. 화가 난 레토는 아르테미스와 아폴론을 불러서 자신을 모욕한 니오베에게 복수를 하라고 했다. 아르테미스와 아폴론은 즉시 활과 화살을 들고서, 아폴론은 니오베의 여섯 아들을 죽이고 아르테미스는 니오베의 여섯 딸을 죽였다. 그러자 니오베는 눈물을 흘리는 돌기둥으로 변했다.

　아르테미스는 어머니가 원할 때마다 끊임없이 찾아와서 어머니를 도왔는데 이것은 주목할 만한 점이다. 다른 어떤 여신도 이런 모습을 보여준 적이 없기 때문이다. 다른 여인들도 아르테미스에게 도움을 청하곤 했고 그들은 반드시 도움을 받았다. 아레투사라는 숲 속의 요정은 강간을 당할 위험에 처하자 아르테미스를 불렀다. 아레투사는 사냥을 끝내고 돌아와서 옷을 벗고 수영을 하고 있었다. 그때 강가의 신이 아레투사를 보고 욕정을 느껴 달아나는 그녀를 뒤쫓았다. 아르테미스는 아레투사의 비명을 듣고 그녀를 안개 속에서 구출하고는 샘물로 변하게 했다.

아르테미스는 자신의 기분을 상하게 하는 사람에게는 잔인하게 대했다. 악타이온의 실수가 거기에 속한다. 사냥꾼인 악타이온은 숲 속을 헤매다가 우연히 아르테미스와 요정들이 숲 속 깊은 연못에서 목욕을 하고 있는 것을 발견하고 멍하니 바라보았다. 갑작스러운 악타이온의 침입에 화가 난 아르테미스는 악타이온의 얼굴에 물을 끼얹었고 그 물은 악타이온을 숫사슴으로 변하게 했다. 악타이온이 몰고 온 사냥개들은 숫사슴으로 변한 악타이온을 쫓기 시작했다. 공포에 질린 악타이온은 도망가려 했지만 사냥개들에게 물려서 갈기갈기 찢겨 죽게 되었다.

아르테미스는 또 다른 사냥꾼인 오리온도 죽이게 되는데, 오리온은 아르테미스가 사랑하는 사람이었다. 이 살인은 아르테미스가 오리온을 사랑하는 것에 기분이 상한 아폴론의 장난에 의해 실수로 저지른 것이었다. 어느 날 아폴론은 오리온이 머리만 내놓은 채 바다를 건너는 것을 보았다. 그러자 아폴론은 아르테미스에게 바다 저 멀리 검은 물체를 지적하면서 너무 멀리 있기 때문에 화살로 맞출 수 없을 거라고 말했다. 아폴론의 말에 자극을 받은 아르테미스는 그 검은 물체가 오리온의 머리인 줄 모르고 화살을 쏘아서 오리온을 죽였다. 아르테미스는 후에 오리온을 별자리에 앉히고 자신이 갖고 있는 사냥개들 중의 하나인 시리우스에게 오리온자리를 하늘에서 동반하게 했다. 이렇게 하여 아르테미스는 일생 단 한번 사랑한 사람을 자신의 경쟁적인 성격 때문에 희생자로 만든 셈이다.

아르테미스는 사냥의 여신으로 가장 널리 알려져 있지만, 아르테미스는 달의 여신이기도 하다. 달빛 아래서 또는 횃불을 들고, 밤에도 아르테미스는 황야를 거닐었다. 셀레네와 헤카테와 함께 아르테미스는 달의 삼위일체를 나타낸다. 셀레네는 하늘을 다스리고 아르테미스는 지상을, 헤카테는 신비스럽고 괴기한 지하 세계를 다스린다.

아르테미스 원형

사냥의 여신이며 달의 여신인 아르테미스는 자주적인 여성의 기질을 의인화한 것이다. 아르테미스가 보여 주는 원형은 우리에게 자신이 선택한 영역에서 자신이 정한 목표를 향해 나아가게 한다.

처녀 여신

처녀 여신인 아르테미스는 '사랑에 빠지는' 것에서 벗어나 있다. 아르테미스는 페르세포네나 데메테르처럼 버려지거나 강간당하지 않았으며 부부라는 짝의 반으로 있은 적도 없다. 처녀 여신의 원형 아르테미스는 그 자체로 완전함을 나타내며, '내 일은 내가 알아서 할 수 있다'는 태도로 아르테미스 원형을 지닌 여성에게 자신감과 독립심을 갖고 일할 수 있게 한다. 이 원형은 여성에게 남성 없이도 완전함을 느낄 수 있게 한다. 아르테미스 원형을 지님으로써 여성은 남성의 동의 없이도 자신의 일과 이해에 따라 일할 수 있게 된다. 아르테미스 여성의 정체감과 자신감은 자신이 누구이며 무엇을 하느냐와 상관이 있지, 자신이 결혼을 했으며 누구와 결혼했는지와는 상관이 없다. '미스'나 '미세스'가 아닌 '미즈'를 주장하는 것은 남성으로부터의 분리와 독립을 강조하는 아르테미스의 성향을 보여 준다.

목표물을 겨냥하는 궁수

사냥의 여신인 아르테미스는 가까이 있건 멀리 있건 어떠한 목표물도 표적으로 삼을 수 있으며 그녀가 쏜 화살은 반드시 과녁을 맞춘다. 아르테미스 원형을 지닌 여성은 자신이 중요하게 여기는 것에 강렬하게 집중할 수 있는 능력이 있으며 목표까지 가는 동안 주변 사람들의 요구나 다른 사람들과의 경쟁 때문에 어수선해지지 않는다. 오히려 경쟁은 목표물로 향하는 과정에서 더 많은 자극을 줄 뿐이다. 방해물이 여럿 있고 어떤 때는 목표물 자체가 확실히 보이지 않는 경우가 있기도 하지만 아르테미스는 끈질기게 목표물에 초점을 맞춤으로써 결국에는 자신의 목표를 완성해 낸다. 즉 아르테미스 원형은 자신이 정한 과녁을 맞출 수 있게 해준다.

여성 운동의 원형

아르테미스 여신은 여성 운동이 이상형으로 생각해 온 성향을 지닌다. 경쟁력과 성취력, 남성들과 그들의 의견으로부터 독립적인 것, 고통받는 자들과 힘없는 여성과 어린이들에 대한 배려가 그것이다. 아르테미스 여신은 어머니 레토가 아이를 낳을 때 도왔으며, 레토와 아레투사를 강간의 위기에서 구했고, 강간하려던 타티우스와 자신의 지역을 침입한 악타이온을 처벌했다. 아르테미스는 어린이, 특히 사춘기 소녀들을 보호한다.

아르테미스는 여성 운동과 관심사가 같다. 여성 운동은 강간 후유증을 치료하는 병원 설립, 호신술 교육, 성폭행 피해 여성 돕기, 매맞는 여성을 위한 쉼터 설치 등에 관심을 보인다. 여성 운동은 안전한 출산과 산파학을 강조하고, 근친 강간과 포르노그래피에 관심을 갖고, 여성과 어린이들에게 해로운 것을 막고 그런 해를 일으키는 이들을 처벌하는 데 힘을 쏟고 있다.

큰언니

아르테미스 여신은 수많은 요정들과 산과 들과 시내에 있는 작은 신들을 거느렸다. 그들은 함께 숲 속을 탐험하고 거친 황야에서 사냥을 했다. 집안일이나 유행, '여자가 해야 할 일은 이것'이라는 생각에 의해 제약을 받지 않았으며 남성의 통제를 받지 않았다. 그들은 모두 자매처럼 지냈으며 아르테미스는 큰언니로서 그들을 이끌고 도와주었다. 여성 운동이 여성들간의 자매애를 강조해온 것은 아르테미스 원형으로부터 영감을 받아온 것에 비추어 자연스러운 일일 것이다.

『미즈』지 설립자이자 편집자인 글로리아 스타이넘은 아르테미스 원형을 구현하는 여성이다. 스타이넘은 그녀에게 여신 이미지를 투사하는 사람들에게 영웅적이고 신화적인 인물이 되었다.

여성 운동의 목표와 열망을 품은 여자들은 스타이넘을 아르테미스의 환신으로 보고 숭배하는 경우가 많다. 특히 1970년대 초반에 그랬는데, 그때는 많은 여자들이 그녀의 트레이드마크인 비행사 안경을 쓰고, 가운데 가르마에 흘러내리는 긴 머리를 따라 했다. 십 년 후 스타이넘의 역할과 외모를 둘러싼 아르테미스 분위기를 더욱 강하게 만든 것은 그녀가 독신이라는 점이었다. 그녀는 남자들 서너 명과 연애를 했지만 결혼을 하지는 않았다. '온전한' 처녀 여신을 대표하는 여성다운 모습이었다. 처녀 여신은 '어떤 남자에게도 속하지 않는' 여성이니까 말이다.

여자들이 큰언니 같은 스타이넘에게 도움을 구한다는 점에서도 그녀는 아르테미스의 전통을 잇고 있다. 나는 그녀에게 미국 정신 의학회 총회에 와서 ERA를 비준하지 않은 주들에 대한 보이콧을 지원해 달라는 부탁을 한 적이 있는데, 그때 여자들을 지원해 주는 그녀의 기운을 직접 느꼈다. 많은 남자들이 그녀가 매우 큰 힘을 갖고 있다고 여기고 있음을 보고 매우 흥분할 정도로 기분이 좋았다. 많은 남자들은 그녀를 헐뜯고는 마치 악타이온의 운명을 공유하려는 듯 반응했다. 실제로 그녀를 초청하는 데 반대한 몇몇 남자 정신과 의사들은 이 '여신'이 힘을 사용하면 연구비가 끊기고 재정적으로 어려움에 처하게 될 것이라는 (근거 없는) 두려움을 드러냈다.

자연으로 돌아간 아르테미스

거친 황야와 길들여지지 않은 자연과 친화력을 지닌 아르테미스는, 가방을 챙겨들고 시골의 자연 속으로 내려가서는 자연과 하나가 되고 자기 자신과 하나가 되어본 경험이 있는 여성들의 원형이 된다. 달과 별빛이 쏟아지는 곳에서 잠이 들고, 아무도 없는 해변을 거닐거나, 사막 저편을 응시하면서 자연과 영적 교감을 나누어 본 이에게는 아르테미스가 원형이 된다.

린 토머스는 『배낭 여행을 하는 여자』라는 책에서 아르테미스의 성향에 의해 자연을 느끼는 여성의 감각을 이렇게 묘사했다.

초보자들에게는 장엄함과 침묵, 깨끗한 물과 맑은 공기가 먼저 다가온다. 그리곤 거리감을 둘 수 있는 장점이 있다. 그것은 일상의 생활과 사람들로부터 벗어날 수 있는 기회를 갖는 것이며 재충전을 할 수 있다는 이점이 있다. 자연은 그 특유의 에너지로 우리 속에 들어온다. 나는 아이다호에 있는 스네이크 강가에 누워 있던 때를 기억하는데, 잠을 이룰 수 없었고 자연의 힘 안에 빨려 들어가고 있음을 느꼈다. 이온과 원자들의 춤사위에 나는 압도되었다. 그리고 내 몸은 달빛에 의해 끌려가고 있는 것 같았다.[3]

달빛의 통찰력

사냥꾼인 아르테미스가 과녁을 향해 보내는 매서운 눈길은 아르테미스와 연결된 두 종류의 '눈길' 중 하나다. 다른 하나는 '달빛의 통찰력'으로,

달의 여신 아르테미스를 나타낸다. 달빛 아래서 보이는 풍경은 은은하며 아름답고 때때로 신비롭기조차 하다. 이때 우리의 눈길은 별들이 가득한 하늘로 향하거나 주변의 자연의 풍광으로 향하게 된다. 달빛 아래서 아르테미스와 교감을 나눈 사람은 잠시 동안이라도 무의식적으로 자연의 일부가 되며 자연과 하나가 됨을 느끼게 된다.

『자연 속의 여인』이라는 책에서 차이나 갤런드는 강조하기를, 거친 자연 속으로 찾아 들어가는 여인은 자신의 마음속을 찾아 들어가는 것이라고 했다. "거친 황야를 찾아가는 것은 우리 마음속에 있는 황야를 찾아가는 것도 포함한다. 자연과 우리 자신이 매우 가까운 존재라는 것을 알게 되는 것, 바로 이것이 자연을 찾는 가장 큰 가치일 것이다."[4] 아르테미스를 쫓아 황야로 들어간 여성들은 자신들이 더욱더 명상적이 됨을 느끼게 된다. 각각의 꿈들이 보통 때보다도 더욱더 선명해지면서 자기 자신을 자세히 들여다볼 수 있게 해준다. 그들은 달빛 아래서 마음속의 길들과 꿈속의 상징들을 쳐다본다. 이것은 대낮의 밝은 햇빛 아래서 가장 확실히 볼 수 있는, 손에 만져지는 현실과는 대조적이다.

아르테미스를 계발하기

아르테미스 유형의 여성들은 자신들이 아르테미스에게 끌리고 있음을 금방 느낄 수 있다. 다른 유형의 여성들도 아르테미스를 알아두는 것이 필요하다고 느낄지도 모른다. 또 어떤 여성들은 자신 안에 아르테미스가 있음을 알고 아르테미스가 좀더 적극적으로 활동할 수 있기를 바란다. 어떻게 아르테미스를 살려낼 수 있을까? 또는 내 안의 아르테미스를 어떻게 강하게 만들 수 있을까? 그리고 우리 딸들에게서 아르테미스가 성장할 수 있도록 어떻게 도와줄 수 있을까?

때때로 아르테미스를 계발하는 일에는 철저함이 요구된다. 한 예로 재능 있는 여성 작가는 새로운 남성과 사귀기 시작할 때마다 자신의 글쓰는 일을 뒤로 미루었다. 사귀는 남성마다 처음부터 그녀를 사로잡았다. 그리고 곧 남성은 그녀에게 필요한 사람이 되었다. 이제 그녀의 생활은 남성을 중심으로 움직이게 되고, 그가 멀어지거나 절교를 선언하면 그녀는 흥분해서 어쩔 줄 모르게 된다. 가까운 친구가 그녀에게 남자에 빠져 있다고 충고해 준 뒤에야 그 작가는 자신의 행동의 유형을 볼 수 있게 되었다. 글쓰는 일을 제대로 하고 싶다면 당분간 남성과 사귀는 일을 뒤로 미뤄야 함을 알게 된 것이다. 그녀는 도시를 빠져나가 옛 친구를 가끔씩 만나는 것 외에는 아무도 만나지 않았다. 그리고 그녀는 자신에게서 고독과 일과 아르테미스를 계발하고 있었다.

일찍 결혼해 딸에서 아내로 곧 전환해 버린 여성은 자신 안에 있는 아르테미스의 성향을 이혼한 뒤에나 발견하는 예가 종종 있다. 자신의 일생 중 처음으로 혼자 살게 되면서 그녀는 이제 혼자 여행을 가도 즐거운 시간을 보낼 수 있다는 것을 알게 되며, 아침 일찍 일어나 달리기를 할 때의 만족감을 발견할 수 있을 것이다. 또한 여성 지원 모임의 일원이 되면서 즐거움을 느낄 수 있을 것이다.

또는 남자 관계가 복잡한 여성의 경우, 한 남성과 헤어지고 다른 남성을 새로 사귀게 될 때까지 공백기에는 자기 자신이 비참하다고 생각한다고 하자. 그런 여성은 남성과 사귀는 것을 완전히 포기하거나 영원히 결혼을 할 수 없을지도 모른다는 생각을 진지하게 해보기 전까지는 결코 자신에게서 아르테미스의 기질을 발전시킬 수 없을 것이다. 일단 그녀가 용기를 갖고 자신의 상황을 직시하고 친구들과 새로운 관계를 맺으면서 자기 일을 해나간다면 그녀는 머지않아 자기 자신에 대한 충족감과 만족을 느낄 수 있을 것인데, 그것은 그녀 안에 아르테미스 원형이 발전되었기 때문이다.

자연 속으로 여행을 떠나는 것은 여성들에게 아르테미스를 느끼게 하는 좋은 기회가 된다. 특히 그룹이 함께 여행하면서 각자가 독자적인 행동을 할 수 있는 여행이라면 더욱 좋다. 또한 운동 경기를 하거나 여학생 캠프에 참가하거나 낯선 지역을 찾아 여행하는 일 또는 교환 학생이 되어 외국 문화 속에서 살아가거나 평화 봉사단의 일원이 될 때 우리 딸들은 그 자체로 충족감을 느끼는 아르테미스가 자기 안에서 커가고 있음을 알게 된다.

아르테미스 여성

아르테미스의 성향은 일찍부터 나타난다. 대개 아르테미스 성향의 아기는 새로운 것, 신기한 것에 호기심을 나타내며 얌전하기보다는 활발하다. 부모가 아이에 대해 보통 표현하는 아래와 같은 말들은 바로 아이가 자신이 정한 일에 집중할 수 있는 아르테미스 성향을 지녔음을 보여 준다. "우리 아이는 세 살인데도 집중력이 대단해요." "아유, 아이가 고집이 보통이 아녜요." "아이와 약속한 건 꼭 지켜야 해요. 꼭 기억하고선 약속을 받아 내요." 이렇게 아르테미스 성향은 아주 어려서부터 나타나는데, 걷기 시작하면서부터는 미지의 세계에 대해서 호기심이 가득한 아이로 큰다.

아르테미스 여성은 자신이 세운 원칙에 철저하다. 그리고 어린아이들은 철저히 보호해 주려 하며, 불의에 접하면 "그건 공평하지 않아요!" 하고 시정하려고 한다. 아르테미스 소녀가 아들을 선호하는 집에서 태어났다면, 오빠나 남동생을 위하는 집안 분위기를 그냥 받아들이려 하지 않는다. 집안에서의 평등한 대우를 주장하는 이 소녀는 이미 여성주의자의 싹을 보여 주고 있다고 하겠다.

부모

자신이 세운 목표를 향해 나가면서, 자신이 여성이라는 것과 있는 그대로의 자기 자신에 만족해 하는 아르테미스 여성 뒤에는 대부분 레토같이 정다운 어머니와 제우스같이 딸을 인정해 주는 아버지가 있기 마련이다. 아르테미스 여성이 갈등 없이 성공을 향해 경쟁하고 성취할 수 있으려면 부모의 성원이 무엇보다 중요하다.

제우스처럼 딸을 인정하고 격려해 주는 아버지는 딸이 원하는 것을 할 수 있게 '선물'을 준다. 그 선물은 눈에 보이지 않는 것으로, 아버지와 흥미도 같고 서로 비슷한 점이 많아 자연히 아버지가 딸에게 관심을 갖고 용기를 북돋아 주는 경우이다. '선물'은 때로 더 확실히 눈에 보이는, 훈련과 기구 같은 것이 되기도 한다. 세계적 테니스 선수인 크리스 에버트 로이드는 그 자신 테니스 선수였던 아버지 지미 에버트로부터 훈련을 받았는데, 아버지는 크리스가 일곱 살 나던 해에 딸에게 라켓을 선물로 주면서 딸의 재능을 북돋웠다.

그런데 아르테미스 딸이 전통을 고집하지 않는 부모 밑에서 태어났을 때는 어떻게 될까? 부모가 육아며 집안일 등을 나눠 하며 각자 직업이 있는 경우, 아르테미스 딸은 자신의 아르테미스 성향을 인정해 주고 발전시켜 줄 모델을 갖고 있는 셈이다. 더욱이 이때 아르테미스 딸은 결혼과 육아가 자신의 목적을 추구하는 일과 서로 양립될 수 없으리라는 걱정 없이 자유롭게 자신의 계획을 추진하게 된다.

문제는 아르테미스 딸이 자신들이 원하는 형의 딸이 아니어서 실망하고 야단치는 부모를 만났을 때 생긴다. 얌전하고 보송보송한 아기를 원했는데 그 대신 활동적이고 한시도 가만히 한곳에 있지 않으려는 아기가 태어났을 때 엄마는 아이에 대해 실망하거나 아이가 엄마를 따르지 않는다고 생각하기 쉽다. 엄마를 졸졸 따라다니고 엄마의 잔일들을 도와주고 엄마 말을 고분고분 듣는 그런 아이를 원하는 엄마가 아르테미스 딸을 갖게 되었다면 실망을 금하기 어려울 것이다. 네 살만 되어도 독립심이 강한 이 꼬마 아이는 엄마와 집안에서 노는 것을 좋아하지 않는다. 아이는 대신 골목에 나가 자기보다 큰 아이들과 놀려고 한다. 그리고 어른들 보기 좋으라고 리본과 레이스가 달린 치마를 입고 있기를 싫어한다.

나중에 이 아이가 커서 부모의 허락을 필요로 하는 일을 하려고 할 때 부모가 그 일에 반대하는 경우가 있을 것이다. 오빠나 남동생은 남자이기 때문에 허락을 받고 자신은 여자이기 때문에 허락을 받지 못한다면 아르테미스 딸은 거세게 반항할 것이다. 그리고 자신의 반항이 아무 효과가 없다면 함구한 채 방안에 웅크리고 있을지도 모를 일이다. 아르테미스 딸을 받아들이고 인정해 주지 않을 때 그 아이의 자존심과 자신감은 크게 위축된다. 특히 자신이 존경하는 아버지가 자신을 자랑스러운 딸로 인정해 주는 대신 여자답지 못하다고 야단을 치거나 자신의 능력, 생각, 희망에 대해 야단을 치거나 경멸할 때 그 타격은 치명적이다.

임상에서 나는 자신을 인정해 주지 않는 아버지를 둔 아르테미스 딸들의 고뇌를 많이 보았다. 전형적인 그들의 모습은 겉으로는 강하고 방어적인 자세를 취하지만 안으로는 상처를 입고 있다. 그들은 강한 성격을 지니고 있고 아버지가 어떻게 생각하든 영향을 받지 않으며 경제적으로 독립할 수 있을 때까지만 아버지 집에서 살고 있는 것으로 보였다. 그런 아버지 밑에서 자란 아르테미스 딸들의 후유증은 그 강도와 심각성 면에서 다양하지만 대충 다음과 같은 유형을 보여 준다. 우선 자신의 능력에 대해 확신을 갖지 못하며 자신에 대해 대단히 비판적이다. 즉 자신의 불신이 자신에게 최대의 적이 되는 셈이다. 겉으로는 자신의 포부와 기를 꺾으려는 아버지의 권위에 잘 대처하고 있는 듯이 보이지만 이미 마음속으로는 아버지의 비판적인 태도를 받아들이고 있는 것이다. 마음 깊이, 아르테미스 딸은 자신이 대단한 존재가 아니라는 느낌과 싸워야 한다. 그리고 막상 자기에게 새로운 기회가 주어졌을 때 망설이게 된다. 자신의 능력을 완전히 발휘하지 못하며 심지어는 자신이 성공했을 때도 계속 자신이 적합지 못한 인물이라는 의혹을 떨치지 못한다. 이런 유형은 딸보다는 아들을 선호하는 문화, 딸은 전형적인 여성이기를 원하는 문화와 가족에 의해 재생산된다.

내 수업에 들어온 한 아르테미스 여성은 "엄마는 페르세포네(엄마 말을 잘 따르는 딸)를 원했고 아버지는 아들을 원했지요. 그런데 제가 태어났어요" 하고 말했다. 아르테미스 딸을 둔 어떤 어머니들은 자신이 별로 가치를 두지 않는 일에 몰두하는 딸의 모습이 썩 내키지 않아서 딸에 비판적이게 된다. 어머니의 이런 태도가 아르테미스 딸의 기를 꺾지는 못하나 그래도 기운 나게 하는 일은 아니다. 아버지가 딸에 대해 갖는 부정적인 태도는 어머니가 딸에 대해서 갖는 부정적인 태도보다 더 파괴적인 결과를 낳는데, 그것은 그녀에게 아버지가 더 대단한 권위를 지녔기 때문이다.

아르테미스 딸이 어머니와의 관계에서 갖게 되는 또 하나의 문제는 수동적이고 나약해 보이는 어머니를 두었을 때다. 불행한 결혼 생활이나 알코올 중독 등의 후유증으로 우울해 하는 어머니, 항상 어린이처럼 관심 받기를 원하는 어머니가 그런 예가 된다. 아르테미스 딸들은 그런 관계를 "내가 엄마고 엄마가 내 딸이었어요"라고 표현한다. 이들 아르테미스 딸들과 좀 더 깊숙이 얘기를 나눠보면 강한 어머니를 가져 보지 못하고 그렇다고 어머니의 삶을 바꿔줄 수 있을 만큼 자기 자신이 강하지 못한 것에 대해 슬퍼하고 있음을 알 수 있다. 아르테미스 여신은 언제나 자신의 어머니인 레토를 도와줄 수 있었지만, 어머니를 구하려는 현실 세계의 아르테미스 딸들의 노력은 대부분 실패로 끝났다.

나약한 어머니를 보면서 아르테미스 딸들은 아르테미스 성향을 강화한다. 그들은 어머니처럼 되지 않겠다고 결심하면서 자신 안에서 의존심과 나약함을 억누르고 독립적이 되려고 노력한다.

그러나 아르테미스 딸이 전통적인 여성의 역할을 하는 어머니를 경멸할 때, 스스로를 사실상 자신이 마련한 올가미에 씌우는 것이다. 어머니와 동일시하는 것을 거부함으로써 아르테미스 딸은 여성적이라고 생각되는 부드러움, 수용력, 결혼과 모성애에 대한 감동들도 같이 거부하게 된다. 그리하여 그녀는 다시 한번 무력감에 시달리게 된다. 이번에는 자신의 여성성의 영역에서.

사춘기와 청년기

초등학교 시절의 아르테미스 딸들은 경쟁심이 대단하고, 인내심과 용기, 그리고 승부욕이 강한 특징을 보인다. 자신이 정한 목표를 달성하기 위하여 아르테미스 딸은 있는 힘을 다한다. 걸 스카우트가 되어 등산과 수영, 야영 생활을 즐기며 캠프파이어에 쓸 장작을 직접 패기도 한다. 또는 아르테미스 여신처럼 활을 잘 쏠 수도 있다.

중고등학교 시절의 아르테미스 딸은 독립심과 탐험심의 경향을 지닌다. 숲 속을 찾아 들어가고 등산을 하며 길을 갈 때도 다음 길에는 무엇이 있을지 호기심으로 가득 차서 다닌다. "날 내버려 둬요," "옆으로 비켜 주세요"가 아르테미스 소녀의 늘상 하는 말이 된다. 아르테미스 소녀는 그 또래의 소녀에 비해 비동조적이고 덜 순응적이다. 이것은 아르테미스 소녀가 다른 사람의 비위를 맞추는 일에 무관심하고 자신이 원하는 것이 무엇인지 분명히 알고 있기 때문이다. 그러나 아르테미스 소녀의 이러한 확신은 주위의 반발을 사기도 한다. 주위에서는 아르테미스 소녀가 고집불통이며 여성적이지 못하다고 생각할지도 모른다.

아르테미스 소녀는 대학에 들어가게 될 때, 대학의 자유로움과 경쟁적인 분위기에 신이 나 한다. 대학에서 아르테미스 소녀는 자신과 비슷한 친구들을 만나게 된다. 정치적인 성향을 지닌 아르테미스 소녀는 대학의 총학생회 선거에 출마하기도 한다.

그리고 운동 신경이 발달한 소녀는 하루에 수십 킬로미터의 거리를 조깅하면서 자신과의 대화를 즐기게 된다. 마라톤은 특히 목적지를 향해 집중하고, 경쟁심과 인내심이 요구되는 경기인데, 마라톤에 참가하는 여성들은 아르테미스의 특질을 가장 잘 드러내 주는 예라고 할 수 있다. 스키를 탈 때, 본능적으로 산 아래쪽으로 난 코스를 정하면서 심리적으로나 육체적으로 전혀 두려움 없이 앞으로 나아가는 여성에게서 또한 아르테미스 성향을 읽을 수 있다.

직업

아르테미스 여성이 정열을 쏟는 일은 그녀에게 주관적인 가치를 지닌 일이다. 그녀는 경쟁심에 부추겨지며 주변의 방해로 단념되는 적이 없다. 아르테미스 여성이 사회 사업이나 법률 분야에 종사하고 있다면, 대부분 특별한 이상을 갖고 그 일을 선택했기 때문이다. 사업을 하고 있다면 성공을 가져다 주리라고 확신하는 상품을 가지고 사업을 시작하거나 아니면 아마도 자신의 뜻을 펼칠 수 있게 도와주는 사람과 함께 일을 시작했을 것이다. 창의력을 발휘할 수 있는 일에 종사한다면, 그녀는 자신의 개인적 상상력을 표현하려고 한다. 정치계에 뛰어들었다면 그녀는 환경 운동이나 여성 운동의 옹호자가 된다. 돈, 명예, 권력 같은 세속적인 성공은 그녀가 뛰어나게 잘하는 부분에 대한 보답으로 자연히 뒤따르게 될 것이다.

그러나 사실상 대다수의 아르테미스 여성이 관심을 갖는 일은 상업성이 없는 것이며 세속적 성공, 명성, 돈으로 이어지지 않는다. 오히려 거꾸로 그 관심은 아주 개인적이고 많은 시간을 요하는 것이라서 세속적인 성공이나 인간 관계를 맺는 일이 힘든 것이 사실이다. 그렇더라도 그런 노력은 아르테미스 여성 개인에게는 만족스러운 일이 된다. 한 예로 가족법 개정 운동이나 공해 방지법 운동에 적극 참여한다든지, 격려해 주는 사람이 없고 상품 가치가 없는 창작에 몰두하는 자세는 들어주는 사람 없는 깊은 산속에서 또는 황야에서 소리 치는 아르테미스 여신을 연상케 한다. (예술가는 주관적인 경험과 창작을 강조하는 아프로디테와 아르테미스가 합친 경우다.)

아르테미스 여성은 전형적인 현모양처형을 따르지 않기에 자신이나 가족들과 갈등을 일으킬 수 있으며 그것이 그녀의 노력을 꺾어 버리기도 한다. 딸이 원하는 것이 가족들이 보기에 여성스럽지 못한 것이라면 그 딸이 가족의 반대를 무릅쓰고 하고 싶은 일을 하기는 힘들다고 하겠다. 아르테미스 여성이 추구하는 직업은 얼마 전까지도 여성에게는 개방되지 않은 것들이었다. 그런 중에 아르테미스 여성은 아무도 격려해 주는 사람이 없고 너무나 많은 장애물에 둘러싸여 아르테미스 기질을 버려야만 했다.

여성과의 관계: 자매애

아르테미스 여성은 다른 여성들과의 친화력이 강하다. 요정 친구들에 둘러싸인 아르테미스 여신처럼 친구와의 관계를 매우 중요하게 여긴다. 이런 특성은 아주 어릴 적인 초등학교 시절부터 나타난다. 그때 사귄 친한 친구들끼리 마음을 터놓고 지내며 그때의 우정은 어른이 될 때까지 지속된다.

직장에서도 아르테미스 여성은 쉽게 기존의 여성들의 연계망에 소속된다. 여성끼리의 관계를 중요하게 여기고 여성 후배들을 이끌어 주며 여성 동료들을 격려해 주는 모습은 자매애 원형의 자연스런 모습이라고 하겠다.

한편 이런 그룹 활동에는 소극적이고 개인주의적인 성향을 지니고 있는 아르테미스 여성들도 대부분 여성 운동은 지지한다. 이런 경향은 아르테미스 여성이 어머니와 가깝게 지내면서 어머니의 삶을 통해 우리 사회에서 여성의 일생이 어떻게 전개되는지에 대한 자연스러운 관심과 인식에서 시작된다. 또는 자신의 삶을 성취하고 싶었지만 꿈을 이루지 못한 어머니로부터 받은 직접적인 영향에서 비롯될 수도 있다. 1970년대 아르테미스 여성들은 그들의 어머니들이 못 이룬 꿈들을 실현하고 있다. 그들의 어머니들이 젊던 시절에는 제2차 세계 대전 직후라서 결혼을 해서 전업 주부로 지내는 것이 가장 이상적으로 생각되는 시기였기 때문에 자신의 꿈을 포기해야 했다. 아르테미스 딸들 뒤에는 자신의 꿈을 대신 이뤄 주는 딸을 대견해 하는 어머니가 있음을 자주 볼 수 있다.

기질적으로 아르테미스 여성은 여성주의자다. 여성 운동에 대해 아르테미스 여성은 적극 동조한다. 아르테미스 여성은 대개 자신이 남성과 동등하다고 생각한다. 아르테미스 여성은 지금껏 남성과 경쟁해 왔으며 여자에게도 일반적으로 주어진 역할이 부당한 것이라고 생각한다. '여자가 재주가 많으면 팔자가 세다'든가 '남자 기를 꺾지 마라' 같은 말들은 아르테미스 여성의 기질을 부정하는 표현들이다.

성생활

아르테미스 여성은 영원히 순결을 지킴으로써 자신의 성에 대해 수동적이고 드러내지 않는 삶을 살아온 아르테미스 여신을 닮을 수 있다. 그러나 현대를 살아가는 여성에게 이런 유형은 사실상 드물다. 차라리 아르테미스 소녀가 어른이 되었을 때 성 경험을 이미 해본 경우가 더 많을 것인데, 이때 아르테미스 여성의 성 경험은 새로운 모험을 하고 싶은 그녀의 탐험심에서 비롯된 것이라고 할 수 있다.

아르테미스 여성의 성에 대한 태도는 일에 몰두하는 전형적인 남성의 태도와 유사하다. 그들 모두에게 사랑이란 이차적인 문제다. 자신의 직업과 지금 하고 있는 일이 우선적으로 중요하다. 따라서 성 경험은 운동처럼 육체 경험의 하나이지, 헤라 여신의 경우처럼 애정의 육체적 표현이거나 아프로디테처럼 성적 본능의 표현이 되는 것은 아니다.

결혼

자신의 일과 운동에 힘을 쏟는 아르테미스 여성에게 결혼은 중요한 문제가 아니다. 더구나 결혼하여 가정에 안주하는 것은 한참 경력을 쌓는 아르테미스 여성에게는 별로 부러운 일이 되지 못한다. 어떤 아르테미스 여학생이 매력적이고 학생들간에 인기가 높아서 남학생들로부터 데이트 신청을 많이 받는다면 그녀는 그중의 한 남학생과 연애를 하기보다는 여러 남학생들과 같이 어울리려고 할 것이다. 그리고 그녀는 결혼하기보다는 실험적으로 우선 같이 살아보는 방법을 택할 것이다. 그리고 어쩌면 그녀는 영원히 독신으로 지내기를 선택할지도 모른다.

아르테미스 여성이 결혼을 할 때, 그녀의 남편은 대부분 같은 과 친구이거나, 직장 동료, 자신의 경쟁자이기 쉽다. 그리고 그들의 결혼 생활은 평등하게 꾸려진다. 결혼한다고 자신의 성을 남편의 성으로 바꾸는 일은 하지 않는다.

남성과의 관계: 형제애

아르테미스 여신의 쌍둥이 동생인 아폴론은 다양한 면모를 지닌 태양의 수호신이다. 아폴론은 아르테미스 여신과 짝을 이루는 남신이다. 아폴론 남신의 영역이 도시일 때 아르테미스 여신은 거친 황야를 다스리며, 아폴론이 태양을 차지했다면 아르테미스는 달을 차지했다. 집짐승을 다스리는 아폴론에 대해서 아르테미스는 산짐승을 다스리며, 아폴론이 음악의 신일 때 아르테미스는 산 위에서 드리는 강강수월래 춤을 주관한다. 아폴론은 올림포스산의 두 번째 세대로서 합리성과 법을 대표하는 것으로도 표현되지만, 한편으로는 예언의 남신으로 비합리적인 것을 대표하기도 한다. 다시 말하면 아폴론도 누나인 아르테미스처럼 남성적인 성향과 여성적 성향을 모두 지닌 양성적인 신이다.

아르테미스와 아폴론의 관계는 아르테미스 여성이 남성과(그 남성이 친구이든, 동료이든, 또는 남편이든) 맺는 관계의 유형을 보여 준다. 아르테미스 여성은 대개 심미적이고 창의력 있으며 음악성이 뛰어난 남성에게 매력을 느낀다. 그 남성의 직업은 대개 남을 도와주는 분야나 창의력을 발휘할 수 있는 분야이다. 그 남성은 대개 지적인 면에서 여성과 같으며 서로 같거나 아니면 서로 보완할 수 있는 관심사를 갖고 있다. 한 예로 배우이자 실천가이며 건강 체조 주창자인 제인 폰다와 진보 정치가인 톰 헤이든의 관계를 들 수 있다.

아르테미스 여성은 가부장적인 남성과 '난 타잔, 넌 제인' 식의 관계에 전혀 매력을 느끼지 못한다. 아들에게 집착하지도 않는다. 즉 아르테미스 여성은 남성이 자신의 삶의 중심이 되는 것을 허용하지 않는다. 아르테미스 여신이 늠름한 외관을 갖추고 있듯이, 늠름한 마음을 가지고 있어서 '귀여운 여인'의 역할을 하는 것이 자신에게 우스꽝스럽게 느껴진다.

아르테미스와 아폴론의 관계에는 대개 스포츠에 대한 흥미가 같이 간다. 두 사람은 같이 스키를 즐기기도 하고 수영, 조깅, 등산 등을 같이 한다. 스포츠를 즐기는 아르테미스 여성이 상대와 같이 스포츠를 할 수 없다면 그녀는 두 사람의 관계에서 중요한 부분이 빠졌다고 생각할 것이다.

아르테미스와 아폴론의 관계는 성적인 관계보다는 친구 같은 결혼 관계를 유지함으로써 서로 가장 친한 친구가 된다. 따라서 남편이 다른 유형의 여성과 사랑에 빠져 남매처럼 지내던 그들의 결혼 생활이 깨지게 될 때도 아르테미스 여성은 이혼한 남편과 계속 친한 친구 관계를 유지하곤 한다.

아르테미스 여성이 결혼 생활에서 의미 깊은 성 관계를 가지려 한다면, 또 다른 여신인 아프로디테의 영향을 받아야 한다. 그리고 그 결혼이 남편에게 성실한 것이 되기 위해서는 헤라 여신의 영향도 있어야 한다. 헤라 여신과 아프로디테 여신의 성향이 없는 아르테미스 여성의 결혼 생활은 남매와 같은 것이 되기 쉽다.

이렇게 동료로 관계를 맺는 것 외에 아르테미스 여성에게 두 번째로 흔한 관계의 유형은 그녀를 길들이는 남성과의 관계이다. 이 두 번째의 남성은 아르테미스 여성에게 깊은 감동을 받은 남성인데, 그녀를 자상하고 자신의 감정에 민감한 여성이 되도록 가르친다. 그리고 이런 남성은 대개 그녀가 아이를 낳기를 원한다.

이처럼 서로 대칭적이거나 보완적인 관계보다 못한 것으로서 아르테미스 여성이 맺을 수 있는 관계는 그녀가 어린 시절 아버지와 겪은 갈등을 재생산하는 것이다. 그런 남편은 아르테미스 아내가 원하는 것을 전혀 지지하지 않을 뿐 아니라 아내를 비난하고 깎아내린다. 이때 아르테미스 여성은 어렸을 때 아버지에게 했던 것처럼 자신을 방어하면서 자신이 하려는 일을 계속 추진한다. 그러나 그녀의 자존심은 이미 상처를 받았고 사기는 저하되어 있으며 결국에는 남편이 원하는 아내상에 자신을 맞추게 된다.

또는 아르테미스 여신과 오리온의 사랑에 관한 신화에서처럼 강한 남성과 사랑에 빠져서는 그 관계의 경쟁적인 성격 때문에 관계 자체가 끝나 버리는 경우도 있다. 그가 큰 업적을 이룬다면 아르테미스 여성은 그를 위해 기뻐하기보다는 그의 성공을 불쾌해 하며 깎아내리려고 한다. 그리고 이런 경쟁심은 결국 상대 남성이 그녀에게 갖고 있는 사랑의 감정을 약화시킨다. 반대로 상대 남성의 경쟁심이 아르테미스 여성의 사랑의 감정을 약화시킬 수도 있다. 아르테미스 여성의 성공이 상대 남성에게 위협으로 느껴지는 경우가 그것이다. 이렇게 서로간의 경쟁이 계속될 경우 경쟁심은 악화될 뿐이며 아주 사소한 문제까지 경쟁의 대상이 되는 것이다.

아르테미스 여성이 자기와 꼭 어울리는 타입이라고 생각하는 남성은 첫째로 대개 그 여성이 자기와 비슷하기 때문에, 즉 그 여성에게서 자기 자신을 볼 수 있기 때문이다. 둘째로 자기 자신에게서 찾아 볼 수 없는 독립심, 적극성, 의지력 등을 아르테미스 여성에게서 느끼기 때문에 그녀에게 매력을 느낄 수 있다. 셋째로 그 남성 자신이 가장 이상적으로 생각하는 순수함을 아르테미스 여성이 보여 주기 때문이다.

이 중에서 가장 일반적인 매력으로 여겨지는 것이 아르테미스 여성에게서 자신과 유사성을 발견하는 것이다. 자신과 한편이 되어 자신을 도울 수 있고 자연스러운 동료가 되어 주는 모습을 그녀에게서 보는 것이다.

자신에게 없는 부분을 아르테미스 여성에게서 보고 매력을 느끼는 남성은 대개 아르테미스 여성의 의지력과 독립심을 보면서다. 그는 보통 비여성적이라고 생각되는 성향에 그녀를 앉혀 놓고 그녀의 강한 점에 도취된다. 그런 남성이 이상적으로 생각하는 여성은 텔레비전의 '원더 우먼' — 그녀는 아르테미스의 로마 이름인 다이아나로 분했다 — 과 같은 것이다.

우리 아들이 여덟 살 때의 일이다. 하루는 아들 친구가 와서는 감탄을 하면서 자기 여자 친구가 얼마나 용감한가를 얘기했다. 그 아이는 자신의 여자 친구가 용감하며 적극적이어서 자기가 위험에 처했을 때 의지할 만한 아이로 생각하고 있었다. "누가 나를 못살게 굴 때, 내가 그 여자 애한테 전화하면 당장 나한테 달려올 거야." 정신 분석학자인 나는 그 아이가 말할 때 보여 준 감탄과 자부심(그런 여자 아이와 자기가 친하다는)이 아르테미스 여성을 이상형으로 생각하는 남성들이 자기가 사랑하는 여성이 보여 주는 업적들에 대해 자랑스럽게 말할 때의 느낌과 같은 것을 볼 수 있었다.

세 번째 남성은 아르테미스 여성의 순수함과 순결성에 끌린 경우다. 그리스 신화에서 이런 매력은 히폴리토스에게서 나타났다. 히폴리토스는 매력적인 소년으로 아르테미스 여신에게 마음을 바치고 동정을 지켰다. 사랑의 여신 아프로디테는 이런 히폴리토스에게 감정이 상해서 그에게 불행이 일게 했다.(이 이야기는 아프로디테 편에서 다시 얘기하기로 한다.)

아르테미스처럼 순수한 여성에게 끌리는 남성은 세속적인 성욕을 혐오한다. 이런 남성은 대개 젊은 히폴리토스처럼 청소년기의 나이로 그들 자신 성 경험이 없기가 쉽다.

자식과의 관계

아르테미스 여성은 보통의 어머니형이 아니다. 임신을 하고 젖먹이는 것이 아르테미스 여성에게는 전혀 만족을 주는 경험이 아니다. 그 반대로 임신은 운동 선수 같은 단단한 체격을 유지하고 싶은 아르테미스 여성에게 혐오스러운 일이 될 수 있다. 그녀는 어머니가 되고 싶은 강한 본능을 느끼지 않는다(그러려면 데메테르 성향이 있어야 한다). 하지만 아르테미스 여성은 어린이들을 좋아한다.

아르테미스 여성이 자신의 아이를 낳았을 때, 그녀는 대개 좋은 어머니가 된다. 신화에서 그녀의 상징인 암곰처럼 아르테미스 어머니는 독립심을 강조하고 싸움을 피하는 법을 가르치지만 일단 자신을 방어해야 될 때는 사나워진다. 아르테미스 어머니의 자녀들 중에는 자신들을 위해서라면 어머니가 죽음을 걸고 싸울 것이라고 확신하는 경우가 많다.

아르테미스 여성은 자기 아이를 낳지 않는 것을 자연스럽게 생각하며 자신의 모성애를 다른 아이들에게 보내곤 한다. 걸 스카우트 지도 교사가 되거나 새어머니가 되는 등의 기회가 그것이다. 이러한 역할을 통해서 아르테미스 여성은 성숙한 여성의 길목에 서 있는 소녀들을 보호하는 아르테미스 여신과 유사한 모습을 보여 준다.

아르테미스 어머니는 자식이 갓난아이였을 때를 떠올리며, 그때는 아이들이 귀여웠는데 하고 회상에 잠기지 않는다. 그 대신 아이들이 점점 더 독립적으로 성장해 가기를 바란다. 모험심이 강한 활동적인 소년 소녀들에게 그들의 아르테미스 어머니는 훌륭한 친구가 된다. 아르테미스 어머니는 바깥에서 누런 뱀을 잡아 가지고 집으로 돌아오는 아이들을 반겨 주며, 아이들과 같이 신나하며 캠핑을 간다.

그러나 문제는 어머니는 아르테미스인데 자식은 수동적이고 의존적인 경우에 있다. 그런 아이에게 너무 일찍부터 독립심을 강조하면 오히려 아이는 더욱더 의존적이 되려고 함으로써 문제가 악화된다. 아이는 자신이 부모의 기대를 충족시키지 못한다고 생각하고 아르테미스 어머니의 기대를 만족시킬 만큼 자신이 능력이 있지 못하다고 생각할 수 있다.

중년

서른여섯에서 쉰여섯 사이의 나이에 아르테미스 여성은 다른 여신 성향도 함께 지니고 있지 못한 경우 중년의 위기를 맞게 된다. 아르테미스 원형이란 원래 젊은 여성이 자신의 목적을 정하고 그 목표를 향해 다른 생각 없이 매진하는 여성과 어울리는 것이다. 그러나 중년이 되면 변화가 생긴다. 이제 그녀가 탐험하지 않은 곳은 얼마 없으며 그녀가 추구한 목표는 이미 달성됐거나 실패로 끝난 상태다.

중년이 된 아르테미스 여성은 과거에 비해 점점 명상적이게 되며 내면의 세계에 관심을 갖는다. 이제 수렵의 여신인 아르테미스보다는 달의 여신인 아르테미스가 더 영향력 있다. 폐경기를 맞으면서 외향적이던 아르테미스 여성은 자신의 내부로의 여행을 시작한다. 이 여행 중에 그녀는 과거의 '망령'을 만나게 되며 지금까지 무시해 왔던 감정과 욕구를 새롭게 느낀다. 이 폐경기 때의 현상은 헤카테 여신과 관련이 있는데, 헤카테 여신은 어두워진 달과 망령들과 신비스러운 세계의 여신이다. 헤카테도 아르테미스도 둘 다 달의 여신들로 대지 위를 거닐었다. 이 두 여신들은 아르테미스 여성이 나이가 듦에 따라 만나게 되는데 그것은 젊은 시절 다른 목적을 향해 매진한 것처럼 이제는 심리적인, 영적인 영역을 향해 추진하는 아르테미스 여성에게서 볼 수 있다.

노년

아르테미스 여성이 나이가 들어서도 아르테미스 성향을 계속 유지하고 있는 것을 보는 것이 드문 일은 아니다. 그녀의 젊은 활기는 결코 멈추지 않는다. 그녀의 몸이나 마음이, 또는 몸과 마음 모두가, 항상 활동적이다. 새로운 관심사를 만들어 그것에 매진하거나 외국으로 여행을 가기도 한다. 그녀는 젊은이들과의 친밀성을 계속 유지하며 항상 생각을 젊게 가지기 때문에 중년 여성이나 할머니가 되었음을 느끼지 못한다.

북캘리포니아에 살고 계시는 두 할머니들이 이런 전형적인 예가 된다. 엘리자베스 터윌리거 할머니는 칠십이 넘으셨지만 아직도 초등학생들을 데리고 산과 들로 나가서 자연을 가르친다. 나무 뿌리 뒤쪽에 살짝 숨어 있는 진기한 버섯들을 신기하게 쳐다보기도 하며 예쁜 뱀을 들어 보고 언덕 위에 피어 있는 식물들 중에서 먹을 수 있는 것들을 구분하는 법을 가르쳐 주기도 한다. 고추밭을 지날 때는 고추를 하나 따서 먹어 보기도 한다. 할머니는 자연에 대한 자신의 흥미를 어린 초등학생들과 나누며 어린이들을 자연의 경이로 향하게 한다.

두 번째의 아르테미스 할머니는 프란시스 혼 할머니인데, 인간 심성에 대한 뒤늦은 탐험심으로 칠십의 나이에 심리학 박사가 된 분이다. 그리고 칠십다섯의 나이에 『내가 원하는 것은 하나』[5]라는 자서전을 썼으며, 그 안에서 그녀 자신의 탐험심과 그리고 영원히 변하지 않는 것으로 생각하는 것들을 적어 나갔다.

미국에서 가장 유명한 여성 예술가 중의 하나인 조지아 오키프 할머니는 아흔의 나이에도 항상 그랬던 것처럼 창작 활동을 늦추지 않는 아르테미스 할머니다. 그녀는 열정적이었으며 거친 남서부 지역의 정신을 이어받아서 최선을 다해 인생의 목적을 달성해 나간 여성이다. 오키프 할머니는 이렇게 말했다고 한다. "나는 언제나 내가 원하는 것이 뭔지 알고 있었지. 그러나 대부분의 사람들은 자신이 원하는 게 뭔지 몰라."[6] 그녀는 자신이 성공한 이유는 자신의 진취적인 성격 때문이라고 보며 자신이 "원하는 것과 연결이 된다고 생각되면 꼭 붙들었다"고 한다. 아르테미스 여신과 같았던 오키프 할머니는 진정 자신이 원하는 분명한 목표를 찾았으며 그 목표를 달성했다.[7]

심리적인 어려움

아르테미스 여신은 자신이 선택한 영역에서, 자신이 선택한 무리들과 함께 자신이 하고 싶은 일을 하며 떠돌았다. 고통을 받는 다른 여신들과는 달리 아르테미스 여신은 한번도 괴로워 본 적이 없다. 그 대신 아르테미스 여신은 자신의 비위를 상하게 하는 이들을 해쳤으며 자신의 보호 아래 있는 이들을 위협했다. 마찬가지로 아르테미스 여성의 심리적인 문제점은 자신이 괴로워하기보다는 다른 사람들을 고통스럽게 한다는 데 있다.

나는 아르테미스 여성인가

목표를 향해 매진하며 일에 열중하면서 아르테미스 여신처럼 살아가는 여성은 매우 만족스러운 삶을 살 것이며 특히 자신에게 의미 깊은 일에 있는 힘을 다 쏟을 수 있을 때에는 전혀 인생에 부족함을 느끼지 않을 것이다. 아르테미스 여성은 끊임없이 매진하는 삶의 방식을 즐긴다. '가족'이라는 터전이 아르테미스 여성에게는 중요한 것이 못 된다. 아무리 사회와 부모의 압력이 대단하다 해도 헤라나 데메테르 원형이 자신 속에 없다면 결혼과 아이가 그렇게 큰 문제가 되지 않는다. 아르테미스 여성에게는 남녀간의 밀착된 애정을 찾기 어려운 대신, 그녀는 친구들과 형제애로서 그리고 자매애로서 관계를 맺어나가며 남의 아이들과 유쾌한 시간을 보낸다.

아르테미스 여신과 자신을 동일시하는 경우 그 여성의 성격은 이렇게 영향을 받는다. 그 여성은 무언가 도전할 수 있고 개인적으로 성취감을 느낄 수 있는 흥미로운 일을 해야만 한다. 그렇지 못할 경우 아르테미스 원형은 축소되며 적당한 자기 표현을 할 수 없게 되면서 아르테미스 여성은 갈등과 절망감을 느끼게 되고 끝내는 우울증에 빠지게 된다. 제2차 세계 대전 후 베이비 붐이 한창일 때 현모양처의 역할 외에는 가능하지 않던 아르테미스 여성에게서 우울증 증세를 많이 볼 수 있던 것이 좋은 예다.

아르테미스 여신이 주변 사람들에 대해 얼마나 파괴적일 수 있었는지를 생각해 볼 때 주변 사람에게 피해를 입히는 행동을 하는 여성들은 무의식 속에 있는 자신의 아르테미스 원형을 표출하고 있는 것으로 볼 수 있다.

이제 아르테미스 여성의 이러한 부정적인 성향에 대해서 살펴보기로 하자.

상처받기 쉬움에 대한 경멸

아르테미스 여신에게 호기심과 탐구심이 계속 남아 있는 한 그녀의 남성에 대한 관심은 같은 선상에서 나온 호기심의 표현이라고 할 수 있다. 그러나 일단 그 남성이 감정적으로 더 가까이 접근하거나 결혼 신청을 하거나 그녀에게 의존적이 된다면, 아르테미스 여성의 그 남성에 대한 호기심은 곧 끝이 난다. 뿐만 아니라 그 남성에 대한 관심은 곧 그에 대한 경멸로까지 바뀐다. 그 결과로 아르테미스 여성은 끊임없이 남성들과 사귀지만 그것은 그 남성이 밀착된 애정을 표현하지 않는 한에서, 그리고 그녀가 원하면 언제든지 만날 수 있을 정도로 그녀에게 빠져 있지 않는 한에서 지속된다. 이런 면은 자기 자신에게서 충족감을 느끼는 처녀 여신의 속성을 지니면서, 동시에 자기에게 있을 상처 입기 쉬운 면을 전혀 인정하지 않고 남의 도움을 필요로 하지 않는 여성에게서 볼 수 있다. 이런 유형을 변화시키려면 남을 사랑하고 신뢰하는 것이 자신에게 매우 귀중한 것일 수 있다는 경험을 해봐야 한다.

남성의 관점에서 보면 그녀는 인어와 같다. 즉 그녀의 반은 아름다운 여성이지만 그녀의 나머지 반은 차갑고 비인간적이다. 융의 이론에 따른 분석을 하는 에스더 하딩은 처녀 여신의 성향을 가진 여성의 이런 면을 다음과 같이 분석했다. "달의 여신으로서 달의 무심함과 차가움이 아르테미스 여성의 차가운 여성성을 잘 나타내 준다. 이러한 차가움과 무심함에도 불구하고, 아니 어쩌면 바로 이 무심함 때문에 아르테미스 여성이 지니는 비인간적인 애정이 남성들에게 매력의 대상이 되기도 한다."[8]

또한 아르테미스 여성은 자신을 사랑하는 남성에게 일단 관심이 없어지면 잔인해질 수 있다. 그녀는 그 남성을 냉정하게 끊어 버리고 자신의 사생활을 간섭하지 말라는 식으로 그를 대하게 된다.

파멸로 이르게 하는 분노

아르테미스 여신의 파괴적인 면은 야생 멧돼지로 그녀를 상징하는 데서 잘 나타난다. 신화에서 아르테미스 여신은 자신의 기분이 상했을 때 마을에 사나운 멧돼지를 풀어 놓곤 했다.

『불핀치의 그리스 로마 신화』를 보면, "멧돼지의 눈은 피맺힌 불꽃으로 번득이고 온몸의 털은 창처럼 빳빳이 곤두섰으며 앞니는 인디언 코끼리 이빨처럼 보였다. 한참 크고 있는 옥수수대는 뿌리째 뽑히고 있고 포도와 올리브 나무들은 쓰러졌으며 가축떼는 혼비백산하여 몰려다녔다."[9] 이것은 바로 분노가 어떻게 파멸로 이르게 하는지를 생생히 보여 주며 아르테미스 여성이 분노로 가득 찼을 때의 비유가 될 수 있다.

아르테미스 여신의 분노와 대응할 만한 분노는 헤라 여신의 분노밖에 없다. 그러나 두 여신의 분노와 강도는 비슷하다고 하지만 분노의 대상과 그 원인은 판이하게 다르다. 헤라 여성은 '다른 여성'에 대해 분노한다. 반면에 아르테미스 여성은 다른 남성이나 남성들에 대해 분노하는데 그 이유는 자신을 얕보거나 자신이 중요하게 생각하는 일을 존중해 주지 않기 때문이다.

예를 들어서, 1970년대 여성 운동의 주요 활동의 하나이던 의식화 운동은 여성들에게 대개는 건설적인 방향으로 변화를 유도했다. 그러나 많은 아르테미스 여성들이 의식화 운동의 결과로 이 사회가 얼마나 여성들을 경멸하고 있으며 불평등한 한계를 주어 왔는지를 깨닫게 되었고, 이 문제에 밀착되어 있는 발언들에 대해 민감하게 반응하면서 가부장적인 발언들에 대해선 격렬한 적의를 드러내 왔다. 이때 신중한 여성 관찰자들은 분노에 찬 아르테미스 여성들과 남성 중심주의자들의 격돌을 피해 갔다. 한편 의식화 운동의 여러 소모임에서, 적의로 가득 찬 아르테미스 여성들로부터 의식화되지 못했다는 일방적인 비난의 표적이 되면서 많은 여성들이 상처를 입었다.

칼리돈의 멧돼지 신화에서는, 히포메네스와 경주를 한 아탈란테가 손에는 창을 들고 성난 멧돼지를 맞닥뜨리는 얘기가 나온다. 이 멧돼지는 이미 멧돼지를 묶으려던 많은 영웅들을 찌르고 죽인 상태였다. 멧돼지의 가죽은 갑옷보다 단단하다. 이제 이 멧돼지는 아탈란테를 향하고 있었다. 멧돼지를 죽이지 않으면 자신이 죽을 판이었다. 아탈란테는 멧돼지가 아주 가까이 달려올 때까지 기다렸다가 정확히 조준을 해서 멧돼지의 유일한 약점인 눈알을 표적으로 창을 찔렀다.

아르테미스 여성은 파괴적인 분노를, 바로 위의 아탈란테가 한 것과 같은 행동을 해서야만 삭힌다. 아르테미스 여성은 자기 자신의 파괴성을 솔직히 직면해야 한다. 그 파괴성이 자신의 한 면임을 인정함으로써 그 파괴성이 자신을 소모하고 주변 사람까지 파괴하는 것을 막아야 한다.

자신 속에 있는 멧돼지를 직면하는 일은 용기를 필요로 한다. 그것은 그동안 자신이 얼마나 자신과 주변 사람들을 파괴해 왔는지를 인정하는 것을 의미하기 때문이다. 그러나 일단 이 점을 인정하게 되면 그녀는 더 이상 자신이 정당하고 강력한 사람임을 느낄 수 없게 된다. 겸손함을 통해서 그녀는 자신의 인간성을 되찾게 된다. 그녀도 단점이 있는 인간이며 복수의 여신이 아니라는 사실을 깨닫게 되는 것이다.

가까이하기 어려움

아르테미스 원형은 '가까이하기 어려운 아르테미스'로 불린다.[10] 감정적인 거리감을 유지하는 것은 아르테미스 여성의 특징인데 그것은 자신의 목표에 열중하고 주변 사람들의 기분에 무관심하기 때문이다. 그녀의 무관심의 결과로 그녀 주변의 가까운 사람들은 자신이 별로 의미 있는 사람이 아니며 관심의 대상이 되지 못한다고 느끼게 되며, 그 결과로 그들은 상처를 입게 되고 아르테미스 여성에게 화가 나게 된다.

다시 말하면, 아르테미스 여성은 자신이 변하기 위해서는 의식적인 노력을 기울여야 한다. 주변 사람들이 말하는 것을 듣고 주의를 기울일 필요가 있다. 그렇게 하면 반대로 그들은 아르테미스 여성이 자기의 계획에 따라 집중하여 일을 마치고 그들에게 다시 관심을 보일 때까지 기다려줄 것이다. (만일 아르테미스 여성이 일에 열중하고 있을 때 관심을 다른 데로 돌리려고 중단시킨다면 분란이 일어날 것은 당연하다. 아르테미스 여성이 자신의 성격을 이미 잘 알고 있어서 그녀가 다시 자신만의 일로 빠져들려고 한다는 것을 알려준 주위 사람들에게 고마워하기 전에는 말이다.) 아르테미스는 언제든지 사라질 수 있는 여신으로서 야생 동물이 한순간 눈에 보이다가 다음 순간 사라지듯이 그렇게 숲 속으로 사라져 버릴 수 있는 여신이다. 사람들과 감정적으로 거리를 두는 것이 집중적으로 일을 하는 아르테미스 여성에게 나타나는 부작용이라고 할 때, 가까운 사람과 계속 교류를 맺고 관계를 유지하려는 노력이 아르테미스 여성의 이런 경향을 줄여줄 수 있다고 생각한다. 이렇게 조심함으로써 아르테미스 여성은 일상적인 생활에서뿐 아니라 주기적으로 잠적해 버리는 버릇까지 견제할 수 있다.

잔인함

아르테미스는 잔인한 적이 많았다. 예를 들어 사냥꾼인 악타이온은 아무 뜻없이 아르테미스 여신이 발가벗고 목욕하고 있는 것을 보게 되었는데 이것이 아르테미스에게는 중죄에 해당된 것이다. 아르테미스는 곧 악타이온을 숫사슴으로 변하게 해서 악타이온의 사냥개에게 먹히게 했다. 그리고 자만심에 찬 니오베가 아르테미스와 아폴론의 어머니인 레토를 얕잡아 봤을 때, 이들 쌍둥이 남매는 결코 용서하지 않고 레토의 명예를 지키게 했다.

옳지 못한 일에 분노하고, 주변 사람들에게 성실하고, 자신의 견해를 주장할 수 있는 강함이 있고, 그것을 행동으로 표출할 수 있는 능력이 있는 것, 그것은 분명 아르테미스 여신과 아르테미스 여성들이 지닌 장점들이다. 그러나 그들이 내리는 처벌의 잔인함은 소름끼치는 것이다. 니오베의 열두 자식을 모두 살해함으로써 아르테미스와 아폴론은 니오베가 더 이상 자랑할 게 없게 만들어 버렸다.

이런 잔인함의 원인은 아르테미스 여성이 사람들의 행동을 흑백 논리로 판단하기 때문에 생긴다. 이런 시각에서는 사람들의 행동은 선하거나 악한 것 둘 중의 하나이며 그런 행동을 한 사람도 좋은 사람 아니면 나쁜 사람으로 구분된다. 그러므로 아르테미스 여성은 자신이 보복을 하거나 벌을 내릴 때 완전히 정당하다고 생각한다.

그녀는 동정심과 애정을 계발할 필요가 있는데, 그러한 태도 변화는 성숙을 통해서 가능하다. 많은 아르테미스 여성이 자신감과 상처받지 않을 단단한 감정으로 무장한 채, 성년기에 진입한다. 그러나 인생 경험을 거치면서 그들도 고통받고, 오해를 사며 실패할 때가 있다는 것을 경험하면서 그들의 동정심도 성장하게 된다. 아르테미스 여성이 인간의 연약함이 무엇인지를 알게 되며, 이해심 있게 되고, 사람들이 자신이 생각하는 것보다 더 복잡한 존재라는 것을 알며, 다른 사람과 자신 모두의 실수에 너그러워질 수 있다면, 이러한 인생 경험은 그녀를 인정 많은 사람으로 변하게 해줄 것이다.

중대한 결정: 이피게네이아를 희생시킬 것인가, 구해줄 것인가

아르테미스에 대한 마지막 신화의 일화는 아르테미스 여성에게 중요한 선택을 뜻한다. 이것은 이피게네이아 신화로서 아르테미스가 이피게네이아를 구해줄 것인지 아니면 결과적으로 죽게 할 것인지를 선택하는 것을 포함한다.

트로이 전쟁 이야기를 보면, 그리스 전함들이 트로이를 출정하기 위해 그리스의 아울리스 항구에 집결했다. 그러나 함대들은 바람이 일지 않아 돛을 띄울 수가 없어 모두 묶여 있는 상태였다. 바람이 없는 것이 신의 장난이라고 확신한 대장 아가멤논은 점쟁이를 불러 자문을 구한다. 점쟁이는 아르테미스가 기분이 상해 있기 때문이라고 말하고 아가멤논의 딸인 이피게네이아를 제물로 바쳐야만 해결할 수 있다고 했다. 처음에 아가멤논은 완강히 거부하지만, 시간이 지나면서 병사들은 화를 냈고 기강이 흐트러지기 시작했다. 그러자 그는 아내 클리타임네스트라에게 이피게네이아를 그리스의 영웅 아킬레우스와 결혼시키려고 하니 데리고 나오라고 속임수를 쓴다. 그리고 이피게네이아를 제물로 바친다. 이피게네이아의 생명은 군함을 움직이게 해줄 바람과 거래되는 것이다.

그 뒤의 이야기는 두 가지로 나뉜다. 하나는 아르테미스의 바람대로 이피게네이아가 죽게 되는 것이고, 다른 하나는 죽기 바로 직전에 아르테미스가 숫사슴을 이피게네이아와 바꿔치고 타우리스로 이피게네이아를 데려간 다음 자신을 숭배하는 사제들 중 하나로 만들어 놓은 것이다.

이 두 가지의 종말은 아르테미스가 보여줄 두 가지의 태도를 잘 나타낸다. 한편으로 아르테미스 여성은 가부장제에 의해 억압받고 중요성이 낮아진 여성과 여성적 가치를 구해 낸다. 그러나 다른 한편으로는 매우 목표 지향적이며, 여성들에게 전통적으로 여성적인 성향이라고 생각되어 온 것들, 즉 수용적인 태도, 다른 사람을 돌보고, 관계 지향적이고, 가까운 사람들의 행복을 위하여 기꺼이 자신을 희생하는 것 등을 비난하고 포기할 것을 강요한다. 사실상 모든 아르테미스 여성은 이피게네이아와 같은 부분을 가지고 있다. 상처받기 쉽고 사람 사귀기 좋아하고 다른 사람들에게 의존하려는 경향이 다분한, 젊고 남을 쉽게 믿는 아름다운 모습이 그것이다. 아르테미스 여성이 자신의 이런 부분을 유지하고 발전시키려고 할까? 더구나 자신이 선택한 목표를 향해 매진하는 일생을 보내면서 말이다. 아니면 아르테미스 여성은 자신 속의 이피게네이아를 죽이고 강하고 분명하게 목적을 향해 돌진하는 여성이 될까?

성장하는 길

아르테미스 원형을 극복하기 위하여 여성은 그녀의 무의식 속에 있는 수동적이고 관계 지향적인 잠재성을 계발해야 한다. 그녀는 자신의 연약한 모습을 보일 필요가 있으며 남을 사랑할 줄 알고 깊이 보살펴줄 수 있는 사람이 되어야 한다. 그런데 이런 변화는 대개 관계 안에서 생긴다. 사랑하는 남성을 통해서 또는 아이를 낳음으로써.

그러나 이런 진전은 아르테미스 여성이 자신이 일생에 추구하던 목표들을 이미 완성했거나 실패해서 일단 자신의 추진력이 소비된 뒤에나 가능하다. 목표 추구와 경쟁의 쾌감이 끝난 후에야 또는 목표 자체가 시시해진 경우에나 변화가 가능하게 된다. 그 전에 아르테미스 여성을 사랑하는 남성이라면 그때까지 기다려야 하거나, 또는 아프로디테의 도움을 받을 수 있어야 한다.

아탈란테의 신화: 성숙해진 마음에 대한 비유

아탈란테는 어떤 남자와도 견줄 만한 사냥 실력과 달리기 실력을 지닌 용감하고 능력 있는 여성이었다.[11] 그녀는 태어나자마자 산꼭대기에 버려졌는데 곰이 주워다 그녀를 키웠으며 아름다운 여성으로 성장했다. 멜레아그로스라는 사냥꾼이 아탈란테의 연인이 되어 둘은 같이 사냥을 하며 가깝게 지냈다. 이 둘은 칼리돈의 멧돼지를 죽임으로써 그리스 전역에 그 명성을 떨치게 되었다. 칼리돈의 멧돼지를 죽인 뒤 멜레아그로스는 곧 아탈란테의 품에서 죽게 된다. 아탈란테는 그들이 함께 지내며 사냥하던 산을 떠나서 아버지를 만나게 되며 아버지의 왕위를 이어받을 후계자로 인정받는다.

그러자 많은 남자들이 그녀의 환심을 사려고 몰려들었다. 그러나 그녀는 그들을 모두 쫓아냈다. 그 남자들 가운데 짝을 정하라는 목소리들이 높아지자 아탈란테는 자신과 달리기 시합을 해서 이기는 사람과 결혼하겠다고 공표한다. 경주에 이기면 아탈란테와 결혼하지만 지면 목숨을 내놓아야 한다. 많은 남자들이 아탈란테와 시합을 했지만 이기는 사람은 항상 아탈란테였다.

마지막으로 아탈란테를 진심으로 사랑한 히포메네스가 경주에 참가하기로 마음을 먹었다. 히포메네스는 운동 신경이 전혀 발달하지 않았기 때문에 경기에서 이긴다는 건 거의 상상할 수 없는 일이었다. 히포메네스는 경기 전날 밤 사랑의 여신 아프로디테에게 도와달라고 기도를 드렸다. 아프로디테는 히포메네스의 기도를 받아들여 경주에서 사용할 세 개의 금 사과를 그에게 주었다.

첫 번째 사과: 시간이 흐르고 있음을 인식하는 것

경기 초반에 히포메네스는 아탈란테의 트랙에 첫 번째 금 사과를 던졌다. 아탈란테는 번쩍거리는 금 사과를 보고 그것을 줍기 위하여 속도를 줄였다. 아탈란테가 손안의 금 사과를 쳐다보고 있는 동안 히포메네스는 앞지를 수 있게 되었다. 한편 아탈란테는 금 사과의 반사되는 빛 속에서 사과의 굴곡 때문에 일그러진 자신의 얼굴을 보게 되었다. '내가 늙으면 이런 모습이 되겠구나'고 아탈란테는 생각했다.

많은 활동적인 여성들이 세월이 흐르고 있음을 인식하지 못하고, 자신이 도달해야 할 목표와 경쟁심을 일으킬 도전들이 더 이상 나타나지 않는 중년기에 가서야 세월을 인식하게 된다. 일생 중 처음으로 그녀는 자신이 더 이상 젊지 않다는 것과 자신이 살아온 과정과 앞으로 가야할 길을 가늠해 보게 된다.

두 번째 사과 : 사랑의 소중함에 대한 인식

히포메네스가 두 번째 사과를 아탈란테의 트랙에 던졌다. 아탈란테가 다시 정신을 집중하여 히포메네스를 쉽게 앞지르고 있을 때였다. 아탈란테가 아프로디테의 두 번째 사과를 들어올리자 그녀의 죽은 연인인 멜레아그로스의 추억이 떠올랐다. 육체적이고 감정적으로 밀착된 관계를 갖고 싶다는 욕구는 아프로디테에 의해 생기게 된다. 이런 욕구가 세월은 흐른다는 인식과 맞물렸을 때 아르테미스 여성의 응집력은 사랑과 애정에 대한 수용력으로 전환된다.

세 번째 사과 : 아이를 낳으려는 본능과 창의력

아탈란테가 히포메네스와 다시 비슷해질 때쯤에 결승선이 보이기 시작했다. 아탈란테가 히포메네스를 앞지르고 이기려는 순간 히포메네스는 다시 세 번째 금 사과를 아탈란테 쪽을 향해 던졌다. 순간적으로 아탈란테는 망설였다. 그냥 달려서 경기에 이길 것인가 아니면 금 사과를 봄으로써 경기에 질 것인가? 아탈란테의 선택은 사과를 잡는 것이었고 그때 히포메네스는 결승선을 지나 승리함으로써 아탈란테를 아내로 맞이할 수 있게 된다.

30대 후반에 있는 많은 활동적이고 목표 지향적인 아르테미스 여성이 아프로디테의 아이를 낳고 싶어하는 본능(데메테르의 도움에 의존해서)에 따라 추진력을 낮춘다. 경력을 쌓아 가는 많은 여성들이 놀랍게도 아이를 낳아야 한다는 긴박한 욕구에 가득 차 있는 것을 보게 된다.

이 세 번째 사과는 직접적으로 아이를 낳는 일 이외의 다른 것을 나타내기도 한다. 인생의 전반기를 지나면 이제 업적은 그리 중요한 것이 되지 않을 수 있다. 그 대신 자신의 삶의 내용을 좀더 개인적인 차원의 것으로 메우는 방식으로 변하게 된다.

한 남성과의 사랑을 통해서 이런 아프로디테의 성향이 눈뜨게 되었다고 하자. 이제 아르테미스 여성의 편향성은, 그것이 지금까지 아무리 만족스러운 삶이었다 해도, 이제는 전체적으로 치우치지 않은 삶으로 변신하게 될 것이다. 자신에게 진실로 의미 있는 것이 무엇인지 성찰할 수 있게 되며, 외향적일 뿐 아니라 내성적인 면도 동시에 지니게 될 것이다. 그녀는 독립심도 필요하지만 애정도 필요하다는 것을 깨닫는다. 사랑의 중요성을 한번 인정하게 되면, 아탈란테가 그랬듯이, 자신에게 정말 중요한 것이 무엇인지 결정할 순간들을 맞게 될 것이다.

 아테나

지혜와 공예의 수호신, 전략가이며 아버지를 따르는 딸

아테나 여신

아테나는 지혜와 공예의 수호신으로, 로마인에게는 미네르바로 알려져 있다. 아르테미스처럼 아테나도 순결을 지킨 처녀 여신이었다. 단단한 몸매를 지닌 아름다운 무사로서 자신이 선택한 영웅들을 보호하고 자신의 이름을 딴 도시 아테네를 수호했다. 올림포스산에서 갑옷을 입고 있는 여신은 아테나 하나이며, 헬멧을 뒤로 비스듬히 써 아름다운 얼굴을 드러내면서 한 손에는 방패를, 한 손에는 창을 든 모습을 하고 있다.

아테나는 전쟁시에는 전략을 짜고 평화시에는 집안에서 여러 기술을 관장한다. 그래서 한 손에는 창을 들고 다른 한 손에는 그릇이나 물레를 들고 있는 모습으로 나타나기도 한다. 아테나는 도시의 수호신이었으며, 군대의 후원자였고, 수직공, 대장장이, 도공, 재단사들의 수호신이기도 했다. 그리스인들에게는 아테나는 야생마를 길들일 수 있게 하고, 배를 만드는 이들에게 그들의 기능을 잘 살릴 수 있도록 도와주며, 쟁기며 갈퀴, 멍에 그리고 전차 만드는 법을 사람들에게 가르쳐 주는 여신으로 부각되었다. 올리브 나무는 아테나가 아테네 도시에 준 선물인데 그 결과 아테네는 올리브를 경작하게 되었다.

아테나는 지혜를 지닌 커다란 눈의 부엉이로 묘사되기도 한다. 또한 두 마리의 뱀이 엉켜 있는 모습은 아테나의 방패에 그려져 있거나 옷 가장자리에 장식으로 그려진다.

아테나가 다른 이들과 같이 있는 모습으로 나타날 때 그 상대방은 항상 남성이었다. 한 예로 제우스 남신의 왕좌 옆에 무장을 하고 서 있는 모습이라든지,『일리아스』와『오디세이아』의 영웅들인 아킬레우스와 오디세우스와 함께 있는 모습들이 그것이다.

전쟁의 기술이든 집안에서 쓰이는 기술이든 아테나와 연결되면 계획에 그치지 않고 반드시 실행에 옮겨져 결과를 낳는다. 전술, 실용성, 눈에 보이는 결과 등은 아테나가 가진 지혜의 특징이다. 아테나는 합리적인 사고방식에 가치를 두며 본능과 자연보다는 의지와 지식이 주도할 수 있기를 원한다. 그녀의 기질은 도시적이다. 아르테미스와는 대조적으로 아테나는 야생은 길들여지고 가라앉혀져야 된다고 생각한다.

계보와 신화

올림포스의 여러 신들 중에 아테나가 속하게 되는 과정은 매우 극적이다. 아테나는 제우스의 머리에서 태어났는데 날 때부터 성숙한 여인이었으며 번쩍이는 금빛 갑옷을 입고 한 손에는 날카로운 창을 들고 괴성을 지르면서 태어났다. 또 다른 일화에 의하면 그녀의 출생은 제왕 절개 수술을 방불케 한다. 제우스는 해산이 가까워짐에 따라 지독한 진통으로 고통받는다. 이때 대장간의 신인 헤파이스토스의 도움으로 그가 양날이 선 도끼로 제우스의 머리를 침으로써 아테나가 태어났다는 설도 있다.

아테나도 자신의 부모는 제우스 한 사람뿐이라고 생각했으며, 끝까지 제우스 편이 되었다. 아테나는 말하자면 제우스의 오른팔이었다. 제우스는 자신을 상징하는 천둥과 방패를 아테나에게 맡길 정도로 그녀를 신뢰했다.

아테나는 자기 어머니인 메티스를 인정하지 않았는데 사실상 아테나는 자신에게 어머니가 있다는 사실을 몰랐다. 헤시오도스의 이야기에 따르면 메티스는 제우스의 첫 배우자였으며 대양을 지키는 신으로, 그 지혜가 널리 알려졌었다. 메티스가 아테나를 임신하고 있을 때 제우스는 메티스를 작게 만들어 입속에 삼켜 버렸다. 메티스는 두 아이를 낳을 예정이었다. 딸은 제우스처럼 용감하고 지혜로운 의논 상대가 되고 아들은 이 세상의 모든 신과 사람을 다스리는 왕이 될 운명이었다.[1] 메티스를 삼켜 버림으로써 제우스는 이런 운명을 망쳐 버렸으며 메티스의 그런 성향을 자기 것으로 만들었다.

신화 속에 나타난 아테나는 영웅들의 친구이며 보호자이고, 조언을 해주는 수호신이었다. 아테나 여신이 도와준 기라성 같은 영웅들을 열거하자면 한이 없다.

그 가운데 페르세우스의 예를 들어 보자. 페르세우스는 고르곤 메두사를 살해했는데 메두사의 머리카락은 뱀으로 만들어져 있으며 턱은 놋쇠로 되어 있고, 찌르는 듯한 눈초리는 누구든지 쳐다보기만 하면 돌로 변하게 되어 있었다. 아테나 여신은 페르세우스에게 거울을 줌으로써 거울에 비친 메두사를 보고 싸울 수 있게 했으며 칼을 든 페르세우스의 손이 메두사의 뱀 머리칼에 물리지 않도록 보호해 주었다. 그 결과 페르세우스는 메두사를 죽일 수 있었다.

아테나는 또 황금 양털을 찾기 위하여 배를 만들고 있던 이아손과 아르고나우타이를 도와주었다. 벨레로폰에게는 금빛 굴레를 주어 날개 달린 말인 페가소스를 길들일 수 있게 하였고, 헤라클레스가 열두 번의 임무를 완성할 수 있도록 도와주었다.

트로이 전쟁 중에는 그리스를 적극적으로 도왔는데 특히 그리스 최고의 용사인 아킬레우스를 돌봐 주었으며, 오디세우스가 집을 찾아오는 오랜 세월 동안 그를 지켜 주었다.

영웅들을 도와서 이기게 하고 올림포스산에서 제우스를 보좌하는 일 외에, 아테나 여신은 가부장제를 옹호하는 일을 했다. 서구 문학사에서 제일 처음 등장하는 재판인 오레스테스 사건에서 아테나는 오레스테스를 옹호하는 결정적인 표를 던졌다. 오레스테스는 아버지(아가멤논)를 살해한 어머니(클리타임네스트라)에게 복수하기 위해 어머니를 죽인다. 아폴론이 오레스테스를 변론하며 주장하기를, 어머니란 단지 아버지가 뿌린 씨앗을 키우는 역할에 불과하며 남성은 여성보다 뛰어나다고 했다. 그리고 그 증거로 여성의 몸을 빌리지 않고 제우스의 머리에서 나온 아테나의 탄생을 들었다. 이제 재판관들의 투표는 반으로 나뉘어 아테나의 투표 하나가 상황을 결정하게 되었다. 아테나는 아폴론의 편을 들어 오레스테스를 자유의 몸이 되게 함으로써 어머니와의 연대감보다는 가부장제의 원리를 지키는 것을 중요시했다.

아테나에 대한 신화 중에서 여성과 관련된 유명한 일화가 있다. 아테나가 거미로 바꾸어 버린 아라크네 이야기가 그것이다. 수공의 여신인 아테나는 어느 날 유명한 수직공인 아라크네로부터 누가 더 기술이 좋은지 시합을 해보자는 제의를 받았다. 둘은 모두 재빨리 솜씨 좋게 일을 해냈다. 융단 짜는 일이 끝났을 때 아테나는 아라크네의 완벽한 솜씨에 감탄했지만 아라크네가 완성한 융단의 도안이 제우스가 변신을 통해 애정 행각을 벌인 것을 내용으로 하고 있는 데에 크게 분개했다. 융단의 첫 번째 부분은 레다가 백조로 변한 제우스를 애무하는 모습을 그렸고, 두 번째 부분은 황금비로 변한 제우스 때문에 임신을 한 다나에의 모습을, 세 번째 모습은 거대한 흰빛 황소가 버린 처녀 에우로페를 내용으로 했다.

이 융단의 내용들이 아라크네를 결국 파멸로 몰아갔다. 아테나는 분노에 가득 차서 융단을 갈기갈기 찢어 버렸으며 아라크네가 목을 매도록 유도했다. 그리고 나서 아테나는 아라크네가 안됐다는 생각이 들어 다시 아라크네를 살려 놓지만 그 대신 거미로 변하여 영원히 실에 묶여서 실을 짜게 했다(생물학에서는 거미를 이 불행한 소녀의 이름을 따서 아라크니드로 부른다). 아버지의 지지자로서, 제우스의 방탕한 생활을 공개한 것에 대해 아라크네를 처벌하고, 제우스의 몰염치에 도전하는 것을 용납하지 않는 아테나의 태도를 주시할 필요가 있다.

아테나 원형

지혜의 여신 아테나는 승리할 수 있는 전략과 실질적인 해결책을 제시해 주는 것으로 유명하다. 마음보다는 머리로 움직이는 논리적인 여성들에 의해 지켜지는 유형이 아테나 원형이라고 할 수 있다.

아테나는 여성적 원형이다. 바르게 생각하며, 감정이 고조된 상황에서도 자신의 이성을 지킬 수 있고, 갈등의 와중에서도 좋은 방책을 마련해 내는 것, 이런 것들이 몇몇 여성들에게는 자연스러운 기질이라는 것을 아테나 원형은 보여 주고 있다. 이런 여성들은 아테나와 같은 것이지, '남자처럼' 행동하는 것은 아니다. 그녀의 남성적인 측면, 즉 아니무스는 결코 그녀 자신을 위해 생각하지 않는다. 그러나 아테나 원형은 분명히 바르게 그녀 자신을 위해 사고하는 것이다. 논리적 사고는 여성 안의 남성적 기질인 아니무스에 의해 작동되는 것이며, 그녀의 여성적 자아와는 무관한 것이라는 전통적인 융 해석에 내가 이의를 제기하는 부분이 바로 이 아테나 원형에 근거한 것이다. 아테나와 관련된 여성적 성향이 어떻게 자신 안에서 작동하는가를 잘 파악한다면, 여성은 더 이상 자신이 남자 같다는 (다시 말하면 여성적이지 못하다는) 두려움에 빠져 있을 필요 없이 긍정적으로 자기 모습을 그릴 수 있다.

아테나 원형이 여성의 지배적인 유형이 아니라 다른 원형들과 공존하는 형태일 때 아테나 원형은 다른 원형들의 좋은 협력자가 된다. 예를 들어서 한 여성이 결혼을 통해 완전함을 느끼려는 헤라에 의해 유도된다면, 아테나는 현재의 상황을 평가하고 상대 남성을 구할 수 있는 전략을 개발하도록 도와준다. 또는 여성 연구소를 운영하는 일이나 여성 건강 증진을 위한 모임이 아르테미스에 의해 주도될 때 그 계획의 성공 여부는 아테나의 정치적 역량에 의해 많이 좌우된다. 그리고 감정적으로 격정의 와중에 있을 때도, 만일 그녀가 마음속에 있는 아테나 원형을 불러낼 수 있다면, 합리적인 사고를 함으로써 자신을 지탱할 수 있을 것이다.

처녀 여신

아르테미스에게 적용된, 상처받지 않으며 그 자체로 완전한 성향은 아테나에게도 적용된다. 아테나의 심리 구조를 지닌 여성은 아르테미스나 헤스티아의 심리 구조를 지닌 여성들처럼 자기 자신의 이해를 우선으로 한다. 즉 아르테미스 원형처럼 아테나도 다른 사람들의 필요보다는 자기 자신에게 중요한 일에 초점을 맞추는 것이다.

아테나가 아르테미스나 헤스티아와 다른 점은 항상 남성들과 친구 관계를 유지하려고 한다는 점이다. 남성들과 거리를 두거나 자신 속으로 움츠러드는 대신, 아테나는 남성들의 세계 안에 속해 있기를 원한다. 그 대신

처녀 여신 성향을 지닌 아테나는 가까이 지내는 남성들과 결코 연애 감정을 발전시키거나 성적인 관계를 갖는 식으로 변하지 않는다. 아테나는 남성과의 관계를 이성 관계로 발전시키지 않고도, 친구로, 동료로, 신뢰할 수 있는 가까운 친구로 지낼 수 있다.

아테나는 성숙한 여인으로서 올림포스 신이 되었다. 신화에 의하면 아테나는 세상사의 결과에 대해 관심이 많았다고 묘사되고 있다. 따라서 아테나 원형은 아르테미스 원형보다 성숙하고 나이든 모습을 보여 준다고 할 수 있다. 세상에 대한 현실적인 감각, 실용적인 태도, 기존의 제도에 대한 순응, 이상주의나 낭만주의의 결핍 등은 분별 있는 어른의 견본이 되는 아테나의 모습을 잘 보여 준다.

전략가

아테나의 지혜는 일반적인 전쟁의 전략 전술이거나 경쟁에서 이길 수 있는 업계의 거물이 지닌 지혜다. 트로이 전쟁시 아테나는 최고의 전략가였다. 아테나의 전략과 중재 덕에 그리스인은 전쟁을 승리로 이끌 수 있었다. 아테나 원형은 또한 사업에서, 학계에서, 과학·군사·정치 영역에서 활발한 활동을 벌인다.

한 예로 경영학 석사를 마친 한 여성은 재계의 실력자의 후원 아래 경영의 최일선까지 진급할 수 있었다. 정치적이고 경제적인 고려가 중요한 의미를 갖는 상황에서 아테나는 여성이 현명하게 행동할 수 있도록 한다. 그녀는 자신의 계획을 성사시키기 위하여 효과적으로 전략을 짜기도 하고 급히 부상하고 있는 야심 있는 남성을 도와주기도 한다. 그 어느 쪽의 길을 가든 아테나 원형의 여성은 자신의 영역의 한계를 분명히 인식하며, 그녀가 취하는 지식은 현실적이고 실용적이며, 결코 감정에 따라 행동하거나 기분에 휩쓸리는 생활을 하지 않는다. 아테나의 심리 구조를 지닌 여성은 자신이 원하는 것을 얻어 내기 위해 무엇을 어떻게 해야 할지 알고 있다.

외교란 전략과 권력, 속임수를 쓰는 책략이 섞여 있는 것인데 아테나가 자신 있어 하는 영역이다. 클레어 루스가 좋은 예다. 클레어 루스는 미인 대회 출신으로 극작가, 국회 의원, 주이탈리아 대사, 미군 명예 장군의 경력을 섭렵했다. 그녀의 대단한 야심, 그리고 남성 세계에서 일찍 성공하기 위해 머리를 쓰고 연고자들을 이용하는 것에 많은 비난과 감탄이 동시에 쏟아졌다(클레어 루스는 잡지 『타임』의 발행인인 헨리 루스와 결혼했는데 헨리 루스는 언론계에서는 제우스와 같은 인물이다.) 그녀에게 감탄하는 사람들은 그 많은 야유 속에서도 그녀가 침착함을 잃지 않는 점을 높이 샀고, 그녀를 비난하는 사람들은 그녀가 차갑고 교활한 음모꾼이라고 말했다.[2]

아테나 같은 여성은 박사 학위를 받고 대학에 몸담고 있는 여성에게도 나타난다. 대학에 자리를 잡기 위해서는 연구를 하고, 논문을 발표하고, 학회에서 봉사하며, 연구비를 지급받아야 한다. 즉 게임이 어떻게 돌아가는지를 알고 점수를 얻어야 하는 것이다. 경쟁에서 앞서기 위해서는 남성과 마찬가지로 여성도 지도 교수와 후원자, 그리고 협조해 주는 동료가 필요하다. 대체로 지적인 능력만으로는 충분하지 않은 것이다. 전략과 정치적 수완도 있어야 한다. 전공이 무엇이며, 무슨 과목을 가르치고 연구하는지, 그리고 어느 대학에 자리를 잡게 되는지, 무슨 과의 어느 교수를 자신의 지도 교수로 정하는지, 이 모든 것이 그가 연구비를 지원 받고 좋은 대학에 취직할 수 있는지를 가늠하게 하는 요소이다.

노벨 화학상 수상자인 로절린 앨로는 방사성 면역 측정(방사성 동위 원소를 이용하여 몸 안에 있는 호르몬과 다른 화학 물질의 양을 측정하는 법)의 발견으로 상을 받았는데, 그녀는 머리가 뛰어난 아테나임에 틀림없다. 그녀는 손과 머리를 동시에 써서 일하는 즐거움을 이야기하곤 했다.(지혜와 기능적인 면을 합친 아테나의 모습.) 그녀는 연구 실험의 순서를 잘 짜냄으로써 빈틈없는 전략가의 모습을 보여 주었고, 이러한 그녀의 전략가 자질은 학계에서 입지를 세우는 데에도 많은 도움을 주었다.

장인(숙련공)

공예의 여신, 아테나는 일상 생활에 유용하고도 미적인 즐거움을 제공해 줄 수 있는 것들을 만들어 냈다. 무엇보다도 아테나는 베 짜는 기술이 뛰어난 것으로 알려져 있는데, 그것은 손과 머리가 함께 움직여야 되는 것이다. 융단을 만들거나 베를 짤 때, 어떤 모양을 만들지 계획하고 도안을 그려 넣어야 하며, 한 줄 한 줄 짜나가면서 도안을 작성해야 한다. 이러한 방식은 아테나 원형의 표현으로, 선견지명을 갖고 계획하고 기능을 익히고, 인내심을 갖는 것이 중요하다.

실을 잣고, 옷을 만들어 내며, 가족들의 입을 거리를 거의 다 만들어 내는 여성은 가정에서 아테나의 성향을 발휘하고 있는 것이다. 남편과 같이 서부로 진출하여 거친 황야를 사람이 살 만한 옥토로 개간해 낸 서부 시대의 여성들도 아테나의 성향을 지니고 있다고 할 것이다. 생존하고 성공하기 위해서는 아테나의 성향이 필요하다.

아버지의 딸

아테나를 '아버지의 딸'로 부르는 것은 권위와 책임감과 권력을 모두 지닌 강력한 남성(가부장적 아버지, 재계나 정계의 거물이라고 할 수 있는 남성)에 대해 자연적으로 끌리는 아테나의 성향을 지칭하기 위한 것이다. 아테나 원형은 관심이 비슷하고 사물을 보는 방식이 비슷한 권력 있는 남성과 사제 관계를 맺도록 여성을 유도한다. 이때 그녀는 쌍방이 서로에게 성실하기를 기대하는데, 즉 일단 그녀가 상사에게 충성을 맹세한 뒤 상사의 열렬한 지지자이면서 그의 오른팔이 되는 동시에, 그로부터 신뢰를 받아서 그의 권위를 이용할 수 있게 되는 것이다.

상사에게 자신의 모든 능력을 기울여 헌신하는 여비서들은 아테나 여성의 좋은 예다. 자신이 정한 '거물'에 대한 그들의 충성심은 변하지 않는다. 나는 닉슨 대통령의 개인 비서였던 로즈메리 우즈가 워터게이트 사건의 핵심이 되는 테이프를 18분간 삭제하였을 때, 아테나의 손이 그녀를 거들지 않았을까 생각해 보곤 한다. 증거물을 없애는 지혜를 발휘하기 위해서는 그리고 아무 죄의식 없이 그 일을 하기 위해서는 아테나의 '지혜'가 필요하다.

아테나가 지니고 있는 '아버지의 딸'이라는 성향은 또한 가부장제적 가치와 권리를 수호하며, 전통을 유지하고, 남성들의 권위에 대해 정당성을 부여하는 점에서도 나타난다. 아테나 여성은 대개 현 체제를 옹호하고 기존의 가치를 받아들여서 그 안에서 행동한다. 정치적으로는 보수적이며 변화를 거부한다. 아테나는 성공하지 못하고, 바닥 인생을 살거나, 체제에 반항적인 사람들에 대해서 별로 동정심을 보이지 않는다.

한 예로 필리스 슐라플리를 보자. 그녀는 래드클리프 대학에서 최고 성적으로 석사를 마쳤으며, 굉장히 조직적이며 사리가 분명한 여성으로 알려져 있는데, 남녀 평등권 주장에 대해 반대 운동을 벌였다. 그녀가 남녀 평등권 반대 운동을 벌이는 초기에는 그 조항이 의회에서 거의 통과될지도 모르는 상황이었다. 그녀가 1972년 10월에 **STOP ERA**라는 반대 조직을 결성했을 때, 이미 30개의 주에서 법이 통과되었다. 그러나 그녀가 반대 운동을 격렬히 전개하기 시작하자 이러한 움직임은 멈추기 시작했고, 그 후 8년에 걸쳐 5개 주가 더 평등법을 통과시켰고 반면에 기존의 5개 주가 다시 그 법을 폐기했다. 슐라플리의 전기를 쓴 이는 그녀를 '말없는 다수의 연인'[3)]으로 칭했다. 그녀는 가부장적 가치를 옹호하면서 '아버지의 딸'의 역할을 충실히 해낸 현대판 아테나라고 할 수 있다.

중용의 덕

아테나 원형이 지배적인 여성은 모든 일을 중용의 도에서 처리하려는 경향을 보인다. 무엇이든지 과다하게 하는 것은 대개 격렬한 감정과 욕구, 또는 정열과 정의감, 두려움, 탐욕의 결과이게 마련이어서, 합리성을 추구하는 아테나는 이 모든 것들을 거부한다. 아테나 여성은 또한 중용의 견지에서 사건을 지켜보고, 그 결과를 기록하며, 그것이 비생산적이라고 생각되는 즉시 행동의 방향을 바꾼다.

무장을 한 아테나

아테나는 올림포스산에 황금빛 갑옷을 입고 등장했다. 그리고 사실상 '무장'[武裝]은 아테나의 성향을 잘 드러낸다. 지적인 방어력을 통해 아테나는 고통을 느끼게 되는 일들을 (그것이 자기 자신의 일이든 남의 일이든) 사전에 피하는 것이다. 감정이 격앙된 상황이거나 치열하게 눈에 보이지 않는 경쟁을 하고 있는 상황에서도 아테나는 감정에 좌우되지 않고 사태의 진전을 관찰하고 분류하고 분석하면서 다음 행동은 어떻게 해야 하는지를 정한다.

경쟁 세계에서, 아테나 원형은 아르테미스 원형보다 훨씬 유리하다. 아르테미스는 목표를 향해 추진하고 경쟁을 하지만, 그녀는 아테나처럼 갑옷을 입고 있는 것이 아니라 짧은 가운을 걸치고 있을 뿐이다. 한 여성의 지배적인 원형이 아테나가 아닌 아르테미스라면 그녀는 예기치 못한 적대감과 속임수에 분개하면서, 상처를 받거나 분노에 차고 감정적이 되어 상황을 비효율적으로 만들기 십상이다. 같은 상황이라면 아테나는 냉정하게 사태의 추이를 지켜볼 것이다.

아테나를 계발하기

근본적으로 아테나 성향이 없는 여성은 교육 과정과 직장 생활을 통해 이 원형을 계발할 수 있다. 교육은 아테나 성향의 발전을 가능케 한다. 여성이 학교 수업을 진지하게 받을 때, 그녀는 훈련된 학습 습관을 지니게 된다. 수학, 과학, 문법, 연구, 논문 작성은 아테나의 기술을 요하는 일이다. 직장의 경우도 같은 원리가 적용된다. 전문 직업인이 된다는 것은 사사로운 태도를 버리고 객관적인 태도와 숙련되게 사무 처리를 할 수 있는 능력을 지닌 여성이 되는 것을 뜻한다. 남에 대해서 동정심을 깊게 느끼는 여성이 의사나 간호사의 직업을 택했다고 해보자. 그녀는 곧 자신이 아테나의 영역에 발을 들여놓은 것이라는 것을 깨닫고, 감정이 개입 안 된 중립적인 진찰을 할 수 있어야 하고, 논리적인 사고와 숙련도를 갖춘 직업인이 되어야 한다는 것을 곧 깨닫게 될 것이다.

모든 종류의 교육은 아테나 원형을 계발하고 자극한다. 객관적인 사실을 배우며, 정확히 사고하는 법을 배우고, 시험을 준비하고 치르는 과정에서 아테나는 성숙하게 된다.

아테나 원형은 또한 필요에 의해서 계발되기도 한다. 폭력 가정에서 자란 어린 소녀는 자신의 감정을 드러내지 않음으로써 자신을 보호하는 방법을 배운다. 그녀는 전혀 감정이 없는 사람으로 변하게 되는데 그렇지 않으면 자신을 보호할 방법이 없기 때문이다. 살아남기 위하여 그녀는 나름대로 관찰을 하고 전략을 짰을 것이다. 매맞는 여성이 생존 수단을 강구하고 그 상황을 탈출하려 할 때 아테나는 이미 그 여성에게서 활성화되고 있는 것이다.

『호메로스의 신들』[4])의 저자인 월터 오토는 아테나를 '언제나 가까이 있는' 여신이라고 불렀다. 그녀는 남들의 눈에는 보이지 않지만 언제나 자신이 수호하는 영웅들 바로 뒤에 있었다. 그녀는 조언을 해주고 경쟁자를 이길 수 있는 방법을 가르쳐 주었다. 여성이 감정의 소용돌이 속에서 침착하게 생각하기 힘들 때, 또는 직장에서나 학교에서 남성과 똑같이 경쟁하게 될 때, '언제나 가까이 있는' 아테나 원형을 더 가까이 자기에게 부를 필요가 있다.

아테나 여성

일상 생활에서 아테나를 가장 잘 구현하는 여성들은 착실하고 사교적인 모습을 지닌다. 이들은 실질적이며, 복잡하지 않고, 자의식이 강하지도 않으며, 자신만만한 사람들로서 소란을 피우지 않고도 일을 차분하게 끝마칠 수 있는 여성들이다. 전형적인 아테나 여성은 건강하고, 활동적이며, 심리적 갈등을 겪지 않는다. 내가 보기에 아테나 여성은 단정하게 옷을 입는, 즉 유행에 민감한 디자인보다는 실용적이고, 오래가는, 유행을 타지 않는 옷을 즐겨 입는 모범생 같은 여성으로, 그녀의 심리 구조도 그녀의 외양을 닮았다고 생각한다.

여유가 있는 아테나 가정 주부는 좀더 유행이 가미된 모범생 같은 옷을 입을 것이고, 아테나 직장 여성은 블라우스에 투피스를 입은 정장으로 변화를 보일 것이다. 그러나 그들 모두의 외양은 중상층의 점잖은 모습을 유지하려는 것에서 크게 벗어나지 않는다. 둥그런 칼라와 앞에 단추가 달린 옷은 영원히 성적인 매력을 강조하지 않는 아테나의 모습을 잘 보여 준다.

어린 시절

아테나 아기는 아르테미스 아기처럼 집중력이 대단하지만, 거기에 지적인 호기심이 가미된다. 예를 들어 아테나 아기는 다섯 살에 이미 글을 깨우친 아이가 된다. 몇 살이든지, 아기는 책을 보기만 하면 책을 만져 보려고 할 것이다. 아기가 책을 읽지 않는다면, 아마도 아기는 아버지의 발뒤꿈치를 졸졸 따라다니며 "왜, 아빠?" 또는 "이건 어떻게 만들어지는 거야, 아빠?" 또는 전형적으로 "나 좀 보여줘, 아빠!" 하고 말할 것이다. (아기의 질문에 논리적으로 대답해 줄 수 있는 아테나 엄마가 있을 경우에만, 아테나 아기는 "왜, 엄마?" 하고 질문하게 된다.) 아테나 소녀는 호기심 많고, 지식을 갈구하며, 세상이 어떻게 돌아가는지 알고 싶어한다.

부모

아테나 딸이 사회적으로 성공한 아버지의 귀여운 딸이며, 자신을 닮은 딸이라고 자랑스러워하는 아버지를 만났을 때 아테나 딸의 성향은 자연스럽게 발전할 수 있다. 자신의 역할 모델인 아버지로부터 이런 인정을 받을 때 아테나 딸이 자신의 능력에 대해 확신을 갖는 것은 당연하다. 그런 딸은 자신의 능력과 야망에 대해 아무 갈등도 느끼지 않고 안전하게 성장할 수 있다.

그러나 모든 아테나 딸들이, 딸을 자랑스러워하는 제우스 아버지를 두는 것은 아니다. 아테나 딸이 제우스 아버지를 만나지 못했을 때, 아테나 성향을 발전시키는 데 중요한 요소가 빠지게 된다. 어떤 아버지들은 너무나 사회 활동이 바빠 딸을 제대로 지켜볼 수 없으며, 또 다른 제우스 아버지들은 딸이 얌전하고 여자답게 크기를 원한다. 그런 아버지들은 우스갯소리로, "그렇게 어렵게 공부할 필요 없다"든지, "이건 여자가 갖고 놀게 못돼" 또는 "이건 사업 문제니까 끼어들지 말라"고 말하곤 한다. 그 결과 아테나 딸은 대개 사업을 하거나 전문인이 되는 것에 대해 구체적인 반대에 맞닥뜨리지 않았더라도 자신의 기질에 대해 부정적인 시각을 갖게 되고 자신의 능력에 대해서도 확신을 갖지 못한다.

아테나 딸이 전혀 제우스 같지 않은 아버지를 두었을 때(사업에 실패했거나, 알코올 중독자, 아무도 애송하지 않는 시를 쓰는 시인, 또는 출판되지 못하는 소설을 쓰는 소설가), 아테나 성향의 발달은 크게 약화된다. 아테나 딸은 자신이 쉽게 이룰 수 있는 목표에 도달하려는 열망조차 갖지 않는다. 그리고 심지어는 주변 사람에게 성공적으로 보일지라도, 아테나 딸은 자신의 무능력이 곧 만천하에 드러날 사기꾼으로 스스로를 느끼곤 한다.

아테나 딸을 둔 어머니는 자신에게 아테나의 성향이 없다면 대개 어머니 대접을 못 받고 있다고 생각하거나, 딸을 아주 낯설게 느끼게 마련이다. 예를 들어 관계 지향적인 어머니는 자신이 딸과 전혀 교감을 이루지 못한다고 생각한다. 어머니가 딸에게 친척들이나 친구들에 대해 이야기하고 어머니의 감정을 말하곤 할 때, 아테나 딸은 전혀 관심이 없다. 그 대신 딸은 물건이 어떻게 만들어지고 작동하는지 궁금해 하는데, 엄마는 전혀 모르며 관심도 없음을 알게 된다. 이런 결과로 아테나 딸은 어머니를 무능력하게 볼지도 모른다. 초등학생 아테나 딸을 둔 한 어머니는 말하기를, "내 딸은 열 살인데 서른 된 어른 같아요"라고 했다. 그 딸이 항상 외치는 말은, "엄마, 제발 현실 파악 좀 하세요"였다. 이 어머니는 계속 말하기를, "어떤 때는 딸이 어른이고 내가 아이 같은 생각이 든다"고 했다.

비생산적인 모녀 관계의 또 다른 유형은 아테나 딸에게 어머니가 "너는 뭔가 잘못됐다"는 인상을 줄 때다. 예를 들어, 그런 어머니는 딸에게 "너는 셈만 따지는 기계 같아!" 또는 "여자 아이 흉내만이라도 내라!"고 말할 것이다.

아테나 성향을 잘 발달시킨, 자신감이 충만한 야심 있는 여성은 대개 제우스와 메티스 같은 관계[5)](아버지는 사회적 성공을 거두고, 어머니는 집안 살림과 내조를 잘하는)를 지닌 부모를 두고 있다. 그런 딸은 대개 그 딸의 출생을 바라는 (즉 첫아들을 둔 뒤 딸을 바라는 집이나, 여러 딸들 중 맏딸, 또는 정상아가 아니거나 아버지를 크게 실망시킨 오빠나 남동생을 뒀을 경우의) 부모 밑에 태어났기가 쉽다. 그리고 그 결과로 아테나는 아들 대신 자신에게 거는 아버지의 기대를 온몸에 받으며, 아버지와 관심을 나누는 친구 관계를 형성한다.

긍정적인 자기 모습을 지닌 아테나 여성이 야심을 키우는 것에 전혀 갈등을 느끼지 않으면서 클 때는, 부모가 모두 직업이 있거나 성공한 어머니를 두고 있는 경우가 많다. 아테나 딸은 어머니를 자신의 역할 모델로 삼고 성장하며, 있는 그대로의 자기 모습을 계발하는 데 필요한 지지를 부모로부터 받는다.

사춘기와 청년기

아테나 소녀는 자동차 뚜껑을 열고 안을 들여다볼 수 있다. 자동차를 타고 가다 타이어가 구멍이 났을 때 세워 놓고 타이어를 갈아 끼울 방법 정도는 알고 있다. 컴퓨터 수업에서는 즉시 기계가 어떻게 작동하는지 감을 잡으며 컴퓨터를 친밀하게 느낀다. 오리가 물 속에 들어가는 것처럼 아테나 소녀는 컴퓨터 프로그래밍을 할 수 있게 되는데 그 이유는 논리적이고 분명하게 생각하며 세부 과정도 상세하게 따져 보기 때문이다. 아테나 소녀는 주식을 배우고 투자해서 이윤을 남기는 일을 하기도 한다.

대개의 경우, 아테나 소녀는 '여자 애들은 바보 같고 우둔해' 하면서 초등학교 남학생들이 여학생에게 갖는 것과 같은 태도를 지닌다. 아테나 소녀는 이상한 벌레를 봤을 때 비명을 지르는 대신 그 벌레가 어느 과에 속하는지 관심을 갖고 쳐다본다. 다른 친구들이 수선을 피울 때 아테나 소녀는 이리저리 생각해 본다. 거미가 바로 옆에 앉아 있어도 무서워하지 않는다.

아테나 소녀는 바느질, 뜨개질에도 뛰어난 재능을 보인다. 아테나 소녀는 이런 종류의 공예를 즐기며 어머니나 다른 전통적인 취향을 가진 친구들과 함께 관심을 공유하기도 한다. 아테나 소녀는 누구보다도 새로운 도안을 이용해 새로운 것들을 만들어 내는 것을 즐겨하지만, 인형 옷을 만들거나 자신을 위해 아기자기한 것을 만드는 것에는 흥미가 없다. 그녀는 눈에 보이는 결과를 얻는 일을 좋아한다. 실용성과 고급스러움에 대한 기호가 그녀로 하여금 직접 자기 옷을 만들게 한다.

많은 소녀들이 사춘기를 심하게 앓을 때, 아테나 소녀는 대개 사춘기를 무리 없이 보낸다. 신경질로 비명을 지르거나 우는 일들은 아테나 소녀에게는 전혀 일어나지 않는다. 호르몬의 변화가 아테나 소녀의 행동과 태도에 영향을 끼치는 것 같지도 않다. 고등학교 시절 동안, 아테나 소녀는 지적인 동료로서 남학생들과 시간을 함께 보내기도 한다. 바둑 클럽에 들기도 하고, 학교 교지 편집하는 일을 하기도 하며, 과학 경시 대회에 참가할지도 모른다. 수학을 좋아하며 뛰어난 능력을 발휘하기도 하며, 화학, 물리, 컴퓨터 연구실에서 시간을 보낼지도 모른다.

사회적 인식에 민감하여, 외향적인 기질의 아테나 소녀는 자신의 관찰력을 이용해서 어떻게 입어야 할지, 어떤 친구를 사귀어야 할지를 알아 낸다. 아테나 소녀는 자신의 능력을 과시하며 인기도 있지만 결코 감정적으로 완전히 빠지는 일은 없다.

아테나 여성은 미리 앞을 내다본다. 대부분 고등학교를 졸업하고 무엇을 할지 심각하게 생각하며, 대학에 갈 돈이 있다면(미국은 대학에 들어가기가 어렵지 않음) 아테나 소녀는 대개 대학으로 진로를 선택한다. 가족이 학비를 댈 정도의 능력이 못 될 경우에도 아테나 소녀는 장학금을 받거나 융자를 얻어서라도 대학에 갈 길을 모색한다.

대학에 들어온 아테나 여성은 대부분 대학에서 자유로움을 느낀다. 자신의 적성에 맞는 대학을 선택함으로써 고등학교 시절보다 훨씬 자유로움을 느끼며, 열심히 다양한 활동에 참여하고 교육의 기회를 얻는다. 아테나 여성은 전형적으로 남녀 공학 대학을 선택하는데 남학생과의 경쟁심과 남학생을 높게 평가하는 성향 때문이다.

직업

아테나 여성은 자기로부터 무엇인가 만들어 내려고 한다. 그녀는 그 결과를 향해 열심히 노력하며, 현실을 받아들이고 적응하려고 노력한다. 따라서 아테나 여성에게 성년의 세월은 대개 생산적인 것이 된다. 권력이 난무하는 업적 위주의 영역에서, 전략과 논리적인 사고를 이용해 성공해 나가는 여성에게서 아테나 여신의 흔적을 찾아볼 수 있다. 집안의 아테나 여성은 자신의 실용성과 미적 감각을 살려서 가정 살림에도 뛰어난 재능을 보인다. (가정도 아테나 여신의 영역이었음을 상기할 것.)

아테나 소녀가 고등학교 졸업 후 대학에 진학하지 않는다면, 대개 그녀는 기능 훈련을 받아 회사에 취직함으로써 사회에 진출하지, 결코 신데렐라의 꿈에 빠지지 않는다. 결혼을 통해 탈출구를 찾을 때까지 기다리지 않는 것이다. '언젠가 나의 왕자님이 나타나겠지' 하는 꿈은 아테나 여성에게는 생소한 것이다.

　아테나 여성이 결혼하여 살림을 한다면, 대개 그녀는 살림꾼이기가 쉽다. 물건을 사거나 빨래를 하거나 집안 정돈을 하거나, 아테나 여성의 규모 있는 처리는 항상 돋보인다. 예를 들어 부엌은 언제나 정돈되어 있다. 아무도 아테나 여성에게 살림하는 법을 가르칠 필요가 없다. 그녀는 타고난 살림꾼이기 때문이다. 일주일 전에 쇼핑을 계획하고 세일 품목을 이용해 음식 장만을 한다. 아테나 여성은 긴축 재정을 하여 적자를 내지 않고 규모 있게 살림하는 것을 생활의 자극으로 여긴다.

　아테나 여성은 뛰어난 선생이 될 수 있다. 그녀는 사물을 정확하고 분명하게 설명한다. 특히 가르치는 주제가 정확한 지식을 요하는 것이라면 아테나 선생은 이미 그것을 완전히 이해하고 있을 것이다. 아테나 선생의 강점은 복잡하게 얽혀 있는 문제를 차근차근하게 단계적으로 풀어 나가는 데 있다. 아테나 선생은 학생들에게도 열심히 할 것을 요구한다. 최선을 다해 공부할 것을 요구하는 그녀에게는 학생들의 변명이 통하지 않는다. 학생들의 변명을 들어주고 공부하지 않는 학생에게 동정 점수를 주는 일은 일어날 수 없다. 그녀에게 지적 자극을 줄 수 있는 학생이 아테나 선생에게는 가장 이상적인 학생이 된다. 아테나 선생은 처지는 학생들보다는 실력 있는 학생을 선호하고 그들과 더 많은 시간을 보낸다. (모성애가 강한 데메테르 선생의 경우, 도움이 가장 필요한 학생에게 시간을 가장 많이 할애한다.)

　공예가로서, 아테나 여성은 기능적이면서도 미적인 즐거움을 줄 수 있는 것들을 만들어 낸다. 그녀는 또한 사업가의 수완이 있어서, 자신이 만든 것을 상품화하여 수입을 얻는 것에도 관심이 있다. 그녀는 손으로 하는 일은 무엇이든지 잘하며, 필요한 기술을 다 습득하고 물건을 만들어 내는 자신에 대해 뿌듯해 한다. 그녀는 같은 일도 다양하게 변화를 주면서 즐길 수 있다.

학문 세계의 아테나 여성은 능력 있는 연구원일 가능성이 크다. 논리적인 접근 능력과 세부 상황에 대한 치밀함은, 실험을 하고 자료를 모으는 일에 아테나 여성이 뛰어남을 발휘하게 한다. 그녀의 관심 영역은 대개 사고의 명료함이 요구되고 증거의 이용이 필요한 분야다. 그녀는 수학, 과학, 경영학, 법학, 공과 계통, 의과 같은 주로 남성들의 영역이라고 생각되는 곳에서 두각을 나타내며, 여성이 별로 없는 영역에서 전혀 불편함을 느끼지 않는다.

여성과의 관계: 소원하거나 없음

　아테나 여성은 대개 가까운 여자 친구가 없는 편인데, 아테나 여성의 이런 패턴은 보통 절친한 친구를 만들어 가는 사춘기 때 드러난다. 사춘기 때 대부분의 소녀들은 친구끼리 서로의 고민과 속사정, 집안 문제, 자신의 몸에 대한 불안감, 또는 불투명한 미래에 대해 서로 이야기하곤 한다. 남학생과 성에 대한 호기심이 그들의 초조함의 주요 원인이 될 수도 있고, 시적 감상과 창작에 대한 욕구, 또는 죽음과 광기, 신비로움, 종교적인 문제로 갈등에 빠지기도 한다.
　이 모든 것이 비슷한 관심을 가지고 있는 친구들끼리 이야기하는 내용이다. 그러나 아테나 소녀는 현실적인 관찰자이며 회의적인 합리주의자로서 이런 관계에 빠져들지 않는다.
　더군다나, 그리스 신화에 따르면, 아테나 여신은 한때, 이오다마 또는 팔라스라고 불리는 여동생 같은 친구를 사귀었다. 이 두 소녀는 서로 경쟁을 하는 게임을 했는데 아테나의 창에 실수로 이오다마가 찔려서 죽게 되었다. 신화에서처럼 아테나 소녀는 감정 이입 능력이 부족하거나 경쟁심 때문에 친구들과 우정을 키우기 어렵다. 실제 생활에서 친구들은 아테나 소녀가 우정을 아무렇지 않게 생각하거나 승리에만 집착하는 모습을 보일 때 경악하게 된다. 때때로 아테나 소녀는 속임수를 쓰기도 하는데 우정을 밟아 버리는 그녀의 성격의 일면을 잘 드러낸다.

다른 여성들과의 친밀감이 부족한 현상은 대개 아주 어린 시절부터 시작되는데 주로 아버지를 우러러보면서 아버지와 자신을 동일시하고, 어머니와는 성격과 관심 모두가 맞지 않는 경우에서 비롯된다. 이러한 경향은 친한 여자 친구가 없음으로써 강화된다. 그 결과로 아테나 여성은 마음속 깊이 다른 여성과 자매애를 느끼지 못한다. 전형적인 여성에게도, 여성주의자에게서도 친근함을 느끼지 못하며, 단지 전문직 여성일 경우 여성주의자들과 피상적으로 비슷함을 유지할 뿐이다. 따라서 '자매애'라는 것은 대부분의 아테나 여성에게는 생소한 개념이다.

신화에 나오는 오레스테스 재판에서 가부장제를 위해 결정적인 한 표를 던진 신은 아테나였다. 현재에도 남녀 평등권 운동이나, 자유 임신 중절법 등에 반대하는 의견을 표명하여 이런 법안이 부결되게 하는 데 결정적인 역할을 하는 여성들은 아테나 여성들이다. 나는 지금도 남녀 평등권 운동을 위해 일하고 있을 때, 한 아테나 여성이 일어나서는 큰소리로 "나는 여자예요. 그렇지만 나는 남녀 동등권 개정안에 반대합니다!" 하고 말하던 것을 기억한다. 그러자 대부분의 남성과 대부분의 말없는 반대표들이 그녀 뒤를 따르며 행진에 참여했다. 기존의 가부장제를 지키려는 입장이나 대부분의 남성 동료들과 편안한 관계를 유지하려는 태도 면에서 그녀는 필리스 슐라플리의 작은 분신이었다.

아라크네(제우스의 방탕한 생활을 공개해 아테나의 분노를 사 거미로 변해 버린 실 짜는 여인)의 일화는 현대판으로 재현된다. 여학생이나 비서는 교수나 상사의 성희롱을 학교와 회사에 고발할 것이다. 또는 아버지의 근친상간을 목격하고 아버지에게 해로운 증언을 하려는 딸도 있을 것이다. 또는 자신을 치료하는 정신과 의사가 자신과 비윤리적으로 성 관계를 가졌다고 보고하는 환자도 있을 것이다. 그러나 이들 모두는 마치 아라크네처럼, 자신의 지위를 이용하여 비밀리에 연약한 여성을 성적으로 위협하고 유혹하고 질리게 하는 힘 있는 남성을 폭로하는 보잘것없는 사람들에 지나지 않는다.

아테나 여성은 불평의 원인이 되는 남성에게보다는 주로 불평을 하는 여성에게 화를 낸다. 아테나 여성은 불행을 가져온 것은 희생자인 그 여성이라고 주장한다. 또는 더 전형적인 경우 아테나 여신처럼 비난의 대상이 된 그 남성의 행동을 공개한 것 자체에 대해 분개한다.

여성주의자들은 전문적으로 성공한 아테나 여성들에 대해 분노하는데, 그 이유는 그녀들이 한편으로는 현상 유지를 통해 여성 문제와 관련된 정치적 문제에 대해 가부장적 입장을 유지하면서, 다른 한편으로는 여성 운동의 결과로 얻게 된 교육, 균등한 기회, 승진 등의 혜택을 가장 많이 누리고 있기 때문이다. 남성 중심적인 영역에서 처음으로 참여해 인정을 받은 여성들을 여성주의자들은 '여왕벌'이라고 부른다. 그녀들은 그들의 '자매들'이 진출하는 것을 도와주지 않는다. 오히려 그들은 일반적인 진출조차 어렵게 만든다.

남성과의 관계: 능력 있는 남성에 한함

아테나 여성은 성공한 남성들에게 자연스럽게 끌린다. 대학에 다닐 때는 과에서 가장 뛰어난 남학생에게 끌렸다. 기업에서는 언젠가는 경영진에 참여하게 될 능력 있는 남성에게 매력을 느낀다. 그녀는 누가 승리자가 될 인물인지 감을 잡을 수 있는 약빠른 면을 지녔다. 그녀는 권력에 매력을 느낀다. 주위의 나이 많고 성공한 남성 지도자의 도움으로 그녀 자신이 권력을 추구하거나, 더 전형적인 방법으로, 야심 있고 능력 있는 남성의 동료, 아내, 수석 비서가 되어 권력을 추구한다. 아테나 여성에게 '권력'은 헨리 키신저 전 국무 장관이 말한 대로 '최고의 최음제'다.

아테나 여성은 빈둥거리는 사람을 봐 넘기지 못한다. 그녀는 몽상가에게 관대하지 못하며, 비세속적인 것을 추구하는 남성에게 전혀 감동 받지 않으며, 단호하게 행동하기에 너무 동정심이 많은 남성에 대해 매정하다. 다락에서 굶어가며 예술 활동을 하는 시인과 예술가들이 아테나 여성에게는 전혀 위대해 보이지 않으며, 어른의 외양을 하고 있지만 마음은 항상 소년인 남성에게서 전혀 매력을 느끼지 못한다. 아테나 여성에게 '부드러운 마음씨'라든지 '신경 과민의,' '예민한' 등의 형용사는 '패배자'를 지칭하는 것이다. 아테나 여성이 볼 때 남성이라면 능력이 있어야 한다.

아테나 여성은 대개 자신에게 맞는 남성을 고른다. 그녀는 데이트 신청을 거절하고, 자신의 야심을 채울 수 있는 기준에 미달한 남성이 경영하는 기업에는 취직을 하지 않음으로써 자신에게 맞는 남성을 고를 수 있다. 또는 그녀는 한 남성을 정해 놓고 교묘한 전략을 써서 마치 그 남성이 그녀를 선택한 것처럼 하게 한다. 상대방을 정확히 파악한 아테나 여성은 가장 적절한 순간을 포착해 결혼이나 동업 얘기를 꺼낼 것이다.

아테나 여성이 그의 경영진 안에 부하로 참여하거나 비서가 되고 싶을 때, 그녀는 기회를 만들어 자신이 얼마나 열심히 일하며 능력 있는 여성인지를 보여줌으로써 상사에게 강한 인상을 남긴다. 그리고 일단 상사 주변에 배치되고 나면 그녀는 상사에게 없어서는 안 될 사람이 되려고 있는 힘을 다하는데, 이런 역할은 그녀에게 감정적으로도 일에 대해서도 만족감을 준다. '회사 내에서는 그녀가 아내'라든지 '이인자'라는 표현은 아테나 여성에게 권력을 갖고 있다는 만족감과 자신이 선택한 '거물'과 연결되어 있다는 느낌을 주며, 그녀는 평생 자신의 상사에게 충성을 바칠 것이다.

아테나 여성은 전략을 짜기 위해 논의하는 일을 무척 좋아하며 막후에 일어나는 일에 민첩하다. 그녀의 충고와 조언은 인정머리 없기도 하지만 통찰력이 있으며 도움이 된다. 아테나 여성은 자신이 원하는 것을 추구하고 강하며, 재능이 있고, 현대판 권력 쟁탈전에서 성공한 남성에게 많은 점수를 준다. 몇몇 아테나 여성에게는 자기의 남자가 더 '교활한 오디세우스'로 변할수록 더 매력 있어 보인다.

성생활

아테나 여성은 머리로만 살며 전혀 자신의 몸에 대해 관심을 쏟지 않는다. 그녀는 자신의 몸은 그냥 있는 것으로 생각하여, 아프거나 다치기 전에는 전혀 인식하지 못한다. 전형적인 경우, 아테나 여성은 섹시하지도 않고 그렇다고 애교를 부리거나 낭만적이지도 않다.

그녀는 남성을 연인으로보다는 친구나 상사로 사귀는 것을 좋아한다. 그녀는 아르테미스처럼 성생활을 가벼운 운동이나 모험으로 생각하지도 않는다. 아르테미스처럼, 아테나 여성도 이성에 대한 끌림이나 감정적인 약속의 표현으로 성생활을 하기 위해서는, 자신 안에 헤라나 아프로디테 여신이 활성화되게 해야 한다. 그렇지 않을 경우, 성생활은 기껏해야 둘의 관계에서 하나의 협정 항목에 불과하거나, 계산된 행위에 불과할 뿐이다.

아테나 여성은 성인이 되어서도 오랜 동안 독신 생활을 유지하는데, 그녀의 노력은 주로 자신의 경력을 쌓는 데 쏟아진다. 그녀가 자신이 선택한 거물의 수석 비서이거나 행정 보좌로 헌신하고 있는 중이라면, 아마도 '회사 안의 아내'에 만족하며 평생 독신으로 지낼지도 모른다.

결혼한 여성이 계속 아테나 여성으로 남아 있다면, 성생활에 대한 그녀의 태도는 어쩌면 그녀가 신체의 기능에 대해 생각하는 정도와 같아서, 정기적으로 하는 것이고 자신에게 좋은 것이며, 아내가 갖는 의무의 일부라고 생각할 것이다.

　아테나 여성은 레즈비언 여성에게서도 자주 보이는데, 이것은 보통 예상과 어긋나는 것이다. (아테나 여성들의 가부장제에 대한 지지라든지, 거물에 대한 친화력, 그리고 자매애의 부족 등). 레즈비언 아테나 여성은 자신의 상대로 자신과 같은 유형을 원한다. 그들은 둘 다 전문인 여성으로서, 고도의 목표를 향해 나아가며, 동료로 시작하여 사랑하는 관계로 발전하곤 한다.

　그들의 관계를 보면, 레즈비언 아테나 여성은 상대방의 실력과 성공, 지적인 능력에 끌린다. 열정보다는 동료 관계와 상호 신뢰가 서로를 연결하는 끈이 된다. 둘의 성 관계는 거의 없을 수도 있다. 그들은 자신들의 동성애 관계를 완전히 비밀로 하기 쉽다. 둘의 관계는 오래 지속되며 직업상 서로 헤어졌을 때도 관계는 지속된다.

결혼

　아테나 여성이 자신의 힘으로 사회적 성공을 할 기회를 갖지 못했을 때, 대부분의 아테나 여성들은 결혼을 통해 목표를 달성했다. 그녀들은 열심히 일하고 업적 지향적인 남성으로 그녀들의 존경을 받는 사람과 결혼했다. 지금도 그때와 마찬가지로 아테나 여성의 결혼은 정열적인 결합이 아니라 친구 같은 동료 관계의 성격을 띤다.

　아테나 아내는 대개 남편에 대해 정확히 평가하고 있으며 그들은 서로 조화를 이룬다. 그녀는 남편의 협력자이고 동료이며 남편의 진급이나 경영에 절대적인 관심을 가지고 있고, 경쟁에 이기기 위해 그와 함께 전략을 짜고, 필요하다면 그의 편에서 일을 하려고 한다. 아킬레우스가 그의 상관인 아가멤논을 향해, 분노에 가득 차서 칼을 빼려고 했을 때 아테나 여신은 현명하게 아킬레우스의 감정에 치우친 조급한 행동을 제지했다.

결혼할 당시 이미 남편이 나이가 지긋해서 사회적 성공을 거두고 있는 상태라면, 그리고 매우 복잡하고 고도의 기술적인 거래를 하고 있는 중이라면, 아테나 아내의 주요 역할은 남편의 사교 활동의 협조자가 되는 일이다. 그녀의 일은 사교적인 자리를 마련하고, 사회 유력 인사들과 동맹 관계를 유지하는 것이다.

남편의 의논 상대가 되고, 남편의 성공을 위해 사교 활동을 벌이는 일 말고도, 아테나 아내는 집안 살림을 잘 꾸려 나간다. 꼼꼼하게 일을 처리하고 실용적인 태도를 지닌 그녀의 성격을 반영하듯이, 그녀는 예산 범위에서 생활하고 어디에 어떻게 지출했는지를 모두 알고 있다. 또한 그녀는 아이를 낳고 키우는 일을 자신의 역할로 생각하면서 기꺼이 한다.

아테나 아내와 남편은 대개 사건에 대해서는 활발하게 대화를 나눈다. 그러나 자신의 감정을 이야기하는 대화는 실제로 없다. 아테나 아내처럼 남편도 감정을 무시하고 있거나, 아내는 감정에 대해서는 무감각하다는 것을 깨달았기 때문이다.

헤라 여성과 아테나 여성이 남성에 끌리는 이유는, 제우스처럼 그 남성이 권위와 권력이 있기 때문이다. 그러나 제우스에게 원하는 것이나, 관계의 성격을 보면 둘은 전혀 딴판이다. 헤라 여성은 남편을 자신의 구세주로 여기고, 그가 자신을 충족시킬 의무가 있다고 생각한다. 남편과의 결속은 깊고, 본능적인 것이다. 남편이 외도를 하고 있다는 것을 알게 될 때, 헤라 여성은 치명적인 타격을 입게 되며 그 분노를 다른 여성에게 터뜨린다.

그와는 대조적으로, 아테나 여성은 성적인 질투와는 무관하다. 그녀는 결혼을 서로 도움을 받을 수 있는 동료 관계로 본다. 그녀는 성실하게 대하고 성실함을 기대한다. 그러나 그 성실함이 반드시 성생활의 순결을 얘기하는 것은 아니다. 또한, 아테나 아내는 남편의 바람 때문에 자신이 버림을 받을 수도 있다는 것을 상상할 수도 없다.

재클린 케네디 오나시스는 아테나 여성으로 보인다. 그녀는 존 F. 케네디 상원 의원과 결혼했는데 그는 미국 대통령이 되었다. 나중에 그녀는 아리스토텔레스 오나시스와 재혼했는데, 그는 전 세계에서 몇 안 되는 갑부이자 인정머리 없는 세도가의 한 사람으로 알려져 있었다. 이 두 남성은 모두 대단한 바람둥이라고 한다. 케네디는 다양한 여성 편력이 있었고, 오나시스는 오페라 가수인 마리아 칼라스와 오랫동안 애정 관계를 맺어 왔다. 재클린 케네디 오나시스가 완벽한 배우가 아니라면, 그녀는 다른 여성들에 대해 전혀 앙심을 품지 않은 것이 분명하다. 질투심이나 분노가 없어 보이는 것, 그리고 권력자를 선호하는 그녀의 모습은 아테나 여성의 특징이다. 결혼 생활 자체가 위협을 받지 않는 한, 아테나 여성은 남편이 애인이 있다는 사실을 받아들이며 합리화한다.

그러나, 가끔 아테나 여성은 남편이 다른 여성에게 기울이는 관심을 너무 과소 평가하는 경향이 있다. 이것이 바로 그녀의 맹점인데, 그녀 자신이 정열이 없기 때문에 다른 사람에게는 그것이 중요할 수 있다는 것을 계산하지 못하는 것이다. 또한 그녀는 연약한 감정이나 정신적으로 가치 있는 것들에 대해 동정심이나 감정이입이 부족한데, 그것들이 남편에게는 중요한 의미를 가질 수 있다. 이러한 이해의 부족이 결국, 그녀가 전혀 예기치 못하게 또 아무런 준비도 없이 어느 날 갑자기 남편은 이혼을 원하고 다른 여성과 재혼하게 되는 일이 벌어지는 원인이 된다.

아테나 아내가 이혼을 원하는 경우, 그녀는 상대적으로 적은 감정적 동요 속에서 남편에 대한 호감을 잃지 않고 헤어질 수 있다. 이것은 내가 아는 서른두 살의 증권 중개인에게서 받은 인상과 일치한다. 그녀의 남편은 증권 거래소의 중역이었다. 남편은 실직을 하자, 다른 직업을 열심히 찾아보는 대신 집안에서 죽어지내고 있었다. 그녀는 점점 이 점을 참을 수 없게 되었고, 남편을 더 이상 존경하지 않게 되었다. 일 년 뒤에 그녀는 남편에게 이혼하자고 말했다. 그녀의 태도는 마치 고용인이 일을 제대로 하지 못한 직원을 해고하거나, 더 좋은 일꾼이 나타났을 때 직원을 바꿔 버리는 것과 비슷하다. 그녀는 남편에게 말을 하려 하지 않았고, 이혼하자는 말을 하는 것이 고통스러웠지만, 결론은 그와 헤어져야 한다는 것이었다. 그리고 일단 이 불편한 마주침이 끝나자, 그녀는 안도의 한숨을 쉬었다.

그녀가 이혼을 원했든 아니든, 아테나 여성은 이혼의 상황을 잘 극복한다. 이혼 과정은 대개 분노나 복수심 없이 협상된다. 남편이 자신을 버리고 다른 여성에게 갔다고 해서 그녀는 황폐한 느낌을 받지는 않는다. 그녀는 이혼한 남편과 계속 좋은 관계를 유지할 수 있으며, 때로는 사업 관계를 지속시키기도 한다.

부부가 모두 직업을 가지며, 부부 모두 전문직에 종사하는 경우, 아테나 여성은 다른 어떤 유형의 여성보다도 결혼 생활과 직업을 가장 잘 병행할 수 있다. 부부가 다 일에 종사할 때, 아테나 여성은 자신의 전문직에서 경쟁에 뒤처지지 않아야 하고, 생활에서 갑자기 일어나는 일들도 다 잘 소화해 내야 한다. 이런 작업은 계획을 잘해야 하는데, 이것은 아테나가 가장 뛰어난 부분이다. 아테나 여성은 여성에게 요구되는 전통적인 역할을 받아들이며, 남편에게 원칙에 따라 똑같이 일을 나누자는 주장은 하지 않는다. 그러므로, 부부가 직업을 가진 결혼 생활을 이끌어 나가는 아테나 아내는 대개 집안일을 감독하고, 파출부를 이용하며, 그래서 자신의 경력도 쌓고 집안도 잘 꾸려 나가는 슈퍼우먼이라는 인상을 주며, 동시에 남편의 협조자며 믿음직한 동료가 된다.

자식과의 관계

아테나 어머니는 아기가 커서 엄마 말을 알아들을 수 있을 때까지 기다리지 못한다. 어서 빨리 무언가를 가르치고, 데리고 나가 이것저것 구경시켜 주고 싶어한다. 그녀는 '대지의 어머니'인 데메테르와는 정반대의 성향을 지녔는데, 데메테르는 아기를 안는 것을 굉장히 좋아하며, 아기가 영원히 아기로 머물러 있었으면 하고 바라는 형이다. 반대로 아테나 여성은 다른 여성의 자궁을 빌릴 수만 있다면, 또 자신의 아이가 틀림없다는 것이 확실하다면 자궁을 빌릴 방법을 택할 것이다. 아이를 낳는다면 아이 봐줄 사람과 집안 살림해 줄 사람을 구할 것이다.

아테나 어머니는 능력 있고, 외향적이며, 지적으로 호기심 많은 아들을 둘 때 가장 행복해 한다. 이 아들들은 앞으로 영웅이 될 인물들이며, 아테나 어머니는 이들이 뛰어난 인물이 되게 하기 위하여, 가르치고, 조언하고, 용기를 북돋아 줄 것이다. 그녀는 아들들에게 전형적인 남자다움을 강조할 것인데, "남자가 울면 못써" 식의 충고를 한다.

아테나 어머니는 자신을 닮아서 독립심이 강하고, 사물에 대해 논리적인 접근을 하는 딸하고는 좋은 관계를 유지한다. 자신을 닮은 딸에게 아테나 어머니는 좋은 선생이며 역할 모델이 될 수 있다. 문제는, 어머니가 자신과 전혀 다른 유형의 딸을 두었을 때다. 그런 딸들은 대개 사물이 어떻게 구성되어 있나보다는, 사람들의 감정에 대해 더 관심이 많으며, 지적이지도 않고, 진취적이지도 않을 수 있다. 이 전통적인 딸에게 아테나 어머니는 잘해주지 못한다. 어머니는 자신과 다른 딸에 대해 신기해 하면서, 인내심 있게 받아줄 수도 있다. 또는 그 딸을 무시하고 아들만 선호할지도 모른다. 어떤 식이 되든지 딸은 감정적으로 거리감을 느끼며, 자신이 있는 그대로 받아들여지지 않고 있다고 느낀다.

아테나 어머니는 쉽게 감정에 좌우되는 자식들에 대해 어떻게 해야 할지를 모른다. 상황은 물론 자식에게는 더욱 나쁘다. 자식들이 어머니의 기준을 받아들인다면, 그들은 어린 시절에는 갓난아기처럼 울음 많은 자기 자신을 못마땅하게 여길 것이며, 어른이 돼서는 감수성이 강한 자기 자신을 열등하게 느낄 것이다. 어머니의 실용적인 마음이 환상적인 꿈을 꾸는 자식을 참을 수 없게 하는 것이다.

아테나 어머니는 자식들이 자신들이 해야 할 일을 제대로 하기를 바라며, 감정에 매여서 인생을 그르치지 않기를 바란다. 자신이 훌륭한 군인이던 것처럼, 자식도 훌륭한 군인이 되기를 바란다.

중년

아테나 여성의 중년은 인생의 황금기다. 사물을 있는 그대로 파악할 수 있는 능력을 지녔기에, 그녀에게 '꿈에서 깨어나야' 할 일은 없다. 모든 일들이 계획대로 진행되는 한, 그녀의 인생은 차근차근하게 성공적으로 전개된다.

중년기에, 아테나 여성은 대개 자신의 상황을 점검해 보는 시간을 갖는다. 그녀는 모든 가능성들을 점검해 보고, 다음 단계로 자연스럽게 넘어간다. 직업이 그녀의 가장 중요한 관심사이고, 경력을 한참 쌓는 단계에 있다면, 이제 자신의 궤도를 정확하게 볼 수 있다. 즉 이대로 나가면 어디까지 진급할 수 있는지, 자신의 현 위치가 얼마나 탄탄한지, 지도자와의 관계가 어떤 식으로 자신에게 영향을 끼칠 것인지가 그것이다. 아테나 여성이 전업 주부라면, 아이들이 성장하면서 어머니의 손이 덜 필요할 것이고, 그녀는 자신이 할 일을 찾아내 그 일에 몰두할 것이다.

그러나, 아테나 여성의 중년은 예기치 않게 위기를 맞을 수도 있다. 그녀의 질서 정연한 생활에 감정적인 대혼란이 끼어들 수 있다. 그녀는 중년의 한가운데서 결혼의 위기를 맞을 수 있으며, 그것은 그녀가 지금까지 유지해 왔던 중심을 뿌리째 뒤흔들고 그녀를 감정의 깊은 수렁에 빠뜨리게 할지도 모른다. 대개 남편이 맞는 중년의 위기가 그녀에게 영향을 끼치게 된다. 친구같이 지낸 결혼 생활이, 서로에게 협조자가 되어 왔던 그들의 관계가, 이제 남편에게는 더 이상 만족스럽지 못할 수가 있다. 이제야 남편은 결혼 생활에 정열이 없음을 느끼게 되고, 그를 낭만적이고 성적으로 자극하는 다른 여성에게 감정이 끌릴 수 있다. 아테나 아내가 자신의 아테나 성향을 끝까지 지킨다면, 그 난관을 지혜롭게 극복할 수도 있을 것이다. 그러나, 중년기에는 다른 원형들이 더 활동적이기 마련이며, 따라서 일생에 처음으로 그녀는 예측 못할 행동을 저지를 수 있다.

폐경이 아테나 여성을 우울하게 만들지는 않는다. 아테나 여성은 자신의 정체성을 어머니에 두지 않기 때문이다. 또한 아름다움과 젊음이 그녀의 정체성을 이루지도 않는데, 그녀의 정체성은 자신의 지성과 능력, 그리고 자신이 꼭 필요한 사람이라는 데 근거한다. 따라서 늙는다는 것이 대부분의 아테나 여성에게는 손실이 아니다. 그 반대로 그녀는 젊은 시절보다 더 권위 있고 쓸모 있으며 영향력 있는 사람이 될 것이고, 대부분의 다른 여성이 늙고 매력이 없어지는 것에 초조해 할 중년에 그녀의 자신감과 행복은 더 커질 것이다.

노년

아테나 여성은 세월이 지나도 별로 변하지 않는다. 일생 동안 그녀는 초기에는 가정과 직장에서, 나중에는 지역 사회에 봉사함으로써 활기 있고 현실적인 여성으로 지낸다. 노년의 그녀는 보수적인 집단을 지지하는 모습을 보일 것이다. 중상층의 기혼 아테나 여성들은 자선 단체나 교회의 기둥이 되는 집단이다. 그녀들은 병원에서 자원 봉사 활동을 하며, 적십자 운동 등에 적극적으로 참여함으로써 나이가 들수록 이름을 날리게 된다.

아이들이 자라서 집을 떠날 때, 아테나 어머니는 외로움에 시달리지 않는다. 이제 그녀는 자신이 즐기는 일이나, 공부, 계획들을 추진할 시간을 얻게 될 것이다. 대개 성인이 된 자식들과의 관계는 즐거운 것이 된다. 그녀 자신이 아이들을 독립심 있고 자립적이게 키웠기 때문에, 그리고 너무 간섭하거나 의존적이게 키우지 않았기 때문에, 자식들과 손자들은 그녀와의 관계에서 아무 문제가 없다. 그들은 보통 어머니를 존경하고 대개는 좋아한다. 그녀가 애정을 많이 표현하는 편은 아니지만, 집안 대소사 때마다 가족을 모으고 유대 관계를 갖는다.

남편이 세상을 떠나고, 혼자의 삶을 시작할 때, 아테나 여성은 대개 그런 생활을 예견해 왔다. 여성의 평균 수명이 남성보다 길며, 자신보다 나이가 많은 사람과 결혼했을 확률이 높기 때문에 홀로 있을 때를 생각하고 준비하는 것이다. 홀로 되었을 때 그녀는 자기 돈을 직접 관리하고, 주식에 투자하며, 가족 사업이나 그녀 자신의 사업을 계속한다.

심리적인 어려움

합리적인 아테나 여신은 결코 자기 중심을 잃은 적이 없다. 그녀는 중용의 도를 지키며 살았고 감정이나 비합리적인 느낌에 압도당한 적이 없다. 헤스티아를 제외한 대부분의 다른 여신들은 자신의 감정을 터뜨림으로써 다른 이들을 고통스럽게 하거나, 그들 자신이 감정의 희생양이 되어 고통받았다. 이들 여신과 같은 성향을 지닌 여성들도 남을 괴롭히거나 자신이 괴로움을 당할 가능성을 지니고 있다. 그러나 아테나 여신은 달랐다. 그녀는 결코 나약하지 않고, 비합리적인 감정에 지배당하지 않으며, 그녀의 행동은 충동적이기보다는 계산된 것이었다. 아테나 여신을 닮은 여성은 이러한 성향도 닮기 때문에 그녀는 다른 사람이나 자기 자신의 감정의 기복에 따른 희생자가 되지 않는다. 그녀의 문제점은 심리적으로 무장된 바로 그런 성격에 있다. 한쪽으로 치우친 발달이 그녀가 성장할 필요가 있는 그녀 자신의 다른 면을 억제했을지도 모른다.

나는 아테나 여성인가

아테나처럼 산다는 것은 머리로 살며 목적을 갖고 행동하는 것을 말한다. 그런 여성은 한쪽으로 치우친 삶, 즉 자신의 일을 위해 사는 삶을 산다. 그녀가 다른 사람들과 어울리는 것을 즐길지라도, 그 어울림에는 감정적인 친밀함이나 성적인 매력, 정열, 절정, 절친함 같은 것이 배제되어 있다. 그녀는 또한 다른 사람과 강한 유대를 맺거나 그런 욕구를 지녔기 때문에 얻는 고통과 깊은 절망으로부터도 벗어나 있다. 합리적인 아테나와 자신을 완전히 동일시하는 것은 다양한 인간 감성의 강렬함이 거세되어 있는 것을 말한다. 그녀는 자신의 감정을 잘 조절해 언제나 자제하는 모습을 보이기 때문이다. 그래서 아테나 여성은 다른 사람과 감정적으로 깊이 연루되는 것을 피하며, 인간의 격렬한 감정을 표현하는 음악이나 미술에서 별로 감동을 받지 않으며, 신비한 경험에 감동하지 않는다.

머리로만 살기 때문에, 아테나 여성은 자신의 몸을 완전히 경험하지 못한다. 그녀는 관능적 쾌락을 거의 알지 못하며 오르가슴을 느낄 때까지 자기 몸을 맡길 때 그 기분이 어떤지 알지 못한다. 아테나는 여성이 언제나 본능 차원 '위에' 있도록 하며, 따라서 아테나 여성은 모성이나 관능, 아이를 낳고 싶은 본능 등을 강렬하게 느끼지 않는다.

이러한 아테나를 극복하기 위해서는 자신 안의 다른 측면을 발달시킬 필요가 있다. 아테나가 자신의 한 면을 제한한다는 것을 깨닫고 다른 사람의 의견을 수용하려고 한다면 점차 아테나를 극복할 수 있을 것이다. 사람들이 자신에게 의미 깊은 일들에 대해, 자신의 감정에 대해 이야기할 때, 그것이 자신에게는 마음에 와 닿지 않는다 해도, 그녀에게는 사람들이 무엇을 말하고 있는지 상상해 보려는 노력이 필요하다. 언제나 증거를 요구하고 회의적인 태도를 갖는 자신의 성향이 사람들이 자신에게 거리를 두게 하는 원인이며, 스스로 정신적이고 감정적인 깊이를 지닐 가능성을 가로막는 이유가 된다는 것을 알아야 할 것이다.

아테나 여성은 가끔 예기치 않게, 충격적으로 자신의 아테나의 한계를 넘어서는데, 그것은 무의식에 잠겨 있던 감정들이 압력을 못 이겨 솟구치는 상황에 놓이기 때문이다. 아이가 중병에 걸리거나 누군가의 손에 맞아 다쳤을 경우의 예를 들어보자. 성난 어미 곰처럼 무서운 모성 본능이 새롭게 그녀의 모습으로 나타날 수 있는데, 이때 그녀는 아르테미스의 측면이 자신에게 있음을 알게 된다. 또는 남편이 다른 여자와 사랑에 빠질 때, 그래서 동료로서의 결혼 관계가 위기에 빠질 때, 그녀는 평소처럼 이성적으로 직장에 나가는 모습을 유지하는 대신, 헤라의 상처받은 복수심으로 가득 차 있을 수 있다. 또는 마약을 복용한 뒤, 경이롭거나 두려운, 전혀 다른 의식의 세계로 빠질 수도 있다.

메두사 효과

아테나 여성은 사람들을 긴장시킴으로써 그녀와 다른 유형 사람들의 즉흥성과 생명력, 창의력을 걷어가 버리는 능력을 갖고 있다. 이것이 바로 그녀의 메두사 효과다.

아테나 여신은 갑옷의 가슴 부분에 힘을 상징하는 방패막을 덧입었는데, 그 방패막 위에는 아테나의 힘을 상징하는 메두사의 얼굴이 그려져 있다.

메두사는 머리칼이 모두 뱀으로 되어 있는 무서운 모습을 하고 있는데, 누구든지 메두사를 쳐다보는 사람은 돌로 변하게 했다. 메두사는 아테나 여성의 다른 면을 보여 준다. 비유적으로 말하자면, 아테나 여성은 다른 사람의 경험을 시들하게 하며, 대화의 활기를 죽이고, 사람 사이를 움직이지 않는 그림처럼 바꾸어 버리는 힘이 있다. 상세하게 내용을 살펴보고 증거에 초점을 두며, 논리적이고 이성적으로 대화를 하는 그녀는 대화를 무미 건조한 형식의 연속으로 바꾸어 놓곤 한다. 또한 그녀는 너무나 무감각하기 때문에 아주 개인적인 문제들도 피상적이고 소원한 것들로 바꾸어 놓곤 한다. 문제를 해부하고 비판하는 태도를 지니는 아테나 여성의 태도가 뜻하지 않게 상대방의 주관적 경험을 무시하게 된다. 그녀는 다른 사람에게는 극도로 중요한 영적인, 윤리적인 문제들을 이해하지 못하며, 연애 문제로 고민하는 것을 참을 수 없어 하고, 어떠한 종류의 나약함에 대해서도 비판적이다. 이러한 공감의 부족은 치명적이다.

그러한 경우가 사교적인 문제에서만 발생한다면, 사람을 굳어 버리게 하는 메두사 효과는 단지 분노를 자아내거나 화를 내게 하는 데서 끝날 수 있다. 그러나 아테나 여성이 권위가 붙는 높은 직책에 있을 때, 고르곤 메두사의 놀라운 파괴력으로 사람들을 공포에 질리게 할 것이다. 예를 들어서 중요한 결정이 달린 면접을 한다고 하자. 그녀가 메두사의 눈매로 피면접자를 조사할 때, 분석적이고 기계적인 사람이 자신의 부적당함을 찾아내려는 듯한 질문을 퍼붓는 것에 대해 피면접자는 마치 자신이 확대경 밑에서 해부당하는 듯한 느낌을 갖게 된다. 해부학적인 지식과 돌 같은 마음을 지닌 사람 앞에서, 피면접자는 자기 자신이 돌처럼 굳어져 있는 것을 느낀다.

한때 내 동료가 진급에 관한 면접을 받을 때 고르곤 메두사를 만난 불행한 경험을 이야기했다. 지금, 그녀는 정신 착란 상태가 심한 환자들을 아주 잘 치료하는 정신과 의사다. 그녀는 직감적으로 환자의 비정상적인 행동이 의미하는 뜻과 감정을 이해함으로써 환자들을 아주 잘 다뤘다. 그러나 면접에서 아테나 여성을 만났을 때, "나는 완전히 질려 버려서 아무 말도 할 수 없었어. 아무 생각도 안 나고, 생각을 할 수 없었지… 엉망으로 면접을 끝냈지" 하고 말했다. 취직이나 진급을 좌우할 힘을 가진 사람이 벌이는 면밀한 조사와 질문이 면접 당사자를 돌같이 굳어 버리게 할 때, 대개 그 사람은 제우스 원형의 사람으로 방패를 지닌 남자일 경우가 많다. 그러나 여성들이 권력의 자리에 더 많이 진출함에 따라, 이 방패를 지닌 여성들이 많이 눈에 띈다. 그리고 그녀들이 아테나와 같은 유형이라면, 그들은 메두사 효과를 나타내기 쉽다.

이러한 메두사 효과를 지닌 아테나 여성은 대개 자신의 그런 부정적인 영향력을 의식하지 못하고 있다. 사람을 위협하고 공포심을 조장하는 것이 그녀의 의도는 아니다. 단지 자신에게 주어진 일을 잘할 뿐이다. 자료를 자세히 살펴보고, 전제들을 조사해 보며, 그러한 전제들에서 얻은 결론에 의문을 가져보는 것이다. 그러나 자기도 모르는 사이에 그녀는 괴테의 말처럼 '해부를 한 결과로 살해하는 것'이다. 그녀는 객관적인 태도와 날카로운 질문으로 친밀한 관계를 형성하려는 노력을 대신한다. 그럼으로써, 마음속의 문제들을 공유할 수 있는 진실한 대화의 가능성을 배제해 버린다.

가끔씩 나는 완전히 지적으로 자기 병에 접근하는 환자를 접하게 되는데, 그 환자는 자신의 삶에 대한 온갖 사실들을 말해 주고, 중요한 사건들을 이야기하지만, 자기 느낌에 대해서는 전혀 이야기하지 않는다. 그 환자와 상담할 때, 나는 환자가 얘기하는, 전혀 생명력 없고 지루한 이야기들을 (일어난 일들에 대해 전혀 감정이 개입되어 있지 않는) 딴 생각 없이 들어주기 위해 애쓰게 된다. 그녀의 무미건조함이 나를 마비시키려 한다. 내가 돌처럼 굳어 버리려고 할 때, 나는 즉시 이것이 바로 그녀가 모든 인간 관계에서 보이는 모습임을 깨닫는다. 그녀가 왜 자신의 삶에서 친밀한 관계를 이루어 내지 못하며 외로움을 느껴야 하는지 바로 그 이유인 것이다. 비유적으로 말해서 여성이 아테나의 갑옷와 메두사의 가슴 보호막을 입고 있을 때, 그녀는 어떠한 연약함도 드러내지 않는 것이 된다. 그녀의 무장된 갑옷(대개 그녀의 지식)은 언제나 방어를 하고 있으며, 그녀의 권위와 비판적인 시야는 사람들과 감정적으로 거리를 두게 한다.

그녀가 다른 사람에게 영향을 미치는 메두사 효과에 실망한다면 상황을 바꿀 수 있다(아테네 여신은 메두사 가슴 보호막을 자신의 갑옷 위에 덧붙인 것이며, 언제든지 뗄 수 있는 것임에 주목할 것). 갑옷과 가슴 보호막을 떼어낸다면, 그녀는 더 이상 메두사 효과를 보이지 않을 것이다. 더 이상 남들을 판단하려 들지 않을 때, 다른 이들의 삶의 방식과 감정을 판단할 수 있는 권한이 자신에게 있다고 생각하지 않을 때, 그녀의 메두사 보호막은 사라진다. 마음으로부터 다른 사람에게 배울 것이 있으며 다른 사람과 나눌 것이 있다는 것을 깨닫고 동료로서 함께한다면, 그녀의 메두사 보호막과 메두사 효과는 사라질 것이다.

교활함: "성공하기 위해서는 무엇이든 하라"

해결해야 할 문제가 있거나 도달해야 할 목표가 있을 때, 아테나 여성의 관심은 완전히 "어떤 방법으로 해야 하지?"와 "성공할 수 있을까?"에만 국한되어 있다. 목적을 달성하기 위해서는, 그리고 경쟁자를 물리치기 위해서는 '교활하며,' 수단 방법을 가리지 않을 것이다.

이러한 교활함은 아테나 여신의 특징이다. 예를 들어서, 트로이 전쟁시 그리스 영웅 아킬레우스와 트로이 영웅 헥토르 간에 일대 접전이 있었을 때, 아테나는 '비열한 전략'을 써서 아킬레우스가 이기도록 했다. 아테나 여신은 헥토르에게 동생이 여분의 창을 들고 옆에 있다고 속임으로써, 헥토르는 자신의 창을 던진 뒤 다른 창을 쓰려고 옆을 돌아보지만, 주위에는 동생커녕 아무도 없음을 알게 되고, 자신의 생이 끝나 감을 알게 되는 것이다.

아테나 여신에게 "이것이 공평한가?"라든지 "이것이 윤리적인가?"라는 의문은 전혀 상관이 없다. 단지 문제가 되는 것은 효과적인 전략이냐는 것이다. 아테나 여성의 어두운 면은 아테나 여신의 바로 이런 면과 관련이 있다.

그녀가 다른 사람을 평가할 때는 그 사람의 효율성이 기준이 된다. 옳고 그름이라든지, 좋고 나쁨과 같은 감정적인 가치들은 그녀의 사고 구조상 관계가 없다. 그래서 그녀는 사람들이 왜 비윤리적이고 비도덕적인 행위에 대해 분노하는지 더구나 그것이 자신과 개인적으로 관련된 일도 아닐 때에는, 솔직히 이해할 수가 없다. 그녀는 또한 사람들이 왜 '원리 원칙'을 따지려 드는지, 그리고 목표로 가는 '과정'에 민감한지 이해할 수가 없다.

따라서 그녀가 1970년대에 대학생이었다면, 과 친구들이 베트남전 반대와 캄보디아 침공 반대로 거리로 뛰어나가 데모를 할 때에, 그녀는 거의 참여하지 않는다. 사람들은 그녀가 윤리적인 문제에 무관심하다고 생각했을 텐데, 사실은 그녀는 아테나 원형(사람들의 감정에 휩쓸리지 않고 그녀 자신도 흥분하지 않는)에 충실했을 뿐인 것이다. 아마도 그녀는 자신의 계획에 따라 데모의 와중에도 강의실에 있었거나 연구실에서 연구를 하고 있었을 것이다.

성장하는 길

다른 여신 원형들을 계발함으로써 특정 여신 원형의 한계를 극복한다는 것은 모든 여신 원형에게 적용되는 말일 것이다. 그러나 아테나 여성에게는 특별히 고려해야 할 몇 가지 방향이 있다.

자신을 성찰해 보기

사회 활동을 하는 아테나 여성은 기업, 정계, 법조계에서 세력 다툼에 사로잡혀 있거나, 언제나 일거리에 둘러 쌓여서 집에까지 일거리를 가져오곤 할 것이다. 어느 정도 시간이 지나면, 그녀의 머리 속이 잠시도 쉬지 않고 굴러가는 바퀴처럼 느껴질 것이다. 일이 얼마나 자신을 소모하는지 깨닫게 될 때, 자신이 균형 있는 생활을 할 필요가 있다는 생각이 들 때, 공예의 여신인 아테나는 자신의 일로부터 벗어날 수 있는 심리적 방안을 마련한다.

아테나가 즐기는 여러 종류의 공예 가운데 그녀가 가장 좋아하는 것은 베 짜기다. 사업하는 아테나 여성이 언젠가 말하기를, "베를 짤 때 가장 평안한 시간을 보낼 수 있다"고 말했다. "베틀의 리듬에 맞춰 내 마음을 그 리듬에 완전히 싣고 마음을 비우며, 동시에 재빠르게 손을 움직이는 작업을 하고 나면 아름다운 벽걸이가 만들어지지요"라고 그녀는 말한다.

또 다른 아테나 여성은 재봉틀로 옷을 만드는 일로 자신의 일에서 벗어난다. 자기 옷을 직접 만드는 일은 아테나 여성에게는 실용적이면서도 창의적인 일이다. 고급 옷감으로 디자이너가 만든 것 같은 코트나 원피스를 십분의 일의 가격으로 만들 때, 그녀는 즐거움을 느끼게 된다. 옷을 만들 때 그녀는 놀라울 정도로 인내심을 발휘한다. 재봉틀을 돌리면서 일에서 벗어날 수 있고 완전히 다른 마음 상태가 되는데 그녀는 이것을 농담 반 진담 반으로 '치료'라고 부른다.

도자기를 굽는 일도 아테나의 공예 효과를 잘 드러낼 수 있는 한 방법이 된다. 사실상 모든 종류의 공예가 밖으로 향한 그녀의 사회 생활과의 균형을 이루는 데 기여한다.

어린이의 마음을 갖기

아테나 여신은 한번도 어린아이인 적이 없다. 그녀는 태어날 때부터 어른이었다. 이 비유는 아테나 여성의 실제 경험과 유사하다. 그녀가 기억할 수 있는 아주 어린 시절부터, 그녀는 '사물의 이치를 헤아리고,' '무슨 일이든지 잘하는 아이'로 불린 기억을 갖고 있다. 그러나 현실 감각이 뛰어나고 말을 잘하는 이 어린 소녀는 주관적 경험이라는 영역에 대해서는 전혀 알지 못하고 성장하는데, 나중에 그녀는 결국 이런 성향을 원하게 될 수 있다. 그녀는 자신 안에서 한번도 경험해 보지 못한 어린이로 다시 돌아갈 필요가 있다. 그리하여 새로운 것들에 경이로워하고 혼란스러워지는 아이의 마음을 갖는 것이 필요하다.

아테나 여성이 어린이의 마음을 되살리기 위해서는 새로운 경험을 할 때 이성적인 어른으로 접하지 않도록 노력해야 한다. 그 대신, 호기심 많은 어린이처럼, 그래서 모든 것이 새롭게 발견되는 것처럼 인생을 대할 필요가 있다. 아이는 새로운 것에 관심을 가질 때 그것에 온통 마음을 뺏긴다. 아테나 원형과는 달리, 아이는 사물에 대해 편견을 미리 갖고 있지 않으며, 회의적이지도 않으며, 자신의 경험을 미리 분류된 이름에 따라 해석하고는 잊어버리는 태도를 갖지도 않는다. 사람들이 자신은 전혀 경험해 보지 못한 것들에 대해 이야기할 때, 아테나 여성은 잘 들을 줄 알아야 하고, 그 상황과 감정을 잘 상상해 봄으로써 이해해 보려는 자세가 필요하다. 그녀 자신이 격정에 사로잡혀 있을 때, 그녀는 그 감정을 토로하고 주위의 도움을 받으려고 하는 자세가 필요하다. 잃어버린 자신의 동심을 되살리기 위해서는 놀고 웃고 울며, 사랑하는 사람들의 포옹이 필요하다.

어머니 되찾기

신화에 따르면, 아테나 여신은 어머니가 없는 딸로 아버지인 제우스만 부모로 둔 것에 자부심을 가졌다. 그녀는 자신에게 메티스라는 어머니가 있었으며, 아버지 제우스에게 삼켜졌다는 것을 알지 못했다. 비유적으로 아테나 여성은 여러 면에서 어머니가 없는 사람이다. 그녀는 어머니를 찾아야 하며, 어머니의 가치를 발견해야 한다. 그럼으로써 그녀 자신이 어머니가 될 수 있다.

아테나 여성은 대개 자신의 어머니를 우습게 보았다. 그녀는 어머니의 강점을 찾아낼 필요가 있고, 그렇게 해서 자신에게서 어머니와의 유사성을 발견할 때 가치를 부여할 수 있다. 그녀는 대개 어머니 원형(데메테르 여신으로 의인화된)이 부족한 경향이 있는데, 본능적으로 그리고 진한 모성애를 경험하기 위해서는 그녀 안에서 데메테르 원형과의 연결을 느껴야 한다. 『여신』이라는 책을 쓴 크리스틴 다우닝은 이 작업을 '아테나의 잃어버린 기억 찾기'라고 부르며, 그것은 '여성성, 어머니, 그리고 메티스와의 관계를 재발견하는 작업'이라고 말한다.[6]

아테나 여신은 모계 중심적인 여성적 가치를 재발견할 필요가 있다. 즉 그리스 신화가 지금과 같은 형태를 취하기 이전의 세계, 오늘날 풍미하는 가부장적 문화에 의해 먹혀 버린 여성적 가치를 새롭게 인식할 필요가 있는 것이다. 그녀의 지적 호기심은 역사와 심리학 연구에서 시작해 결국에는 여성주의적 사고에 이르게 될 수 있다. 이렇듯 새로운 관점을 갖게 되면 그녀는 자기 어머니와 여성들을 다르게 생각하기 시작할 수 있으며, 마침내는 자신을 새롭게 바라볼 수 있다. 이렇게 하여 많은 아테나 여성들이 여성주의자가 되었다. 아테나 여성이 자신이 사고하는 방식을 일단 바꾸기 시작하면, 그녀의 대인 관계도 변할 수 있다.

6 헤스티아

화로와 신전의 수호신, 지혜로운 노처녀 고모

헤스티아 여신

헤스티아는 화로의 수호신인데, 더 정확히 말하자면 둥근 화로에서 타고 있는 불길이다. 그녀는 올림포스산의 신들 중 가장 덜 알려진 여신이다. 헤스티아 여신과, 그녀의 로마식 표현인 베스타 여신은 화가나 조각가에 의해 사람의 모습으로 표현된 적이 없다. 그 대신, 헤스티아 여신은 가정에서, 신전에서, 도시에서, 그중에서 타오르는 불길로 항상 우리 곁에 있음을 느끼게 했다. 헤스티아 여신의 상징은 원이다. 그녀의 첫 번째 화로도 둥그렇고, 그녀를 모시는 신전도 원형이었다. 가정이나 신전 모두 헤스티아가 먼저 들어와야 축성이 되었다. 헤스티아가 거기 있어서 그 장소는 신성해졌다. 헤스티아 여신은 영적으로 느껴지는 존재이며, 신성한 불길로서, 우리에게 빛과 온기, 그리고 음식을 장만할 수 있는 불을 마련해 주었다.

계보와 신화

헤스티아는 레아와 크로노스 사이에서 태어난 맏딸이다. 올림포스산의 첫 세대 신들 중에서는 가장 큰언니였으며, 다음 세대에게는 노처녀 고모가 되는 셈이다. 헤스티아가 태어날 당시에는 중요한 열두 올림포스 신들의 하나였으나 뒤에는 올림포스산의 열두 신에는 속하지 않았다. 주신인 디오니소스가 유명해져서 열두 신의 하나로 헤스티아를 대체했기 때문이다. 그때도 헤스티아는 전혀 반발하지 않았다. 헤스티아는 그리스 신화의 대부분을 차지하는 전쟁과 사랑 사건에 전혀 관련되어 있지 않았기 때문에, 주요 그리스 남신과 여신들 중에는 가장 덜 알려진 여신이다. 그러나 그녀는 크게 추앙을 받았고 인간이 신에게 바치는 가장 좋은 제물을 받았다.

헤스티아에 관한 짧은 신화는 호메로스의 시 세 편에서 볼 수 있다. 헤스티아는 '고결한 처녀'로 표현되어 있으며, 아프로디테의 힘으로도 결코 '성적 욕망을 눈뜨게' 할 수도, 유혹하고, 설득하고, 정복할 수도 없었다.[1]

아프로디테는 바다의 신인 포세이돈과 태양의 신인 아폴론이 헤스티아와 사랑에 빠지도록 유도했다. 둘 다 헤스티아를 원했지만, 헤스티아는 그들을 단호히 거절하고 영원히 순결을 지키겠다고 굳게 다짐했다. 「아프로디테에게 바치는 노래」의 내용에 따르면, "제우스는 헤스티아에게 결혼 선물 대신 아름다운 특권을 주었다. 집안의 중심에 그녀를 앉히고 가장 좋은 선물을 받을 수 있게 했다. 신전마다 헤스티아는 추앙을 받았고, 인간들에게 헤스티아는 고결한 여신으로 알려졌다."[2]고 그려져 있다. 헤스티아에게 바치는 나머지 두 편의 호메로스의 시는 가정과 신전으로 헤스티아를 부르는 기원의 시다.

의식과 경배[3]

다른 남신이나 여신과는 달리, 헤스티아는 자신만의 신화나 모습을 지니고 있지 않다. 그 대신, 헤스티아의 중요성은 의식에서 불의 중요성으로 나타난다. 집이 가정으로 변하기 위해서는 헤스티아의 존재가 필요했다. 두 사람이 결혼했을 때, 신부 어머니는 자기 집에서 불씨를 가져다가 신혼부부의 집에 첫 불을 지폈다. 이런 의식을 통하여 새로운 가정을 봉헌했다.

헤스티아에 대한 두 번째 의식은 아이가 태어났을 때 이루어진다. 갓난 아이가 태어난 지 닷새째가 되었을 때, 화로 주위에서 의식을 가지는데, 그것은 아이가 가족의 일원이 된 것을 상징했다. 그리고 성스러운 축제의 향연이 뒤를 이었다.

이와 비슷하게, 그리스의 모든 도시 국가에는 성전의 한가운데에 신령한 불길이 있는 공동 화로가 놓여 있었다. 그리고 정복한 식민지마다 고향의 화로에서 가져온 신령한 불꽃으로 새로운 화로를 만들곤 했다.

그래서 신혼 부부가 새집을 장만하거나 그리스가 새로운 정복지를 만들었을 때, 헤스티아는 항상 그들과 함께 왔으며, 옛집과 새집을 이어주고, 연속성과 연결을 상징함으로써 공동체 의식을 강화시켜 주었다.

나중에 로마에서 헤스티아는 베스타 여신으로 알려져 숭배받았다. 베스타의 신성한 불길은 로마의 모든 시민을 한 가족으로 묶어 주었다. 헤스티아를 모시는 신전은 베스타 처녀들이 관리했는데, 베스타 처녀들은 헤스티아 여신의 순결과 익명의 정신을 실생활에서 재현할 의무를 지녔다. 어떤 면에서, 그들은 현실 세계에서 헤스티아를 재현하는 셈이었다. 즉 그림이나 동상과 같은 차원이 아닌, 살아 있는 헤스티아가 그들이었다.

베스타 처녀로 선택된 소녀들은 아주 어릴 때, 대략 여섯 살이 되기 전에, 신전으로 뽑혀 갔다. 똑같은 옷을 입고, 머리는 새 입회자임을 표시하기 위해 잘랐으며, 개인적이거나 눈에 띄는 특성들을 드러내지 않도록 지도받았다. 그들은 일반인과 격리되었으며, 사회로부터 존경을 받았고, 헤스티아처럼 살 것으로 기대되었다. 만일 자신의 순결을 상실할 경우에는 비참한 결과를 맞았다.

남성과 성 관계를 가진 베스타 처녀는 헤스티아 여신을 모독한 것이다. 그 벌로 그녀는 산 채로 땅에 묻히게 되어, 불과 기름, 음식과 잠자리가 준비된 작고 공기가 통하지 않는 지하실에 매장되었다. 그리고 그 무덤 위를 다시 평평하게 만들어 아무것도 없는 듯이 해놨다. 즉 헤스티아의 신성한 불길을 실현하는 베스타 처녀가 살아 여신의 의무를 다하지 못했을 때, 화로 안에서 연기를 내며 꺼져 가는 석탄처럼, 흙으로 뒤덮여 생명을 잃게 되는 것이다.

헤스티아는 전령의 신인 헤르메스(로마에서는 메르쿠리우스로 알려진)와 짝을 이루어 신화에 등장하곤 한다. 헤르메스 남신은 언변이 좋고 행동이 빠른 신이었는데, 여행자의 안내와 보호를 맡았으며, 연설의 신이며 사업가와 도둑의 수호신이기도 했다. 헤르메스를 상징하는 것으로는 '험'^{herm}이라고 불리는 대들보 같은 돌이 있다. 헤스티아의 불길은 집안을 따뜻하고 신성하게 했으며, 헤르메스의 돌은 집 어귀를 지키어 악귀를 막고 집안에 생식력을 가져오게 했다. 신전에서 이들 신들은 서로 연결되었다. 예를 들어 로마에서는 메르쿠리우스의 사당은 베스타 신전으로 향하는 계단 오른쪽에 모셔졌다.

이렇게 집안과 신전에서 헤스티아와 헤르메스는 서로 관련이 있었지만, 물리적으로는 서로 떨어져 있으면서 각기 다른 기능을 수행했다. 헤스티아는 사람들이 가족으로 서로 묶일 수 있도록 집안을 성스러운 장소로 만들었고, 헤르메스는 집 어귀의 수호신으로 있으면서, 일단 집을 떠날 때는 세상의 안내자이며 친구로서 대화가 잘 풀려 나가게 하고, 기민함과 행운을 줌으로써 좋은 결과를 낳게 했다.

헤스티아 원형

집안과 신전의 헤스티아 여신의 존재는 일상 생활의 중심을 이룬다. 한 여성의 성격을 이루는 원형 존재인 헤스티아는 매우 중요한데, 헤스티아 원형은 여성에게 완전함과 본래의 모습을 유지하게 해주기 때문이다.

처녀 여신

헤스티아 여신은 세 명의 처녀 여신 중 가장 나이가 많다. 아르테미스나 아테나와는 달리, 그녀는 거친 황야를 탐험하기 위해 나서지도 않으며, 도시를 건설하기 위한 모험에 참가하지도 않는다. 그녀는 집안이나 신전에, 화로 안에 담겨져 있는 모양으로 머물러 있다.

적어도 겉으로 보기에 무명의 헤스티아는 아르테미스처럼 재빨리 행동하지도 않고, 아테나처럼 예리한 사고와 갑옷으로 무장하고 있지도 않다. 그러나 각기 관심 영역과 행동 유형은 다르다 해도 본질적으로 변하지 않는 속성을 지닌다는 점에서 그들은 유사점을 갖는다. 즉 셋 모두는 처녀 여신의 특징인 그 자체로 충족된 성향을 지니고 있다. 그 누구도 남신이나 남성에게 희생을 당하지 않았다. 그리고 그녀들은 자신에게 중요한 일에 생각을 집중할 수 있는 능력을 지녔으며, 남들의 필요에 의해 또는 남의 도움을 받으려고 자신의 추진력을 흩뜨리는 일은 없다.

자기 자신을 향한 의식

헤스티아 원형은 집중력이 있다는 점에서 다른 두 여신과 유사하다. (라틴어로, '화로'라는 말은 초점이라는 뜻이다.) 그러나, 그 초점이 자기 자신에게로 향해 있다는 점에서 그들은 서로 다르다. 외향적인 아르테미스나 아테나가 계획을 짜고 목표 달성을 위하여 집중하는 것처럼, 헤스티아는 그녀 내부의 주관적 경험에 관심을 기울인다. 예를 들어서, 헤스티아 원형은 명상을 할 때 완전히 몰두할 수 있다.

헤스티아식의 인식 방법은 자기 내부를 들여다보고 직감적으로 일어나고 있는 일을 감지하는 것이다. 헤스티아 원형은 자신에게 정말 의미 있는 것이 무엇인지 알아내어 자기 가치를 재발견할 수 있다. 자기 자신에 초점을 둠으로써, 우리는 상황의 본질을 파악할 수 있다. 또한 사람들의 성격에 대한 통찰력을 얻을 수 있으며 그들의 행동이 갖는 중요성과 그 유형을 알 수 있다. 우리는 바로 이런 통찰력으로 우리들의 오감과 맞닥뜨리는, 다양한 사건들이 가져오는 일상의 혼돈 속에서, 명석함을 유지할 수 있다.

내성적인 헤스티아는 또한 감정적으로도 초연하여 자신의 관심에 전념함으로써 주변 사람들에 대해 무관심할 수 있다. 이 초연함은 사실상 처녀 여신 셋 모두에게 적용되는 말이기도 하다. 덧붙여서 헤스티아가 갖는 자기 충족감은 고요한 평온함에서 기인하는데, 이는 고독 속에서 가장 잘 찾을 수 있다.

화로 지키기

화로의 수호신인 헤스티아는 집안 살림을 지겨운 일로 생각하지 않고 의미 있는 활동이라고 생각하는 여성에게서 활발히 나타나는 원형이다. 헤스티아와 함께 화로를 지키는 일은 자기 자신과 가정을 잘 정돈된 상태로 유지하게 하는 수단이 된다. 매일의 일상을 마무리하면서 마음의 평온을 이루는 여성은 헤스티아 원형의 이런 면을 스스로 지니고 있기 때문이다.

집안일을 상세한 부분까지 질서 있게 한다는 것은 명상에 상당하는 것으로, 정신을 집중시키는 일이다. 헤스티아 여성이 자기 마음속의 흐름을 분명하게 설명할 수 있다면, 그녀는 『명상과 집안일이라는 예술』이라는 책을 써낼 수 있을 것이다. 그녀는 집안일이 중요하다고 생각하기 때문에 일을 하며, 그 일이 즐거워서 한다. 자신이 하는 일로부터 마음의 평안을 얻는데, 그것은 종교를 열심히 믿는 여성이 세상사를 모두 '하느님의 뜻'으로 해석하여 마음의 평화를 얻는 것과 같은 이치다. 헤스티아가 자신의 원형이라면, 그녀는 집안일을 끝냈을 때 마음속에서 기분이 좋아짐을 느낄 것이다. 반면에 아테나가 자신의 원형이라면 집안일을 끝냈을 때 성취감을 느낄 것이고, 아르테미스는 이제 허드렛일을 끝내고, 나만의 시간을 만들었다고 한숨을 돌릴 것이다.

헤스티아가 자신의 원형이 될 때, 여성은 집안일을 하면서 시간이 많이 있다고 생각한다. 그녀는 일을 할 때 한 눈은 시계를 보고 몇 시인지 점검해 보지 않는데, 시간표에 맞춰 일을 하는 유형이 아니기 때문이다. 결과적으로, 그녀는 그리스 사람들이 말하는 '카이로스' 시간이 된 셈인데, 그것은 시간 자체에 참가하는 것으로, 심리적으로 아주 좋은 태도다(우리의 대부분 경험이 시간 안에서 분실되는 것에 비해서). 빨랫감을 흰 것과 색깔 있는 것으로 분리하면서, 빨래를 개면서, 설거지를 하고 난장판이 된 집안을 치우면서, 허둥대지 않고, 하나하나에 열중하면서 평온을 느낀다.

화로를 지키는 사람은 익명의 상태를 유지하면서 언제나 배경으로 머물러 있다. 그들은 늘 당연하게 여겨지는 사람들이고, 뉴스의 대상이 되거나 유명한 스타가 되지 않는다.

신전의 화로 지키기

헤스티아 원형은 종교 집단에서 많이 보이는데, 특히 침묵을 강조하는 종교 단체에서 그러하다. 명상적인 가톨릭이나 동양의 종교들은 명상에 기초해 신심을 쌓는데, 이러한 종교는 헤스티아 여성에게는 좋은 환경이다.

베스타 처녀들과 수녀들이 헤스티아 유형에 속한다. 수도원에 들어가는 젊은 여성들은 그 이전의 자기 모습을 포기한다. 이름도 바꾸고 성도 더 이상 불리지 않는다. 그들은 같은 옷을 입으며, 자아를 없애려 노력하며, 순결한 삶을 살고, 자신의 삶을 종교적 소명에 바친다.

동양의 종교가 서양인들의 흥미를 점점 끌면서, 우리는 헤스티아를 구현하는 여성들을 수도원뿐 아니라 '히피' 부락에서도 볼 수 있다. 그들이 하는 훈련은 우선적으로 기도와 명상에 중점을 두는 것이다. 그들은 지역 사회 봉사(또는 집안 살림)는 두 번째로 비중을 두는데, 지역 사회 봉사나 집안일을 일종의 의식으로 생각한다. 대부분의 성전에는 이름 없이 자신의 구역에서 매일같이 예배에 참여하는 여성들을 볼 수 있는데 이들이 헤스티아라고 할 수 있다. 교회에서 사람들의 눈에 띄는 행동을 벌이는 여성은 헤스티아 원형에 다른 원형이 첨가된 상태이다. 예를 들어서 아빌라의 성녀 테레사는 무아경의 글로 유명한데, 그녀는 헤스티아에 아프로디테가 합쳐진 상태라고 할 수 있다. 노벨 평화상을 수상한 마더 테레사는 모성적인 데메테르와 헤스티아가 합친 상태로 보인다. 영적인 자극을 받으면서 동시에 행정을 효과적으로 하는 뛰어난 어머니들은 대개 헤스티아에 덧붙여 아테나의 성향을 강하게 지니고 있다.

헤스티아의 가정과 신전은 집에서 가정 예배를 볼 때 합쳐진다. 유태인 여성이 가정 예배를 위해서 종교적 의식의 저녁을 마련할 때, 우리는 그녀에게서 헤스티아를 얼핏 볼 수 있다. 식탁을 준비할 때 그녀는 신성한 일에 완전히 몰두해 있는데, 그녀에게는 이것이, 가톨릭 미사 때 신부와 복사가 침묵 속에 주고받는 행위만큼 신성한 것이다.

지혜로운 할머니

올림포스산에 있는 신들의 첫 세대에 속하며 두 번째 세대에게는 결혼 안 한 고모가 되는 셈인 헤스티아는 존경받는 어른의 위치를 차지한다. 헤스티아는 주변 신들의 경쟁과 음모로부터 멀리 떨어져 있으며 격렬한 감정에 휘말리는 경우를 피하려고 한다. 헤스티아 원형을 지닌 여성은 다른 사람들처럼 사건들에 의해 큰 영향을 받지 않는다.

헤스티아를 내면에 지니고 있는 여성은 인간 관계나 업적, 재산, 특권, 권력에 '애착'을 갖지 않는다. 그녀는 있는 그대로의 자기 모습에 충족감을 느낀다. 그녀의 자아는 주변의 영향을 받지 않는다. 자신의 정체성에 의미를 두지 않기 때문에 외부의 환경에 좌우되지 않는 것이다. 따라서 그녀는 살아가면서 전개되는 사건들에 의해 사기가 고양되지도, 그렇다고 비참해지지도 않는다. 그녀는 자신 안에 다음과 같은 모습을 지니고 있다.

> 그물 같은 욕망에서 벗어난 마음의 자유
> 그 고통으로부터 풀려나
> 이제는 나도 너도 나를 억누를 수 없어
> 고요함 속에 움직이는 하얀 빛과 같이
> 해안의 은총에 싸여 있네.
> ― T. S. 엘리엇, 『네 개의 사중주』 중에서[4]

헤스티아의 초연함 때문에 이 원형은 '현명한 여성'의 기질을 갖게 된다. 그녀는 인생의 다양한 구비를 살아낸 할머니처럼, 연륜을 통해 기질은 부드러워졌지만 자신의 기상은 꺾지 않고 인생을 살아낸 모습을 지닌다.

　헤스티아 여신은 신들을 모시는 신전 어디에서나 존경을 받았다. 헤스티아가 '신전'(또는 기질)을 다른 신들(또는 원형)과 공유할 때, 그녀는 자신의 현명한 생각을 이용해 다른 신들(또는 원형)이 목적을 이루도록 돕는다. 그리하여 헤라 여성이 남편의 불륜을 발견하고 괴로워할 때 헤스티아 원형도 지니고 있다면, 그녀는 헤라 원형만 지니고 있는 것에 비해 그렇게 상처를 많이 받지 않을 수 있게 된다. 다른 원형들의 과도한 모습들은 헤스티아의 현명한 조언에 의해 개선되며, 헤스티아의 존재를 통해 진실함과 영적 통찰력을 지닌 모습을 보여줄 수 있게 된다.

안으로 향한 자아와 그 의미

　헤스티아는 내부 중심적인 원형이다. 헤스티아 원형은 자신의 행위에 의미를 주는 '중심점'이며, 무질서와 혼란, 일상의 허덕임 속에서 여성에게 준거점을 제공하여 그녀가 우뚝 설 수 있는 기반을 마련해 준다. 헤스티아를 기질로 지니고 있는 여성의 삶은 의미를 지닌다.

　신성한 불길이 가운데서 타오르고 있는 헤스티아의 둥근 화로는 만다라의 모습을 하고 있는데, 만다라는 명상을 할 때 이용되는 것으로, 전체 또는 완벽함을 상징하는 것이다. 만다라의 상징적 의미에 대해서 융은 이렇게 썼다.

　가장 근본적인 특성은 성격의 핵심을 예고하는 것이다. 마음의 중심을 이루는 것으로서, 모든 것이 바로 그 중심에 연결되어 있고 중심에 따라 모든 것이 배열되며, 그 자체가 에너지의 원천이 된다. 이 중심이 가지고 있는 에너지는 바로 자신의 본연의 모습을 드러내려는 거의 억제할 수 없는 충동에서 잘 나타나는데, 그것은 모든 생물이 어떤 상황에 놓여 있든지 각기의 본질적인 모습을 취하려고 하는 것과 같은 이치다. 이 중심은 느껴지는 것도 아니고 에고라고 간주될 수도 없는 것이다. 굳이 표현하자면 그것은 자아라고 말할 수 있을 것이다.[5]

여기서 자아란 우리가 외부에 있는 사물의 핵심과 연결될 때 그 연결에서 하나됨을 느낄 때 갖는 우리의 경험을 말한다. 이렇게 자아를 정의하고 나면, '연결'과 '분리'는 역설적이게도 같은 것이 된다. 즉 우리가 마음속의 따뜻함과 빛에 닿아 있음을 느낄 때(은유적으로 말해서, 영혼의 불에 의해 따뜻해지고 밝아질 때), 이 '불'은 사랑하는 우리의 가족도 따뜻하게 하며 멀리 있는 다른 이들과의 관계도 유지하게 한다.

헤스티아의 신성한 불은 가정의 화로에서, 신전의 화로에서 볼 수 있었다. 여신과 불길은 같은 것으로, 가족과 가족을 연결하며, 국가와 식민지를 연결했다. 헤스티아는 이들 모두의 영적인 연결망이었다. 헤스티아 원형이 영적인 중심이 되면서 다른 이들과 연결되어 있을 때, 그것은 바로 자아의 표현이라고 할 수 있다.

헤스티아와 헤르메스: 원형의 이원성

기둥과 원 모양의 테두리는 남성과 여성의 원리를 표현하는 것으로 알려져 왔다. 고대 그리스에서 기둥은 집안으로 들어가는 문 바깥에 서 있는 것으로 헤르메스를 표현했고, 집안에 있는 둥근 화로는 헤스티아를 상징했다. 인도와 일부 동양권에서 기둥과 원은 서로 짝을 이루는 것으로 알고 있다. 똑바로 선 남성의 성기를 상징하는 기둥이 여성의 성기를 상징하는 원을 통과하는 모습을 그린 것을 많이 볼 수 있다. 인도와 동양에서는 이렇게 기둥과 원을 서로 합쳐 있는 것으로 보았지만, 그리스와 로마인은 서로 연결되어 있는 헤르메스(기둥)과 헤스티아(원)을 각각 분리했다. 이 분리를 더욱 강화하기 위해 헤스티아는 결코 통과되지 않을 처녀 여신으로, 올림포스산에서 가장 나이든 여신으로 상정되었다. 헤스티아는 헤르메스의 아주머니뻘이 되고, 헤르메스는 올림포스산에서 가장 나이 어린 신이었다. 즉 이 둘은 가장 어울리지 않는 결합인 것이다.

그리스 시대 이후, 서구의 문화는 언제나 이중성을 강조해 왔다. 남성성과 여성성의 분리, 정신과 신체의 분리, 논리와 감성, 능동적인 것과 수동적인 것의 분리는 곧 그에 걸맞는 가치의 분리를 낳아 뛰어난 것과 열등한 것으로 구분되었다. 헤스티아와 헤르메스가 둘 다 가정과 신전에서 숭앙을 받았을 때는, 헤스티아의 여성적인 가치가 더 중요했고 최고의 숭배를 받았다. 그때의 이중성은 서로 보완적인 이중성이었다. 헤스티아는 그 이후로 중요성이 낮아지고 잊혀지기 시작했다. 그녀의 신성한 불길은 더 이상 돌봐지지 않았으며, 그녀가 상징하는 것은 더 이상 존경받지 않았다.

헤스티아의 여성적인 가치가 잊혀지고 무시될 때, 마음속의 신전(의미와 평화를 추구하여 자신 속에 침잠하는 것)의 중요성도, 안락함을 주고 신전과 같은 구실을 하는 가정의 중요성도 함께 잊혀지고 무시된다. 더구나 주위 사람과의 연결 의식도 사라지며, 자신이 속한 도시와 국가와 세계의 시민으로서 공동의 영적인 유대감으로 결속되어야 할 필요성도 줄어들게 된다.

헤스티아와 헤르메스: 신비한 연결

신비로운 차원에서 헤스티아와 헤르메스는 중앙에 놓인 신성한 불길의 이미지를 통하여 연결되어 있다. 다시 말하면 헤르메스-머큐리는 연금술의 혼인 메르쿠리우스였는데, 메르쿠리우스는 근원적인 불길로 알려졌다. 메르쿠리우스의 불길은 신비로운 지식의 원천이 되며, 지구의 중심에 위치하는 것으로 상징된다.

헤스티아와 헤르메스는 영혼과 생명의 원형적인 사고를 보여 준다. 헤르메스는 불길에 영혼을 드리우는 생명이다. 이러한 문맥에서, 헤르메스는 화로의 중심에서 사그러져 가는 석탄의 불길을 다시 꽃피우는 바람과 같다. 같은 방식으로, 우리의 생각은 마음속 깊은 감정을 점화할 수 있고, 언어는 불명확하게 알려져 있는 것들을 분명하게 인식할 수 있게, 희미하게 인식된 것들을 비춰 주는 일을 한다.

헤스티아를 계발하기

고적함 속에서 계획에 맞춰 집안일을 해나가는 여성에게서 헤스티아를 발견할 수 있다. 계획에 맞춰 집안일을 해나갈 때 여성은 각각의 일에 열중하며 서두르지 않고 일의 결과를 즐기며 시간을 보낼 수 있다. 가장 헤스티아 같지 않은 주부도 한번쯤 이와 같은 헤스티아의 태도로 집안일을 해냈던 경험이 있을 것이다. 예를 들어 장롱을 정리하기로 한 날, 쌓인 옷들을 버릴 것은 버리고 정리할 것은 정리하면서, 지난 일들을 돌아보고 앞으로의 일들을 기대하면서, 물건들과 함께 자기 자신도 정리할 수 있는 기회를 갖게 된다. 그리고 그 결과, 주부는 자신의 모습을 보여 주는 정돈된 장롱을 갖게 되면서 동시에 유익한 하루를 보낸 것이 된다. 또는 오래된 사진들을 순서대로 분류하면서 앨범을 정리할 때 그 과정을 통하여 헤스티아 여성은 잔잔한 기쁨을 맛볼 것이다.

헤스티아 여성이 아닌 여성은 '헤스티아와 함께'(자기 자신 중 내향적이며 조용한 부분인) 시간을 보내기로 결정할 수 있다. 그렇게 하기 위해서는, 시간을 만들고 지낼 장소를 마련해야 하는데, 특히 타자 지향적이면서 왕성한 활동과 대인 관계로 시간이 채워져 있으며, "잠시도 쉴 틈이 없어요" 하면서 자랑 반 불평 반으로 말하는 여성은 특히 그래야 한다.

헤스티아 유형이 아닌 여성의 일상적 가사 활동에 헤스티아를 초대하기 위해서는 우선 헤스티아적인 태도로 바꾸려는 노력이 필요하다. 한 가지 일을 하기로 결정한 뒤에는, 우선 그 일을 하기 위한 충분한 시간을 마련해 놓아야 한다. 예를 들어서, 빨래를 개는 일은 바삐 처리해 버릇하는 대다수의 여성에게 단순 노동에 불과할 뿐이다. 그러나 헤스티아 방식을 받아들였을 때, 빨래를 개는 일은 자신의 마음을 정돈하는 기회로 이용될 수 있다. 헤스티아가 있게 하기 위해서는 한 번에 한 가지 일을 하고 그 일에 집중하는 것이 필요하며 한 번에 한 장소 또는 한 방에서 일을 하며, 자신이 가장 편한 시간에 하는 것이 필요하다. 한 가지 일을 할 때에는 마치 일본의 다도 예식에 참여하는 것과 같은 마음으로 그 안에 빠지는 자세가 필요하며, 행동 하나하나에 평온함을 지니도록 하는 것이 필요하다. 단지 그때에만 마음속 깊이 있는 고요함이 일상의 달각거리는 마음을 대신할 수 있을 것이다. 그 기준은 여성마다 다르며, 그 방법은 각자의 방식에 맞는 것으로 골라야 한다. 이런 과정에서 그녀는 처녀 여신이 된다. 더 이상 다른 사람의 필요나 기준에 따르는 하인이 되지 않으며, 시간에 쫓겨 압도되지 않을 수 있는 것이다.

명상을 통해서 이러한 내부 지향적인 원형을 활성화하고 강화할 수 있다. 일단 명상을 시작하면 매일의 습관이 되기 쉬운데 그것은 명상이 개인에게 소외되지 않은 자기 자신을 되돌려주기 때문으로, 마음의 평화와 빛을 얻음으로써 헤스티아에게 다가설 수 있다.

몇몇 여성의 경우, 헤스티아의 존재가 느껴질 때 시상이 떠오르게 된다. 시인이며 작가인 메이 사턴은 이렇게 말했다. "내가 평온한 마음이 되어, 깊이 침잠하고 균형을 이뤘을 때라야 시를 쓸 수 있는데, 그것은 내 의지를 넘어선 것으로, 하나의 은총처럼 시를 쓰게 되는 것이다.[6] 그녀는 자아의 원형을 경험하고 있는 것으로, 이것을 그녀는 에고와 노력의 영역을 벗어난 은총으로 해석하고 있다.

예기치 않은 고독을 겪어 나가면서 헤스티아를 발견하기

거의 누구나 일생의 한번쯤은 예기치 않은 고독을 겪어 나가야 하는 시기가 있다. 그런 시기는 대개 이별이나, 슬픔, 외로움, 그리고 혼자 있고 싶지 않은 그리움에서 시작된다. 예를 들어보자. 자유 기고가인 아디스 휘트먼은 어느 날 남편이 급히 아침을 끝내고 허둥지둥 회사로 나간 뒤 심장마비로 세상을 떠남으로써 어처구니없이 남편의 죽음을 맞게 되었다. 7년이 지난 뒤, 아디스 휘트먼은 예기치 않은 고독의 대가에 대해서 다음과 같이 썼다. 그녀의 글은 헤스티아와 연결된 감정을 불러낸다.

비온 뒤 처음 비치는 엷은 햇살처럼, 슬픔이 그러하듯 예기치 않게 들이닥친 고독 안에는 빈약하지만 따뜻함이 자라고 있다. 그 따뜻함은 추억에 의해서… 그리고 자신을 확인해 가는 과정에서 느껴진다. 우리가 사람들에 뒤덮여서 살고 있을 때, 우리가 지니고 있는 정열과 통찰력은 일상적 잡담에 의해 희석되어 간다. 그러나 인생의 가장 위험한 순간들에 맞닥뜨렸을 때, 우리는 그 위험한 사건들이 인간사의 가장 핵심적인(그로부터 우리 영혼의 모양을 이루는) 것이라고 믿는다. 생명의 힘은 안으로부터 나온다. 그 안을 향하여 가라. 기도하고 명상하라. 자신 안에 있는 그 빛나는 장소에 닿을 수 있도록 하라.[7]

헤스티아 여성

헤스티아 여성은 조용한 성품과 밖으로부터 침해를 받지 않는 면에서, 그리고 주위에 언제나 평화롭고 따뜻한 분위기를 만들어 내는 데에서 헤스티아 여신과 같은 성향을 보인다. 헤스티아 여성은 대개 내향적인 여성으로서 고독을 즐기는 편이다. 최근에 나는 한 헤스티아 여성의 가정을 방문했는데, 집으로 들어서는 순간 집주인의 성격과 분위기, 그리고 화로의 여신인 헤스티아와의 연결을 금세 느낄 수 있었다. 집은 깨끗하고 밝으며 정돈되어 있었다. 식탁은 꽃으로 장식되어 있었으며, 갓 구운 빵은 김을 내며 맛있는 냄새를 풍겼다. 무언가 꼭 집어서 말할 수 없는 무엇이 고요한 수도원 같은 평화로운 장소를 연상시켰다. 캘리포니아의 타사자라에 있는 선원이 생각났는데, 그곳은 외부 세계의 일들은 떨쳐지고 무한한 고요와 안정감으로 가득 찬 곳이다.

어린 시절

어린 시절의 헤스티아는 많은 점에서 페르세포네의 어린 시절과 유사하다. 그들은 둘 다 유쾌한 성격을 지닌, 다루기 쉬운 어린이들이다. '미운 세 살'의 나이에도 이들은 고집부리지 않고 힘들게 하지 않으면서 그 시기를 넘긴다. 그러나 이 둘에게는 미묘한 차이가 있다. 페르세포네는 상대방의 눈치를 보며 비위를 맞추려고 노력한다. 헤스티아도 상대가 하라는 대로 따라서 순종적으로 보일지 모르나, 혼자 있을 때 아무런 지시 없이도 만족하며 잘 논다. 어린 헤스티아는 조용한 성품과 혼자 만족해 하는 기질을 타고났다. 헤스티아가 다쳤거나 화가 났을 때, 아이는 엄마에게 가는 것과 마찬가지로 조용히 있기 위해 자기 방에서 혼자만의 시간을 보내면서 자신을 위로할 것이다. 가끔 사람들은 그 아이가 보여 주는 내면의 모습과, 지혜와 평안을 내보이는 영혼에 이끌리는 것을 경험하게 된다.

헤스티아 소녀는 사람들의 주목을 받기 위해 애쓰지 않으며 사람들의 반응에 민감하지도 않다. 아이가 자기 방 정리를 할 때, 아이는 그 일로 칭찬을 받을 것이다. 그런 칭찬에 고무되면, 아이는 자신의 방에서 나와 가족과 합류하며 나아가 사회 생활도 즐길 수 있게 될 것이다.

부모

헤스티아 여신은 레아와 크로노스 사이에 태어난 맏자식으로, 크로노스가 자식들을 삼켜 버렸을 때는 첫 번째로 삼켜졌으며, 다시 토해낼 때는 가장 마지막이었다. 그러니까 헤스티아는 형제들 중에서 가장 오랫동안, 그리고 유일하게 홀로 아버지의 깜깜하고 무서운 뱃속에서 지낸 셈이다. 헤스티아 여신의 어린 시절은 결코 행복하지 않았다. 크로노스는 강압적인 아버지로서 자식들에게 따뜻한 마음이 전혀 없었다. 반면에 레아는 전혀 힘이 없었고 크로노스가 마지막 자식까지 다 삼켜 버리는데도 그것을 막기 위해 어떤 노력도 기울이지 않았다. 자식들 가운데 헤스티아가 그나마 자기 힘으로 어떻게든 해보려는 태도가 가장 강했다.

정신과 의사로 상담하면서 만난 헤스티아 여성의 몇몇은 마치 헤스티아 여신의 어린 시절과 같은 삶을 살았는데, 폭력적이고 강압적인 아버지와 그것을 말릴 아무 힘도 없이 우울증에 빠져 버린 어머니를 둔 경우였다. 그들은 어린 시절을 심리적으로 아무에게도 의지하지 않고 버텨 왔는데, 폭군 같은 아버지의 욕구에 따라 아이들에게 필요한 것은 무시되고 아이들의 감정은 다 묵살당하는 집안에서 지내 왔다. 이런 환경에서 아이들은 대개 자신의 부모를 닮는다. 강한 아이, 특히 아들들은 동생들 위에 군림하려 하거나, 가출하여 거리의 부랑아가 된다. 딸들은 힘이 없지만 모성애가 있는 딸은 데메테르 유형을 따라 자신의 동생들을 대신 돌봐줄 것이며, 헤라의 유형을 따르는 딸은 나이가 들자마자 남자 친구를 사귀어 탈출구를 찾으려 할 것이다.

이런 환경에서 헤스티아 딸은 감정적으로 움츠러 있으며, 이 고통스럽고 갈등이 많은 가족들로부터 벗어나기 위하여, 그리고 자기에게 전혀 낯선 학교 환경에서 벗어나기 위하여 자꾸 자기 안으로 침잠하게 된다. 부모에게 그랬던 것처럼 헤스티아 딸들은 형제들과도 분리되고 소외됨을 느낀다. 그리고 사실상 그녀는 형제들과는 정말 다르다. 그녀는 남들의 눈에 띄지 않으려고 하며, 표면적으로는 적어도 복종적인데, 주변 사람과 다른 점은 내적 확신을 가지고 있다는 것이다. 그녀는 어떤 상황에서나 겸손해 하며 사람들에 묻혀 있어도 홀로 있는 상태를 유지한다. 따라서 헤스티아 여성은 사실상, 마치 헤스티아 여신이 그랬던 것처럼 구체적인 개성을 형성하지 않는다.

그와는 대조적으로, 평범한 중산층 가족에 자기를 지지해 주는 부모를 둔 헤스티아 딸의 경우 겉으로 보기에는 헤스티아의 특성이 보이지 않을지도 모른다. 유아원에서부터 아이는, 사람들이 아이의 내성적인 면을 가리켜 표현하는 말인 '소극적이고 부끄러워하는 성향'을 고치도록 지도받을 것이다. 따라서 아이는 사회적으로 인정받는 유쾌하고 사교적인 성격을 개발하게 된다. 아이는 학교에서는 공부 잘하고, 피아노 레슨부터 발레에 이르기까지 다재 다능하며, 고등학생이 되어서는 남학생과 미팅도 할 수 있을 것으로 기대된다. 그러나 외부적으로 어떻게 보이든, 그녀의 진실된 모습은 헤스티아다. 그녀는 독립적이고 초연하며, 자신의 마음속에서 나오는 감정적인 평온함을 지니고 있다.

사춘기와 청년기

사춘기의 헤스티아는 친구들간의 반목과 갈등에 끼이거나, 진한 열정에 사로잡히는 일이 드물다. 이런 점은 헤스티아 여신이 올림포스산의 신들간의 사랑의 암투나 전쟁에 전혀 개입한 적이 없던 것과 유사하다. 그 결과로 헤스티아 소녀는 학생 활동의 중심을 차지하지 못하고, 다른 학생들에게는 고립된 것으로 보일지도 모른다. 또는, 그녀가 다른 성향도 계발했다면 친구도 있고 학교 활동에도 참여하고 있을지도 모른다. 그녀의 친구들은 그녀가 지닌 조용하면서도 한결같은 따뜻함을 좋아할 것이다. 비록 때때로 서로 논쟁이 붙을 때 전혀 자신의 입장을 내비치지 않음으로써 상대를 화나게 하여, 좀더 경쟁적이었으면 하는 아쉬움은 남기지만 말이다.

사춘기는 헤스티아 소녀에게 종교적인 믿음이 심화되는 시기이기도 하다. 이때 그녀가 종교를 평생의 직업으로 택하려고 한다면 부모와 직접적인 갈등에 부딪치기도 할 것이다. 비록 몇몇 가톨릭 가정들은 딸이 수녀의 소명을 받은 것 같다고 할 때 기뻐하기도 하지만, 대부분은 딸이 이 문제를 심각하게 생각할 때 당황함을 금치 못한다. 최근에 헤스티아 딸들은 1970년대 이후 밀어닥친 동양 종교에 심취해 왔다. 헤스티아 딸이 사원에 가고 외국 말로 찬송을 하고, 새로운 이름을 사용할 때 대부분의 부모는 충격을 받으며, 지금까지 그래왔던 것처럼 얌전하고 말 잘 듣는 헤스티아 딸의 신념을 쉽게 바꿀 수 있으리라고 생각한다. 그러나 헤스티아 여신이 신념에 찬, 줏대 있는 처녀 여신인 것처럼, 헤스티아 딸도 대개는 부모의 말을 듣기보다는 자신의 뜻을 따른다.

헤스티아 여성이 대학에 가면, 그녀는 대학의 큰 규모에 따른 익명성과 자기만의 공간을 갖게 된 것을 즐긴다. 그러나 단지 헤스티아 성향만을 지닌 여성이 개인적인 욕구로 대학에 가는 일은 드물다. 지적 욕구의 충족과 장래 남편감을 찾는 일, 그리고 자신의 직업을 준비하는 일은 헤스티아의 관심이 아니기 때문이다. 이러한 동기가 있으려면, 다른 여신들이 존재해야 한다. 대학에 들어가는 대부분의 헤스티아 여성들은 다른 원형도 자기 안에 지니고 있거나 주변 사람들의 권유에 따른 것뿐이다.

직업

경쟁적인 일터는 헤스티아 여성의 가치를 알아주지 않는다. 헤스티아 여성은 야심과 추진력이 부족하다. 그녀는 남들이 인정해 주기를 바라지 않고, 권력에 가치를 두지 않으며, 경쟁에 앞서기 위해 전략을 짜는 일 또한 그녀에게 전혀 낯설다. 그 결과로 헤스티아 여성은 사무실 내에서 전통적인 여성의 일을 맡게 되는데, 이때 그녀는 전혀 눈에 띄지 않으며 항상 거기에 있는 사람으로 간주된다. 그녀는 언제나 변함 없는 자세로 일하는 사무실의 '보석'이며, 사무실의 정치와 소문에서 벗어나 있으며, 그 대신 질서와 따뜻함을 마련해 준다. 헤스티아 여성은 커피를 대접하고 사무실을 꾸미는 일을 즐긴다.

헤스티아 여성은 고요함과 인내심이 요구되는 직업에서 제 능력을 발휘한다. 한 예로 사진 작가들이 선호하는 사진 모델은 헤스티아 여성이다. 헤스티아 여성의 눈에는 안으로 향한 시선이 있으며, 자신이 의식하지 못하는 우아함과 기품이 그녀의 자세에 스며 있는 듯이 보인다고 한다.

많은 헤스티아 여성들이 렌즈의 다른 쪽, 즉 사진 작가의 역할에서도 능력을 발휘할 수 있다. 헤스티아의 인내심과 고요함은 가장 정확한 순간을 찾아서, 가장 순간적인 자세를 포착할 수 있는 때를 기다려야 하는 사진 작가의 역할과 들어맞기 때문이다. 헤스티아는 또한 다른 원형과 짝을 이루어 한 여성의 성향을 이룰 때, 상대 원형에 헤스티아의 성향을 가미함으로써 훌륭한 팀을 이루게 한다. 한 예로, 내가 지금까지 들어본 중에 가장 훌륭한 어린이집 선생님은 데메테르와 헤스티아를 합친 모습을 하고 있었다. 그 선생님의 동료들은 너무나 쉽게 아이들을 이끌어 나가는 그녀의 모습에 감탄하곤 했다. "그 선생님은 결코 기진맥진하지 않아요. 아마도 아이들이 선생님이 지닌 고요함을 알아보는 것 같죠. 그 선생님은 수많은 아이들이 선생님의 관심을 끌기 위해서 서로 경쟁하는 교실을 따뜻하고 활기 있는 교실로 바꾸어 놓아요. 그 선생님은 결코 허둥대지 않으며, 여기서는 완전히 집중하여 아이들을 돌보고, 저기서는 아이를 안아주며, 게임이나 책을 읽게 하면서, 아이들을 차분하게 가라앉히죠."

여성과의 관계

헤스티아 여성에게는 서로 가끔씩 만나는 가까운 친구가 몇 있다. 이들 친구들도 헤스티아 성향을 지녔을 가능성이 많으며 서로가 서로에게서 평안함을 느낀다. 헤스티아 여성은 소문이나 남의 얘기를 하지도 않으며, 지적인 또는 정치적인 토론도 하지 않는다. 그녀의 재능은 따뜻한 마음을 갖고 상대방의 이야기를 들어주는 데 있다. 친구가 내놓는 얘기가 무엇이든간에 그녀는 자기 중심을 잃지 않으며, 자신의 화로로 항상 따뜻한 장소를 마련해 준다.

성생활

헤스티아가 지배적인 원형일 때, 성은 그녀에게 중요한 것이 못 된다. 재미있게도 이것은 그녀가 성감이 있는 경우에도 그러하다. 헤스티아 여성과 그녀의 남편은 막상 성 관계를 맺기까지 성은 잠복기에 머물고 있음을 말하곤 했다. "그런데 일단 성 관계를 시작하면 그녀의 반응은 대담해지지요"라고 말하는 남편도 있다. 한 헤스티아 여성은 적극적일 때는 한 달에 한 번쯤 아니면 두 달에 한 번쯤 성 관계를 갖는 남편과 지냈다. 그녀는 자신이 성교가 있기 전의 아주 짧은 동안의 애무에도 곧 성감을 느끼는 것을 알게 되었다. 그녀는 성 관계를 맺을 때는 그것을 즐겼지만 또한 성 관계를 갖지 않을 때에도 그 자체로 전혀 불만이 없었다. 그런 여성에게서 헤스티아 유형은 쉽게 찾아볼 수 있다. 아프로디테의 성이 사랑을 하는 동안에는 거기 있으나 다른 경우에는 전혀 없는 셈이다.

전혀 성감을 느끼지 못하는 헤스티아 여성은, 성을 남편을 위해 즐겁게 제공하는 '멋있고, 따뜻한 경험'으로 본다. "남편이 내 몸 안으로 들어올 때 기분이 좋지요. 남편과 가까워진 기분이며, 남편을 즐겁게 해준다는 생각 때문이지요." 헤스티아 아내와의 성 관계가 남편에게는 '집에 돌아온 듯한' 또는 '수도원'에 돌아온 듯한 평온함을 준다.

동성애 헤스티아 여성에게도 이 점은 같다. 즉 성 관계는 그 자체로 대단한 것이 아니다. 상대방이 그녀처럼 성생활을 능동적으로 생각하지 않고 수동적으로 생각한다면, 그리고 서로 먼저 관계를 시작하기를 바란다면, 그들의 관계는 성적인 표현 없이 몇 달 동안 또는 몇 년 동안 지속될 수 있다.

결혼

헤스티아 여성은 '양처'라는 전통적인 유형에 잘 어울리는 타입이다. 그녀는 집안 살림을 잘한다. 자기 자신이나 남편에 대해서는 욕심이 없기 때문에 남편과 경쟁하려 들지도, 남편을 닦달하지도 않는다. 끼가 있거나 분방하지도 않다. 헤스티아 여성에게는 헤라 여성처럼 남편의 정절이 절대적으로 중요한 것은 아니다. 하지만 그녀 자신은 헤라처럼 정절을 지킨다. 적어도 아프로디테의 영향을 받지 않는 한, 헤스티아 여성은 외도를 하고 싶을 정도의 유혹을 느끼는 경우가 드물다.

헤스티아 아내는 전형적인 아내로서 안락한 삶을 유지하는 여성, 의존적인 삶에 만족하는 여성으로 비칠지 모른다. 그러나 사실은 그렇지 않다. 헤스티아 아내는 무게 중심이 자기 안에 있다. 그녀의 침착한 분위기는 자기 안에서 충족된 삶을 살았던 헤스티아 여신의 성향으로부터 나온다. 감정적으로 충족된 느낌을 경험하기 위해서 남편을 필요로 하지 않는 것이다. 물론 남편이 없었다면 그녀의 인생은 많이 달라졌을 것이다. 그렇지만 인생의 의미와 목적은 달라지지 않는다.

기혼 여성의 전형적인 역할 수행에 대한 묘사는 가장 활성화된 여신의 유형에 따라 달라진다. 헤라는 '아내' 역할에 치중하며, 데메테르는 '어머니'의 역할에, 아테나는 집안 살림을 효율적으로 꾸려 가는 '안주인'의 역할을 보여 준다. 헤스티아의 역할은 '집을 따뜻한 가정으로 만드는 주부'에서 보인다.

남성과의 관계

차분하고, 자기 주장이 강하지 않으며, 욕구가 강하지 않은, 좋은 아냇감을 찾는 남성에게 헤스티아 여성은 매력적인 여성으로 다가온다. 그러한 남성은 자신이 집안의 가장이며 집안의 경제를 자신이 책임져야 한다고 생각한다. 반면에 성적 매력이 있는 여성, 자신에게 자극을 주는 여성, 또는 자신의 사회적 성공의 동반자를 원하는 남성은 헤스티아 여성이 눈에 들어오지 않는다.

여성은 성녀 아니면 창녀라는 이분법으로 여성을 인식하는 남성에게 헤스티아 여성은 매력적인 여성으로 다가온다. 이런 남성은 여성이 성 경험이 없고, 성에 대한 관심이 없을 때 '성녀'라고 보며, 따라서 좋은 여성이라고 생각한다. 반면에 여성이 남성에게 매력을 느끼며 성적인 반응을 보일 때 그녀는 '나쁜' 여성이며 방탕한 여성으로 분류된다. 이런 유형의 남성은 '좋은' 여성과 결혼하고 '나쁜' 여성과 외도한다. 이런 유형의 남성과 결혼한 헤스티아 여성은 성감을 느끼지 못한 채 성생활을 계속한다. 그 이유는 성욕을 갖고 성적인 반응을 하는 아내를 이 남성은 원하지 않기 때문이다.

전통적인 결혼 생활의 많은 경우가 바로 이러한 헤르메스 남편과 헤스티아 아내의 결합을 보여 주고 있다. 바깥 세계에서 바쁘게 사업에 몰두하는 남편, 그리고 항상 따뜻한 가정을 유지해 가는 아내는 전형적인 예이다. 이러한 결합은 양쪽 모두에게 유익하기도 하다. 각자는 서로가 하는 일에 대해서 만족해 한다. 그리고 서로에 대한 만족감은 상대의 일을 간접적으로 도와주는 결과를 낳는다. 남편은 집안일에 신경 쓰지 않아도 되게 해주는 아내가 고마운데, 그것은 아내가 집안을 잘 꾸리고, 특히 남편을 위해서가 아니라 자신을 위해서 일하고 있으며, 가끔씩 집에서 휴식을 취할 때 언제나 따뜻하고 편안한 가정을 마련해 주기 때문이다. 남편은 아내의 가정적인 성향과 독립심의 조화를 좋아한다.

반면에 아내는 자기 마음대로 집안을 꾸려 나갈 수 있고 그걸 가능하게 해주는 남편의 경제적 지원을 고마워한다. 더구나 헤르메스 남편은 원래 언제나 진취적이고, 누구의 조언도 받지 않고 사업을 확장하고, 계약을 맺으며, 자신의 판단에 따라 결정하는 성격이기 때문에, 그는 헤라나 아테나와 같은 동반자로서의 아내를 필요로 하지 않는다. 따라서 그는 출장이나 파티에 아내를 동반하려 하지 않는데, 그것은 바로 헤스티아 아내도 바라는 일이다.

그녀는 집에서 손님을 치르기를 더 원하는데, 손님 맞을 준비를 하기 위하여 집안을 정돈하고, 음식을 준비하며, 남편이 앞에서 손님과 대화를 나누는 중에 자신은 뒤로 물러나 있기를 원한다. 그녀가 파티 준비를 위해 한 노력은 당연한 것으로 여겨지고 즐거운 시간을 보낼 수 있게 해준 그녀의 노력은 부각되지 않기가 쉽다. 헤스티아 여신처럼 헤스티아 아내도 비록 그녀가 핵심적인 일을 했어도 그것이 부각되지 않는 게 그녀의 운명인 것처럼 보인다.

자식과의 관계

헤스티아 여성은 훌륭한 어머니가 될 수 있는데, 특히 자신 안에 데메테르의 성향을 약간이라도 지니고 있을 경우에는 그러하다. 헤스티아가 자기 내부에 침잠할 때, 아이들에게는 어머니가 거리감 있게 느껴지고 어머니가 사랑을 표현하지 않는다고 생각될 수 있다. 그러나 대개의 경우 헤스티아 어머니는 아이들을 관심 있게 돌봐주는 편이다. 헤스티아 어머니는 자식들에게 욕심을 내지 않기 때문에 아이들이 있는 그대로의 자기 모습으로 피어나갈 수 있다. 아이들을 보살피는 것을 당연한 자신의 일로 생각하고 있으며, 따뜻하고 안전한 가정 분위기를 만들어 낸다. 그렇기 때문에 헤스티아의 자녀들은 가출을 한다거나 반항하는 모습을 보이지 않는다. 만일 헤스티아의 자녀들 가운데 나중에 정신 질환을 겪는 환자가 나온다면, 그것은 어머니와의 갈등 문제 때문은 아니다.

그러나 아이들이 사회 생활을 하면서 경쟁적인 상황이나 미묘한 상황에 놓여 있을 때, 헤스티아 어머니는 많은 도움이 되지 못한다. 또한 자식이 야심을 가지고 사회적 성공을 향해 나갈 때도 헤스티아 어머니는 도움을 주지 못한다.

중년

중년에 이르러 대개의 헤스티아 여성의 삶은 안정을 이루게 된다. 결혼을 한 상태라면 자신의 역할에 만족하는 주부의 모습을 하고 있을 것이다. 결혼을 하지 않은 상태라면 올드 미스나 사감 선생 같은 모습을 하고 있기 쉬운데, 그 이유는 노처녀라는 사실을 개의치 않으며 다른 여성처럼 남성을 유혹하기 위해 치장을 하지 않기 때문이다. 사무직 여성이거나 수도원에 살고 있다면, 그녀는 조용히 자신의 역할을 수행하고 있어서 그 기관의 가구처럼 반드시 필요하지만 눈에 띄지는 않는 모습을 하고 있기 쉽다.

중년에 이르러 헤스티아 여성은 공식적으로 종교 활동을 시작해, 수도원에 가거나, 이름을 바꾸고, 종교적인 생활에 전념하는 모습으로 전환될 수 있다. 그녀에게 이런 변모는 당연한 귀결로, 평상시의 습성이 전심 전력하는 모습으로 심화된 것일 뿐이다. 그러나 주위 사람들에게는 이런 변모가 전혀 예기치 못한 것일 수 있는데, 말없는 헤스티아가 자신의 삶의 이런 중요한 부분을 결코 떠벌리지 않았기 때문이다.

노년

항상 지혜로운 할머니의 모습을 지니고 있는 헤스티아 여성은 노년의 삶을 우아하게 맞이하게 된다. 그녀는 홀로 살 준비가 되어 있으며, 아마도 일생 동안 이미 그렇게 해왔을 것이다. 또는 노처녀 고모라는 원형의 역할에 맞게, 친척들의 요구로 그들을 도우며 살고 있을지도 모른다.

전통적인 여성에게 일생 중 가장 큰 두 번의 감정적 위기는 자식들이 커서 품안을 떠났을 때와 남편이 죽었을 때일 것이다. 그러나 대부분의 헤스티아 여성의 경우, 그들이 아내이며 어머니지만, 아내나 어머니 역할에 대한 마음속에서 나오는 욕구는 없다. 따라서 어머니의 역할이나 아내의 역할을 더 이상 할 수 없게 되었다고 해서 데메테르나 헤라 여성처럼 우울증에 빠지지는 않는다. 헤스티아 여성에게 힘든 일은 바깥 세상과 어울려 살아가는 일이다. 만일 헤스티아 여성이 이혼을 하거나 남편이 죽어서 경제적 해결을 위하여 돈을 벌어야 할 경우가 있다면, 본질적으로 그녀는 준비가 안 된 상태이며, 경험이 있더라도 사회 생활에서 헤스티아 여성이 성공하기는 어렵다. 따라서 그녀는 점잖지만 가난한 집단에 속하게 될 가능성이 크다.

노년의 헤스티아 여성은 정부의 연금에 의존해서 근근히 살아갈 가능성이 크다. 그렇지만 적어도 정신적으로는 빈곤하지 않다. 그녀는 말년을 홀로 보내면서, 지나온 생에 대한 원망이나 후회 없이 그리고 다가올 죽음에 대한 공포 없이 살아간다.

심리적인 어려움

헤스티아는 내면의 지혜를 지녔지만 그 대신 자기 이미지가 없다. 그렇기 때문에 헤스티아가 정신병을 앓을 가능성이 거의 없다는 사실은 놀랄 바가 못 된다. 헤스티아 여신은 다른 신이나 인간과 사랑에 빠진 일이 없는데, 이런 초연함은 대개 보통의 여성에게 외로움과 소외감을 주게 마련이다. 그러나 헤스티아 여성의 문제점은 이런 외로움이 아니라 바로 헤스티아 여신에게서도 찾아볼 수 있는 자기 이미지 창출 부족에 있다. 올림포스산의 신들 중에서 오직 헤스티아만이 인간의 모습으로 의인화되지 않았다. 그녀는 자신의 모습이 없는 것이다. 그리고 그녀는 사랑의 모험이나 신들 간의 갈등에도 휘말리지 않았다. 헤스티아는 그런 면에서 자기 주장을 펼 수 있는 기술과 연습이 부족하다.

나는 헤스티아인가

헤스티아처럼 산다는 것은 조용히, 눈에 띄지 않게, 없는 듯이 지내면서도 사실상 집안의 중심을 차지하고 있는 것을 말한다. 대부분의 여성은 이런 식의 삶의 문제점이 무엇인지 알고 있다. 즉 그들의 노동은 당연한 것으로 여겨지고 그들의 기분이 어떤지는 관심의 대상이 되지 않는 것이다. 헤스티아 여성은 자기 주장이 강하지 못하고 무시당한다고 느껴질 때도 그것을 표현하지 못한다. 집안을 말끔히 정돈하면서 얻은 마음의 평화와 안정은 식구나 다른 이들이 집안을 어질러 놓자마자 사라져 버린다. 집안을 아늑하게 하는 헤스티아의 노력이 별 효과가 없다고 느껴질 때, 헤스티아는 완전히 지쳐 버리게 된다.

감정적으로 초연한 헤스티아의 성향을 지닌 여성은 자신의 감정을 직접 표현하지 못한다. 헤스티아 여성은 자신의 사랑을 간접적으로 표현하며 다른 이에 대한 관심을 주로 행동으로 보여 준다. '깊은 물은 조용히 흐른다'는 속담이 속 깊은 마음을 가지고 있는 헤스티아의 성격을 잘 표현해 준다. 그러나 헤스티아 여성은 자신의 감정을 드러내지 않기 때문에, 매우 소중한 사람들조차 그녀가 그런 인물이라는 것을 모르기가 쉽다. 그래서 마음 깊이 아끼는 사람들이 그녀의 마음을 알지 못한 채 떠날 때, 혼자 남은 헤스티아는 그녀가 가치를 두는 고요함이 외로움으로 변해 있음을 보게 된다. 같은 맥락에서 헤스티아 여성의 사랑을 얻기 원하는 사람은 정작 그녀로부터 사랑을 받고 있어도 확신하지 못하는 안타까운 경우가 생긴다. 그녀의 따뜻한 사랑은 말이나 포옹으로 표현되지 않는 이상, 초연해 보이고 상대방에게 향해 있는 것이 아닌 일반적인 것으로 보인다. 이러한 헤스티아적인 것에서 벗어나려면 헤스티아 여성은 자기 감정을 표현하는 법을 배워서 사랑하는 사람이 그것을 알 수 있게 해야 한다.

헤스티아에 대한 과소 평가

헤스티아 여성이 수도원 생활이나 결혼을 통해 평생을 바칠 것을 약속했을 때 그 제도들 안에서 헤스티아 여성의 마음은 자란다. 그러나 이러한 제도의 보호가 없을 경우 헤스티아 여성은 결정적인 약점을 갖게 된다. 그녀는 자신이 마치 등딱지가 없는 거북이 같다는 생각이 들고, 쓸데없는 경주에서 이기기를 강요당하는 느낌을 받는다. 헤스티아는 본래 사회 생활에서 야심을 가지고 성공하려 하지 않으며, 사교적인 성격이 아니다. 그녀의 삶의 의미는 세상에 어떤 족적을 남기는 것이 아니다. 그리고 그런 일에는 관심도 가지지 않는다. 헤스티아의 이런 태도는 사회에서 눈에 보이는 성공에 따라 사람을 평가하려는 사람들의 눈에는 우습게 보이고 과소 평가 될 수도 있다.

사람들의 과소 평가는 헤스티아 여성의 자존심에 나쁜 영향을 끼친다. 한편 헤스티아 여성이 다른 사람들의 기준을 자기 자신에게 적용하여 행동하려고 할 때, 그녀 자신의 적성에 맞지 않고 뭔가 삐걱거린다는 느낌을 갖게 될 것이다.

성장하는 길

헤스티아 여성의 문제는 그녀가 가정이나 수도원에서 나와 사회 생활을 하려 할 때 시작된다. 내성적인 그녀가 경쟁적이며 빠릿빠릿한 사람들과 접촉하게 되면서, 자신의 잠재된 다른 성격을 계발하지 못하는 한, 그녀는 계속 제자리를 찾지 못하고 있다는 느낌을 갖게 될 것이다.

사회 생활에 어울리는 모습을 개발할 것

'모습'persona이라는 말은 한때 가면을 뜻하는 말이었는데, 무대 위에서 쓴 가면 자체가 배우의 역할을 설명해 주는 것이었다. 융 심리학에 따르면, 모습이란 한 인간이 세상에 보여 주는 적응의 가면이다. 연기를 잘하는 모습의 개인은 마치 옷을 많이 지니고 있는 여성이 때와 장소와 신분, 나이에 맞게 옷을 갈아입는 것과 같다. 어떻게 행동하고 말하며 사람들과 사귀어야 하는가 하는 것들은 모두 '모습'을 연출하는 데 필요한 요소들이다.

헤스티아 여성은 본래 등장 인물의 관심들, 즉 사람들의 동정과 그들에게 어떻게 하면 좋은 인상을 줄 수 있는가 하는 것들에 관심이 없다. 그러나 그녀가 다시 수도원으로 돌아가지 않는 이상, 그녀는 사람들과 사귀어야 하고, 이야기를 나누며, 사람들로부터 관찰의 대상이 되어야 한다. (그리고 이 점은 경쟁적인 문화에 살고 있는 우리 모두의 이야기이기도 하다.) 헤스티아 여성은 이런 기술을 갖고 있지 못하기 때문에 배워야 한다. 그러나 배우는 과정은 고통스럽기 쉽다. 사람들이 많이 모이는 곳에 갈 때, 그녀는 어색하고, 겸연쩍으며, 부끄럽고, 편하지가 않다. 그녀는 자신이 알맞은 등장 인물이 아니라고 생각하는데, 마치 옷을 걸치지 않은 느낌이다. 이런 고통은 그녀가 꾸는 악몽에서도 나타나는데, 꿈속에서 그녀는 나체이거나 반쯤만 옷을 입은 것으로 나온다. 때때로 꿈속의 비유와 걸맞게, 다른 사람 같았으면 덮어두었을 것도 그녀 스스로 너무 솔직하고 자신을 드러냄으로써 사람들이 그녀의 비밀을 죄다 알아버리게 한다.

면접 시험을 보거나 남의 평가를 받아야 할 경우, 헤스티아 여성은 자신이 연출해야 할 모습에 대해서 신중히 생각해야 한다. 이것은 이력서에 기울이는 정성만큼(이력서가 서류상의 등장 인물이라고 할 때) 성의를 다해야 하는 문제다. 사람들을 만날 때마다 헤스티아 여성은 자신이 어떤 모습을 연출해야 하는지 구체적인 모습을 상정해 놓을 필요가 있다. 그러기 위해서는 다양한 모습들을 의도적으로 시도해 본 뒤 자신에게 어울리는 모습을 결정할 수도 있을 것이다.

적극적이 될 것: 아르테미스, 아테나, 또는 남성적 요소를 길러냄

'모습' 말고도 헤스티아 여성에게 필요한 것은 적극성이다. 의도적으로 적극적인 기질을 키움으로써 사람들과 사귀며 사회 생활을 하는 데에 도움을 받을 수 있다. 헤스티아 여신은 권력 싸움에 휘말린 적이 없고 황금의 사과를 따기 위해 경쟁한 적도 없다. 헤스티아 여신은 연애를 한 적이 없으며, 올림포스산에서 벗어났으며, 트로이 전쟁의 배후에 있지도 않았고, 자신이 선호하는 인간을 위하여 수호신이 된 적도, 또는 자신의 분노의 대상으로 인간을 벌한 적도 없다. 그러나 헤스티아 여성은 헤스티아 여신이 아니다. 그녀는 사람들 사이에 둘러싸여 있으며 집안에만 머물러 있을 수는 없다. 하지만 그녀 안에 다른 원형이 함께 있어서 적극적인 기질을 갖고 있지 않는 한 그녀는 경험이 부족한 인물일 수밖에 없다. 아르테미스와 아테나 원형이 그녀의 부족한 측면을 도와줄 수 있으며, 그녀의 성격 중 남성적인 부분, 즉 남성적인 여성성^{animus}의 개발이 그녀를 도와줄 수 있다.

헤스티아 여성이 경쟁적인 활동이나 여름 캠프, 옥외 운동에 참여해 왔다면, 그리고 학교에서 우등생이라면 아르테미스나 아테나 성향은 이미 그녀 안에서 개발돼 왔을 것이다. 기본적으로 헤스티아 유형인 소녀는 이미 성장하면서 자신이 사람들과 어울려 살아야 하며 외향적인 기질을 계발해야 함을 느꼈을 것이다. 그리고 그런 과정에서 다른 원형들을 계발했을 것이다. 그 결과로 그녀는 자신의 성격에 아르테미스나 아테나의 성향도 지니게 된다.

헤스티아 여성은 그녀의 경험 세계가 어떻든간에 자신의 본질로서 여성적이고 내성적이고 조용한 헤스티아의 모습은 변하지 않는다고 느낄 것이다. 대신, 경쟁적인 사회 생활을 지속하면서 그녀는 남성적 태도^{animus}를 계발한다. 훌륭히 개발된 아니무스는 그녀가 적극적이고 공격적일 필요가 있을 때, 헤스티아 안에 있는 남성이 그녀 대신 말해 주는 것과 같다. 그러나 이 남성이 아무리 자기 역할을 잘한다 해도 그녀는 자신이 이 남성이라고 생각하지는 않는다.

헤스티아 여성이 자신 안의 남성성에 대해 갖는 태도는, 헤스티아 여신이 헤르메스신과 맺는 관계와 유사하다. 그리스 신화에서 헤스티아 여신은 집안의 중심에 위치한 불길인 반면, 헤르메스는 집 밖에서 받쳐주는 기둥이었다. 헤르메스는 여행자들의 수호신이었다. 헤스티아 여신과 헤르메스신이 자신의 모습인 여성은 헤스티아를 통해 자신의 내면의 모습을 만들어가며, 헤르메스를 통해 사회 생활을 효과적으로 하는 법을 배운다.

자신 안의 헤르메스적 남성성이 사회 생활을 중재해 주고 있다고 느끼는 여성은 자신이 남성적 성향을 지니고 있음을 알며, 세파를 헤쳐나가는 데에 자신의 남성적 성향을 이용하여 분명하고 적극적인 모습을 보여줄 수 있게 된다. 또한 그녀의 남성성은 그녀의 여성적 사생활을 보호해 줌으로써 그녀가 불필요한 방해를 받지 않도록 지켜 준다. 헤르메스적 남성성을 통하여 그녀는 효과적으로 경쟁 사회에서 자신을 보호할 수 있는 것이다. 그러나 이 남성성이 여성적 적극성(아테나와 아르테미스)을 보여 주기 위하여 사용될 때는 별로 효력을 발휘하지 못한다. 예를 들면 그녀가 전화를 받았을 때, 기다리던 친구 전화가 아니고 소비자 의식을 조사하는 강압적인 세일즈맨의 목소리일 때, 또는 반상회에서 봉사 활동을 하자고 강요할 때, 그녀의 남성성은 전혀 효과를 보지 못하고 그녀는 어쩔 줄을 모르게 된다.

시인이며 극작가이고 여권 운동가이며 『여성과 자연』의 저자인 수전 그리핀은 헤르메스-헤스티아의 동맹인 그녀의 완전히 다른 두 모습을 잘 설명한다고 생각한다. 집안에 있을 때 그녀는 부드러운 여성으로서 부엌에서 음식을 만들며 집안을 아늑하게 만든다. 그러나 이런 모습의 그리핀은 공적인 영역에서 매우 날카롭고 분명하며 머리 회전이 빠른, 정치적으로 능숙한 모습으로 변한다.

자기 중심 지키기: 헤스티아에 충실함

아폴론과 포세이돈은 둘 다 헤스티아를 탐하려 했다. 그러나 헤스티아는 그들의 욕망에 굴하는 대신 영원히 처녀로 남겠다고 결심했다. 아폴론과 포세이돈을 거부함으로써 자신을 지키는 헤스티아의 상징적 의미는 바로 지성과 감성의 두 힘이 헤스티아를 자기 중심으로부터 끌어내는 데 실패했음을 뜻한다.

헤스티아는 자신의 생에 의미를 주는 정신적 근원이 되는 자아를 지니고 있다. 헤스티아의 이러한 중심성은 일단 그녀가 아폴론에게 굴복한다면 무의미하게 된다. 아폴론은 태양의 신으로서 로고스와 지성을 지닌, 논리와 이성을 중시하는 신이다. 만일 아폴론이 여성에게 그녀의 헤스티아적 처녀성을 포기하도록 설득한다면, 그것은 그녀 내부의 직관적인 느낌과 경험을 과학적 검증의 분석 아래 두는 것을 뜻한다. 따라서 그녀가 말로 표현할 수는 없지만 분명히 느끼는 것은 의미가 없게 된다. 지혜로운 여성으로서 그녀가 알고 있는 것들은 분명한 자료가 없는 한 받아들여지지 않는다. '남성적'인 과학적 경험주의가 영적인 경험의 세계에까지 침범할 때 그리고 '입증'하라고 요구할 때, 이러한 태도는 대개 여성의 본래의 모습과 의미를 오염시킨다.

　반대로 헤스티아 여성이 포세이돈에 의해 이끌린다면 바다의 신에게 압도당하는 것이 된다. 포세이돈은 넘치는 감정에 함몰될 위험성을 지니고 있으며 무의식의 세계에 놓여 있는 거대한 감정들을 터뜨릴 위험성을 지니고 있다. 이러한 감정의 범람에 위협을 느낄 때, 그녀는 대개 거대한 파도가 자신을 덮치는 꿈을 꾸곤 한다. 그리고 실제 생활에서는 감정적으로 충전된 생활로 인해 자기 중심을 잃게 될 것이다. 감정의 격랑으로 인해 우울증에 빠지게 된다면, 그것은 결국 포세이돈의 눈물 많은 열정이 헤스티아의 중심에 타오르고 있는 불길을 꺼버리는 결과를 얻게 되는 것이다.

　아폴론이나 포세이돈의 위협을 받을 때, 헤스티아 여성은 홀로 있으면서 자신의 중심을 찾을 필요가 있다. 고요함 속에서 그녀는 다시 한번 자신의 중심을 향해 갈 수 있다.

7 상처받기 쉬운 여신 셋

헤라, 데메테르, 페르세포네

상처받기 쉬운 여신들 셋은 다음과 같다. 결혼의 수호신인 헤라, 곡식의 수호신인 데메테르, 소녀 또는 지하 세계의 여왕으로 알려진 페르세포네가 그들이다. 이 세 여신들은 각기 전통적 여성상으로 알려진 아내, 어머니, 딸의 모습을 의인화한 것이다. 이들은 관계 지향적인 여신들로서, 자신의 의미를 상대방과의 관계의 성공에서 찾는다. 이들은 소속을 필요로 하는 여성의 욕구를 잘 보여 주고 있다.

  신화에서 이들 여신들은 남신들에게 강간당하고, 버림받으며, 억압받고 굴욕적인 경험을 하는 것으로 나온다. 각기는 상대방과의 관계가 파경에 이르거나 배신을 당했을 때 가장 고통을 받았다. 이들은 심한 무기력감을 느끼는데, 그 반응의 양식은 각기 달랐다. 헤라는 심한 분노와 질투로, 데메테르와 페르세포네는 우울증으로 나타났다. 그 양식은 정신 질환적 증세와 유사한 것이다. 이러한 여신 원형을 지니고 있는 여성들도 또한 상처받기 쉽다. 헤라와 데메테르, 페르세포네에 대한 지식을 통하여 여성들은 사람들과의 관계를 필요로 하는 자신의 기질에 대해서, 그리고 그 관계를 상실했을 때 자신들의 예상할 수 있는 반응에 대해서 통찰력을 기를 수 있을 것이다.

헤라, 데메테르 또는 페르세포네가 지배적인 원형일 때, 여성들을 가장 강력하게 끄는 힘은 성취욕이나 자율성, 또는 새로운 경험 세계가 아니라 사람들의 관계이다. 관심의 방향은 사람들에게 있지, 사회적 목표의 달성이나 마음의 평화에 있지 않다. 따라서 이 여신들을 원형으로 하는 여성들은 사람들에게 관심이 많고 그들의 반응에 민감하다. 관계를 맺고 있는 상대의 반응이 그녀들을 자극하는 촉진제가 되는 것이다. 남편(헤라)이, 아이(데메테르)가, 의지할 사람(페르세포네)이 있어야 하는 자신들의 욕구에 의해서, 그리고 상대방의 관심과 사랑과 칭찬이라는 대가를 통해서 그녀들은 의미를 찾는다. 이들에게는 전통적인 여성상을 구현하는 일이 개인적으로도 의미 있는 일이 된다.

의식의 특징: 사방으로 퍼진 불빛

이 세 여신들은 각기 특징적인 의식의 모습을 보여 준다. 상처받기 쉬운 여신들의 특징은 그들의 의식이 분산되었다는 데 있다. 융 정신 분석가인 아이린 클레몽은 분산된 의식을 "항상 받아들일 준비가 되어 있고, 모든 생명체에 대한 자각, 그리고 관계를 맺을 준비가 되어 있는 것"으로 설명했다.[1] 이런 의식의 특징은 남녀 모두가 갖고 있는, 관계 지향적인 성향을 보여 주는 것이다.

거실을 밝혀 주는 램프의 은은한 불빛은 빛이 닿는 곳마다 부드럽게 감싸주는데 그 모습은 세 여신의 성격과 유사하다. 그것은 일상적인 것에 대한 통찰력으로 감정의 미묘한 차이를 느낄 수 있고, 상황의 독특한 분위기를 감지하며, 앞에서 표현되는 것뿐 아니라 뒤에서 나는 소리에도 귀 기울이는 모습이다. 분산된 의식을 통해 부모는 아이가 얘기 끝에 훌쩍거리는 소리에 귀기울일 수 있고, 아내는 남편이 집안으로 들어설 때 기분이 상해 있는지 회사일에 시달리고 있는지 (남편 자신이 알기도 전에) 알 수 있다. 이렇게 수용적이고 분산된 의식은 상황을 총체적으로 파악하는 반면, 아르테미스, 아테나, 헤스티아의 집중적인 의식은 관심을 갖는 한 가지 요소에만 초점을 맞추고 나머지 것들은 무시한다.

내가 기저귀를 겨우 뗀 아이 둘을 데리고 있을 때, 내 태도는 자연히 분산된 의식의 상태로 바뀌면서 아이들로 향하게 됨을 알았다. 내가 아이들과 같이 있을 때, 내 마음은 거의 항상 아이들에게 향해 있으며, 수용적인 자세를 취하면서, 정신을 집중하기 어려웠다. 내가 이런 태도를 바꾸고 아이들이 아닌 다른 일에 의도적으로 집중하려고 할 때는 아이들이 반드시 나를 방해한다는 것을 알게 되었다.

예를 들어 아이들이 다른 방에서 서로 조용히 놀고 있고, 나는 부엌에 싱크대를 닦거나, 옷장을 정리하거나 신문을 읽는 것과 같은 가벼운 일로 바쁠 때는 별로 방해받지 않고 일을 계속할 수 있다. 그러나 내가 아이들이 조용한 틈을 타서 학술지를 읽거나 집중해서 공부하려고 하면, 몇 분 지나지 않아 아이들은 꼭 내 방으로 들어와서 일을 하지 못하게 된다. 마치 아이들은 신호기가 달려 있어서 분산되어 있던 내 의식이 집중하는 상태로 바뀌는 것을 곧 알아채는 것 같다는 느낌이 들 정도다. 계속 방해를 받아가면서도 정신을 집중하려는 일은 피곤하고 좌절감만 가중시킬 뿐이다. 결국 집중된 의식 상태를 포기하게 되고 내 마음은 아이들로 향하게 된다.

이런 상황에 부딪칠 때 여러분도 나처럼 실험을 해볼 수 있을 것이다. 유치원 아이가 기분이 좋아서 혼자 놀고 있는 조용한 시간에 별로 집중력이 필요하지 않는 일로 바빠 보라. 그런 다음, 시간을 한번 보고 분산된 의식을 집중된 의식으로 바꿔서 다른 일을 해보라. 그리고 얼마 동안 아이의 방해를 받지 않고 일할 수 있는지 보라.

자신의 일생에서 중요한 위치를 차지하는 여성이 자신에게 관심을 기울이지 않고 다른 일에 몰두할 때 보이는 거부 반응은 비단 아이에게만 나타나는 현상은 아니다. 내 여자 환자 한 명은 그 같은 경우들을 수없이 이야기했다. 예를 들어 관계 지향적인 여성이 대학원에 다시 진학하였을 때, 그녀가 가족과의 (그들이 남편이든 아이든) 관계에서 겪는 마찰은 그녀가 공부하는 것을 가족이 방해하는 일에서 비롯된다. 그리고 그녀 자신도 공부에 집중하기가 어려움을 느끼는데, 그것은 가족들에게 수용적인 태도를 갖게 하는 분산된 의식 구조에 익숙해 있기 때문이다.

아내가 성공적으로 집중하여 일할 수 있을 때에는 남편은 마치 그 일이 자신에게서 아내를 빼앗아 가는 경쟁자인 양 아내의 일에 반감을 가질 수 있다. 남편의 반감은 그 동안 당연한 것으로 여겼던 아내의 세심함이 없어지는 것에 대한 것이다. 남편은 헤라나 데메테르의 모습을 더 이상 보이지 않는 아내에게 불만을 갖게 되는데, 아내는 아마도 남편에게 전처럼 대하지는 않을 것이다.

그것은 마치 은은한 빛이 꺼져서, 남편이 뭔가 잘못되었다는 느낌으로 불안하고 초조해 하는 것과 같은 것이다. 그리고 남편이 아무 이유 없이 아내의 일을 중단시켰을 경우 상황은 더욱 나빠지는데 그것은 집중하는 것을 방해받을 때의 일반적인 반응이 신경질이기 때문이다. 내가 알고 있는 모든 부부들은 (아내의 학업이나 사회 활동을 적극 지원하는 남편과 남편을 진정으로 사랑하고 소중하게 여기는 아내) 그들이 불화의 가능성이 있음을 인정하는 것이 서로에게 유익하다는 것을 안다. 아내가 분산된 의식 형태에서 집중된 의식 형태로 변하는 것을 자신에 대한 무관심이라고 생각하지 않는 한, 남편의 근거 없는 방해와 그에 따른 아내의 분노와 분개는 일어나지 않을 것이고 부부간의 긴장도 풀어질 것이다.

상처받기 쉬움, 희생, 그리고 산만한 의식

상처받기 쉬운 여신들은 고통을 당해 왔다. 헤라는 남편의 정절을 원했지만 남편 제우스는 끊임없이 바람을 피면서 헤라에게 굴욕감을 주었다. 딸에 대한 데메테르의 사랑은 페르세포네가 지하 세계로 납치되어 돌아오지 못했을 때 당한 고통만큼이나 좌절을 겪었다. 데메테르와 페르세포네는 둘 다 강간을 당했다. 고통을 당하면서도 어쩔 수 없는 상황에서, 이 세 연약한 여신들은 인간 세계의 여성들처럼 정신 질환의 증세를 나타냈다.

내적으로는 상처받기 쉬운 여신들을 닮고, 의식의 형태는 산만한 여성이라면 바로 희생자가 되기 쉽다. 반면에 구체적인 목표를 세우고 자신의 영역을 정하는 여신(아르테미스)이나 문제에 직면했을 때 정신을 집중하여 전략을 세움으로써 문제를 극복해 나가는 여신(아테나)의 경우는 처녀이면서 연약하지 않은 여신들이다. 이런 여신을 닮은 여성은 희생자가 될 가능성이 적다.

희생자가 되지 않기 위해서는 여성은 집중력 있고 자신 있어 보일 필요가 있다. 걸을 때는 바빠 갈 곳이 있어 보이듯이 걸어야 하며, 멍하니 정처 없이 걷는 것은 문제를 자초하는 것이 된다. 수용적이고 따뜻해 보이는 여성이 가족과 가정을 따뜻하게 만들지만, 그런 태도를 사회에서도 지속하면 예기치 않은 화를 당할 수 있다. 홀로 서서 누구를 기다리고 있거나 레스토랑이나 호텔 로비에서 혼자 앉아 있을 때는 남성들이 다가오게 되는데 이들은 혼자임이 분명한 여성에게는 다가가서 말을 걸 권리가 있다고 생각한다. 이때 그녀가 친절히 대답하면 남성들은 그녀의 친절한 태도는 곧 그녀가 성 관계를 맺을 의사가 있음을 말하는 것이라고 생각한다. 그래서 그녀는 예기치 않은 성희롱을 당하게 되거나, 완강히 거부할 경우 상대방을 노하게 하기도 한다. 두 가지 점이 이런 불상사를 낳게 하는데, 첫째는 여성의 부드러움을 성적인 접근을 허락하는 것이라고 여긴 남성의 오해이고 둘째는 혼자 있는 여성은 언제나 접근이 가능한 여성이라고 여기는 것이다. 또 다른 원인은 여성은 소유물이라고 여기는 사회의 관습에 있다. 바로 이런 관습이 남성의 호위를 받으며 걸어가는 여성에 대해서는 평을 하거나 쳐다보지도 않는 대신, 혼자 있는 여성에게는 언제나 접근이 가능하다고 생각하게 한다.

데메테르나 페르세포네 같은 여성이면서 자신이 보호받고 있지 못하다고 여기는 여성은 대개 불안한 꿈을 꾼다. 꿈속에서 모르는 남성이 집안이나 방안으로 침입해 들어오거나 공격적인 남성이 몰래 숨어서 자신을 엿보거나 뒤를 따라오곤 한다. 때로는 꿈속에 나오는 이 무서운 남성은 안면이 있는 사람이기도 하다. 평소에 자신을 비난하던 사람, 화를 내거나 때릴 듯이 위협을 하던 사람이 꿈에 나온다. 이 여성이 어린 시절에 보호받지 못했거나 학대받았다면, 꿈속에서 그녀를 위협하는 인물은 어린 시절의 인물 그대로이며 장소도 어린 시절 살던 곳이 나온다.

관계 지향적이며 상처받기 쉬운 여신을 원형으로 한 여성들이 모두 이렇게 무서운 꿈을 꾸는 것은 아니다. 여신들의 일생이 다양한 굴곡을 거쳤듯이, 여신들을 닮은 여성들도 일생 중에 안전하게 보호받고 있다고 느끼는 시절이 있기 마련이다. 그리고 그 시절의 꿈은 대개 즐거운 것이기 마련이다. 그러나 몇몇 여성은 이렇게 행복한 시절에도 악몽을 꾸곤 하는데 그것은 그들이 상처받기 쉽다는 것을 상징한다. 어떤 종류의 꿈이든, 이 여성들이 꾸는 꿈의 특징은 꿈의 내용이 사람들로 이루어져 있으며 장소는 건물 안이라는 사실이다. 그리고 꿈의 줄거리는 현재의 관계뿐 아니라 과거의 연애 경험도 회상할 수 있는 것들로서 상징적으로 묘사되어 있다.

존재와 행위의 유형들

신화에 따르면 세 명의 연약한 여신은 각기 행복하고 충족된 시절을 보낸 적이 있고, 희생당하고 고통받으면서 정신적으로 시달리는 기간이 지난 뒤, 회복과 평정을 찾는 기간이 있다. 아마도 모든 여성이 살면서 이 각각의 기간을 경험할 텐데, 차이가 있다면 사람에 따라 그 기간이 짧거나 길 뿐이다.

자신이 헤라나 데메테르, 페르세포네 같다고 생각되는 여성은 자신과 여신들을 비교하면서 자신의 장점과 단점, 취약점 등에 대해서 알 수 있을 것이다. 그럼으로써 자신의 문제점을 알고 고통을 피해갈 수 있을 것이다. 예를 들어 헤라 여성은 조급히 서둘러서 결혼하지 않음으로써 고통을 피할 수 있다. 즉 "결혼하기 전에 상대방의 성격과 자신에 대한 상대방의 사랑의 정도를 판단할 수 있을 만큼의 성숙이 필요한데, 그 이유는 헤라 여성의 운명은 그녀의 남편에 의해 결정되기 때문이다. 마찬가지로 데메테르 여성은 언제 아이를 낳을 것인지에 대해 신중할 필요가 있다. 그녀 안에 있는 강력한 모성 본능이 상황에 관계 없이 아이를 낳고 싶어하기 때문이다. 그리고 페르세포네 여성은 대학에 진학하거나 취직을 했을 경우 집에서 독립하는 게 더 나을 것이다. 그렇게 해서 페르세포네 여성은 엄마의 착한 딸을 넘어선 성장을 기대할 수 있을 것이다.

상처받기 쉬운 여신을 극복하기

상처받기 쉬운 여신들은 성취욕을 지니지 않았지만 이 여신들을 원형으로 하는 여성들은 여신들의 취약점을 극복할 수 있다. 여성들은 자신 안에 아테나 아르테미스 성향이 있음을 발견할 수 있고, 또는 경쟁적인 사회 생활의 경험을 통하여 그녀의 남성적 요소를 개발할 수 있다. 또는 헤스티아의 정신적인 평화와 사랑의 여신인 아프로디테의 감각적인 면을 개발해 내기도 한다.

앞으로의 세 단원은 헤라, 데메테르, 페르세포네의 특징과 그들에 대한 신화를 기초로 한 것이다. 각 단원을 통해서 여신들의 특징을 그려 나갈 텐데, 그것은 여신들을 닮은 여성의 삶이 어떻게 전개되는지를 보여 주게 될 것이며, 또 그 여성과 관계가 있는 남편, 부모, 친구, 연인 그리고 아이들이 어떤 영향을 받는지를 보여줄 것이다.

결혼하고 싶거나 아이를 낳고 싶거나 또는 한 남성이 나타나서 인생을 바꿔 주었으면 하고 기대한 적이 있는 여성이라면(사실 이런 마음은 거의 모든 여성이 느껴본 것이리라) 자신이 이 여신들과 유사한 점이 있다는 것을 알게 될 것이다.

헤라

결혼의 수호신, 신실한 아내

헤라 여신

품위 있고 당당하고 아름다운 헤라! 로마인들이 유노라고 부른 결혼의 수호신이다. 헤라는 올림포스 신들의 왕이며 하늘과 땅을 지배한 제우스(유피테르)의 아내였다. 헤라라는 이름은 '위대한 여성'을 뜻하는 것으로 영웅hero의 여성어다. 그리스 시인들은 그녀를 '소 눈을 가진 이'라고 표현했는데 그것은 그녀의 크고 아름다운 눈을 찬미하기 위해서였다. 헤라를 상징하는 것들로는 소, 은하수, 백합이 있고, 헤라의 경계심을 뜻하는 공작새의 무지개 빛깔 깃털에 있는 둥근 무늬가 있다. 신성한 소는 우리를 살찌우게 하는 위대한 여신의 이미지를 나타내는 것으로 오랫동안 사용되어 왔다. 은하수는 그리스어로 어머니의 젖을 뜻하는 '갈라'gala에서 유래하는데, 하늘의 여왕인 위대한 여신의 가슴에서 흘러나오는 젖이라는 믿음을 반영하고 있다. 그 젖이 지상으로 떨어져서 백합이 됐는데, 체내 수정이 가능한 여성의 생식기가 있다고 믿은 그리스 시대 이전의 생각을 상징하는 것이다. 헤라를 상징하는 것들은 (그리고 제우스와의 갈등은) 한때 그녀가 위대한 여신으로서 제우스보다 앞서 섬김을 받았던 시절을 말해 주고 있다. 그리스 신화를 보면 헤라는 두 가지 상반된 면을 드러내고 있는데, 하나는 결혼의 수호신으로서 의식에 따라 엄숙하게 섬김을 받는 여신으로, 그리고 다른 하나는 호메로스가 표현한 것같이 싸우기를 좋아하고, 원한이 가득하고 질투심 많은 심술꾼으로 훼손된 모습이다.

계보와 신화

헤라는 레아와 크로노스의 자식으로 태어났다. 헤라는 다른 네 명의 형제와 마찬가지로 태어나자마자 아버지인 크로노스에게 먹혀 버렸다. 크로노스의 뱃속에 감금되어 있다가 다시 세상에 나왔을 때 헤라는 이미 소녀가 되어 있었다. 헤라는 그 뒤 두 명의 자연신에 의해 길러졌는데, 그들은 나이든 양부모와 같았다.

헤라는 성장하여 아름다운 여신이 되었다. 헤라의 모습은 제우스의 눈에 들게 되었는데, 그때는 이미 제우스가 크로노스와 티탄들을 제압하고 최고의 신이 되었을 때이다. (제우스가 헤라와 남매간이라는 것에 의아해 할 필요는 없다. 올림포스의 신들은 특히 연인 관계를 맺을 때 그들 나름의 규칙이 있다.) 헤라에게 접근하기 위하여 제우스는 비에 젖어 애처로운 작은 새로 변했고, 헤라는 그 새를 보고 불쌍한 마음이 들었다. 헤라는 그 새를 들어 가슴에 품었다. 그러자 제우스는 변장을 풀고 자신의 모습으로 돌아와서는 그녀를 강간하려 하였다. 제우스의 계획은 실패했는데, 그것은 헤라가 결혼을 약속하지 않으면 관계를 맺을 수 없다고 했기 때문이다. 그들은 결혼 뒤 삼백 년에 걸친 신혼 여행을 했다고 전해진다.

신혼 여행이 끝났을 때, 그것은 글자 그대로 신혼이 끝남을 뜻한 것이었다. 제우스는 총각 시절의 방탕한 생활로 돌아갔다. (제우스가 헤라와 결혼하기 전 이미 여섯 명의 동거인이 있었고 그 사이에 자녀도 있었다.) 제우스는 수없이 외도를 하면서 아내인 헤라의 복수심과 질투심을 자극했다. 헤라의 분노는 남편에게 향하지 않고 상대 여성들에게, 제우스가 낳은 자식에게, 또는 아무 상관없는 구경꾼에게 쏟아졌다. (사실상 상대 여성들도 제우스가 유혹하고 강간하고 속인 여성들이었다.)

헤라의 분노에 관한 이야기는 상당히 많다. 제우스가 아이기나를 강간하려고 섬으로 데려갔을 때, 헤라는 괴물 같은 공룡을 풀어놓아 수많은 사람들을 죽게 만들었다. 그리고 제우스의 소생인 디오니소스가 태어났을 때는 그의 양부모를 미치게 만들어 디오니소스를 없애려 했다.

칼리스토도 제우스와 헤라의 싸움에 운 나쁘게 걸려든 경우다. 제우스는 사냥의 수호신인 아르테미스로 변신하여 칼리스토를 속이고 그녀를 유혹하려 했다. 헤라는 이 사건에 분노하여 칼리스토를 곰으로 바꾼 다음, 칼리스토 아들이 어머니인지 모르고 곰을 죽이게 했다. 그러나 제우스가 이들 모자를 하늘로 올려 보내 큰곰자리와 작은곰자리가 되게 하였다.

헤라는 제우스의 끝없는 외도에 굴욕감을 느꼈다. 제우스는 헤라가 신성시하는 결혼을 모욕했으며 더구나 다른 여성과의 사이에 난 자식을 더 총애하여 그녀를 비탄에 빠지게 했다. 더구나 이런 굴욕감을 가중시킨 것은 제우스가 스스로 지혜의 수호신인 아테나를 낳은 일이다. 이로써 제우스는 아이를 낳는 일마저도 아내의 도움이 필요 없음을 과시한 것이다.

헤라에게는 자식이 몇 있다. 제우스가 혼자 힘으로 아테나를 낳은 것에 자극받아 헤라도 혼자 아들을 낳기도 결심했다. 그리하여 대장간의 수호신인 헤파이스토스를 임신했다. 그러나 아이를 출산했을 때 매력적인 아테나와는 달리 기형아임을 알게 되었다. 헤라는 기형아인 헤파이스토스를 올림포스산에서 쫓아냈다.

또 다른 설에 따르면 헤라가 잔인한 괴물인 티폰을 홀로 낳았다고 되어 있다. 그리고 전쟁의 신인 아레스는 헤라와 제우스의 아들이었는데, 전쟁 중에 목이 잘리게 되면서 아버지인 제우스의 경멸을 받게 된다. 헤라는 또 별 특징이 없는 딸을 둘 두었다. 연회에서 술을 따르는 소녀인 헤베와 출산의 수호신인 에일레이티아가 그들이다. (에일레이티아는 아르테미스와 함께 출산의 수호신이어서, 진통 중에 있는 여성이 '아르테미스 에일레이티아!' 하고 외치곤 한다.)

헤라는 자신이 굴욕을 당할 때마다 반드시 행동으로 보복을 취하곤 했다. 그러나 분노와 복수심이 그녀의 유일한 반응은 아니었다. 때때로 그녀는 침묵을 택하기도 했다. 신화를 보면 헤라가 깊은 어둠으로 자신을 감싸고 제우스와 다른 올림포스의 신들로부터 벗어나서 바다와 지구 끝에서 서성이는 모습이 나온다. 신화 중의 하나는 헤라가 다시 행복한 소녀 시절을 보낸 산으로 돌아가는 모습을 그린다. 헤라가 다시 올림포스 산으로 돌아올 기미가 없자 제우스는 헤라의 질투심을 자극하기 위해서 어떤 지방의 공주와 결혼한다고 공표했다. 그리고는 공주의 조각과 거짓 결혼식을 하는 것처럼 꾸몄다. 제우스의 이런 애교스러운 행동이 헤라의 마음을 움직여 결국 제우스를 용서하고 올림포스산으로 다시 돌아오게 된다.

비록 그리스의 신화가 헤라를 굴욕적이고 복수심이 가득한 여신으로 그렸지만 그와는 대조적으로 헤라는 신으로서는 크게 숭배받았다.

의식을 통하여 헤라는 세 개의 별명을 얻었고, 각 별명에 따라 일 년에 세 번 예배를 받았다. 헤라는 봄에는 헤라 파르테노스(처녀 헤라)로 숭배받았고, 여름과 가을에는 헤라 텔레이아(완벽한 여성 헤라)로, 겨울에는 헤라 쉐라(과부 헤라)로 숭배받았다.[1]

헤라의 이러한 세 가지 모습은 여성의 일생의 주기를 상징적으로 보여주는 것이다. 봄에 나타나는 헤라의 모습은 목욕을 하는 처녀를 상징하고, 여름에는 결혼식을 통해 완성된 여성의 모습을 드러낸다. 겨울에는 제우스와의 다툼과 별거가 강조되면서, 과부로서의 헤라의 모습이 그려지고 이 시기에 그녀는 모습을 감춘다.

헤라 원형

결혼의 수호신 헤라는 숭배받으면서 동시에 욕을 먹기도 하고, 존경받으면서 동시에 수모를 당했다. 헤라는 다른 어느 여신들보다도 장점과 단점을 분명히 보여 주는 여신이었다. 이 점은 헤라 원형에서도 그대로 드러나는 모습으로, 여성의 성격에서 드러나는 쾌락과 고통을 향한 강렬한 추진력을 말한다.

아내

헤라 원형은 무엇보다도 아내가 되고 싶은 여성의 욕구를 대표한다. 헤라 원형을 강렬하게 지니고 있는 여성은 남편이 없을 경우 근본적으로 자신이 불완전하다고 느낀다. 그녀는 결혼을 하고 싶은 본능을 갖고 있고, 그에 따라 움직인다. 남편을 만나지 못했을 때의 헤라 여성은 아이를 낳고 싶은 욕구를 강하게 가진 여성이 아이를 낳지 못할 때 느끼는 절망감과 같은 정도의 깊은 절망을 경험한다.

정신과 의사인 나는 자신의 일생에서 의미 있는 남성을 만나지 못한 헤라 여성이 느끼는 고통을 잘 알고 있다. 많은 여성들이 이러한 자신의 개인적인 고통을 내게 토로했다. 한 여성 변호사는 흐느끼면서, "나는 서른아홉인데 아직 결혼을 못했어요. 너무나 창피해요" 하고 말했다. 그리고 아주 매력 있는 간호사인 서른두 살의 여성은 한 번 이혼한 경력이 있는데 다음과 같이 음울하게 말했다. "내 가슴속에 커다란 구멍이 뚫려 있는 것 같고, 결코 아물지 않는 상처가 있는 것 같아요. 정말 외로움을 느낍니다. 나는 데이트를 많이 한다고 생각합니다. 그렇지만 내가 만나는 어떤 남자도 나와 데이트 이상의 관계로 발전되기를 원하지 않습니다."

남편이 있기를 열망하는 여성이 열애에 빠졌을 때, 아내가 되고 싶은 헤라 원형이 일으키는 대부분의 욕구는 충족된다. 그렇지만 그녀는 아직 결혼 자체에 대한 강한 욕구를 갖고 있다. 그녀는 결혼이 보장하는 특권과, 사회적 인정과 존경이 필요하며, 아무개의 아내라는 지칭을 받고 싶어한다. 그녀는 단순히 동거하는 방식은 원하지 않는다. 지금처럼 동거가 흠이 아닌 시대에도 말이다. 그녀는 외부로부터 인정을 받고 싶어하는 것이다. 그녀는 커다란 교회에서 결혼식을 올리는 일이 리노(미국 네바다주 서부의 도시, 이혼 도시로 유명하다 — 옮긴이)나 시청에 가서 간단한 절차로 끝내 버리는 일보다 훨씬 바람직하다고 생각한다.

헤라가 원형인 신부는 결혼식 날 자신이 여신과 같다고 느낄 것이다. 그녀에게 결혼식을 기다리는 것은 완성과 충족이라는 기대감을 일깨우고, 그녀를 행복감에 가득 차게 한다. 이러한 모습이 헤라 원형으로 빛나는 신부의 모습이다.

레이건 대통령의 영부인 낸시 레이건은 아내의 원형을 구현했다. 레이건 여사는 자신의 일생에서 로날드 레이건의 아내인 것이 가장 중요한 것임을 분명히 했다. 자신의 결혼의 중요성을 이야기할 때, 그녀는 행복한 결혼 생활의 헤라를 구현하고 있는 모든 여성을 대변하여 말하는 것이다.

적어도 내 경우는 로니를 만나기까지는 정말로 살아 있는 것이 아니었어요. 아휴, 저도 알아요. 제 생각이 요즘 시대에 어울리지 않는다는 걸요. 요즘 여성은 완전히 자립적이어서 아마 남편은 주변에 편리한 사람으로 있는 정도일지 모르지요. 그러나 나는 내 느낌을 어쩔 수 없어요. 로니는 내 행복의 근원이에요. 그가 없다면, 나는 비참해지고 인생의 방향 감각을 잃을 거예요.[2]

우리 사회는 아주 최근까지도 낸시 레이건의 견해를 반영하는 문화를 지녔다. 결혼이 여성의 가장 중요한 일로 생각되었고, 지금도 한편으로는 교육과 여성의 사회 활동이 중시되고 있지만, 대부분의 여성이 '결혼해서 안정해야' 하는 문화적 기대의 압력에서 벗어나지 못하고 있다. 그렇기 때문에 헤라 원형은 사회로부터 강력한 지원을 받는다. 더구나 '노아의 방주' 식의 짝짓기가 팽배하고 있어서 사람들은 양말이나 신발처럼 짝을 지어서 오기를 기대하고 있다. 이러한 사회적 규범 안에서, 미혼 여성은 마치 노아의 방주를 놓친 듯한 느낌이 들게 된다. 그리하여 헤라처럼 살지 않을 경우 부딪칠 수 있는 부정적인 결과와 헤라처럼 살 때 사회로부터 받을 수 있는 인정 때문에 결국 헤라 원형은 강화되게 마련이다.

헤라가 단지 가부장적 문화(여성은 힘 있는 남성에 의해 선택되지 않는 한 평가 절하되는 문화)의 산물만은 아니라는 증거는 수많은 레즈비언 여성에게서 비슷한 동기를 찾아볼 수 있다는 데서 발견된다. 많은 레즈비언 여성들이 짝을 찾고 싶어하며, 상대가 정조를 지키기를 바라며, 짝을 통해 충족감을 느낄 것이라는 기대, 그리고 짝을 이루었음을 외부로부터 인정받을 수 있는 결혼식을 치르고 싶어한다. 더 확실한 것은 헤라를 구현하는 레즈비언 여성이 가족의 기대나 문화적 압력에 굴하지 않는다는 것인데, 가족의 기대나 문화적 압력은 레즈비언 관계를 지지하기보다는 비난하기 때문이다.

언약을 지키는 능력

헤라 원형은 인연을 맺고 그 관계에 충실하며, 남편과 함께 세상의 난관을 헤치고 나갈 수 있는 능력을 제공해 준다. 헤라가 마음의 동력인 여성은 조건부의 언약을 하는 것이 아니다. 일단 결혼을 했으면, '기쁠 때나 슬플 때나' 결혼을 지속한다.

헤라 원형이 없을 때, 여성은 단편적인 관계의 연속에 놓이게 된다. 어려움이 닥치거나 초기의 사랑의 매력이 사라졌을 때 지금의 관계는 곧 끝나 버리고 다른 관계로 넘어가곤 한다. 그녀는 결혼을 안 했을지 모르며 결혼 안 한 상태에 부족함을 느끼지 않는다. 또는 커다란 교회에서 성대한 결혼식을 올리는 등의 모든 과정을 거쳤을 수 있다. 그러나 그녀는 핵심적인 면에서 헤라 여성처럼, 자신이 결혼한 남성과 연결되어 있지 않다.

여성이 헤라 원형 없이 결혼할 때, 그것은 무언가 빠진 결혼이 된다. 이 말은 바로 내 환자가 했는데, 그녀는 마흔다섯의 사진 작가였고 남편과의 깊은 연대감이 부족한 여성이었다. "나는 남편을 좋아해요. 그리고 그 동안 나는 좋은 아내였다고 생각해요. 그러나 혼자 사는 것이 내게는 더 어울리는 삶이었을 거라는 생각을 자주 하지요. 내가 주변에 있는데도 여자들이 남편에게 꼬리를 칠 때, 남편은 그 여자들을 더욱 부추기는데, 그건 나를 위해 일부러 그러는 거예요. 나는 화를 내지 않기 때문에 남편은 그런 광경을 통해 내가 질투심을 느껴 화를 내기를 바라는 거지요. 내 생각에 남편은 자신이 내게 꼭 필요한 인물이 아니라는 걸 알고 있는 것 같아요. 그건 사실이지요. 나는 본래 헌신적인 아내상이 아니에요. 그렇다고 내가 아내로서 행동에 어긋난 적은 없지만요." 이들 부부 모두에게 슬픈 일이지만, 결혼 생활 이십 년이 넘도록 그녀는 헤라가 활성화된 원형이 아니었다.

신성한 결혼

결혼의 세 가지 중요한 의미 중 두 가지는 짝을 이루고 싶은 내면의 욕구와 사회로부터 부부로 인정받으려는 외적 욕구의 충족이라고 할 수 있다. 그리고 세 번째의 의미가 '신성한 결혼'을 통해 완성을 이루려는 것이다. 종교 의식으로 치러지는 결혼식이 바로 이 점을 강조하고 있다. 신의 은총을 통한 영혼의 결합이라는 결혼의 의미 부여는 현대판 헤라의 의식이라고 할 수 있다.

헤라 원형의 종교적인 면에 대한 나의 시각은 사실상 내 직접 경험에서 나왔다. 나는 온건한 개신교 집안에서 자랐다. 우리집의 종교적 성향은 일상적인 것으로, 신비스러움이나 종교 의식을 강조하는 쪽이 전혀 아니었다. 영성체 의식에 사용되는 것이 웨일즈산 포도 주스 정도였으니 말이다. 그렇기 때문에 막상 결혼식을 샌프란시스코의 그레이스 대성당에서 치르게 되었을 때 나는 예상치 못했을 정도로 깊은 감동을 받았다. 나는 신성하고 권위 있는 의식에 참여하는 기분이었다. 나는 어떤 일상적인 것이 아닌 초월적인 것을 경험한 듯했다. 혼인 서약을 했을 때는 성스러운 예배에 참여하는 듯한 기분이었다.

꿈속에서 이런 신성한 결혼을 하게 될 때에도 우리의 감정은 마찬가지의 강렬함을 느끼게 된다. 꿈에서 기억되는 것은 압도되는 느낌이다. 사람들은 꿈속에서 자신의 신성한 배우자와 연결되었을 때의 느낌을 전기에 감전된 것으로 비유한다. 이 꿈은 여성성과 남성성을 결합했을 때의 심리 상태를 상징하는 것으로, 완성을 나타낸다. 꿈속에서 배우자에게 안길 때 그녀는 애정, 축복, 그리고 일치라는 다양한 감정적 혼합을 경험하게 된다. 이런 꿈은 그녀에게 표현할 수 없는, 신비롭고 성스러운 감정적인 효과를 낳는다. 꿈에서 깨어났을 때 그녀는 감동에 휩싸이며, "꿈속에서지만 너무나 생생한 느낌이었어요. 결코 그 느낌을 잊지 못할 거예요. 그가 나를 안았을 때 행복했지요. 그것은 신비로운 결합이었어요. 설명할 수가 없군요. 전기에 닿는 듯 짜릿하면서 동시에 완전한 평화로움이 있었지요. 이 꿈은 내 인생에서 중요한 사건입니다."

이것은 신성한 결혼이 주는 가장 순수한 형태의 경험이다. 그녀는 이 꿈에서 완벽한 헤라, 충족된 헤라의 모습을 경험한 것이다. 이런 꿈은 결혼하고 싶다거나 짝을 찾고 싶은 욕망을 잠재우는 효과를 낳는다.

쫓겨난 여인: 헤라의 부정적인 모습

헤라 여신은 제우스의 방탕함에 대해 제우스에게 직접 분노를 터뜨리지 않았다. 남편에게 거부당하고 무시당함으로써 겪게 되는 그녀의 고통은 모두 제우스가 관계를 맺은 여성들이나 그 사이에 난 자식들에게 쏟아졌다. 헤라 원형은 남편의 잘못을 다른 사람들에게 전가하는데 그 이유는 헤라 원형이 남편에게 감정적으로 의존하고 있기 때문이다. 그리고 헤라 여성은 자신의 고통과 손실을 상대방에게 보복함으로써 자신의 분노를 표현한다. (이것은 데메테르나 페르세포네가 우울증에 걸림으로써 소극적으로 자신의 분노를 표현하는 것과는 대조적이다.) 나는 분석을 통해서 헤라 여성이 행하는 보복은 심리적인 기술로서 그녀 자신에게 무력감보다는 자신감을 준다는 것을 알았다.

진 해리스는 쫓겨난 헤라의 현대판 모습이다. 사립 학교의 자존심 센 여교장이던 그녀는 자신이 오랫동안 사귀어 온, 다이어트 약을 개발한 것으로 유명한 타노버 박사를 살해한 혐의로 기소되었다. 타노버 박사가 젊은 여자를 좋아한다는 것을 알았을 때, 더구나 그 여자가 자신보다 집안이나 학벌이 훨씬 못한 여자라는 것을 알았을 때 해리스는 질투심으로 끓어올랐다. 타노버 박사의 애인에게 향한 해리스의 생생한 증오심은 그녀가 타노버 박사를 살해하기 바로 전에 그에게 쓴 긴 편지에서 잘 드러난다.

당신은 내 인생에서 가장 의미 있는 사람이고, 가장 중요한 사람이었습니다. 그리고 그 사실은 변하지 않을 겁니다. 당신은 나를 버리겠다고 위협함으로써 나를 완전히 조종할 수 있었습니다. 그리고 당신도 알다시피 나는 당신 없이는 살 수 없기 때문에 그것은 매우 효과적인 위협이었습니다. 그래서 나는 당신이 그 여자와 사랑을 하는 시간에 집에서 혼자 기다리고 있었습니다. 그 여자는 거의 완전히 나를 파괴했습니다. 나는 공공연히 창피를 당하고 또 당했습니다.[3]

그녀 자신의 사회적 지위와 업적에도 불구하고, 해리스는 타노버 박사 없이는 자신은 무의미한 존재라고 생각한 것이다. 해리스는 타노버 박사의 죽음은 자신과는 무관한 사고사임을 확고부동하게 주장했다. 제우스의 방탕함이 제우스의 탓이라고 주장한 적이 없는 헤라를 생각해 볼 때, 해리스의 무죄라는 주장은 사실일 수 있다. 해리스는 타노버 박사 없는 삶은 상상할 수 없기 때문이다.

헤라를 계발하기

몇몇 여성은 삼십대 초반이 되었을 때 자신이 좀더 헤라 같아질 필요가 있음을 실감하게 된다. 그때쯤, 그녀들은 이미 여러 사람을 사귄 경험이 있거나, 자신의 경력을 쌓는 일에 열중해서 결혼을 미루어 둔 상태이기 쉽다. 지금까지 그녀들은 아프로디테처럼 이 사람에서 저 사람으로 옮겨 가거나, 페르세포네처럼 연애하기를 꺼리거나, 아르테미스나 아테나처럼 목적을 달성하는 일에 열중하거나 하면서 살아왔다. 또는 다른 여신들의 영향력 아래 남편을 고르는 일이 과소 평가되고 그 안에서 헤라의 역할이 줄어들었을 수도 있다.

결혼을 하려는 욕구가 강하지 않을 때는 그것을 계발할 필요가 있다. 그리고 그 전제로 한 남성과 꾸준한 관계를 맺을 마음의 준비가 되어 있으며,

관계를 지속하기 위해 노력하고, 그런 기회가 실제로 있어야 한다. 자신이 사랑하는 남성이 자신을 독점하고 싶어한다면 그녀는 그 남성과 지금까지의 자기 삶의 방식 중에서 하나를 선택해야 한다. 즉, 미혼의 자유로움이나 독립심 강한 아르테미스의 기질에서 헤라의 기질로 전환하도록 해야 하는 것이다. 의도적으로 헤라와 같은 아내가 되려는 결심을 통해서 우리는 자신 속의 헤라 원형을 강화할 수 있다.

결혼을 하지 않고 계속 연애 관계만을 유지하기를 바라는 남성과 지금 사귀고 있다면, 그녀는 그런 유형의 남성에 대해서, 그리고 그 남성의 행동 방식에 대해서 객관적으로 생각해볼 필요가 있다. 그리고 한편으로 그녀는 전통적인 사고 방식을 고집하는 보수적인 남성에 대해서 자신이 평소에 어떻게 행동했나를 반성해 볼 필요가 있다. 바로 그런 보수적인 남성이 결혼하여 가정을 꾸리고 싶어하는 남성이며, 그리고 그녀는 그런 남성을 편견을 갖고 바라보았을 경우가 많기 때문이다. 자신의 이상형이 가정을 갖고 싶어하는 남성으로 바뀔 수 있을 때, 그때 아내의 자리에 있고 싶은 헤라의 욕구는 충족될 수 있을 것이다.

헤라 여성

현대판 헤라 여성은 쉽게 판별할 수 있다. 환한 얼굴을 하고 신부 대기실로 걸어가고 있는 신부는 자신의 완성을 예감하는 행복한 헤라의 모습이다. 한편 남편이 외도를 하고 있는 것을 알아채고 상대방 여성에게 분노를 폭발하는 배반당한 아내에게서 거센 헤라의 모습을 본다. 헤라 여성은 수많은 여성들을 통해 구현되는 모습인데, 그것은 우선 결혼할 때까지 순결을 지키고, 결혼 뒤 수십 년 동안 충실한 아내의 자리를 지키다가 말년에 홀로 되었을 때 사회 복지 기금에 의존하면서 생활을 유지해 나가는 방식이다.

헤라 여성은 남편을 자신의 삶의 중심으로 삼는 것에서 기쁨을 느낀다. 남편은 언제나 모든 것의 우선이다. 헤라 여성의 자식들은 어머니의 삶의 구조를 잘 알고 있다. 가장 좋은 것은 언제나 아버지 몫이다. 아버지의 기분을 헤아린 다음, 다른 사람에게 관심을 기울인다.

헤라 여성은 양처의 모습을 갖추고 있다. 그리고 사람들도 그런 그녀를 두고 결혼 생활에 충실하다고 말한다. 대부분의 여성이 헤라 원형을 자신의 여러 성향 중의 하나로 갖고 있다. 겉으로는 그들이 헤라 여성으로 보이지 않는다. 그렇지만 헤라 원형을 알게 되면서 그녀들은 자신에게 헤라의 모습이 있음을 인정한다.

어린 시절

네댓 살이 되면 어린 헤라는 소꿉놀이를 하면서, "네가 아빠 해, 회사 다녀오세요" 하며 남자 친구에게 문을 가리키는 흉내를 내곤 한다. 그리고 어른 흉내를 내면서 밥상 위에 흙으로 만든 음식을 준비하곤 한다. 하루 중 헤라의 전성기는 저녁을 차려 놓고 남편이 퇴근하여 저녁상 앞에 앉을 때이기 때문이다. (반면에 어린 데메테르는 엄마 흉내를 내는 것이 가장 중요한 일이다. 하루 종일 어린 데메테르는 인형을 유모차에 태우고 다니거나 옷을 갈아 입히고 재우고 먹이고 하는 놀이를 한다.)

그러나 여성성, 남성성이 세분, 심화하는 예닐곱 살부터는 각기 동료 집단이 생기는데, 대부분의 여자 애들은 이때 남자애들을 '징그럽다'고 생각하며 남자애들이 소꿉놀이 근처에 접근도 못하게 한다. 심지어 초등학교 1학년의 경우에도 가끔씩 남자 친구, 여자 친구가 생기는 경우가 있지만, 대개의 경우 헤라의 모습이 다시 활성화되는 시기는 한참 뒤가 된다.

부모

헤라 여신의 부모는 크로노스와 레아였다. 크로노스는 자식들 중에 자신을 전복할 아이가 있을지도 모른다는 걱정 때문에 자신의 자식들을 먹어 버린 소원한 관계의 아버지였으며, 레아는 그런 아버지로부터 자식들을 보호하지 못한 나약한 어머니였다. 크로노스와 레아는 가부장적 결혼이 부정적으로 과장된 모습을 잘 보여 준다. 즉 아버지는 집안의 군주이며 심지어 자식들로부터 경쟁도 용납하지 못하며 아내가 자신만의 관심 세계를 갖는 것을 금하는 모습이다. 이때 아내가 저항하는 모습은 소극적인 것으로 주로 남편을 속임으로써 비밀을 유지하는 방법이다. 헤라 여신은 크로노스가 삼켜 버린 자식들 중에서 유일하게 양부모를 가진 자식이다. 크로노스가 자식들을 다시 토해낸 뒤, 헤라 여신은 자연신을 양부모로 맞게 되고 목가적인 분위기에서 자라게 된다.

이 두 부류의 부모는 결혼의 두 가지 양식이라고도 하겠는데, 대부분의 헤라 여성의 부모 모습이다. 별로 행복하지 못한 가정에서 크는 자식들이 대부분 결혼에 대해 부정적이고 비관적인 견해를 갖고 있는 반면에, 젊은 헤라는 이상적인 형태의 결혼을 꿈꾸고, 바로 그런 결혼을 통해 불행한 가정으로부터 탈출할 수 있다고 믿는다. 다른 한편, 행복한 가정에서 큰 헤라는 자신의 부모에게서 이상적인 결혼 생활의 모습을 보고 자신의 결혼 생활의 이상형으로 삼는다.

사춘기와 청년기

사춘기의 헤라는 깊이 사귀는 남자 친구가 있다면 가장 만족한 시간을 보내게 된다. 헤라 소녀는 남자 친구의 반지를 목걸이로 해서 걸고 다니며,

성대한 결혼식을 하는 상상을 하며, 공책에 '누구누구 부인' 하는 이름을 쓰면서 즐거워한다.

남자 친구가 있다는 사실은 헤라 소녀의 정체성 형성에 결정적으로 중요한 일이다. 자신의 남자 친구가 누구냐 하는 문제는 중요하다. 그녀가 특수층 자녀들이 다니는 사립 학교에 다니고 있다면 남자 친구가 공부를 잘하는가, 부잣집 아들인가, 아니면 특수 클럽 회원인가 하는 것들이 중요한 기준이 된다. 평범한 공립 학교에 다니는 헤라 소녀에게는 그 기준의 내용이 다를 수 있지만 기본 패턴은 같다. 헤라 소녀는 높은 신분의 젊은이와 사귀고 싶어하며 그 젊은이를 통해서 감정적인 안정을 찾을 수 있기를 바란다. 일단 한 학생과 깊게 사귀게 되어 커플이 되면, 그때부터는 미팅도 주선하고 파티도 연다. 그렇지만 이때는 이미 아직 짝을 찾지 못한 친구들에 대한 우월감을 동반하고 있다. 이런 패턴은 대학에 가서도 그리고 그 뒤로도 계속된다.

몇몇 헤라 여성은 될 수 있으면 빨리 집안 살림을 하기 위하여, 고등학교 재학시 또는 졸업하자마자 결혼을 한다. 그러나 대부분 여고 시절의 로맨스는 깨지기 마련이며, 이 첫사랑의 경험은 젊은 헤라 여성에게 심각한 감정적 상처를 남기곤 한다.

헤라 여성은 대학을 남편감을 찾을 수 있는 시간과 장소로 본다. 그녀가 능력 있고 똑똑하다면 대학에서 능력을 발휘하겠지만, 그녀가 공부를 계속하리라고 기대한다면 실망만을 안을 뿐이다. 헤라 여성에게서 교육은 그 자체로 중요한 것이 아니기 때문이다. 교육은 그저 그녀의 사회적 배경으로 작용할 뿐이다.

결혼을 목표로 대학에 왔기 때문에, 시간이 지나도 신랑감이 구체적으로 드러나지 않을 때, 헤라 여성은 초조하게 된다. 1950년경 내가 대학에 다닐 때, 아직 사귀는 남자가 없는 3학년 헤라 학생들이 눈에 띄게 초조해 했던 것을 기억하고 있다. 더구나 4학년이 되어도 약혼자가 없을 때는 어쩌면 노처녀가 될지도 모른다는 절망감에 사로잡힌 모습을 보였다. 눈치 없는 친척들이 "언제 결혼할 거야?" 하고 물을 때, 엄청 고통스럽게 느끼게 된다. 결혼 안 한 헤라 여성은 마음속 깊이 공허감을 느끼며 인생의 의미를 찾지 못하는데, 그런 질문은 그녀의 고통을 증폭시키기 때문이다.

직업

헤라 여성에게 일은 대학과 마찬가지로 부차적인 것이다. 그녀가 어떤 대학을 나왔건, 직업은 무엇이며 경력이 어떻든, 직위가 무엇이든, 헤라가 자신의 중요 원형일 때 직장은 자신이 하는 일이지 자기 자신은 아니다.

헤라 여성은 뛰어난 능력으로 자신이 맡은 일을 반듯하게 하며, 사람들로부터 인정을 받고 빠른 승진을 할지도 모른다. 그러나 아직 결혼을 하지 않은 상태라면, 이런 모든 것이 그녀에게는 하찮은 것으로 보인다. 그녀 자신에게 의미 있는 잣대로 재어 보면, 그녀는 사회적인 성취도에도 불구하고 인생에 실패한 것이다.

직장에서 뛰어난 능력을 발휘하는 헤라 여성은 대개 다른 원형들을 함께 지니고 있기가 쉽다. 단지 헤라가 가장 주도적인 원형이기 때문에, 그녀는 자신이 직장에서 하는 일에 깊은 의미를 두지 않을 뿐이다. 그런 그녀가 결혼을 하게 되면, 그녀는 자연스럽게 자기보다는 남편의 사회적 출세를 우선으로 여길 것이며 자신의 출세를 위해 사용되어야 하는 시간과 기회를 남편을 위해 사용할 것이다. 겉으로 보면 그녀는 직장을 가진 직업인이다. 그러나 그녀의 진짜 직장은 결혼 생활이다.

현대와 같이 부부가 함께 벌어야만 생활을 유지할 수 있기 때문에 결혼을 하고도 직장을 계속 나가는 여성이 느는 시기에, 대개의 일하는 아내들은 헤라 여성이기가 쉽다. 헤라 여성의 태도는 "남편이 가는 곳이라면, 어디든지 따라가겠습니다"다. 그녀에게 남편과 주말 부부가 되는 일은 상상할 수 없다. 또 자기 일도 남편 일만큼이나 중요하다는 주장을 할 생각을 하지 못한다. 그러기 위해서는 다른 여신의 활성화가 필요하다.

여성과의 관계: 열등한 그룹

헤라 여성은 여자 친구와의 우정을 대단하게 생각하지 않으며, 그렇기 때문에 대개 친한 친구가 없다. 그녀는 남편과 같이 있기를 더 좋아하며 남편과 같이 일하기를 원한다. 헤라 여성이 친한 친구가 있고 그 우정을 지속하고 있다면 그건 다른 여신이 활성화되어 있기 때문이다.

그녀가 아직 미혼이라면, 헤라 여성에게 가장 중요한 일은 확실한 남성을 만나는 일이다. 그녀는 친구와 같이 어울려서 여러 모임에 나가볼 텐데 그 이유는 혼자 나가기가 어색하기 때문이다. 그러나 일단 한 남성과 데이트를 시작하게 되면, 그녀는 친구들과의 만남을 뜸하게 갖게 되고 결국에는 소원한 관계로 끝나게 된다.

그것은 일종의 사회적 관습인데, 한 남성과 데이트를 시작하면서 여자 친구들과의 약속을 취소하는 일 등은 헤라 여성에게는 자연스러운 것이다. 그리고 일단 결혼을 하게 되면 처녀적의 친구 관계는 완전히 끊기게 된다.

결혼한 헤라 여성은 다른 결혼한 여성들과 사귀기 시작하는데, 상대방은 언제나 '누구누구의 아내'로 인식된다. 헤라 여성에게 미혼의 여성은 남편의 관심을 끌지도 모를 요주의 경계 인물이거나, '사귀는 남자도 없는' 여성으로 멸시의 대상이거나 둘 중의 하나일 뿐이다. 결혼 후, 그녀는 대부분의 사회 생활을 '누구누구의 아내'로서 해낸다. 기혼의 헤라 여성이 다른 여성들과 같이 무슨 일을 한다면, 그것은 남편의 직업이나 남편의 사교와 관계된 것이기 마련이다. 여성 보조 모임들이 대부분 이런 경향을 띤 것이다. 그런 모임에서는 남편의 직위에 따라 여성들의 등급도 매겨지게 마련이다. 그런 모임에서 회장을 뽑을 때, 헤라 여성들은 후보 남편의 지위를 재보고 결정한다.

다른 여성과의 사귐이 남편 친구의 부인이기 때문에 이루어질 때, 그 관계의 내용은 우정이 아니라 일종의 동맹 관계이게 된다. 그렇기 때문에 헤라 여성은 여러 해 동안 사귄 친구라도, 그녀가 이혼하거나 남편이 죽게 되면 쉽게 관계를 끊는다. 헤라 여성들은 같은 이유로 서로 쉽게 관계를 끊는데 그런 와중에서 그들은, 여자는 남편 없이는 아무것도 아니라는 신념을 강화하게 된다. 남편을 잃은 뒤 더 이상 모임에 속하지 못한다는 사실을 깨닫고서, 남편을 잃은 헤라 여성들이 분노와 상한 자존심으로 새로운 인간 관계의 패턴을 시작하면서 새로운 모습으로 변하는 경우도 자주 있다.

남성과의 관계: 완성에 대한 기대감

그리스 신전에서 헤라 여신을 경배할 때 제우스와 헤라의 결혼식이 재현되었는데, 이때 제우스는 '제우스 텔레이오스', 즉 '제우스, 완성시키는 이'라고 불린다. 현대판 헤라 여성은 남편이 자신을 완성시킬 것이라는 헤라식 기대감을 가지고 있다.

헤라 여성은 능력 있고 성공한 남성에게 매력을 느끼는데, '능력 있고 성공한' 것의 기준이 자신이 속한 가족과 계급의 영향에 따른 것이다. 가난한 화가, 섬세한 시인, 천재적인 과학자들은 헤라 여성에게 매력적인 남성이 아니다. 또한 헤라 여성은 정치적 신념이나 자신의 예술을 위하여 고통 받는 남성에게 전혀 매력을 느끼지 못한다.

그러나 가끔씩 헤라 여성은 제우스가 헤라 여신의 환심을 산 바로 그 방식에 넘어갈 때가 있다. 제우스는 헤라 여신에게 접근하기 위해 가냘픈 새로 변해 헤라의 품에 안긴 뒤 신 중의 신인 자신의 본모습을 드러냈다. 헤라 여성은 따뜻한 애정을 필요로 하는 나약한 면과 사회적으로 권력을 잡고 있는 거물의 모습을 동시에 지닌 남성에 매료되어 결혼하는 경우가 흔히 있다. 사회적으로 크게 성공한 남성들 중의 많은 경우가 제우스처럼 감정이 어린아이처럼 미숙하기 쉬우며, 이것이 그 남성의 사회적 권력과 결합될 때 헤라 여성에게는 매력적인 남성으로 부각된다. 그 남성은 친한 친구가 없으며, 다른 이들이 개인적으로 겪고 있는 슬픔에 무감각하며, 진정한 공감 능력이 부족하기가 쉽다.

그 남성의 감정적인 유약함이 결국 한 여성과 깊은 관계를 맺기보다는 여러 여성들을 다양하게 편력하는 것을 좋아하는 성향을 낳으며, 그럼으로써 끊임없이 바람을 피는 결과를 낳고, 헤라 여성은 바로 그 점을 참을 수 없어 하는 순환을 이룬다. 그는 아마도 사업차 외국 출장을 나갔을 때 하룻밤 즐기는 일에 재미를 들인 사업가일 수도 있다. 그는 처음 보는 여자와 성교를 하는 일에 흥분과 정복욕의 충족을 느끼며, 아내가 모르기만 하면 아내가 이 일로 고통을 받을 까닭이 없다고 생각한다. 그는 자신이 바람 피는 일에 대해 잔소리를 듣거나 싸우게 되는 것을 질색으로 여긴다. 결국 헤라 부인은 이 일로 잔소리도 하지 않고 싸우지도 않게 된다.

헤라 여성이 제우스처럼 바람꾼이며 거짓말쟁이인 남성과 결혼했을 때, 놀랍게도 그녀는 남편의 변명을 곧이곧대로 믿는데, 이 점은 헤라 여성의 특징이랄 수 있다. 헤라 여성은 남편으로부터 확신을 받고 싶어하지만 그 믿음은 곧 상처로 끝나 버리는 과정을 반복한다. 대부분의 헤라 여성이 이런 심리적 고통을 당하는 이유는 그녀들이 사람의 본질을 파악할 수 있는 능력이 결핍되어 있기 때문이거나 상대방의 행동 유형을 일반화할 수 있는 능력이 부족하기 때문이다. 사람들을 판단할 때, 그녀는 표면적으로 드러나는 것만 보지 가능성과 잠재력은 고려하지 못한다. (마치 집을 사려고 보러 다닐 때, 지금 현재의 집값과 상태만을 고려하고, 수리를 하면 어떻게 될지, 그리고 주변 상황이 바뀌면 집값이 어떻게 변할지 등을 고려하지 않는 것과 같다.) 결국 헤라 여성이 겪는 실망감과 고통은 완성을 향한 헤라식 기대감과 현실과의 괴리에서 나온 것인데, 그 차이가 크면 클수록 고통과 실망감은 더욱 커질 것이다.

성생활

헤라 여성은 성과 결혼을 동일시한다. 그렇기 때문에 결혼이나 약혼을 할 때까지 순결을 유지하고 있기가 쉽다. 그녀는 결혼 전에 전혀 성 경험이 없기 때문에, 남편을 통해서 성감을 계발하게 된다. 그러나 남편을 통해서 성감이 계발되지 않는다 하더라도 그녀는 정기적으로 남편과 성 관계를 가질 텐데, 그 이유는 그것이 아내의 역할이라고 마음 깊이 믿고 있기 때문이다. 의무적으로 성교를 한다는 생각은 아마도 헤라 여성이 가장 먼저 생각해낸 것이리라.

헤라 여성이 결혼 초에 성감을 느끼지 못하는 경우가 흔히 있다. 이 상황이 시간이 지남에 따라 변할지는 아프로디테 원형이 결혼 생활 속에서 그녀에게 활성화되느냐에 달려 있다.

결혼

헤라 여성은 결혼식을 일생에서 가장 의미 있는 일로 생각한다. 그날 그녀는 새로운 이름을 얻는다. (그녀는 결코 자기 성을 그냥 갖고 있지 않으며,

그건 처녀적 성이라고 생각한다.) 그녀는 이제 아내가 된 것이다. 그리고 그건 그녀가 기억할 수 있는 아주 옛날부터 느껴 오던 욕망이 충족되는 것을 뜻한다.

미국의 중산층 안에서 수많은 헤라 여성을 만날 수 있다. 전형적인 미국의 중산층 부부는 주말과 휴가를 함께 보낸다. 남편은 규칙적으로 일터에 나가고 저녁 전에 집으로 돌아온다. 남편은 가까운 친구 몇몇이 있으며 그들과 함께 시간을 보내곤 한다. 남편은 아내를 존중하고, 아내가 아내 역할을 잘해 주리라고 믿으며, 평생을 함께 할 결혼을 했다고 생각한다. 규칙적이고 일상적인 삶, 함께 보내는 휴식 시간, 그리고 각자가 맡은 역할을 충실히 해내는 것 등이 결혼 생활을 안정되게 만들고, 헤라 여성에게 만족감을 준다.

남편의 회사 생활은 여성에게는 적합한 삶의 방식이다. 그녀는 남편이 회사에서 승진의 사다리에 오르기 위해 잦은 이동을 하는 것을 개의치 않는다. 남편과의 일치감이 가장 중요한 문제이기 때문에, 그 외의 다른 사람과의 관계는 그녀에게 큰 의미가 없는 것이기 때문에, 남편의 직장을 위해 이사를 다니는 일은 힘든 일이 아니다. 그와는 대조적으로, 긴밀한 친구 관계를 유지하고 있는 여성은 남편의 직업 때문에 자주 이사를 하게 될 때 심한 외로움과 갈등을 느끼게 된다. 그리고 이 점은, 자기가 하는 일이 중요하다고 생각하는데 자주 이사를 함으로써 일의 연결을 갖기 어려운 여성에게도 마찬가지다.

헤라 여성에게 행복의 조건은 남편이 그녀에게 헌신적이며, 결혼 생활을 중요하게 생각하고, 그녀의 아내 역할에 대해 고마워하는 것이다. 그러나 문제는 헤라 여성이 성공한 남성에게 매력을 느낀다는 데 있다. 우선 성공한 남성은 대개 그들이 일과 결혼했다는 이야기를 들을 정도로 일에 몰두하고 일을 우선으로 했기 때문에 성공할 수 있었다. 그렇게 성공한 남성과 결혼한 헤라 아내는 원하던 아내가 되었고 남편이 바람을 피우는 것도 아닌데 행복하지 못한 자신을 종종 발견하게 된다. 남편이 결혼 생활을 중요시하지 않을 때, 결혼은 헤라 아내에게 만족스러운 것이 되지 못한다.

현대판 제우스 남편은 대개 결혼을 자신의 사회적 이미지의 일부로 이용한다. 그는 적어도 자신과 같은 정도이거나 더 나은 신분의 여성과 결혼하여 필요할 때는 언제 어느 곳이든지 아내를 대동할 수 있는 여성을 정한다. 이런 결혼은 제우스 남편에게는 실리적인 결합이지만 헤라 아내에게는 파국적인 결과를 낳는다. 헤라 아내가 다른 원형의 지배도 강력하게 받고 있다면, 형식뿐이고 내용은 없는 위와 같은 결혼도 용납할 수 있을는지도 모른다. 그러나 순수한 헤라 여성은 남편이 결혼 생활에 무관심한 것에 상처받는다. 남편은 대개 다른 것들에 정신을 빼앗기는데 그것은 사업상의 거래나 정치적 동맹 등과 같이 권력과 연관된 것이며, 아내가 끼어들지 못하게 한다. 그 결과로 그녀의 마음은 텅 비게 된다.

이런 공허함을 달래기 위해 헤라 여성은 사회 활동에 맹렬히 참가하는데 그럼으로써 완벽한 부부라는 대외적 이미지를 구축해 나간다. 대개 사회 저명 인사 부부의 경우가 여기에 해당되는데 오페라의 첫 회 공연을 나란히 관람한다든지, 병원의 자선 무도회에 함께 참석하는 방식이 그 예가 될 수 있다. 그러나 공식 석상의 다정함이 사석에서도 지속되는 것은 아니다. 물론 그런 계산된 결혼이 특정 집단에만 국한된 것은 아니다. 그것은 모든 계층의 사람들에게서 볼 수 있는 것이다.

그러나 결혼 생활이 불만족스러움에도 불구하고 헤라 여성은 결단코 이혼을 고려하지 않으려 한다. 굴욕적인 취급을 참아 냈던 헤라 여신처럼 헤라 여성도 그런 상황을 참아 낸다. 마음속 깊이 자신은 결혼한 여자라고 다짐하고 있다. 이혼을 하게 된다 하더라도, 이혼은 결코 있을 수 없는 일이라는 그녀의 생각은 변하지 않는다.

남편이 다른 여자가 생겨서 아내와 이혼을 원할 경우, 헤라 여성은 마음으로부터 남편 말을 받아들이려 하지 않는다. 그녀에게 결혼은 일생 중 가장 깊은 체험이었으며, 마음속 깊이 자신이 아내라는 생각을 포기하지 않는다. 심지어 이혼을 하고 난 후에도, 헤라 여성은 자신이 아직도 아내라고 여기며, 자신이 이혼녀임을 상기하게 될 때마다 괴로워하곤 한다. 헤라 여성의 이런 반응은 본인도 괴롭겠지만 주변 사람들에게도 고통을 주는 것이다.

이혼을 했다는 사실을 받아들이지 못해 정신 질환을 일으켜서 치료를 받아야 하는 헤라 여성은 쉽게 찾아볼 수 있다. 실제로 내 병원에서도 헤라 여성의 특성 때문에 괴로움을 당하는 환자들을 많이 보아 왔다. 한 예로, 이혼을 한 헤라 여성을 들 수 있는데 분노와 고통으로 매우 불안정한 상태인 그녀는 아직도 자신을 합법적인 아내라고 여기고 있었다. 그리고 헤라 여성과 이혼한 한 남편의 경우는 매일같이 전화를 걸어 오는 전 부인에게 시달리고 있었다. 또는 새 부인이 괴로움을 당하기도 하는데 전 부인이 아직도 남편의 이름을 사용하고 있고, 자신들의 생활에 끼어듦으로써 혼란스러운 경우였다.

자식과의 관계

헤라 여성이 아이를 갖는 이유는 아내의 의무라고 생각하기 때문이다. 그녀에게 데메테르의 성향도 함께 있지 않은 한, 헤라 여성에게는 모성애적 본능이 부족하다. 또한 아르테미스나 아테나 성향이 자신에게 있지 않은 한, 아이들과 함께 일하면서 지내는 것에도 즐거움을 느끼지 못한다.

헤라 여성에게 자식은 있지만 엄마 자식 간의 강한 유대감이 없을 때, 아이들은 엄마가 엄마 노릇을 못하는 이유를 자기들을 사랑하고 보호할 뜻이 없기 때문이라고 여기게 된다. 그녀가 전업 주부여서 아이들과 같이 있는 시간이 많다 하더라도, 아이들이 엄마에게서 친밀감을 느끼지 못하고 엄마의 버림을 받았다고 생각하는 데는 변함이 없다.

남편과 자식 간에 이해가 상충하여 선택을 해야 할 경우가 생긴다면, 헤라 여성은 남편의 이익을 위해 자식을 희생하는 방향을 택할 것이다. 나는 환자들 중에서 전형적인 가부장적 가정에서 자란 여성들을 만나곤 하는데, 그녀들에게 아버지는 집안의 왕 같은 존재였다. 그런 경우 어머니는 대개 부드럽고 자신을 지지해 주는 편이지만, 아버지와의 갈등 관계에 놓일 때는 결코 중재 역할을 하지 못했다. 아버지가 아무리 폭군과 같다 하더라도, 아버지가 아무리 당신 마음대로 행동한다 하더라도, 자식들은 결코 어머니의 도움을 받지 못하고 홀로 아버지와 대항해 나갔다.

처음 치료를 시작했을 때 환자들은 자신의 불우했던 어린 시절이 아버지와의 갈등 때문이라고 생각한다. 그리고 지금이라도 아버지와 시시비비를 가려야 한다고 생각하며, 아버지가 과거에 자식에게 얼마나 못할 짓을 했는지 인정하게 하고, 가능하다면 사과도 받아내려고 한다. 그런데 이 과정에서 지금까지 생각하지 못한 엄마의 역할이 부각된다.

내 환자 중의 하나는 삼십대 후반의 전문직 직업 여성이었는데, 사춘기를 보내면서 끊임없이 아버지와 싸움을 했었다. "아버지는 내가 하는 일이면 무엇이든 잘했다고 하는 적이 없었죠. 아버지는 내가 하는 일은 모두 엉뚱하거나 내가 해낼 수 없으리라고 여겼죠. 한마디로 아버지는 나를 무시한 거지요. 아버지는 내가 중요하게 생각하는 것들을 비웃었고, 내가 귀중히 간직하던 것을 버리기도 했어요." 이제 그녀는 아버지가 자신을 인정해 주기를 바랐다. 그녀는 이제 박사 학위도 받았고 전문직에 종사하기 때문이다. 또 그녀는 아버지 때문에 전에 자신이 얼마나 괴로운 시간을 보냈는가를 아버지가 알기를 원했다.

어느 날, 그 환자는 부모님에게 전화를 했다. 부모님은 언제나처럼 함께 계셨다. 그리고 항상 그랬듯이 어머니는 다른 방에서 전화를 듣고 아버지와의 대화를 듣고 계셨다. 그녀는 아버지에게 중요한 이야기를 하려고 한다는 말과 함께 자신이 말을 끝낼 때까지 끝까지 들어달라고 말했다. 그녀는 흥분하지 않고 차분히 과거에 아버지 때문에 자신이 겪은 일들을 이야기해 나갔다. 놀랍게도 아버지는 끝까지 딸의 말을 중단시키지 않고 들었다. 그런데 다른 전화로 대화를 듣고 있던 어머니가 딸의 말을 중단시켰다. "네가 아버지한테 그런 식으로 말할 자격이 없다!" 어머니의 태도에서 딸은 비로소 지금까지 간과해 왔던, 집안에서 어머니가 한 역할에 대해 깨닫기 시작했다.

어머니의 태도는 전형적인 헤라의 모습이었다. 어머니에게 중요한 것은 아버지였다. 어떻게 감히 자식이 아버지에게 대들 수 있는가! 아버지는 절대 군주 제우스다. 어떻게 감히 자식이 아버지의 기분을 상하게 할 수가 있는가! 아버지는 헤라의 따뜻한 가슴이 필요한 작은 새였던 제우스처럼 상처받기 쉬운 심약한 분인 것이다.

중년

중년의 헤라 여성의 행복은 그녀가 결혼을 했는지, 그리고 누구와 결혼했는지에 따라 결정된다. 사회적으로 지위와 명성을 획득한 남편, 그리고 자신의 내조를 고마워하는 남편을 둔 헤라 여성의 중년은 가히 인생의 절정이라고 할 수 있다. 그와는 대조적으로 아직도 미혼이거나, 이혼을 했거나, 남편을 잃은 헤라 여성의 삶은 비참하다.

많은 경우, 중년에 결혼의 위기를 맞게 되는데, 헤라 여성은 보통 위기를 잘 넘기지 못한다. 결혼 생활에 문제가 있을 때, 헤라 여성은 질투심과 분노에 싸여서 상황을 더 악화시키기 때문이다. 결혼 후 처음으로 남편에게 다른 여자가 있다는 것을 알게 되었을 때, 헤라 여성은 지금까지 전혀 알지 못한 복수심에 싸인다. 자신이 생각하기에도 놀라울 정도의 추잡한 반응을 보이는데 그것은 결국 결혼 생활을 더욱 위태롭게 만듦으로써 자신에게 가장 중요한 것을 위태롭게 만드는 결과를 낳는다.

노년

처녀 시절의 헤라를 거쳐 부인 헤라를 지나 말년에 홀로 되었을 때, 이 시기가 헤라 여성에게는 가장 어려운 때다. 여성의 평균 수명이 남성보다 긴 오늘날에는 말년에 남편 없이 홀로 지내야 하는 여성은 수백만에 달할 것이다. 그런데 헤라 여성에게 과부가 된다는 것은 단지 남편을 잃었다는 뜻만은 아니다. 그녀는 아내 역할도 함께 잃은 것이고, 다시 말하면 삶의 의미조차 잃었다는 뜻이 된다. 그녀는 자신을 보잘것없게 여긴다.

남편의 죽음 앞에서, 헤라 여성은 상심이 지나쳐 심각한 우울증과 불안감, 그리고 외로움을 겪게 된다. 이런 반응은 헤라 여성이 지금까지 살아온 삶의 방식, 즉 남편 중심으로 살아온 삶의 결과다. 헤라 여성은 일반적으로 자식들과 가깝지가 않은데, 그건 항상 남편을 우선으로 하는 생활을 해왔기 때문이다. 그녀에게는 또 가까운 친구가 있는 경우도 드물다. 언제나 누구누구의 부인으로서 사회 생활을 해왔기 때문이다. 그리고 앞에서 말했지만, 그녀는 지금까지 가깝게 지내던 모임에서 스스로 떨어져 나가게 되는데, 그건 그녀 자신이 미혼 여성에게 해오던 방식이다.

이제 그녀가 노년을 행복하게 보낼 수 있는 조건은 경제적으로 여유가 있든지 아니면 자신 안에 다른 원형이 있어서 새로운 생활을 할 수 있든지 두 가지뿐이라고 할 수 있다. 헤라 여성 중에는 남편과 사별한 충격에서 결코 벗어나지 못하는 경우도 있다.

　노년을 남편과 함께 보내면서 금혼식을 치르는 헤라 여성은 행운의 여성이다. 그녀는 가히 축복받았다고 할 수 있다. 자신에게 의미를 주는 삶인 헤라 원형을 충실히 살아낼 수 있었던 것이다.

심리적인 어려움

헤라 원형은 수많은 여성들의 삶에 영향을 끼친다. 다른 어떤 원형도 헤라 원형만큼 우리에게 인생의 충족감을 주지는 못한다. 그러나 헤라 원형만큼 치명적인 결점을 지닌 원형도 없다. 그렇기 때문에 헤라 여성이 헤라 원형의 결점들을 이해하고 잘 대처해 나갈 필요가 있는데, 그것은 헤라 원형은 대단한 힘을 발휘할 수 있기 때문이다.

나는 헤라 여성인가

　여성이 헤라처럼 살아간다는 것은 그녀가 자신의 삶에서 아내의 역할을 가장 중요하게 생각할 때를 말한다. 이때, 아내 역할이 인생의 의미와 만족감을 줄 것인지 아니면 고통과 분노심만 남길 것인지는 결혼 생활의 경제적 수준과 남편의 충실성에 달려 있다.

　아내가 되고 싶은 그녀의 본능적 욕구가 충족되지 않은 상태에서, 그녀가 가장 관심을 갖는 일은 결혼 상대자를 만나는 것이다. 결혼 상대자가 없는 헤라 여성은 비참하다. 아직 사귀는 사람이 없는 상태의 헤라 여성은 다른 여성과 다를 바 없는 생활을 한다. 다른 여성처럼 학교나 직장을 다니면서 친구들과 이곳저곳을 기웃거리기도 한다. 그러나 이런 생활을 계속하는 중에도 남편감을 찾으려는 노력과 기대는 계속된다.

일단 결혼을 하게 되면, 헤라 여성의 삶은 남편을 중심으로 짜이며, 제한된 생활을 하게 되기가 쉽다. 남편이 아직도 공부 중이어서 그녀가 경제적으로 원조해야 할 경우, 그녀는 직장 생활을 할 것이다. 그러나 남편이 그녀가 집안에 있기를 원한다면, 그녀는 기꺼이 직장을 그만두거나 다니던 학교를 중단한다. 그녀가 직장 생활을 계속하고 있는 중이라면, 남편이 전근을 가게 될 때, 기꺼이 직장을 포기하고 따라간다. 결혼 전에 사귀던 친구들과는 멀어지고 남편을 알기 전 관심을 가지던 자신의 취미도 버린다.

헤라 여성과 결혼하는 남성은 그녀가 더 이상 결혼 전의 그녀 같지 않다는 것을 알게 된다. 아내 역할에만 자신을 국한시키기 전에 그녀는 다양한 관심을 가진 여성이었다. 심지어 아내와의 성 관계도 결혼 전이 훨씬 좋았을지 모른다. 헤라 아내가 성에 대한 태도를 변화시키는 것은 드문 일이 아니다. 바로 결혼 첫날밤부터 태도가 바뀔 수 있다. 헤라 여성이 결혼할 때 다른 원형들의 영향력은 극도로 감소된다.

헤라 여성은 또한 결혼을 통해 꽃피게 된다. 기대로 설레던 신부가 행복한 새댁으로 변한다. 더욱이 남편이 헤라를 사랑할 때의 헌신적인 제우스와 같다면, 그녀의 결혼은 그녀의 삶에서 가장 의미 있는 중심이 된다. 아내라는 역할에 비한다면 늘 뒤로 밀리기는 하지만, 다른 여신의 면모가 드러나는 수도 있다.

헤라 여성이 결혼 뒤 그녀의 삶을 아내 역할에만 국한시킬지는 그녀가 지니고 있는 헤라 원형이 얼마나 강력하냐에 달려 있다. 또한 결혼 전에 그녀가 자신의 다른 면을 얼마나 계발해 놓았는지도 중요하며, 헤라를 극복하도록 남편이 격려해 주느냐 하는 문제도 중요한 요소다. 아내가 남편의 뜻에 따라 살기를 원하는 소유욕 강하고 질투심 많은 남편은 아내의 헤라 성향을 강화시키며 결국에는 아내가 헤라 외에 다른 원형을 갖지 못하는 결과를 낳게 한다.

실망으로 끝난 기대감

자신이 헤라라고 생각하는 여성들의 대부분은 결혼을 통해 남편과 자신이 변화될 수 있다고 믿는다. 그 믿음의 근저에는 남편이 자신을 '완성시켜 주는' 제우스라고 여기는 무의식이 놓여 있다. 신혼의 헤라 여성은 분명한 이유 없이 남편에게 깊이 실망하는 경우가 있는데, 마치 남편이 약속을 지키지 않고 있다는 듯한 태도이다. 그러나 사실은 남편은 어떤 약속을 한 적이 없다. 단지 아내가 '완성시켜 주는' 제우스를 남편에게 투영했을 뿐이다.

많은 헤라 여성이 이상적인 남편상을 자신의 남편에게 투영하고는 남편이 그 기대를 충족시키지 못할 때 화를 내고 비판적이 된다. 그런 여성은 심하게 잔소리를 하면서 남편을 변화시키려 한다. 다른 유형의 여성은 사귀는 남성이 어떤 사람인지를 분명히 파악하며, 결혼이 그 사람을 변화시킬 수 없다는 것을 알고, 헤어질 수 있는 여성이다.

원형과 문화의 영향력 사이에서

헤라 여성은 원형의 욕구에 따라 결혼을 하고 싶어하지만 일단 결혼하면 문화적인 영향력 때문에 벗어나기가 어렵다. 헤라 원형은 베티 프리단이 이름 붙였듯이 여성의 신비니 '대리 만족'이니 하여 사회로부터 지지를 받아왔다. 헤라 원형과 가부장적 문화는 둘 다 우리가 동화에서 보아온 '그리고 그들은 영원히 행복하게 살았습니다'를 암시적으로 약속하고 있다. 일단 결혼을 하면, 헤라 여성은 다른 어느 여성보다도 강하게 좋든 싫든 남편과 묶여 있다고 생각한다. 그 결혼이 잘못된 것임이 드러날 때도, 헤라 여성은 가부장적 문화의 지지를 받으며 이혼은 있을 수 없다고 생각한다. 남편이 알코올 중독이거나 아내 구타를 일삼는 사람일 때도, 헤라 여성은 신앙으로, 또는 가족들의 부추김에 의존하면서 남편과의 유대를 지속한다.

억압하는가, 억압받는가

헤라 여성의 영향력을 살펴보고 나면, 헤라 원형은 다른 여성들을 억압할 수 있다는 것이 분명해진다. 미혼의 헤라 여성은 자신이 미완성품이거나 인생의 실패작이라고 여긴다. 또는 자신은 불행한 결혼을 하게 될 거라고 간주한다. 불행한 결혼 생활을 하는 헤라 여성은 이혼할 생각은 없고 그 대신 변모되는 모습을 보이게 된다. 그녀는 남편이 자신의 기대만큼 따라주지 못할 때 자신이 비참하다고 생각하며, 끊임없이 남편에게 잔소리와 불만을 퍼붓는 여성으로 변한다. 또는 남편이 바람을 피고 있거나 그렇다고 상상함으로써 질투심과 분노로 얼룩진 아내로 변하기도 한다. 아니면 극도로 불행한 결혼 생활을 하면서도 벗어나지 못하는 상황에 놓여 있을 수도 있다.

헤라 여신은 데메테르 여신을 제외한(데메테르 여신이 받은 고통은 종류가 다른 것이다) 다른 어느 여신보다 고통을 받았다. 그러나 한편 헤라 여신은 자신의 고통을 삭이지 않고 상대방에게 복수를 함으로써 여신들 중 가장 파괴적인 결과를 가져왔다. 현대 헤라 여성의 억압은 남을 비난하는 것에서부터 드러내 놓고 해롭게 하는 것까지 다양하다.

헤라 여성은 언제나 다른 여성들을 평가하며 그녀들이 자신의 기준에 미달한다고 생각할 때는 그들과 그들의 자식들과의 관계를 끊는다. 이런 헤라 여성 중에는 사교 모임을 이끄는 여성이 많다. 헤라 여성은 특히 아프로디테 여성에 대해 경계심을 늦추지 않는다. 사교 모임이 있을 때, 될 수 있으면 어떻게 해서든지 매력적인 미혼 여성이나 이혼녀를 배제하려고 애쓰는데, 그런 여성들은 남편의 관심을 끌 수 있고 따라서 위협적인 존재가 되기 때문이다. 그런데 헤라 여성의 평가 방식은 이렇게 개인적으로 위협적인 여성에게만 국한되지 않는다. 한 예로, 헤라 여성은 강간을 당한 여성이나 사회 사업 단체의 도움에 의존하는 미혼모들에 대해 동정적이기보다는 비판적이다. 헤라 여성이 진실로 인정할 수 있는 여성의 모습은 성공한 남성의 아내가 되는 것 하나뿐이다.

내 자신 오랜 세월 여성주의자라고 생각해 왔지만, 남편과 함께 어느 모임에 참석했을 때 내가 그곳에서 만난 여성을 판단하는 방식을 보고, 내게도 무의식적인 헤라 유형이 있음을 깨달았다. 나는 주로 부부 중심으로 이야기를 나눴으며, 혼자 모임에 참석한 여성과는 의도적으로 이야기를 나누기를 피했는데, 그녀들은 내가 남편과 함께 가지 않고 혼자 참석했다면 즐겁게 이야기를 나눌 사람들이었다. 내 자신에게서 이런 부정적인 헤라의 모습을 발견했을 때, 나는 비여성주의적인 내 모습에 실망했다. 동시에 그동안 헤라 여성에 대해 느낀 우월감도 사라지게 되었다. 그 사건 이후 나는 누구와 시간을 보내야 할지에 대해 개방적이 되었다. 그리고 그 동안 내가 경멸해 오던 헤라 여성의 태도인 '누구누구의 부인'이라는 인식이 내게도 있음을 인정한 뒤로는 남을 평가하는 태도를 버리게 되었다.

메데이아 증상

'메데이아 증상'이라는 용어는 배반당하고 버림받았다고 느끼는 헤라 여성의 분노와 극도의 복수심을 표현하는 말이다. 메데이아 신화는 마음을 다하여 한 남자에게 전념할 수 있는 헤라 여성의 능력과 동시에 그녀의 노력을 남편이 전혀 인정해 주지 않을 때 복수를 할 수 있는 능력 둘 다를 가르킨다.

그리스 신화를 보면 메데이아라는 여성이 등장하는데, 그녀는 남편이 자신을 버린 것에 대한 복수로 자식들을 죽인다. 그녀는 헤라의 파괴적인 면을 가진 여성의 한 사례가 된다.

황금 양털은 이아손과 아르고나우테스가 서로 가지려고 하는 물건이었다. 양털은 철통같이 보호되었기 때문에, 그걸 훔치려면 누군가의 도움이 필요했다. 이아손의 수호신인 헤라와 아테나는 아프로디테에게 부탁해 메데이아가 이아손과 사랑에 빠지도록 함으로써 이아손이 황금 양털을 훔칠 수 있게 했다. 이아손은 메데이아에게 도와달라고 사정하고, 결혼을 약속했으며, '죽음이 둘을 갈라놓을 때까지' 함께 하겠다고 맹세했다. 그래서 이아손에 대한 열정과 신뢰로 메데이아는 이아손이 황금 양털을 훔칠 수 있게 도와주었다. 그렇게 하기 위해 메데이아는 아버지와 조국을 배반했으며, 결과적으로 오빠를 죽게 했다.

이아손과 메데이아는 코린토스에 정착하여 두 아들을 낳고 살았다. 이방인인 메데이아의 위치는 지금으로 치면 동거인에 불과했다. 그러자 기회주의자인 이아손은 코린토스의 공주인 글라우케와 결혼할 기회를 잡았다. 결혼의 전제 조건은 메데이아와 두 아들을 추방하는 것이었다.

이아손의 배반에 치를 떨면서, 더구나 그를 위해 자신이 치른 모든 희생과 조국을 배반한 죄의 대가가 조롱거리밖에는 되지 않는다는 것을 깨달은 메데이아는 살의를 품게 된다. 먼저 메데이아는 글라우케에게 독약이 묻은 옷을 선물한다. 글라우케가 그 옷을 입자, 네이팜탄에 닿은 것과 같은 효과를 낳아, 글라우케의 살은 타들어 갔다. 다음에 메데이아는 자식들을 생각해 보았다. 자식에 대한 사랑과 남편에 대한 복수심 사이에서 고민하다 그녀는 이아손에 대한 복수심과 자존심으로 아이들을 죽이게 된다.

메데이아의 행동은 소름끼치는 것이었지만, 그녀 자신이 이아손에 대한 억제할 수 없는 사랑의 희생자였음이 분명하다. 남편에게 배반당하고 내쫓길 때에 대부분의 여성은 심한 우울증에 사로잡히거나 죽고 싶어하는 것이 일반적이다. 그러나 메데이아는 적극적으로 복수를 계획하고 실행했다. 이아손은 메데이아의 삶의 중심이었다. 메데이아의 행동 모두는 이아손을 사랑하고 이아손을 잃어버린 결과라고 할 수 있다. 이아손의 아내가 되고 싶은 욕망이 메데이아를 미치게 하고 외곬으로 빠지게 하였다. 너무도 강렬한 헤라의 본능이 메데이아를 병들게 했으며 결국에는 그녀를 망치게 했다.

다행히도 메데이아의 신화가 현실에 그대로 드러나는 예는 드물었지만, 그 상징적인 차원에서는 흔하게 보인다. 메데이아의 경우처럼, 한 여성이 헤라와 아프로디테의 영향력을 통해 한 남성을 사랑하게 된다면, 그에 대한 정열과 그와 결혼하고 싶은 마음에 눈이 멀게 된다. 그녀는 필요하다면 가족을 버리고 가출을 해서라도 그와 결혼하려고 한다. 많은 여성들이 메데이아의 경우처럼 영원히 사랑하겠다는 그의 맹세를 믿고 그를 위해서 엄청난 희생을 감수했다. 그러나 결과는 방탕하고 야심 많은 이아손에 의해 이용당한 뒤 버려지는 것이었다.

부부가 메데이아와 이아손의 경우와 같은 상황에 놓였을 때, 아내는 메데이아처럼 글자 그대로 상대방 여자를 태워서 조각을 내버리지는 않겠지만, 그에 버금가는 정신적인 고통을 시도하고 꿈꾼다. 예를 들어서 '메데이아' 아내는 상대방 여성을 중상 모략함으로써 사회적으로 매장하려 한다든지, 아니면 글자 그대로 그녀를 해치려 한다.

그리고 메데이아와 이아손의 신화처럼, 남편에 대한 그녀의 증오심이 자식에 대한 애정과 자식에게 가장 중요한 게 무엇이겠는가에 대한 고려보다

크다면, 아마도 그녀는 자식들과 남편과의 관계도 파멸시킬 것이다. 남편이 아이들을 보러 오는 날마다 소동을 벌임으로써, 남편이 아이들을 방문하기를 포기하게 만들 것이다.

놀랍게도 가장 파괴적인 헤라의 모습을 보인 메데이아조차 남편 이아손을 죽이지는 않았다. 버림받은 헤라는 자신을 굴욕스럽게 만든 남편을 해치기보다는 다른 사람을 해친다. 그녀는 특히 자식들에게 상처를 입힌다.

성장하는 길

헤라의 영향력을 인정하고 헤라의 감정을 이해함으로써 헤라의 성숙은 시작된다. 많은 여성들이 과거에 자신이 사귀었던 남성들과의 관계를 기억할 때 자신이 결혼을 하려고 너무 서둘렀다는 것을 알게 된다. 만일 헤라 성향이 지배적이고 그럴 기회만 주어졌다면, 그 여성은 고등학교 때 사귄 남학생과 그대로 결혼을 하거나, 여름 방학 때 해변에서 잠시 사귄 남성과, 아니면 잘 알지도 못하는 어떤 남성과도 결혼하려 했을 것이다.

여성이 헤라의 지배를 받을 때, 그녀는 자신에게 가장 먼저 결혼 신청을 하는 남성에게, 현재 무엇이 자신에게 가장 중요한지 생각할 겨를도 없이 결혼 승낙을 할 가능성이 높다. 그녀는 신랑감에 대해 자세히 알 때까지 결혼을 미루는 것이 좋다. 그는 어떤 성격의 사람인가? 성숙한 감정을 가졌는가? 가정을 이룰 준비가 되어 있는가? 아내에게 충실한 것이 그에게도 중요한 문제인가? 한 인간으로 그를 볼 때 나는 무얼 느끼나? 우리는 서로 어울리는가? 이런 질문들에 정직하게 답할 수 있는 것이 헤라 여성의 미래의 행복을 보장하는 데 결정적이다. 일단 결혼을 하면, 헤라 여성은 남편의 성격과 남편의 애정으로 빚어진다. 남편이 헤라 아내의 모습을 만든다. 완성된 여성인 헤라인가 아니면 환멸로 가득찬 사나운 헤라인가를.

헤라의 한계를 넘어서

행복한 결혼 생활이 헤라 여성의 삶에 의미를 주는 원천인 반면에, 아내 역할에만 한정하는 삶은 뒷날 남편이 죽거나 이혼을 하면서 더 이상 아내 역할을 못하게 될 때, 그녀가 새로운 삶에 적응하며 성숙해 나가기 어렵게 만든다. 그녀는 아마도 무의식적으로 남편이 선택한 친구들과 사귀고 남편이 선택한 일들을 따라할 것이다. 그리고 남편이 그녀의 삶을 결정할 것이다. 그러나 그녀가 자기 자신을 객관적으로 파악하고, 그 동안 자신의 다른 면들을 무시해 왔다는 것을 깨달을 때, 그녀는 결혼 생활뿐 아니라 자신의 삶도 풍부하게 할 수 있다.

전통적인 결혼 생활에서 남편과 아내는 각기 전체의 반을 차지한다. 남편과 아내는 각기 문화가 정해 주는 역할을 맡아 나간다. 이런 역할 분화는 개인 자체로 완성된 삶을 살기 어렵게 만든다. 여성은 문화가 '남성적'이라고 정하는 것은 무엇이든지 피해야 한다. 헤라 여성이 바로 이런 전통적인 여성상을 실현한다. 수학을 못하고 자동차 구조를 전혀 모르는 것, 계약을 체결해야 하는 일을 할 때 어떻게 대처해야 하는지 모르는 것 등에 대해 일말의 자부심을 느낄 정도다. 이런 것들은 남편이 다 알아서 해주는 것이기 때문이다. 따라서 기회가 주어져도 헤라 여성은 남성과 경쟁하려 들지 않는다. 그러나 헤라 여성은 습관적인 태도에서 벗어나서 자신의 결혼 생활에 대해 반성해 볼 수 있다. 그러면 그녀는 자신이 기껏해야 제한된 삶을 살았고, 최악의 경우는 자기 파괴적인 역할만을 배당받았다는 것을 알 수 있다. 이런 의식이 헤라를 거부하고 헤라의 한계를 넘어설 수 있는 첫 번째 단계다. 아내 역할에 안주하기를 거부하기 위해서는 의식적으로 끊임없이 다른 원형을 활성화하도록 노력해야 한다.

성숙하게 하는 결혼

불안한 헤라 여성은 질투심에 사로잡히기 쉽다. 아주 작은 자극에도, 그녀는 남편이 바람을 피웠을지도 모른다고 의심하고, 모임에서 남편이 자기에게 관심을 기울이지 않는 것에 대해 창피해 한다. 그녀의 해석을 남편이 인정하지 않을 경우, 그녀는 남편을 비난하면서 따돌리거나, 아니면 자신이 남편에게 얼마나 의존하고 있는지를 알게 함으로써 남편이 자신에게 좀더 섬세한 배려를 하게 한다. 그러면 결혼 생활은 그녀의 불안대로 점점 불행해지든지, 아니면 부부는 서로 더욱 가깝게 되면서 성숙해진다.

한 예로, 헤라 아내의 남편은 자기가 어디 있는지 알고 싶어하는 아내에게 화를 내고 말을 안 하는 대신, 더 자상해져야 한다는 것을 알게 될 것이다. 남편이 그런 방향으로 변한다면, 남편에 대한 헤라 아내의 신뢰감은 커갈 것이다. 한 남편은 이렇게 말했다. "이제 나는 아내에게 언제 회사에서 돌아오는지를 말해 줍니다. 약속이 생기면 아내가 별의별 상상을 다하면서 괴로워하게 내버려 두는 대신 전화를 해줌으로써 아내가 안심하게 합니다." 헤라 아내는 끊임없이 누구를 믿어야 할지를 정해야 한다. 남편을 믿을 것인가 아니면 자신의 직감을 믿을 것인가를. 성숙하기 위해서, 그녀는 헤라를 억누르고 남편에게 충분한 격려와 충실함을 보여 줘야 한다.

분노와 고통을 창조적인 일로 바꾸기: 헤파이스토스의 해결 방법

헤라 여성이 불행한 결혼 생활을 할 때, 그래서 고통받는 헤라에서 벗어나야만 할 때, 한 가지 해결 방법을 헤라의 아들이며 대장간의 수호신인 헤파이스토스 신화에서 찾아볼 수 있다. 헤파이스토스는 잠재적이지만 강한 내면을 갖고 있는데, 헤라 여신에게도 그런 점이 있지만 의도적으로 부정해 왔었다. (헤라는 다른 아들인 전쟁의 신 아레스를 더 좋아했다. 그 어머니에 그 아들이라고, 전쟁터에서 아레스의 걷잡을 수 없는 분노는 앙심을 품은 헤라와 닮았다.)

헤파이스토스는, 로마인에게는 불카누스로 알려져 있는데, 자신의 철공소를 화산 안에 간직했다. 그것은 헤파이스토스가 화산과 같은 분노를 간직한 채, 그것을 무기와 예술 작품을 만들 수 있는 창조적인 에너지로 전환할 수 있다는 것을 상징하는 것이다.

남편에게 내쫓긴 헤라 여성은 분노로 자기 자신을 소모하든지 아니면 분노를 간직한 채 다른 대안을 생각해 보든지 선택해야 한다. 자기 성찰을 통해서 자신의 분노와 질투심으로 정신적인 불구가 되어 가고 있음을 깨닫는다면, 그녀는 자신의 분노를 작품으로 승화시킬 수 있다. 그녀는 글자 그대로 헤파이스토스를 따라서 공예가가 될 수 있다. (헤파이스토스의 아내는 아프로디테였는데 그녀는 끊임없이 바람을 피웠다.) 그녀는 진흙을 빚어 만든 것을 가마에 구워 내는 과정에서 자신을 변화시키게 되는데, 그것은 감정의 불길로 자신을 소모하고 파괴하는 대신 공예가로 변신하는 것을 상징하는 것이다. 아니면 그녀는 자신의 강렬한 감정을 그림이나 글로 승화시킬 수 있다. 정신적이든 육체적이든 어떤 종류의 일에 몰두함으로써 분노를 삭일 수 있는 수단이 될 수 있다. 그리고 분노를 삭이는 일은 분노를 그대로 방치해 결국은 자신을 파괴하게 내버려 두는 일보다 훨씬 건강한 것이다.

화해의 가능성에 대해서: 현실과 꿈 사이

남편이 자기 곁을 떠났을 때, 그 사실을 받아들이기 힘들다는 사실을 헤라 여성은 알 필요가 있다. 이런 상황에서, 전형적인 헤라 여성의 반응은 현실을 받아들이지 않고, 신화에서 제우스가 그런 것처럼, 남편이 자신을 잊지 못하고 있으며 다시 돌아오리라고 믿는 것이다. 그러나 헤라 여성은 증거를 무시할 수 없으며, 그것을 부정하기보다는 받아들일 필요가 있다. 다시 재결합을 하리라는 기대를 완전히 버려야만, 그녀는 신음하고 극복하면서, 다시 자신의 인생을 시작할 수 있을 것이다.

많은 헤라 여성들은 남편이 다른 여성에게 가버렸어도 결국에는 자신에게 돌아올 것이라고 믿고 있다. 헤라 여신은 신화에서는 제우스와 재결합을 했다. 그러나 그 결합은 헤라가 제우스를 떠난 뒤에 일어난 일이다. 앞에서도 말했듯이, 제우스는 헤라가 떠나버린 뒤, 헤라가 머물고 있는 산으로 가서, 여자 모습을 하고 있는 동상과 결혼식을 올렸다. 헤라는 이 모습에 감격했고 곧 재결합을 했다.

이 이야기는 몇 가지 중요한 심리적인 요소를 내포하고 있다. 먼저, 재결합이 있기 전에 헤라는 제우스를 포기했다. 그녀는 제우스가 변할 거라는 기대를 버렸고, 피해 망상증에 사로잡힌 헤라의 역할도 더 이상 지속되지 않았다. 반면에 제우스는 헤라야말로 자신에게 중요한 존재임을 깨달았고 이 뜻을 헤라에게 전했다. 아마도 그때서야 헤라는 마음을 바꿨을 것이다. 이제야 헤라는 제우스에게 다른 어떤 여성도 영원한 동반자가 되지 못한다는 사실을 깨달았기 때문이다. 제우스의 연애 사건은 동상의 경우처럼 상징적인 것이었지, 중요한 관계로 지속된 것은 아니었다.

현실 세계에서도 신화의 해피 엔딩과 같은 경우가 있긴 하지만, 그건 드문 일이다. 별거 생활이 남편의 마음을 변화시키기는커녕 다른 여성과의 관계가 더욱 깊어지고 아내와 떨어져 있는 것을 다행으로 여기게 되는 것이 더 일반적이라고 할 수 있다. 그렇다면 그녀가 현실에 대해 주의 깊게 판단해야 한다는 것이 자명해진다. 그런 후에야 그녀는 몹시 슬퍼한 뒤 새로운 인생을 시작할 수 있을 것이다.

새로 태어난 나

한 주기를 끝내고 새로운 주기를 시작할 수 있는 가능성은 헤라 신화에서만 보이는 독특한 현상이다. 앞에서도 얘기했듯이, 헤라 여신은 봄에는 처녀 여신으로 숭배받았고, 여름과 가을에는 완성된 여성으로, 그리고 매해 겨울에는 과부의 예식이 치러졌다. 그리고 봄이 돌아오면 헤라 여신은 다시 처녀가 되어 새로운 주기를 시작했다. 헤라 원형의 이런 가능성을 이해한다면, 불행한 결혼 생활을 하는 여성은 공허함과 학대와 외도에 시달리기보다는 관계를 청산함으로써 감정적으로 과부가 될 수 있음을 알게 될 것이다. 그러면 이제 그녀는 신화의 헤라처럼 새로 시작할 수 있으며, 이번 경우에는 현명한 선택을 할 수 있을 것이다. 새로 한 결혼에서는, 아내가 되고 싶은 욕구가 바람직한 방향으로 충족될 수 있을 것이다.

아내가 되고 싶었고 아내 역할을 통해서 완성된 삶을 살 수 있으리라는 기대를 가진 여성은 헤라의 주기를 내면적으로 경험했을 수 있다. 한 예로 남편을 잃은 할머니가 꿈속에서 월경을 하는 꿈을 꾸었다. 그런데 할머니는 이미 십 년 전 폐경을 맞았다. 꿈은 할머니의 심리 상태를 정확히 표현한 것이다. 완전함을 느끼며 새로운 인생을 시작하면서, 할머니는 다시 한 번 심리적으로 처녀가 된 것이다.

9 데메테르

곡식의 수호신, 양육자, 어머니

데메테르 여신

곡식의 수호신인 데메테르는 풍성한 수확을 관장한다. 로마 신화에서는 이 여신을 케레스로 불렀는데, 그 말에서 오늘날 곡물이란 말이 유래했다. 그녀는 호메로스의 「데메테르 찬가」에 의하면 "아름다운 머리카락과… 황금검을 가진 기품 있는 여신"으로 묘사된다.[1] 그녀는 금발에 푸른 옷을 입은 아름다운 여인으로 또는 (조각물에서 가장 흔한) 품위 있게 앉아 있는 모습으로 그려졌다.

데메테르란 이름의 일부인 메테르^{meter}는 엄마를 뜻하는 것처럼 보이나 그 앞의 접두어인 '드'^{de}는 무엇을 뜻하는지 명확하지 않다. 그녀는 어머니 여신, 특히 곡식의 어머니, 처녀 페르세포네의 어머니로 숭배되었다.

데메테르의 전기는 헤라의 전기와 마찬가지로 무시무시하게 시작된다. 그녀는 레아와 크로노스 사이에서 태어난 둘째 아이로 크로노스가 두 번째로 삼킨 아이였다. 그리고 데메테르는 남동생인 제우스의 네 번째 배우자였다. 데메테르는 또 일곱 번째 아이이자 막내인 헤라보다 먼저 태어났다. 제우스와 데메테르의 결합으로 외동딸인 페르세포네가 태어났는데, 신화에 의하면 데메테르는 이 페르세포네와 밀접한 관계를 갖고 있었다.

호메로스의 긴 서사시 「데메테르 찬가」에 아름답게 그려져 있는 데메테르와 페르세포네의 이야기는 데메테르의 형제인 지하 세계의 신 하데스가 페르세포네를 납치한 것을 두고 데메테르가 어떻게 행동했는지를 중심으로 서술되고 있다. 바로 이 신화가 고대 그리스에서 이천 년 이상 행해진 가장 성스럽고 중요한 종교 의식인 엘레우시스 제전의 근간이 되었다.[2] 이 제전은 서기 5세기경 고트족이 엘레우시스에 있는 성전을 파괴할 때까지 계속되었다.

페르세포네의 유괴

페르세포네는 들판에서 친구들과 함께 꽃을 따 모으고 있었다. 그녀가 굉장히 아름다운 수선화를 발견하고는 그 꽃을 따려고 가까이 다가갔을 때 땅이 그녀 앞에서 갈라졌다. 검은 말들이 이끄는 황금 마차를 타고 땅속 깊은 곳에서 나타난 하데스가 그녀를 붙잡아서 다시 땅속으로 사라져 버렸다. 페르세포네는 몸부림을 치며 제우스에게 도와달라고 소리를 질렀으나 아무런 도움도 없었다.

데메테르는 메아리가 되어서 들려오는 페르세포네의 절규를 듣고 급히 그녀를 찾으러 나섰다. 그녀는 납치된 딸을 찾기 위해서 아흐레 밤낮에 걸쳐 모든 땅과 바다를 샅샅이 뒤졌다. 그녀는 먹거나 자거나 목욕할 새도 없이 필사적으로 딸을 찾아 헤맸다.

또 다른 신화에 의하면 데메테르가 납치된 딸을 찾으려고 헛되이 돌아다닐 때 그녀를 따라다니던 바다의 신 포세이돈이 그녀를 발견하고는 그녀에게 흑심을 품었다. 데메테르는 그를 피하려고 암말로 변해 말떼 속에 숨었는데 포세이돈은 이에 속지 않고 자신도 수말로 변해 초원에서 그녀를 강간했다.

열흘째 되는 새벽, 데메테르는 달의 여신인 헤카테를 만났는데 그녀는 데메테르에게 태양신 헬리오스를 만나러 같이 가자고 제안했다. 헬리오스는 그들에게 페르세포네가 하데스에 의해 납치되어 원치 않는 신부가 되기 위해 지하 세계에 감금되어 있다는 사실을 알려 주었다. 또한 헬리오스는 하데스가 페르세포네를 납치하여 강간해서 제우스로부터 벌을 받았다는 것까지 알려 주었다. 그는 데메테르에게 이미 일어난 일을 받아들이고 더 이상 비통해 하지 말라고 충고했다. 결국 하데스 정도면 그렇게 못난 사위는 아니지 않느냐는 것이었다.

데메테르는 헬리오스의 충고를 거부했다. 그녀는 비통에 잠겼음은 물론 제우스에 대한 심한 분노와 배신감을 느꼈다. 데메테르는 올림포스산을 떠나 노파로 가장하고 도시와 농촌을 떠돌아다녔다. 하루는 그녀가 엘레우시스에 도착해서 우물가에 앉아 있었는데 엘레우시스의 통치자인 켈레오스의 딸들이 그녀를 발견했다. 그녀에게서 풍겨 나오는 품위와 아름다움에 이끌려 그들은 그녀에게로 다가갔다. 데메테르가 보모 자리를 찾는다고 이야기하자 이 딸들은 데메테르를 자신들의 어머니인 메타네이라에게 데려갔는데, 그들에게는 뒤늦게 태어나서 많은 사랑을 받고 있는 어린 남동생 데모폰이 있었기 때문이다.

데메테르의 보살핌을 받으면서 데모폰은 마치 신과 같이 자랐다. 데메테르는 남몰래 데모폰에게 신의 음식을 먹이고 그를 불에 그을려 불멸의 생명을 주려고 했으나 마침 그때 어머니인 메타네이라가 들어와서 두려움에 놀라 소리를 지르고 말았다. 데메테르는 분노하여 메타네이라의 어리석음을 꾸짖고 그녀의 정체를 나타냈다. 그녀 자신이 데메테르임을 밝히자 이 여신은 모습과 크기가 변하면서 본래의 성스러운 아름다움을 드러냈다. 그녀의 황금빛 머리카락은 어깨까지 치렁치렁 늘어졌으며 그녀가 내뿜는 향기와 빛이 집안을 가득 채웠다.

이제 데메테르는 자신을 위해 신전을 지을 것을 명령했다. 그녀는 신전 안에 자리잡고 앉아 오로지 납치된 딸 생각에 비탄에 잠겨 꼼짝도 하지 않은 채 은혜를 베푸는 일도 마다했다. 그 때문에 땅에서는 아무것도 자랄 수 없었고, 어떠한 생명도 태어날 수가 없었다. 가뭄이 인류를 멸망시키려는 듯이 위협했고, 올림피아신들을 위해서 바칠 제물들과 희생양들도 모자라게 되었다.

드디어 제우스가 나섰다. 그는 처음에는 사자인 아이리스를 데메테르에게 보내 그녀를 회유하도록 했다. 그러나, 데메테르가 꼼짝도 하지 않자 모든 올림피아의 신들이 번갈아 그녀에게 와서 선물을 바치면서 경의를 표했다. 데메테르는 전혀 화를 풀지 않았고, 페르세포네가 자기에게 돌아올 때까지 절대로 올림포스산에 한 발자국도 내딛지 않을 것이며 어떤 것도 자라게 하지 않을 것임을 명확히 했다.

마침내 제우스가 데메테르의 청을 들어주었다. 제우스는 데메테르가 직접 그녀의 딸을 보고 화를 풀게 하기 위해서 사자의 신 헤르메스를 하데스에게 보내어 페르세포네를 데려오도록 명령했다. 헤르메스는 지하 세계로 내려가서 풀이 죽은 페르세포네가 하데스 옆에 앉아 있는 것을 발견했다.

가도 좋다는 이야기를 듣자 페르세포네는 기뻐서 깡충깡충 뛰면서 헤르메스와 동행하려고 했다. 그러나 하데스는 그들을 보내 주기 전에, 우선 그녀에게 달콤한 석류씨를 주면서 먹도록 했다.

마차는 재빠르게 지하 세계로 빠져나와 지상 세계로 와서 데메테르가 기다리고 있는 신전 앞에 도착했다. 데메테르는 일행을 보자 두 팔을 벌리고 마중하러 뛰어나와 그녀와 똑같이 두 팔을 벌린 채 기쁨에 어쩔 줄 모르는 딸을 얼싸안았다. 그리고 데메테르는 걱정스럽게, 혹시 페르세포네가 지하 세계에서 무엇을 먹지 않았는지 물어보았다. 그녀가 아무것도 먹지 않았더라면 페르세포네는 완전히 엄마 곁으로 되돌아올 수가 있었을 터였다. 그러나 석류씨를 먹었기 때문에 페르세포네는 일 년 중 삼분의 이는 어머니인 데메테르와 함께 보내고, 그 나머지는 지하 세계에서 하데스와 함께 보내야만 되었다.

어머니와 딸이 재회한 뒤 데메테르는 출산력을 되살려 주고 땅에서 곡식이 자랄 수 있도록 해주었다. 그리고 그녀는 엘레우시스 제전을 마련했다. 이는 전수자를 밝히는 것이 금지되어 있는 거대한 종교 의식이었다. 이 의식을 통해 사람들은 삶을 기쁘게 받아들이고 또한 죽음을 두려움 없이 받아들이게 된다.

데메테르 원형

데메테르는 모성 원형으로서 모성 본능을 나타낸다. 이 모성 본능은 임신을 통해서, 또는 육체적, 심리적, 영적으로 남들을 보살핌으로써 충족된다. 이 강력한 본능은 한 여성의 운명을 좌지우지할 수도 있고 그 여성의 주변 사람들에게 중요한 영향을 미칠 수도 있으며, 그녀의 보살핌이 거부되거나 좌절될 경우 우울증에 빠질 수도 있다.

어머니

어머니 원형은 올림포스산에서는 데메테르로 상징되는데 그녀의 가장 중요한 역할들은 페르세포네의 어머니 역할, (곡식의 여신으로서) 식량과 영적 음식(엘레우시스 제전)의 제공자 역할이다. 물론 다른 여신들(헤라와 아프로디테) 역시 어머니였으나 데메테르에게는 딸과의 관계가 가장 소중했다. 또한 그녀는 모든 여신 중에서 가장 모성적인 여신이었다.

데메테르 원형이 강한 여성은 어머니가 되기를 갈망한다. 일단 어머니가 되면 어머니 노릇에 대단히 만족해 한다. 데메테르 원형이 극도로 강한 여성은 어머니가 되는 것이 가장 중요한 일이며, 이 목표가 그녀의 일생을 지배한다. 서양 미술에서 가장 흔히 마돈나와 어린아이로 표현되는 모자상이 그녀의 내적 욕구와 상응하며 그녀를 감동시킨다.

어머니 원형은 여성에게 남들을 보살피고 너그럽게 베풀고 싶어하는 욕구가 생기게 하며 그런 역할들에 만족하게 한다. 이러한 데메테르 원형이 지닌 보살피고 싶어하는 특성은 반드시 어머니가 되지 않더라도 남을 돕는 직업을 통해서 — 선생님, 간호사, 상담가 등 남을 돕는 것이 역할의 일부인 직업들 — 아니면 어떤 관계로든 상대방을 보살핌으로써 표출되기도 한다. 이 원형은 진짜 어머니가 되는 것만을 뜻하지는 않는다.

모성 본능

생물학적 차원에서 데메테르는 어머니의 본능 — 아이를 임신해서 낳고 싶은 본능 — 을 나타내는데 어떤 여성들은 이에 별 의미를 두지 않는다. 데메테르 원형은 여성에게 임신하고 싶은 욕구를 충동질한다. 어떤 여성들은 이러한 욕구가 어느 정도 강한지 스스로 자각하고 이를 충족시킬 시기를 선택하기도 한다. 그러나 데메테르 원형이 무의식적으로 발동된 여성들의 경우 그녀들은 원치 않는 임신을 하게 된다.

원치 않는 임신을 했다는 것을 알고 난 뒤에 일어나는 일은 그 여성 내부에 이 원형이 얼마나 강한지 그 정도를 보여 준다. 낙태가 가장 적합하고 책임 있는 행동의 선택일 때 반데메테르형 여성은 낙태하기로 작정하고 그런 다음에는 안도감을 느낄 수 있다. 그리고 그 뒤로 다시는 원치 않는 임신이 일어나지 않도록 주의를 기울인다. 이와는 반대로 데메테르 원형이 강한 영향을 미치고 있는 여성에게는 낙태가 최대의 관심사이긴 해도 도저히 그것을 받아들일 수 없게 된다. 낙태는 그녀 마음속 깊이 숨어 있는, 아이를 갖고 싶은 욕망과 상충하기 때문이다. 결과적으로 그녀는 낙태보다는 아이를 낳게 되며 그녀 일생 전체를 바꾸게 된다.

낙태를 결심한다 해도 그녀는 낙태를 전후하여, 낙태 과정에서 심한 갈등과 심리적인 고통을 느낀다. 그리고 그녀는 안도감보다는 슬픔을 느끼거나, 안도감과 슬픔이 범벅이 된 감정 상태가 된다. 이와 같이 심한 감정적인 고통을 겪은 뒤이므로, 이런 여성은 다시는 이런 일이 일어나지 않도록 주의할 것이라고 생각하기 쉬우나 실제로는 그 반대가 사실인 경우가 많다. 그녀는 임신, 감정의 소용돌이, 낙태, 우울증의 순환을 계속 겪게 되는데 이는 임신하고 싶은 욕망이 좌절됨으로써 더욱 강해졌기 때문이다.

데메테르의 모성 본능은 육체적으로 어머니가 되거나 자기 자식을 보살피는 것에만 제한되지는 않는다. 이런 여성에게는, 자기 자식들이 커버린 뒤에도 대리 부모가 되거나 보모 노릇을 하는 것이 자신의 모성애를 표현하는 길이 된다. 데메테르 여신 자신도 데모폰을 보살피면서 이런 역할을 수행했다. 뛰어난 대리 어머니로 알려진 샌디에고의 에밀리 애플게이트란 여성은 이러한 데메테르 유형의 측면을 잘 나타내 준다.[3] 그녀는 영양 상태가 너무 나빠서 과연 살아남을 수 있을까 의문이 드는 멕시코의 어린이들을 집으로 데리고 와서 돌보았는데 그 애들은 아들 셋에 입양한 딸 하나로 이루어진 가족의 일원이 되었다. 그녀는 '마마 세군다,' 즉 양모로 불렸다. 여러 인종의 지체 장애아들을 입양한 사람으로 더 많이 유명한 드볼츠

뿐 아니라 애플게이트도 모성 본능이 풍부해서 아이들을 기르고 양육하는 능력이 뛰어난 여성으로 전형적인 데메테르 속성을 지니고 있다.

음식 보급자

다른 사람들에게 음식을 해먹이는 것이 데메테르 여성이 가지는 또 다른 만족이다. 이런 여성들은 자기 자식들한테 음식을 해먹이는 것에 대해 굉장한 만족감을 느낀다. 그녀는 가족과 손님들에게 풍성한 식탁을 차려주는 데서 기쁨을 느낀다. 그리고 그들이 그녀가 만든 음식을 맛있게 먹으면 그녀는 자신이 좋은 어머니가 된 듯한 흐뭇한 기분에 빠져든다. (아테나 여성이라면 그녀는 자신이 주방장이 된 듯한 느낌을 받을 것이다.) 사무실에서 일을 한다면 남들에게 커피를 대접하는 것을 즐긴다. (아르테미스 여성은 이와는 정반대로 이러한 일을 자존심 깎이는 것으로 생각하며 상대편 남자가 똑같이 하지 않을 경우 절대 그렇게 하기를 거부할 것이다.)

곡식의 여신 데메테르는 인류에게 농작물을 키우는 능력을 주었으며 자연의 풍성한 수확을 관장한다. 마찬가지로 자신들의 먹을 거리를 직접 키우고, 빵을 굽고, 과일 통조림을 만들고 그들의 수확물을 다른 사람들과 나누려고 시골로 이사하는 여성들은, 데메테르의 모성 본능을 표현하고 있는 것이다.

강하고 지속적인 모성 본능

지속적인 모성애는 또 다른 데메테르 특성이다. 이러한 특성을 가진 어머니들은 자식들의 안녕과 관계된다면 포기하는 법이 없다. 장애 아동을 위한 여러 가지 특수 교육 프로그램들은 바로 이런 데메테르 특성을 가진 어머니들이 자기 자식들에게 필요한 것을 얻기 위해 싸웠기에 가능했다. 그리고 주 경찰에 의해서 납치된 행방 불명의 아들 딸을 가진 아르헨티나 어머니들이 바로 이러한 데메테르의 끈질긴 특징을 보여 준다. '5월 광장의 어머니들'로 불린 그들은, 자식을 잃어버린 것에 결코 체념하지 않고 위험을 무릅쓰고 끈질기게 독재에 항거했다. 고집셈, 인내, 그리고 참을성이 데메테르의 특성인데, 이러한 특성은 제우스가 연민 어린 마음으로 시인했듯이 경우에 따라서는 강한 남성이나 제도에 영향을 미칠 수 있다.

아낌없이 베푸는 어머니

신화에 의하면 데메테르는 가장 인심 좋은 여신이었다. 데메테르 여신은 인류에게 농경과 풍성한 수확을 주었으며 데모폰을 길렀고(그를 불멸의 인간으로 만들 수도 있었다) 또한 엘레우시스 제전을 만들어 냈다. 이러한 풍족함의 표현들을 데메테르 특성을 지닌 여성에게서 모두 볼 수 있다. 어떤 이들은 음식과 육체적인 보살핌을 베풀며, 어떤 이들은 정서적이고 심리적인 안정감을 마련해 주고, 또 어떤 사람들은 영적인 위안을 준다. 많은 유명한 여성 종교 지도자들은 이러한 데메테르 특성을 갖고 있으며 그녀들의 추종자들로부터 위대한 모성 본능을 가진 위인들로 드높임을 받아왔다. 노벨 평화상을 받은 캘커타의 마더 테레사 수녀가 그랬으며, 크리스천 사이언스라는 종교를 창시한 메리 베이커 에디가 그랬으며, 인도에서 '어머니'로 추앙을 받은 오로빈도 아슈람의 영적 지도자도 그랬다.

이러한 세 가지 차원의 베풂은 바로 데메테르 여성이 자식들에게 베푸는 특성들과 상응한다. 첫째로 그녀의 자식들은 자신들의 신체적 요구를 해결하는 것을 어머니에게 의존한다. 다음으로 그들은 심리적인 지지와 이해를 어머니들에게서 갈구한다. 그리고 마지막으로 그들은 실망과 좌절을 딛고 일어서야 하거나 또는 인생의 의미를 찾고자 할 때 자신들의 어머니에게 의존한다.

비탄에 빠진 어머니: 의기소침하기 쉬운 특성

데메테르 원형이 강한 여성이 이를 충족시킬 수 없을 때에는 그녀는 빈 둥지의 공허함에서 오는 고통을 겪게 된다. 아이를 갖고 싶은 여인이 불임일 수 있고 또는 자식이 죽거나 집을 떠났을 수도 있다. 또는 그녀는 대리모라는 일자리를 그만두고 나서 그녀의 고객이나 학생들을 그리워할 수도 있다. 이렇게 되었을 때 데메테르 여성은 책임자에게 분노하거나 화를 터뜨리기보다는 좌절에 푹 빠지는 경향을 보인다. 그녀는 비통해 하며 인생에서 아무런 의미도 찾지 못하고 공허함을 느끼게 된다.

일리노이대학 사회학 교수인 폴린 바트 박사는 「포트노이 어머니의 불평」[4]이라는 제목으로, 절망에 빠진 데메테르 여성에 대한 글을 썼다. 바트 박사는 40세에서 50세 사이에 처음으로 병원에 입원한 오백 명이 넘는 여성들에 관한 기록들을 연구했다. 그리고 그녀는 가장 열성적이고 헌신적인 어머니들이 자신의 역할을 잃어버렸을 때 가장 크게 좌절한다는 사실을 발견하였다.

병에 걸리기 전에 이런 여성들은 자신을 희생한 '슈퍼 어머니'들이었다. 이들 좌절에 빠진 여성들의 고백을 살펴보면 그들이 다른 사람들에게 무엇인가를 베풀 때 얼마나 감정적으로 몰두했으며, 자식들이 그들 곁을 떠날 때 얼마나 공허감을 느끼게 되는가가 잘 드러나 있다. 한 여성은 말하기를 "어머니 당신은 당연하게도 당신 딸이 집을 떠나는 것을 굉장히 싫어했습니다. 그 일 자체가 공허함이었던 것입니다." 다른 한 여성은 말하기를 "나는 그야말로 정력적인 여성이었습니다. 나는 큰 집을 갖고 있었고, 가족이 있었죠. 딸이 내게 '어머니는 모든 것을 베풀어 주신 정도가 아니에요. 그 이상을 해주셨어요' 하고 말했습니다." 일생에서 가장 자부심을 느끼는 것이 무엇이냐고 물어보았을 때 이 모든 여성들은 자식들이라고 대답했다. 자식 이외에 그들 자신의 업적이라고 말한 사람은 아무도 없었다. 어머니의 역할을 잃었을 때 그들은 인생의 의미를 잃어버리게 되는 것이다.

자식들이 정신적으로나 육체적으로 독립해서 좌절하고 화내고 실망한 한 늙은 중년 부인은 그러니까 절망하는 데메테르가 되고 만 것이다. 그녀는 상실감에 사로잡혀 있었으며 모든 흥미를 잃어버리고 말았다. 정신적인 성장이 멈추어 버린 것이다. 데메테르 원형의 비통해 하는 측면에 사로잡힌 이런 환자는 비슷한 유형의 고통을 받고 있는 다른 환자들과 대동소이한 반응을 보인다. 이와 같이 우울증에 걸린 환자들은 얼굴 표정이나 앉고 서는 방식, 걷고 한숨 쉬고 고통을 호소하는 방식에서, 그리고 다른 사람들을 방어적이 되게 하고 죄책감을 느끼게 하고 분노하게 하고 또 도저히 손쓸 수 없게끔 느끼게 만드는 데에 비슷한 증상들을 보인다.

파괴적인 어머니

비통해 하는 데메테르가 자신의 역할을 하지 않았을 때 아무것도 자라날 수 없었고 가뭄이 인류를 멸망시키려는 듯이 위협했다. 마찬가지로 데메테르의 파괴적인 측면은 다른 사람이 필요로 하는 것을 주지 않음으로써 드러난다. (이와는 반대로 헤라와 아르테미스라면 그들의 분노를 능동적으로 파괴하는 행위에서 분출할 것이다.) 출산 직후의 산모가 심한 우울증에 빠져서 자신의 직분을 다하지 않는다면 자신의 새 생명을 위험하게 할 수 있다. 응급실 의료진이나 소아과 의사라면 이러한 아이를 보고 '성장 중지'라는 진단을 내릴 것이다. 그 아이는 전혀 몸무게도 늘지 않고 멍한 상태에 있으며 여위어 간다. 어머니가 아이에게 필요한 영양을 충분히 주지 않고 감정적이고 육체적인 접촉도 꺼릴 때 '성장 중지'를 가져올 수 있다.

자신의 어린 자녀들과 며칠씩, 또는 그 이상 말하지 않고 지내거나 아이를 혼자 떼어놓는 어머니들은 이런 식의 단절로 자녀들에게 심리적인 상처를 입힌다. 이러한 어머니들은 대개 자신들이 심한 우울증에 걸려 있으며 적개심에 불타 있기 쉽다.

이런 단절이라는 극단적인 유형보다 훨씬 흔한 유형은 데메테르 유형의 어머니들이 커 가는 자식들이 독립성을 키우는 것을 허락하지 않는 것이다. 이러한 상황에서 그 어머니의 우울증이 눈에 잘 띄지는 않지만 (자식이 자존심을 키워 가는 데 필요한) 허락을 해주지 않는 것도 그녀의 우울증과 관련이 있다. 그녀는 자식들이 점차 자율적으로 크는 데서 정서적 상실감을 느낀다. 그녀는 점차 자기가 덜 필요한 존재라고 느끼게 되고 거부당하고 있다고 생각하게 된다. 그 결과 우울증에 걸리게 되고 분노하게 된다.

데메테르를 계발하기

자식을 가질까 말까 심각하게 고려하기 시작하는 여성들은 깨닫지도 못하는 사이에 자신 내부에 있는 데메테르를 계발하고 있는 것이며 이 원형이 더욱 능동적으로 자신의 마음을 차지하게끔 하는 것이다. 그러므로 그들이 선택을 놓고 심각하게 고려하기 시작하게 되면, 전에는 눈에 띄지도 않던 임산부들이 더 자주 눈에 들어오며 어린 아기들이 더 자주 눈에 띄고 자식을 가진 사람들을 더 자주 찾게 되고 어린이들에게 주의를 기울이게 된다. (이 모든 활동들이 데메테르 여성에게 자연스러운 것이다.) 여성들은 자기 자신이 임신을 해서 아이 가지는 것을 상상함으로써 데메테르를 계발한다. 그들은 임신한 여성을 보면서, 아기를 안으면서, 어린아이들에게 모든 관심을 쏟으면서 자신들 내부에 있는 데메테르 원형을 일깨우는 것이다. 모성 본능의 힘을 테스트해 보려는 노력 자체가 데메테르 원형을 쉽사리 계발할 수 있는가 하는 관건이 된다. 어떤 여성은 특정한 아이에게 모성애를 더 느끼려고 할 수도 있고 아니면 특정한 아이의 사랑을 받고 싶어할 수도 있다. 그 아이는 그 여성의 내부에 있는 모성 본능을 자극하는 것이다. 아이에 대한 감정 때문에 그녀는 좀더 참을성이 늘어나거나 아니면 아이의 행동에 더욱 지속적인 관심을 보이게 된다. 그리고 그녀가 점차 모성적이 되고 그렇게 되도록 행동하게 되면서 데메테르 원형은 그녀 내부에서 점차 성숙하게 된다.

데메테르 여성

데메테르 여성은 무엇보다도 우선 모성적이다. 그녀는 사람들과 관계에서 보살펴 주기를 좋아하고 지지해 주고 헌신적이며 너그럽다. 그녀는 종종 그녀의 눈에 띄는 필요를 전부 충족시켜 주는 여인이 되기도 한다. 모든 음식들과, 심리적인 재정적인 또는 감정적인 보살핌을 마다하지 않는 풍족한 여인으로 행동한다.

데메테르 여성은 대지의 여신의 기운을 갖고 있다. 그녀는 확고부동하면서도 의존적이다. 어떤 이들은 그녀를 실천력과 따뜻함을 모두 지닌 채 필요한 일이라면 무엇이든지 해내려고 하는 '대지에 발을 딛고 서 있는' 이로 묘사하기도 한다. 그녀는 대개 관대하며 외향적이고 이타적이며 다른 이들이 그녀를 가리켜 고집불통이라고 할 만큼 개개인에 대해 그리고 원칙에 충실한 사람이다. 그녀는 신념이 강해서 자신에게 중요한 일이나 사람이 관여되어 있을 경우, 그녀의 결심을 바꾸게 하는 것은 대단히 어렵다.

어린 시절

'엄마 놀이' 하기를 좋아해서 인형을 팔에 안고 어르는 아이들은 분명히 데메테르의 싹을 지니고 있는 소녀들이다. (어린 헤라라면 바비 인형을 더 선호할 것이며, 어린 아테나라면 유리 상자에 잘 보관된 역사적인 인형들을 모으는 것을 더 좋아할 것이다.)

또한 어린 데메테르는 진짜 아이를 안아 보기 좋아하고, 아홉 살이나 열 살만 되면 벌써 이웃의 아이들을 돌보아 주기를 좋아한다.

부모

데메테르 여성들이 부모와 맺는 관계를 더 잘 이해하기 위해서는 데메테르 여신이 그녀의 부모와 가졌던 관계를 살펴보면 된다. 데메테르 여신은 레아의 딸이자 가이아의 손녀였다. 가이아는 태초에 대지의 여신으로 그녀로부터 모든 생명이 탄생했고 심지어 그녀의 남편이 된 하늘의 남신 우라노스도 그녀에게서 나왔다. 레아는 올림포스산의 1세대 신들의 어머니로 가장 잘 알려져 있으나 땅의 여신으로도 알려져 있다.

데메테르는 곡식의 여신으로 다산에 관련해 온 다른 여신들과 그 계보를 같이한다. 데메테르는 또한 그녀의 어머니, 할머니와 또 다른 많은 공통점을 서로 나눈다. 한 예로 이 세 여신은 남편들이 자신의 자식들을 괴롭힐 때 고통을 받았다. 가이아의 남편은 자식들이 태어났을 때 그 자식들을 그녀의 몸속에 묻어 버렸다. 레아의 남편은 갓 태어난 어린아이들을 삼켜 버렸다. 그리고 데메테르의 남편은 딸이 지하 세계로 납치되어 가는 것을 묵인했다. 이들 세 아버지들은 모두 부성애가 없음을 드러내 보였다.

삼대에 걸쳐서 이 어머니들은 고통을 받았다. 남편들보다 약한 자로서 그들은 남편들이 자식들을 해치는 것을 말릴 수가 없었다. 그러나 그들은 이러한 부당한 대우를 받아들이지 않고 자신의 자식들이 풀려날 때까지 저항했다. 가장 중요한 것이 어머니와 자식 관계였던 것이다.

실제 상황에서도 모성적인 여성이 부성적이지 않은 남자와 결혼을 하게 되면 데메테르 신화와 비슷한 상황이 일어난다. 이런 상황에서 데메테르의 딸은 어머니와 밀접한 관계를 갖고 아버지와는 무관한 채 자라게 된다. 아버지의 태도는 자식들에 무관심하거나 경쟁적이 되거나 미워하거나 심지어는 — 남편이 자녀들을 아내의 사랑을 얻어내는 데에서 경쟁자로 여긴다면 — 신체적인 위협을 가할 수도 있다. 이러한 집에서는 어린 데메테르의 자존심이 고통을 받게 되며, 희생되고 있다는 느낌 속에서 자라게 된다. 아니면 데메테르 딸은 그녀가 지닌 모성적인 자질을 성숙하지 못하고 경쟁적이지 못한 부모들의 역할과 맞바꾸게 된다. 그리하여 그녀는 철이 들자마자 자신의 부모들을 보살피거나, 아니면 나이 어린 형제들에게 대리 부모 노릇을 한다.

이와는 반대로 어린 데메테르가 인자하고 자애로운 아버지 밑에서 크게 되면 아버지의 보호 아래 자신도 좋은 부모가 되어야겠다는 바람을 가지고 자라게 된다. 그녀는 남자를 긍정적인 시각으로 보게 되며 남편의 존재에 대하여 긍정적인 기대를 갖게 된다. 희생자가 되기 쉬운 원형적 특성은 그녀의 어린 시절의 경험 때문에 강화되지 않는다.

사춘기와 청년기

사춘기에 접어들면 원형적인 모성 본능이 호르몬을 최고의 상태로 끌어올리기 때문에 그녀의 아기를 갖는 것이 생물학적으로 가능하게 된다. 그러면 몇몇 데메테르 소녀들은 임신을 갈망하게 된다.

인생에 따로 추구하는 목표가 없고 부모의 보살핌을 별로 받지도 못하고 자란 소녀가 강압적인 성 관계 후에 임신을 하게 된다면 그녀는 어린아이를 갖게 된 것을 환영할지도 모른다. 미혼모를 위한 집에 있던 임신한 열네 살짜리 소녀는 "내 또래의 다른 소녀들이 자전거나 다른 것을 원할 때 나는 늘 아이를 원해 왔다. 임신해서 기쁘다"고 말했다.

그러나 대부분의 데메테르 소녀들은 임신을 하지 않는다. 짝을 찾고 싶어하는 헤라의 깊은 갈망이나 사랑에 대한 아프로디테의 열망이 없기 때문에 데메테르는 일찍 성 관계를 갖고 싶은 욕망이 별로 없다.

많은 데메테르 여성들은 일찍 결혼한다. 노동자 계급의 가정에서는 고등학교를 졸업하자마자 결혼을 권유받게 된다. 이러한 권유는 고등 교육이나 직장을 갖기보다는 가정을 갖기 원하는 데메테르의 특성과 맞아떨어진다.

젊은 데메테르 여성이 결혼을 해서 가정을 이루지 않는다면 그녀는 직장을 갖거나 대학에 진학한다. 대학에서 그녀는 주로 남을 돕는 직업을 갖는 데 필요한 과목들을 선택하는 성향이 있다. 데메테르 여성은 야심적이거나, 지적이거나, 학점에 욕심이 많지는 않으나 좋은 성적을 유지하는데, 이는 그녀가 밝은 성격이고 수업에 관심을 쏟기 때문이다. 헤라 여성들이 중요하다고 생각하는 지위는 데메테르 여성에게는 별로 중요한 것이 못 된다. 데메테르 여성은 지위 고하를 가리지 않고, 인종에 얽매이지 않고 다양한 친구들을 가질 것이며, 지체 부자유 학생들을 도와주며 잘 적응하지 못하는 친구들을 도울 것이다.

직업

데메테르 여성들이 갖는 모성적인 특성은 그녀로 하여금 남을 보살피거나 도와주는 직업을 택하게 한다. 그녀는 교사나 사회 사업가, 간호사 같은

'전통적으로 여성적인' 직업으로 알려진 직업을 고르게 된다. 병을 낫게 하거나 성장할 수 있게 사람들을 돕는 직업은 데메테르 여성에게 만족감을 준다. 임상 심리학자, 물리 치료사, 사회 복귀 치료사 또는 소아과 의사가 되는 여성들은 직업을 선택하면서 데메테르 특성을 표현한 것이다. 유아원이나 초등학교, 병원 또는 양로원에 자원 봉사하는 많은 여성들 또한 데메테르 특성을 자신들의 일에서 표현하고 있는 것이다.

어떤 데메테르 여성들은 모성적인 힘을 필요로 하는 조직에서 핵심 인물이 된다. 이러한 상황에서 그들은 헌신적으로 일한다. 그녀는 그러한 조직을 만들어 내고 혼신을 바쳐 일하며, 초기의 성공을 개인적으로 책임진다.

이와 같이 리더십을 발휘하여 조직을 창설하고 운영하는 데메테르 여성은 상담가를 찾기 쉬운데, 여기에서 몇 가지 이유를 생각해 볼 수 있다. 즉, 조직이 너무나 많은 시간을 그녀에게서 빼앗아 가기 때문에 조직 외에 다른 일을 할 시간이 전혀 없을 수 있다. 그녀가 헤라의 성향도 가지고 있다면 배우자를 만나고 아이를 갖고 싶어하는 개인적인 욕망이 충족되지 않았기 때문일 수도 있다. 조직 내에서 그녀가 관리하고 있는 사람들과 마찰을 일으킬 수도 있다. 권위주의적인 한편 대모 노릇을 하고 있다고 스스로 생각하기 때문이다. 한 예로 무능력한 피고용인을 다루거나 해고하는 일은 그녀에게 상당히 어려운데, 그녀는 그 사람에게 대해 미안하게 생각하고, 그를 고통스럽게 한 일에 죄책감을 느끼기 때문이다. 게다가 피고용인들은 관리자가 남자였다면 애당초 갖지도 않을 개인적인 기대를 그녀에게 품게 되고, 그녀가 개인적인 배려를 하지 않을 때마다 그녀를 미워하고 그녀에 대해서 분노하게 된다.

여성과의 관계

데메테르 여성은 남자나 업적을 놓고 다른 여자와 경쟁을 하지 않는다. 다른 여성을 부러워하거나 질투를 한다면 어린애 때문일 것이다. 아이가 없는 데메테르 여성은 어머니가 된 자기 또래 여성에 비해서 자신이 못났다고 생각한다. 그녀가 아이를 못 낳는 여자라면 다른 여성들이 임신을 하는 것에, 특히 그들이 인공 유산을 하는 것에 몹시 괴로움을 느낀다. 노년기에 접어들어서 성장한 자녀들이 멀리 떨어져 살거나 심리적인 거리감을 느낄 때, 그녀는 자식들과 자주 접촉하는 딴 어머니들을 부러워하게 된다. 또는 노년기에 부러움이 다른 형태로 나타나기도 하는데 손자들에 대한 부러움이 바로 그것이다.

데메테르 여성은 여성주의나 여성 운동에 대해 상반된 감정을 가진다. 많은 데메테르 여성은 여성 운동가들이 어머니의 역할을 비하한다는 이유로 싫어한다. 데메테르 여성들은 전업 주부이기를 원하는데 요즘 상황에서는 바깥일을 해야 한다는 데 부담감을 느끼고 있다. 다른 한편 데메테르 여성은 여성 운동에서 다루고 있는 여러 주제에 강력히 호응하고 있는데 예를 들자면 어린이를 폭력과 부당한 대우로부터 보호한다거나 폭행당하는 아내들을 위한 쉼터 마련 등을 지지한다.

데메테르 여성은 보통 다른 데메테르 여성과 굳건한 우정 관계를 유지한다. 이러한 우정은 그들이 어머니가 되었을 때 맺어지는 경우가 많다. 그녀들은 서로 의지하고 도움을 주고받는데, 남편들보다는 오히려 이러한 여성 친구들에게 더 의존한다. 예를 들자면, 한 여성은 이렇게 말했다. "내가 병원에 입원하고 있을 때 내 친구가 아이들을 돌보아 주었으며, 매일 밤 내 남편의 저녁을 차려주었다. 두 주 동안 그녀는 자신의 네 자녀와 나의 다섯 아이들 그리고 세 명의 어른을 위한 저녁을 차려주었다. 나 역시 그녀가 어려움에 처해 있었을 때 똑같이 해준 적이 있다." 데메테르 여성은 자신이 집을 비우게 되었을 경우 남편보다는 오히려 여자 친구에게 가족을 돌보아 줄 것을 기대한다.

가족 내에서 어머니와 딸들이 모두 데메테르 여성이면 이들은 여러 대에 걸쳐서 매우 친밀한 관계를 유지한다. 이러한 가족들은 모계 중심적인 성향을 강하게 나타낸다. 그리고 이러한 가정 내에서 여성들은 남편들보다 친척들 일에 대해서 훨씬 자세하게 알고 있다.

데메테르 어머니-딸 유형은 친구들간에도 재현될 수 있다. 두 친구 중 하나가 데메테르처럼 모성적이라면 다른 하나는 페르세포네처럼 경험이 없고 마음이 연약한 면을 보이는 관계를 갖게 되는 것이다. 또는 둘 다 데메테르 여성이면서 페르세포네의 특성도 지니고 있다면 그들은 번갈아 가면서 어머니 역할도 하고, 또 어떤 때는 둘 다 데메테르가 되어서 그들 생활의 모든 자세한 부분까지 서로 나누고 그들의 기쁨과 어려움을 함께 의논한다. 아니면 그들은 동시에 발랄하고 킥킥대는 어린 페르세포네일 수도 있다.

동성 연애 중인 여성들이 때때로 데메테르-페르세포네 유형에 들어맞는다. 데메테르 여성의 행복은 더 젊거나 덜 성숙한 연인과의 독점적인 관계에 달려 있다. 연인과 함께 있어야만 데메테르 여성은 자신이 온전하고 생산적인 것처럼 느낀다. 그녀에게는 여신과도 같은 이 젊은 애인과 함께 있음으로 해서, 데메테르 여성은 일할 수 있고 창의력을 발휘할 수도 있는 것이다. 데메테르 여성이 자신의 연인을 잃을까봐 두려워할수록 자신의 페르세포네 애인을 점점 더 소유하려 들 것이다. 그녀는 더욱 의존적이 되며 애인을 독점하려고 하는데, 이것이 마지막에 가서는 둘의 관계를 해치기도 한다.

그러나 페르세포네 여성은 젊고, 아직 개성이 분명하지 않은 성격을 지니고 있다. 그녀의 모든 것은 아직 불분명하고 충분히 발달되지 않은 상태다. 그녀는 여성적이고 감수성이 예민한 여성으로, 그녀의 성적 선호도는 다른 모든 부분과 마찬가지로 순응적이다. 예를 들자면, 그녀가 동성애에 빠져 있더라도 다른 남자에게 끌릴 수 있다. 페르세포네 여성이 이성애에 눈을 떠서 데메테르 애인을 버리고 떠난다면, 데메테르 여성은 마치 신화 그 자체가 재현된 것처럼 괴로워할 것이다. 뜻하지 않게 그녀의 페르세포네가 하데스에 의해서 납치된 것이다. 이것은 그녀에게 도저히 메울 수 없는 손실이다.

남성과의 관계

모성적인 여성에게서 애정을 느끼는 남자에게 데메테르 여성은 매력적이다. 데메테르 성향이 강한 여성은 자신이 선택을 하지 않는다. 그녀는 단지 남자의 요구에 반응할 뿐이며 심지어는 그녀가 그 남자에 대해 미안한 감정을 느끼기 때문에 그 남자와 함께 있는 경우도 있다. 데메테르 여성은 남성에 대해서 별로 큰 기대를 하지 않는다. 그들은 종종 "남자란 어린애와 같다"고 생각한다. 데메테르 여성에게 흔한 남녀 관계는 어머니 같은 여성과 아들 같은 연인이다. 이런 어머니와 아들 같은 연인 관계는 남자가 연하일 수도 있으나 반드시 나이 차이를 뜻하지는 않는다. 보통 그 남자는 재능 있고 예민한 남성으로, 남들이 자신을 인정해 주지 않는다고 생각한다. 다른 사람들도 그의 무책임함을 그냥 지나치지 않는 것에 비한다면, 그녀는 그를 인정해 주고 그의 무책임함을 눈감아 준다. 그는 덜 성숙된 자아 도취에 빠진 소년으로, 자신을 그저 한 남자로 생각하기보다는 특별한 존재라고 여긴다. 그녀는 남자의 이러한 자아상에 동의하며, 다른 사람이 보기에는 이기적이고 사려 깊지 못한 그녀에 대한 태도를 계속 눈감아 준다.

그녀가 볼 때 이 세상은 그에게 친절하지 못하다. 그녀와 마찬가지로 세상도 그를 예외로 대접해 줘야 한다고 생각한다. 그의 사려 깊지 못함은 가끔 그녀를 화나게 하고 상처받게 하지만, 그녀가 얼마나 소중한지 모른다거나 그녀만이 유일하게 자기를 생각해 주는 사람이라고 그가 속삭이면, 그녀는 모든 것을 용서하고 만다.

마치 굉장히 잘생긴 아들을 둔 어머니가 '어쩌면 내가 이렇게 신과 같이 근사한 아들을 낳게 되었을까' 하고 신통해 하는 것처럼 데메테르 여성의 연인에 대한 어머니 노릇은, 그가 굉장히 미남이거나 특별한 재능을 지녔기 때문이기도 하다. 한 데메테르 여성은 내게 이렇게 말했다. "그 남자는 마치 미켈란젤로의 다비드상처럼 보였어요. 그를 돌보는 것이 기뻤습니다. 나는 그를 버릇없게 만들었지요." 그녀는 이 이야기를 후회한다기보다는 자랑스럽게 말했다.

데메테르 여성은 모성적인 자질과 거절하지 못하는 특성으로 인해 반反사회적인 인물에게 이용당하기 일쑤인데 이런 유형의 남자가 데메테르 여성과 관계를 갖는 것을 우리는 종종 본다. 데메테르와 반사회인의 관계는 외관상으로 볼 때는 헌신적인 어머니와 아들 연인 관계와 유사하다. 그리고 실제로 겹치는 부분도 있다. 그러나 아들 연인은 최소한 사랑을 바치고 충성하고 후회할 줄도 안다. 반사회인은 그렇지 못한데 이것이 결정적인 차이가 된다. 반사회인은 그가 필요로 하는 것은 무조건 받아들여져야 한다는 가정 위에서 행동한다. 그는 감정적으로 가까워지거나 고마워할 줄 모른다. 그의 태도는 은연중에 '네가 최근에 나에게 해준 것이 무엇이냐' 하는 의구심을 드러낸다. 그는 과거 자신의 이기적인 행동은 물론이고 데메테르 여성이 과거에 그에게 베푼 친절이나 희생을 기억하지 못한다. 그는 그저 자신이 필요한 것만을 부풀린다. 그리고 바로 그러한 필요성이 너그러운 데메테르 여성의 반응을 불러일으킨다. 이러한 반사회인과의 관계는 수년간 데메테르 여성의 마음을 사로잡고 그녀를 빈털터리로 만들어 버린다.

또 하나의 전형적인 데메테르의 배우자는 '늙은 아버지와 결혼한 소녀' 같은 여자와 결혼하고 싶어하는 남자다. 어린 오이디푸스 같이, 그는 자기가 네댓 살의 어린 소년이었을 때 자기 어머니와 결혼하기를 원했던 것처럼 그 소망을 계속 지니고 있다. 어른이 되어서도 자신에게 좋은 어머니 노릇을 해줄 모성적인 여성을 찾는다. 그는 그녀가 아이를 잘 키우며 정감 있고 책임감 있으며 자신을 돌보아 주기를 바란다. 즉, 자신의 음식을 장만해 주고 그의 옷을 사주고 매만져 주고, 그가 필요로 할 때 의사를 찾거나 치과에 가게 하고 또 그가 사회 생활을 잘할 수 있도록 계획을 짜주기를 바란다.

데메테르 특성에 이끌리는 모든 유형의 남성 중에서 가정적인 남자가 유일하게 성숙하고 너그러운 남성이다. 그는 가정을 이루고 싶은 강렬한 소망을 가졌으며 데메테르 여성을 자신의 꿈을 함께 나눌 수 있는 상대자로 본다. 이런 남성은 자식들에게 좋은 아버지일 뿐 아니라 아내도 잘 보살핀다. 누가 데메테르 여성의 거절을 못하는 특성을 이용하여 그녀를 곤경에 빠뜨리게 되면, 그는 그녀가 스스로를 지킬 수 있도록 돕는다.

가정적인 남성은 또한 그녀에게 아이를 갖게 해서 그녀 자신이 충족감을 느끼도록 도와준다. 다른 세 유형의 남성들은 아이를 갖는다는 생각에 위협을 느껴서 그녀가 임신을 하게 된다면 유산하라고 강요할 것이다. 유산하라는 강요에서 모성애에 위기를 느끼게 한다. 그녀는 애인을 버리거나 아니면 어머니 노릇을 포기해야 한다. 이러한 선택은 그녀에게 마치 두 자식 중에 하나를 희생시켜야 하는, 도저히 불가능한 선택을 강요당하는 어머니의 심정이 되게 한다.

성생활

데메테르가 가장 지배적인 원형인 여성에게 성은 그다지 중요한 것이 못 된다. 데메테르는 보통 강렬한 성욕을 지니고 있지 않다. 그녀는 따뜻하고 사랑스러우며 여성적인 사람으로 섹시한 여성이라기보다는 '안아 주고 싶은' 귀여운 여성이다. 대다수의 데메테르 여성은 성에 대하여 청교도적인 태도를 가지고 있다. 그들에게 성이란 자식을 낳기 위한 것이지 즐거움을 위한 것이 아니다. 종종 데메테르 여성은 부부 관계를 아내가 남편의 필요를 채워 주는 일로 여긴다. 그리고 많은 데메테르 여성은 '죄스러운' 비밀을 간직하고 있는데, 그들에게 가장 육감적인 몸짓은 남편과 사랑을 나눌 때가 아니라 자신의 자식들에게 젖을 먹일 때인 것이다.

결혼

헤라 여신과는 달리 데메테르 여성에게는 결혼 그 자체가 그렇게 중요하지 않다. 대부분의 데메테르 여성은 주로 아이를 갖기 위해 결혼을 하려고 한다. 그녀 내부에 아프로디테나 헤라 원형이 있지 않는 한, 데메테르 여성은 결혼을 아이를 갖는 데 필요한 단계이자 가장 적합한 상태로 본다.

자식과의 관계

데메테르 여성은 생물학적인 어머니가 되고 싶은 강한 욕구를 느낀다. 그녀는 자신의 아이를 낳아서 기르고 싶어한다. 그녀는 또한 좋은 대리모, 양어머니, 계모가 될 수 있으나 그녀 자신의 아이를 낳을 수 없을 경우 그녀의 간절한 소원이 이루어지지 못하게 되므로 자신을 쓸모없는 사람이라고 느끼게 된다. (이와는 반대로 아르테미스나 아테나 여성이라면 자식이 있는 남성과 결혼을 함으로써 쉽게 가정을 이룰 것이다.)

데메테르 여성은 한결같이 자신을 좋은 어머니로 생각하는데, 그들의 최고 관심사는 늘 자식이다. 자식에게 데메테르 여성은 굉장히 좋은 어머니가 될 수도 있고 형편없는 어머니가 될 수도 있다.

다 큰 자식들이 그녀를 좋아하지 않을 경우 데메테르 여성은 크게 상처 받고 혼란을 겪는다. 다른 어머니들은 자기 자식들의 사랑을 받고 감사를 받는데 어째서 자신은 이렇게 부당한 대우를 받아야 하는지 이해하지 못한다. 그녀는 또한 자기 자신이 자녀들에게 어려움을 안겨줄 수도 있다는 것을 도저히 납득하지 못한다. 그녀는 오로지 자신의 좋은 의도만 생각할 뿐 자식을 망칠 수 있는 부정적인 요소는 의식하지 않는다.

데메테르 어머니가 자식들에게 긍정적인 영향을 미치고 또한 그들에게서 긍정적인 평가를 받을 수 있느냐는 그녀가 '자식이 유괴되기 전'의 데메테르냐 아니면 '유괴된 후'의 데메테르냐에 달려 있다. 페르세포네가 유괴되기 전에 데메테르는 모든 것이 잘 되리라고 믿고 자신의 역할을 잘 수행했다. 그러나 페르세포네가 유괴된 뒤 데메테르는 좌절하고 분노했다. 그녀는 올림포스산을 떠나서 자신이 해야 할 바를 전혀 하지 않았다.

유괴 전의 상태는 실제 생활에서 여러 가지 형태로 나타난다. 자식들이 다 커서 떠난 빈 둥지에서, 마치 삶의 의미를 '유괴당한' 것처럼 느끼는 여성의 경우 유괴 전의 상태는 이십오 년간 지속된 서로 아껴 주고 친밀한 가족적인 삶이었다. 그녀가 보기에는 유괴범인 하데스와 같은 남자와 살기 위해서 자신에게 대드는 딸을 가진 여성에게, 유괴 전의 단계는 그녀의 딸이 자신의 분신처럼 느껴지고 같은 가치관과 희망을 공유하고 있다고 여기던 시절이다.

어떤 데메테르 어머니들은 뭔가 좋지 못한 일이 자식들에게 생길 것이라는 불길한 생각을 떨쳐 버리지 못한다. 이들은 마치 자식이 태어난 순간부터 유괴당하기를 기다리고 있는 사람처럼 행동한다. 그들은 끊임없이 자식의 독립심을 제한하고 다른 사람과 관계를 갖는 것을 말리려 든다. 그들을 이런 식으로 행동하게끔 하는 데에는 자식을 잃을까 하는 두려움이 숨어 있다.

상황에 따라 데메테르의 부정적인 성향이 강화되는 수도 있다. 한 여성은 자신의 딸을 낳은 뒤 육 년 동안은 행복했다고 회상한다 세상은 안전하며 어머니 노릇을 하는 것은 그야말로 만족스럽고 즐거운 일이었다. 그러던 어느 날 갑자기 마치 지하 세계에서 하데스가 뚫고 나온 것과 같은 일이 일어났다. 하루는 딸을 맡겨놓고 외출을 했다. 그런데 그 딸이 이웃집에 놀러갔다가 성폭행을 당한 것이다. 그 뒤로 아이는 두려움에 떨고 악몽을 꾸게 되었고 세상의 모든 남자들, 심지어는 아버지마저 두려워하게 되었다.

이 어머니는 자기가 그 자리에 있었더라면 그 일을 막을 수 있었을 거라는 이유로, 분노하고 슬퍼하고 죄책감에 시달렸다. 그 일이 있기 전에 그녀는 편견 없이 자신감 있고 자유롭게 딸을 키워 왔다. 그러나 그 일이 있고 나서 그녀는 죄책감과 책임감을 느끼고 뭔가 나쁜 일이 또 일어날까봐 걱정하며 자신에 대해 회의하기 시작했다. 그녀는 점차 아이를 과도하게 통제하고 보호하게 되었다. 그녀는 아이를 기르는 즐거움과 자발성, 안전한 세상에 살고 있다는 느낌, 그리고 자신의 자아감을 잃고 말았다.

데메테르 어머니는 자식에게 좋지 않은 영향을 끼치는 모든 사건에 대해서 자신이 죄책감을 느낀다. 완벽한 어머니가 되어야 한다는 비현실적인 기대를 더 이상 자신에게 하지 않게 되기까지, 그녀는 자신이 모든 것을 알고 있고 전인적이며, 심지어 앞으로 일어날 일까지 내다보면서 자식을 고통으로부터 보호해야 한다고 생각한다.

자식을 보호해야 한다는 생각 때문에 데메테르 여성은 과보호를 하기 쉽다. 그녀는 자식의 모든 행동을 하나하나 지켜보고 감시하고 위험한 모든 물건을 치워 버린다. 결과적으로 그 아이는 다른 사람들이나 자신의 문제를 다룰 때 어머니에게 의존하게 된다.

통제적인 데메테르 어머니 밑에서 자란 자녀들은 종종 심리적인 탯줄이 아직 끊어지지 않은 채 영원히 그녀에게 밀착되어 있다. 어머니의 성격에 지배되면서 그 자식들은 어른이 된 뒤에도 어머니의 착한 딸이나 아들로 남아 있다. 어떤 자식들은 영원히 결혼하지 않는다. 결혼을 한 경우에도 그들은 어머니와 더 강한 유대를 지닌다. 예를 들자면 데메테르의 아들은 늘 어머니 편을 들고 아내의 소망은 별것이 아닌 것으로 무시해 버린다. 또는 데메테르의 딸은 남편과 긴 휴가 여행을 가기를 거부한다. 그녀는 어머니를 그렇게 오랫동안 떠날 수 없기 때문이다.

자신의 생활을 영위하기 위하여 데메테르 어머니의 자식들 중에는 집을 떠나 지리적으로나 심리적으로 멀리 떨어진 곳에 가서 살기도 한다. 그들은 어머니가 무의식적으로나마 자신들이 신세를 지고 있다거나 떳떳치 못하거나 의지하고 있다고 느끼게 만들려고 할 경우, 그렇게 한다.

데메테르 여성의 또 다른 부정적인 어머니상은 자식들에게 "안돼!" 하고 말하지 못하는 어머니다. 이런 어머니는 자기를 버리고 모든 것을 다 바쳐서 자식에게 헌신하는 어머니라 생각하면서 주고 또 준다. 이런 데메테르 어머니는 자식들이 아주 어릴 때부터 그들이 원하는 것은 무엇이든 다 갖도록 해준다. 그것이 그녀가 살 수 없을 정도로 비싼 것이라면 무리를 해서라도 그것을 사거나 아니면 사주지 못한 것에 죄책감을 느낀다. 더군다나 그녀는 자식들의 행동에 한계를 지우지 못한다. 유아기 때부터 아이들의 모든 욕구를 들어줌으로써 그들의 이기심을 부추긴다. 결과적으로 그녀의 자식들은 뭐든지 특혜를 바라고 순응하기 어려운 사람들로 자라게 된다.

그들은 학교에서 문제를 일으키고 직장에서도 말썽을 일으키게 된다. 모든 것을 다 해주는 좋은 어머니가 되려 했던 의도가 정반대의 결과를 낳을 수 있는 것이다.

중년

데메테르 여성에게 중년은 중요한 때다. 그녀에게 아직 자식이 없다면, 점점 나이를 먹어감에 따라 아이를 영영 갖지 못하게 될지도 모른다는 생각에 빠져든다. 결혼한 데메테르 여성은 별로 관심이 없는 남편을 상대로 아기 문제를 끄집어 내며 임신에 문제가 있는가 알아보려고 불임 센터를 찾게 된다. 또 양자를 맞아들이는 것을 고려하기도 한다. 그리고 결혼하지 않은 데메테르 여성은 미혼모가 되기도 한다.

자식이 있다 하더라도 데메테르 여성의 중년은 인생에서 여전히 중요한 시기다. 그녀가 남은 인생을 살아가면서 이의 중요성을 깨닫지 못한다 하더라도 말이다. 그녀의 자식들은 점차 커가고 그들이 한 단계 한 단계 독립해갈 때마다 이런 상황은 그녀가 자식을 놓아줄 수 있는가 하는 능력을 테스트하는 것이 된다. 그녀는 뒤늦게 아이를 갖고 싶은 욕망을 느낄 수도 있다. 중년의 위기를 느낀 한 여성이 내게 치료를 받으러 왔다. 자식들은 이제 학교에 다니고, 자신은 마흔의 나이로 데메테르를 극복하기 위해 학교로 되돌아가야 할 시간이었다. 그녀는 자신이 대학원에서 실패할까봐 두려워한다는 사실을 알고 있었다. 그리고 또 다른 아이를 갖는 것만이 그녀가 대학원에 등록하는 것을 피할 수 있는 유일한 구실이었다. 그녀는 점차 학업을 잘 해낼 수 없을지도 모른다는 두려움과 또 다른 아이를 갖고 싶은 욕망을 구별해낼 수 있어야 했다. 그리고 점차 학교에 가는 일에 마음을 집중할 수 있어야 했다. 결국 그녀는 대학원에 갔으며 자기가 좋아하는 전공을 공부하여 이제는 훌륭한 선생이 되었다.

조직의 창시자는 조직이 점차 커져 다른 사람들이 그녀의 지위나 권력을 탐낼 때쯤 중년의 위기를 맞게 된다. 그녀가 아테나의 계략을 쓸 수 있어서 정치를 여간 잘하지 않는다면 야심에 찬 관리인들이 그녀가 만들어낸 조직을 강탈해 갈 수도 있다. 그렇게 되면 그녀는 분노하고 비탄에 빠진 데메테르가 된다. 비록 권력 싸움이 없었거나 또는 위기를 잘 극복한다 해도 자신의 모성적인 힘을 일에 쏟아 부은 모든 데메테르 여성에게는 개인적인 문제들이 부각된다. 이런 중년의 데메테르라면 이제 그녀의 인생에서 미흡했던 점이 무엇이었나를 되돌아보고 자신을 충족시키기 위해서 무엇을 해야 하는가를 고려해야 할 때다.

노년

노년기의 데메테르 여성은 두 유형으로 나뉜다. 대다수의 데메테르 여성에게 노년 생활은 만족스럽다. 그들은 늘 그랬던 것처럼 활동적이고 바쁘다. 인생에서 풍부한 경험을 쌓고 그들의 깊은 지혜와 관대함이 다른 사람들에게서 높은 평가를 받는다. 이들은 바로 남들을 속박하거나, 또는 남이 자신을 이용하지 않도록 배운 데메테르 여성들이다. 그 대신 이 여성들은 독립심과 상호 신뢰를 고취해 왔다. 자식들, 손주들, 고객들, 학생들 또는 환자들이 오랜 기간 동안 그녀를 사랑하고 존경해 왔다. 그녀는 마치 인류에게 풍족함을 베풀고 깊은 존경을 받아온, 신화의 마지막에 나오는 데메테르 여신과 비슷하다.

자신을 희생자로 생각하는 데메테르 여성에게는 정반대의 운명이 펼쳐진다. 불행의 근원은 보통 중년의 채워지지 못했던 기대들과 쌓아온 실망들에 있다. 배반당하고 분노하고 신음하는 데메테르가 자신의 신전에 앉아서 아무것도 자라지 못하게 했던 것처럼 이런 여성들은 인생의 후반에 아무 일도 하지 않으며 점차 괴로움을 안고 늙어갈 뿐이다.

심리적인 어려움

데메테르 여신은 매우 중요한 존재였다. 그녀가 기능을 멈추자 모든 생물이 성장하기를 멈추었으며 올림포스의 신들은 그녀가 생식력을 회복시켜 주기를 빌었다. 그런데도 그녀는 페르세포네가 납치당하는 것을 막을 수 없었으며 딸을 즉시 되찾아올 수도 없었고, 오직 자신이 희생자가 되어서 자신의 바람은 무시된 채 우울증의 고통을 겪었다. 데메테르 여성들이 겪는 어려움들은 이와 비슷한 주제를 지닌다. 희생, 권력과 통제, 분노의 방출, 우울증.

나는 데메테르 여성인가

자신을 데메테르와 동일시하는 여성은 한없이 베풀어 줄 수 있는 능력을 지닌 풍성하고 모성에 넘치는 여신처럼 행동한다. 자신의 배려나 도움을 필요로 할 때 그녀는 거절하지 못한다. 이러한 데메테르 특성 때문에 실의에 찬 친구와 자신이 원하는 시간보다 오래 전화 통화를 하며 그녀가 원치 않을 때도 집을 지키고, 그녀 자신을 위해 써야 할 오후를 남을 돕기 위해서 보낸다. 데메테르 특성을 지닌 정신과 의사는 자신의 유일한 휴식 시간을 환자를 돌보는 데 써버리고 저녁에는 어김없이 긴 전화 통화로 휴식을 방해받고 치료비를 제대로 받아내지도 못한다. 이와 같이 남을 생각해 주는 본능은 결국 그녀를 탈진시켜, 피로와 무감각이라는 신경 쇠약 증세로 몰아갈 수도 있다.

요청이 들어오는 대로 본능적으로 전부 수락한 데메테르 여성은 곧 자신이 능력 이상의 일을 떠맡게 되었음을 알게 된다. 비록 다른 사람이나 그녀 내부에 있는 데메테르가 그렇게 하기를 바란다 해도 그녀의 능력이 무한할 수는 없다. 그녀가 삶의 주체로서 살기 위해서는 되풀이하여 자신을 점검할 필요가 있다. 데메테르처럼 본능적으로 모든 것을 떠맡기보다는, 그녀는 언제 어떻게 누구에게 자신을 줄 것인가를 선택해야 한다. 그렇게 하기 위해서 그녀는 자신에게 무언가를 요구하는 사람, 또 자기 내부에 있는 여신에게 "안 돼" 하고 말하는 법을 배워야 한다.

모성 본능

데메테르 원형이 활성화되어 있다면 그녀는 임신을 거부하지 못한다. 모성애가 그녀의 내면적 욕구이므로 데메테르 여성은 은밀히 자신의 데메테르 원형과 결탁해, 언제가 그녀의 가임 기간인가를 고의적으로 잊어버리거나 또는 피임을 소홀히 한다. 그러므로 그녀는 임신해서는 안 될 상황에서도 임신을 하곤 하는 것이다.

데메테르 여성은 언제 누구의 아이를 가져야 할 것인가를 결정할 수 있어야 한다. 그녀는 자기 안에 있는 데메테르가 자신의 현재 상황과 적절한 시기에 대해서는 전혀 무관심하다는 것을 인정할 필요가 있다. 그녀는 인생의 적절한 시기에 임신하기 위해서 피임을 게을리하지 않음으로써, 그녀 내부의 데메테르에 저항해야 한다.

거절할 줄 모르거나 과중한 책임과 돌보아야 할 아이들 때문에 과로하여 분노를 드러내는 데메테르 여성에게 흔히 나타나는 증상은 피로, 두통, 생리통, 궤양, 고혈압, 요통 등이다. 이러한 증상이 간접적으로 말하는 바는

'나는 너무나 과로하고 있으며 지쳐 있으며 힘이 들어요. 제발 나에게 더 이상 일을 하라고 하지 말아요'다. 이것은 또한 그녀가 적절히 자신을 방어하지 못해서 자기의 화를 억누르고, 데메테르의 특성이 자신에게 가져온 상황을 미워하면서 생긴 아주 저급하고 고질적인 우울증을 드러낸 것이기도 하다.

의존심을 부추기는 성향

데메테르 여성의 타고난 어머니 노릇은 자식이 늘 그녀를 필요로 하게끔 만들거나 자식이 눈에 띄지 않으면 걱정을 함으로써 잘못을 저지를 수 있다. 그녀는 자식의 의존심을 부추기고 자식을 그녀의 앞치마 끈에 붙들어 매놓는다. 그녀는 다른 인간 관계에서도 비슷하게 행동한다. 예를 들면 그녀는 애인을 의존적인 아이처럼 취급하고, 친구를 돌보아줄 필요가 있는 어린이처럼 다룬다.

이런 여성은 '어머니가 뭐든지 제일 잘 알아' 하는 식으로 자신이 꼭 있어야 함을 강조하거나 '널 위해서 내가 그 일을 해줄게' 하는 식으로 과도하게 통제함으로써 다른 사람을 어린애처럼 만든다. 이러한 성향은 다른 사람에게 편안하지 못하고 부적절하다는 느낌을 갖게 한다. 예를 들면 부엌에서 그녀는 딸에게 요리를 해보라고 권유한다. 그러나 그녀는 세밀하게 옆에서 감독을 하면서 항상 자신이 마지막 손질을 한다. 딸이 무엇을 하든 어머니는 '그녀에게 그걸로는 충분치가 못하다' 내지는 '제대로 일을 하려면 넌 내가 필요하다'는 식으로 메시지를 전하고 있는 것이다. 직장에서도 상황은 비슷하다. 그녀는 일이 제대로 되기 위해서는 어떻게 해야 하는지를 가장 잘 아는 감독관이요, 편집자요, 지도자다. 그리하여 상대편의 독창성이나 자신감은 짓눌리게 되고 그녀가 해야 할 업무는 점차 늘어난다.

누가 그녀를 필요로 하면 열성적인 데메테르 여성은 안심한다. 만약 그들이 점차 독립해서 경쟁력을 갖게 되면 그녀는 위협을 느낀다. 그녀의 환심을 사고 관심과 보살핌을 받기 위해서는 계속 의존적인 역할을 하고 있어야 한다.

데메테르 여성이 의존심을 부추기느냐 아니면 그와는 반대로 다른 사람이 성장하고 성숙할 수 있도록 도와주는가는, 그녀 자신이 풍족하다는 느낌을 가지고 있는가 아니면 빈곤함을 느끼고 있는가에 달려 있다. 그녀가 누군가를 잃어버릴까봐 두려워하거나 자식이 믿음직스럽지 못할 때는 소유하려 하고 통제하고 제한하게 된다. 이러한 불안감이 그녀를 자식 주위를 맴돌면서 숨막히게 하는 어머니로 만든다.

내 환자였던 한 젊은 어머니는 딸이 아주 갓난아이였을 때부터 딸이 성장하도록 내버려 두기가 어렵다는 사실을 알았다. 첫싸움은 이유식을 먹일 때 나타났다. 그녀는 모유를 먹이면서 딸과 가지는 독점적인 관계를 즐기고 있었다. 이유식을 먹일 시기가 왔을 때, 그녀의 남편은 딸에게 숟가락으로 이유식을 먹이고 싶어했는데 이것이 아버지와 딸이 유대를 갖게 되는 첫 단계다. 그녀 내부의 소유욕이 강한 어머니 기질은 될 수 있는 한 그 시기를 늦춰 보고 싶어하긴 했지만, 다행히도 이타적인 이 어머니는 이유식을 먹어야 할 시기이고, 그때가 아이를 남편과 좀더 공유할 때라는 것을 알았다. 다행스럽게도 아이에게 최선을 다하려는 그녀의 마음이 탈출구를 마련해 주었다. 그렇긴 하지만 그녀는 일시적으로나 현실에 대해서 비통해 하고 신음하는 데메테르를 자신의 내부에서 느꼈던 것이다.

소유욕이 강한 데메테르 여성은 다른 사람을 의존적인 상태로 두고 자신의 앞치마 끈에 묶어 놓고자 하는 욕구를 떨쳐버릴 때 성장할 수 있다. 그렇게 함으로써 상호 의존성은 상호 신뢰와 사랑으로 발전할 수 있는 것이다.

수동적인 공격 행위

거절할 줄 모르는 데메테르 여성은 곧 과중한 업무를 떠맡게 된다. 그녀는 고갈되고 무감각해지며 증오하거나 분노하게 된다. 그녀의 성격상 거절을 해야 함에도 불구하고 허락했듯이, 자신이 착취되고 있다고 느낄 때에도 그녀는 그것을 직접적으로 표현하지 않는다. 분노를 표출하거나 상황 바꾸기를 주장하기보다 데메테르 여성은 자신이 덜 관대하다고 스스로 나무라면서 더욱 열심히 일하여 모든 것을 끝내려고 한다.

그녀가 자신의 진실한 감정을 억누르고 그것이 넘쳐나게 되면 그녀는 수동적인 공격 행위를 하기 시작한다. 그녀는 조금씩 그녀답지 않은 행동을 보이기 시작하고 이웃이 사다 달라고 부탁한 물건을 잊어버리거나, 제출 날짜를 잊어버리거나, 중요한 약속에 늦거나 한다. 이런 식으로 그녀는 그녀에게 기대된 업무를 줄이고 불성실함으로써 무의식적으로 자신의 적대감을 나타내고 간접적으로 그녀의 분노를 표현하고 그녀의 독립성을 강조한다. 그러나 애초에 안 된다고 거절하는 법을 배우는 것이 훨씬 나은 방법이 될 것이다. 수동적인 공격 행위는 그녀를 덜 경쟁적으로 보이게 하고 죄책감을 느끼게 하기 때문이다.

의도하는 바가 있을 때는 똑같은 행위라도 상당히 다르게 나타난다. 타인의 부탁을 직선적으로 거절하고 그 이유를 말해 주는 것은 명확한 의사 표현이다. 반면 수동적인 공격 행위는 적대적인 행위가 포함된 간접적이고 복합적인 의사 표현이다. 상대방이 당신이 필요로 하는 바에 주의를 기울이는 사람이라면 명확한 의사 표현으로 충분하다. 상대편이 당신을 착취하려 하고 이용하여 무언가를 얻으려 한다면 행동으로 의사 표현을 할 수밖에 없다. 제우스는 데메테르 여신이 파업을 할 때까지 그녀의 소원을 들어주지 않았다.

데메테르가 곡식의 여신 역할을 거부할 때까지 제우스는 그녀의 고통에 조금도 주의를 기울이지 않았다. 그녀가 지상의 모든 것의 성장을 멈추게 하고 모든 것을 메말라 죽게 하자 더 이상 신들을 위한 제사가 없어지게 되고, 그제서야 그는 관심을 보인다. 비로소 제우스는 헤르메스를 지하 세계로 보내어 페르세포네를 데려오게 한다. 데메테르 여성이 억눌려 있던 자신의 욕구를 일단 자각하고 다른 사람들이 그 욕구를 무시한 것에 대해 분노하게 되면 그녀는 다음과 같은 데메테르의 예를 고려할 수 있다. 핵심적인 고용인으로, 봉급에 비해 과다한 업무에 시달려온 사람은 그녀가 마땅히 받아야 할 임금 인상이 이루어질 때까지 일을 하지 않겠노라고 선언함으로써 자신이 원하는 바를 얻을 수 있다.

우울증: 텅 빈 둥지와 공허함

데메테르 여성이 어머니 노릇을 하던 대인 관계를 잃게 되면 그녀는 그 사람을 그리워할 뿐 아니라, 그녀에게 힘을 주고 자신이 소중하고 의미 있는 사람이라는 확신을 심어 주던 어머니 역할마저 잃어버리게 된다. 그녀에게 남은 것은 빈 둥지와 공허한 느낌뿐이다.

'빈 둥지 증후군'이란 말은 그들의 인생을 오로지 아이들을 기르기 위해서 그리고 그들을 멀리 떠나 보내기 위해서 바쳤던 여성들의 반응을 이야기하는 것이다. 사랑에 빠졌던 데메테르 여성이나 몇 년간 사업에 헌신적으로 봉사했다가 그것이 실패하거나 다른 사람에게 가로채인 여성 또한 똑같이 반응할 수 있다. 이러한 어려움에 직면했을 때 그녀는 자신이 강탈을 당하고 쓸모없어진 것처럼 느끼게 된다.

이러한 부정적인 원형이 극에 달하게 되면 우울증에 걸린 데메테르 여성은 전혀 구실을 할 수 없게 되고 정신 병원에 입원하여 치료를 받을 지경이 된다. 그녀는 페르세포네를 찾아서 온 땅 위를 하염없이 찾아 헤매는 비통에 찬 여신처럼 되는 것이다. 데메테르처럼 그녀는 먹지도 자지도 목욕을 하지도 않는다. 그녀는 쉴새없이 움직이며 왔다갔다하거나 손을 흔들어 대며 괴로워하고, 우울증에 빠져 고통스러워한다. 아니면 엘레우시스의 데메테르처럼 움츠러들어서 꼼짝도 않고 대꾸도 하지 않으면서, 하염없이 앉아 있기도 한다. 그녀에게 이 세상은 아무 의미도 없으며 모든 것이 쓸모없고 버려진 것으로 보인다. 그녀의 무미건조한 생활에는 생기가 없으며 나아지는 것도 없다. 이러한 반응은 정도가 심한 냉담한 우울증이다. 안절부절 못하거나 아니면 무덤덤한 반응을 보이는 우울증의 근저에는 적개심이 깔려 있다. 그녀는 삶의 의미를 잃어버린 것에 분노하고 있는 것이다.

괴로움에 빠진 데메테르가 병원에 입원하게 되면 물론 전문가의 도움이 필요하다. 그러나 자신이 빈 둥지 증후군에 걸리기 쉽다는 것을 알았더라면, 정신 건강을 유지하기 위한 네 가지 방법을 취했더라면, 그녀의 반응은 훨씬 덜 심각할 수 있었을 것이다. 분노를 마음속에 차곡차곡 접어 두기보다는 표현할 줄 아는 법을 배웠더라면 우울증은 훨씬 줄어들 수 있다. 안 된다고 거절하는 법을 배우는 것도 오랫동안 인정받지 못한 채 시달리며 완전히 피폐해지고 우울해지는 것을 막는 데 도움이 된다. 어느 정도 방치하여 저절로 자라게 내버려 두는 법을 배우는 것도 아이들(또는 그녀의 아랫사람, 동료, 고객들)이 그녀를 싫어해서 관계를 깨고 떠날 때 느끼는 통렬한 고통을 면하게 해줄 수 있다. 마지막으로 그녀 내면에 있는 다른 원형들을 계발함으로써 어머니 노릇 외의 또 다른 관심사를 가질 수 있다.

성장하는 길

데메테르 여성은 자신들이 지닌 거절하지 못하는 성격을 포함한 모성적 특성을 쉽게 파악할 수 있다. 그러나, 그들이 남들에 대해 갖는 부정적인 감정과 행동은 잘 보지 못한다. 바로 이러한 감정과 행동이 가장 변화가 필요한 곳이므로, 자신의 전체적인 면을 볼 수 있을 때까지는 데메테르 여성의 정신적 성숙이 일어나기 어렵다. 데메테르 여성은 선의를 가지고 있는데, 이것이 자신을 좋은 어머니로 보려는 요구와 합해져서 스스로 부정적인 측면을 보는 통찰력을 방해한다. 이런 여성은 종종 매우 방어적이다. 그들은 비판을 받으면, 자신의 좋은 의도를 설명하거나(나는 그냥 돕고 싶었을 뿐예요) 아니면 그들이 해온 수많은 긍정적이고 너그러운 행동들을 나열하면서 비판에 맞선다.

데메테르 여성이 자신을 선하고 너그러운 어머니로 동일시하기 때문에 거절하는 데 어려움을 겪는 것과 마찬가지로, 그녀는 자신이 사랑하는 사람들에 대해 분노를 품고 있다는 사실을 인정하지 않는다. 같은 이유로 그녀는 자신이 수동적인 공격 행위를 하고 있다거나, 과도하게 통제하거나 의존심을 부추길 수 있다는 것을 부인한다. 그러나 그녀는 자신의 가치를 인정해 주지 않는 데 실망하고 있음을 알고 있으며 우울한 느낌에 빠져 있다는 것을 알고 있다. 그녀가 이러한 측면들을 점검할 뜻이 있다면 그녀는 점차적으로 부정적인 데메테르 특성들을 자각할 수 있을 것이다. 그런 점들을 인정하는 것이 가장 어려운 과제다. 그녀의 행동을 바꾸는 것은 그보다는 오히려 쉬운 일이다.

그녀 자신을 위한 좋은 어머니가 되기

데메테르 여성은 자기가 다른 사람들에게 즉각적으로 반응하는 데메테르였던 것처럼 그녀 자신을 위해서 데메테르를 '고용할' 필요가 있다. 또 다른 일을 책임지란 요청을 받았을 때 남들에게 즉각적으로 제공했던 보살핌을 자신에게 사용하는 법을 배울 필요가 있다. 그녀는 자신에게 '이것이 진정으로 네가 지금 하고 싶은 일이냐?' 그리고 '충분한 시간과 힘이 있는가?' 하고 물을 줄 알아야 한다. 만약 그녀가 잘못 취급받아 왔다면 스스로에게 '너는 더 좋은 대우를 받을 가치가 있다'고 확신시키고, 그들에게 가서 자신이 필요로 하는 바를 말하라고 용기를 부추겨야 한다.

데메테르를 넘어서서 뻗어나가기

데메테르 여성이 그녀 인생에서 데메테르 관계 외의 다른 관계를 위한 공간을 의식적으로 만들어 놓지 않는다면, 그녀는 '오직 데메테르'라는 한 유형에만 갇히게 된다. 결혼하여 애가 있는 여성이라면 아이들 없이 남편과 외출하려는 노력을 하는가? 그녀가 자신만의 시간을 따로 떼어놓고 조깅을 하거나 명상하거나, 그림을 그리거나 악기를 연주하는 시간을 보내는가? 아니면 전형적인 데메테르처럼 그녀 자신을 위한 시간은 전혀 없는가? 전문직에 있는 데메테르 여성이라면 그녀는 모든 힘을 일에 바친다. 그녀는 유치원이나 전문인을 위한 강좌를 이끌면서 그녀의 모든 시간과 정열을 다 바치고, 밤늦게 탈진한 채 집으로 돌아온다. 전문직의 데메테르 여성은 다섯 아이를 가진 데메테르 여성과 똑같이 매순간 데메테르가 되려는 의지에 저항해야 한다. 그녀가 데메테르를 넘어서 뻗어나가지 않는다면, 그녀를 더 이상 필요로 하지 않는 때가 와서, 자신이 결국은 소모품이었음을 알게 될 때, 빈 둥지 증후군에 걸릴 가능성은 높아진다.

우울증에서 회복하기

슬픔에 젖어 우울한 데메테르 여성은 중대한 상실로 고통받는다. 관계, 역할, 직장, 이상 등 어떤 것이 되었든 상실은, 그녀에게 큰 가치가 있고 인생에서 의미를 두고 있던 것이지만 이제는 없어져 버린 것이다. 그리고 모든 여신의 신화에서와 마찬가지로 그 여성이 어떤 국면에서 곤궁에 처해 있을 수도 있고, 신화에서처럼 이를 벗어나 성장할 수도 있다. 우울증에 빠진 데메테르 여성 가운데 결코 회복하지 못하는 이도 있다. 그들은 허전해하고 괴로워하고 삭막해진 채 남아 있다.

그러나 회복과 성장은 가능한 일이다. 신화 자체도 두 개의 해결 방안을 제시하고 있다. 첫째로 페르세포네가 납치된 것을 알고 나서 데메테르는 올림포스산을 떠나 지상을 방황한다. 엘레우시스에서, 의기소침하고 슬퍼하는 여신은 가족으로 환영받고 데모폰의 유모가 된다. 그녀는 그에게 신의 음식과 음료를 먹이며 키웠으며, 그의 어머니 메타네이라가 방해하지 않았다면 그에게 불멸의 생명을 주었을 것이다. 따라서 그녀는 누군가를 대신 사랑하고 보살핌으로써 그녀의 상실을 극복했다. 다른 관계를 시도해 보는 것이 슬픔에 빠진 데메테르 여성이 회복하여 다시 기능할 수 있는 한 방법이 된다.

둘째로 페르세포네와의 재결합이 데메테르를 회복시켰다. 슬퍼하던 어머니는 영원한 처녀 딸과 재결합해서 더 이상 슬퍼하지 않고, 다시 곡식과 열매의 여신으로 일하기 시작해 지구상의 생식력을 회복시켜 주고 작물이 성장하도록 했다.

은유적으로 말한다면 이것은 우울증의 끝을 뜻한다. 젊음의 원형이 되돌아온 것이다. 어떻게 이런 일이 일어나는지 종종 신비로워 보인다. 그것은 비탄과 분노 뒤에 나타난다. 시간이 흘러가야 하는 것이다. 그리고는 새로운 감정이 싹튼다. 아마도 그 여성은 파란 하늘이 얼마나 아름다운가를 알아차린 듯하다. 아니면 그녀는 다른 사람의 사랑에 감동받는다. 그게 아니라면 그녀는 오랫동안 방치됐던 과제를 완수하려는 욕망을 갖게 된다. 감정적으로 이것들은 봄의 신호다. 생명이 소생하는 최초의 신호 직후에 그 여성은 자아를 되찾고, 다시 한번 생명력과 너그러움에 가득 차서 그녀가 잃어버렸던 자신과 재결합하는 것이다.

단순한 회복 이상의 것이 가능하다. 데메테르 여성은 고통의 기간이 지난 뒤 더욱 현명해지며 영적인 이해를 가지고 새로이 나타날 수 있다. 내적인 경험으로서 데메테르와 페르세포네의 신화는, 고통을 통해서 성장할 수 있는 가능성을 이야기한다. 그러면 데메테르 여신과 마찬가지로 데메테르 여성은 인간의 계절적인 변화가 존재한다는 것을 받아들이게 된다. 그녀는 자연을 반영하는 땅의 지혜를 얻게 된다. 이런 여성은 봄이 지나면 겨울이 오고 다양한 인간 경험이 유형을 지니고 연결된다는 것을 깨달아, 어떤 일이 일어나더라도 살 수 있다는 것을 배운다.

10 페르세포네

처녀이자 지하 세계의 여왕, 감수성이 예민한 여성이자 어머니의 딸

페르세포네 여신

로마인들이 프로세르피나 또는 '코레'라고 부르는 페르세포네 여신은 「데메테르 찬가」를 통해 너무나도 잘 알려져 있다. 이 찬가는 하데스가 페르세포네를 유괴하는 것을 그린 노래였다. 그녀는 두 가지 면에서 숭배되었는데, 하나는 처녀 또는 '코레'(젊은 처녀를 뜻함)로서, 다른 하나는 지하의 여왕으로 숭배를 받았다. '코레'는 날씬하고 아름다운 젊은 여신으로서 석류, 곡식, 옥수수, 그녀를 유혹한 수선화 등 풍작의 상징들과 관련되어 있다. 지하의 여왕 페르세포네는 성숙한 여신으로, 죽은 영혼들을 다스리고 지하 세계를 방문하는 산 사람들을 안내하며, 자신이 원하는 것을 혼자 힘으로 찾아낸다.

페르세포네는 올림포스의 열두 신들에 속하진 않았지만, 기원전 이천 년 동안 그리스를 지배해 온 종교인 엘레우시스 제전의 중심 인물이었다. 엘레우시스 제전에서 그리스인들은 페르세포네가 해마다 지하 세계에서 돌아오는 예식을 치름으로써 죽은 뒤에 다시 살아나는 것을 경험하곤 했다.

계보와 신화

페르세포네는 데메테르와 제우스의 외동딸이었다. 그리스 신화에서는 그녀의 수태 상황에 관해 이상하리만치 별 언급이 없다.

데메테르와 페르세포네 신화는 아주 발랄한 소녀인 페르세포네가 친구들과 함께 들판에서 꽃을 따면서 놀고 있는 장면에서 시작된다. 그때 하데스가 땅 틈에서 갑자기 전차를 타고 나타나 소리 지르는 이 처녀를 납치해서는, 억지로 자신의 신부로 만들기 위해서 지하 세계로 데리고 갔다. 데메테르는 이러한 사실을 도저히 납득할 수 없었으며 올림포스산을 떠나서 페르세포네가 돌아오기를 바라며 계속 그녀를 찾아 헤맸다. 그리고 마침내는 제우스에게 자신의 바람을 배려해 주도록 압력을 넣었다.

그래서 제우스는 페르세포네를 데려오기 위해서 사자의 신인 헤르메스를 파견했다. 헤르메스는 지하의 땅에 도착해서 수심에 찬 페르세포네를 찾아냈다. 그러나 그녀의 수심은 헤르메스가 자기를 구하기 위해 왔으며 하데스가 자신을 보내 주리라는 것을 알고는 기쁨으로 바뀌었다. 그러나 그녀가 그를 떠나기 전 하데스는 그녀에게 석류씨 몇 알을 주면서 먹게 했다. 그러고 나서 그녀는 재빨리 헤르메스와 함께 전차를 타고 데메테르에게 돌아왔다.

재회한 모녀는 서로 얼싸안으며 기뻐했다. 그러고 난 뒤 데메테르는 딸에게 혹시 지하에서 뭘 먹지 않았는지를 걱정스럽게 물어보았다. 페르세포네는 하데스가 강압적으로 먹였기 때문에 석류씨를 몇 개 먹었다고 대답했다(이는 사실이 아니었다). 데메테르는 그 이야기를 받아들였고, 그래서 할 수 없이 주기적인 패턴이 뒤따르게 되었다. 페르세포네가 아무것도 먹지 않았다면 그녀는 완전히 데메테르에게 되돌아올 수 있었을 것이다. 그러나 석류씨를 먹었기 때문에 그녀는 일 년의 삼분의 일을 지하에서 하데스와 함께 보내야 하고, 나머지 삼분의 이는 데메테르와 함께 보내게 되었다.

나중에 페르세포네는 지하 세계의 여왕이 되었다. 그리스 신화에서 남녀 영웅이 지하 세계로 내려가게 되면 페르세포네는 그들을 맞이하고 안내하느라 늘 그곳에 있었다. 그녀를 보지 못한 사람은 아무도 없었다. 페르세포네-데메테르 신화에는 그녀가 일 년 중에 삼분의 이를 엄마와 함께 지낸다고 되어 있지만, 한번도 '어머니에게 가 있음'이라는 메모가 문 앞에 붙어 있은 적이 없다.

『오디세이아』에서 영웅 오디세우스는 지하 세계로 여행을 가는데, 거기에서 페르세포네는 그에게 전설적인 명성을 가진 여자들의 영혼들을 보여준다. 프시케와 에로스의 신화에서 프시케가 마지막으로 해낸 일은 상자 하나를 갖고 지하 세계로 내려가서, 페르세포네로 하여금 거기에다 아프로디테가 쓸 미용 연고를 담게 하는 것이었다. 헤라클레스의 열두 가지 일거리 중의 마지막 일 역시 그를 페르세포네에게 보내는 것이었다. 헤라클레스는 페르세포네의 허가를 받아 케르베로스를 빌렸는데 케르베로스는 머리가 셋 달린, 지옥을 지키는 무시무시한 개로, 그는 이 개를 사로잡아 가죽끈으로 매어 두었다.

페르세포네는 아도니스를 놓고 아프로디테와 서로 싸웠는데, 아도니스는 아주 아름다운 청년으로 이 두 여신의 사랑을 동시에 받았다. 아프로디테는 아도니스를 벽장에 숨긴 다음, 그를 보호하기 위해 지하 세계의 페르세포네에게 보냈다. 그러나 벽장문을 열자, 지하의 여왕 역시 이 청년의 아름다움에 반해서 그를 아프로디테에게 돌려주지 않았다. 마치 데메테르와 하데스가 자신을 놓고 그런 것처럼 페르세포네는 이제 아도니스를 놓고 또 다른 아주 힘센 신과 싸우게 된 것이다. 결국 이 싸움은 제우스에게까지 상정되었는데, 그는 아도니스가 일 년 중의 삼분의 일은 페르세포네와, 또 삼분의 일은 아프로디테와 보내고, 나머지 삼분의 일은 그 자신을 위해서 쓰도록 내버려둘 것을 명령했다.

페르세포네 원형

아주 강한 본능적인 감정이 연결된 원형 유형을 나타내는 헤라나 데메테르와는 달리, 페르세포네는 성격 유형으로 볼 때 그렇게 충동적인 느낌을 자아내지는 않는다. 페르세포네가 성격 구조를 제공한다면, 그것은 능동적이지 않고, 남들에 의해서 수동적으로 움직이는 여성상을 나타낸다. 공손한 행동거지와 수동적인 태도가 바로 그것이다. 처녀 페르세포네는 여성으로 하여금 영원히 젊어 보이게 한다.

여신 페르세포네는 두 가지 측면을 지니는데 하나는 '코레'이며 다른 하나는 지하의 여왕이다. 이러한 이중성은 역시 두 개의 원형 유형으로 드러난다. 이런 유형의 여성은 이 두 측면 중 하나의 영향을 받거나 한 유형에서 다른 유형으로 자라거나, 아니면 그녀의 영혼에는 '코레'와 여왕의 측면이 둘 다 들어가 있을 수 있다.

'코레' — 처녀 원형

'코레'는 '이름 없는 처녀'로 아직 자기가 누구인지 또 자기의 욕망이나 힘이 어디에 있는지 잘 모르는 젊은 처녀를 나타낸다. 대부분의 젊은 여성은 그들이 결혼하거나 또는 직업을 갖기로 마음먹기 이전에 이러한 '코레'의 시절을 거친다. 어떤 여성들은 일생의 대부분의 시간을 처녀로 보낸다.

이런 유형의 여성들은 실제로는 어떤 관계를 맺고 있거나 직업을 갖고 있거나 아니면 대학이나 대학원에 다니고 있음에도 불구하고, 그런 관계나 직장 또는 교육적인 목표에 얽매이지 않는다. 그네들이 무엇을 하고 있든지 그 일은 현실로 다가오지 않는다. 그들은 영원한 젊은이 같은 태도를 지니며 이 다음에 커서 어떤 사람이 되고 싶은지 또는 무엇이 되고 싶은지에 대해서 마음을 정하지 못하고 어떤 것, 또는 누군가가 나타나서 자신들의 인생을 바꾸어 주기를 기다린다.

어머니의 딸

페르세포네와 데메테르는 아주 평범한 모녀 유형을 나타내는데, 그 유형에서 딸은 엄마와 너무나 가까워서 독립적인 자아 의식을 계발하지 못한다. 이러한 관계를 잘 드러내는 말은 "엄마가 가장 잘 안다"는 것이다.

페르세포네 딸은 엄마를 기쁘게 하고 싶어한다. 이런 바람은 그녀에게 '좋은 딸'이 되고 싶어하는 동기를 불러일으킨다. 즉, 순종적이고 겸손하며 주의 깊고, 때로는 위험할 수도 있는 여러 경험으로부터 자신을 보호하거나 차단한다. 이러한 유형은 「엄마 거위 노래」에 잘 나타나 있다.

"엄마, 수영하러 가도 되요?"
"그래, 내 귀여운 딸아.
옷은 꼭 나무에 걸려무나.
하지만 물 근처에는 얼씬도 하지 말거라."

어머니는 강하고 독립적인 듯 보이지만, 이런 모습이 실은 가짜인 경우가 종종 있다. 그녀는 딸을 가까이 두기 위해 딸의 의존심을 더욱 부추긴다.

아니면 그녀는 딸이 자신의 분신이 되었으면 하고 바란다. 딸을 통해서 그녀는 대리의 삶을 살 수 있기 때문이다. 이런 관계를 보여 주는 흔한 예의 하나는 매니저 어머니와 여배우 딸이다.

때때로 아버지는 지배적이고 강제적인 부모로, 의존적인 딸을 기른다. 아버지의 지나치게 간섭하는 태도는 실제로는 감정적으로 딸에 너무나 밀착되어 있는 것을 속이려는 방패일 수도 있다.

이러한 가족 역학 이외에도 우리가 살고 있는 문화는, 소녀들에게 여성스러움을 수동적이고 의존적인 행동과 동일시하도록 교육한다. 그들은 마치 왕자가 오기를 기다리는 '신데렐라'나 또는 자기를 깨워 주기를 기다리는 '잠자는 숲 속의 미녀'와 같이 행동하도록 부추김을 받는다. 수동성과 의존성은 아주 많은 여성들이 안고 있는 핵심적인 문제다. 환경이 이러한 유형을 더욱 강화해서 다른 유형의 성격들은 전혀 발달할 수 없기 때문이다.

아니마 여성

저명한 융 학파 분석가인 M. 에스더 하딩은 자신의 책 『여자의 길』에서 남자를 위해 모든 것을 다 바치는 유형의 여성을 묘사하며 글을 시작하고 있다.

이런 유형은 '아니마 여성'이라고 불리는데 그들은 "자신을 남자의 뜻에 맞추고 그의 눈에 들기 위해 자신을 치장하고, 그를 유혹하려 하고, 그를 즐겁게 하고 싶어한다." 그녀는 "주인공으로서 어떠한 삶을 살아야 할까에 대해 아직 스스로 깨닫지 못하고 있다." 그녀는 "일반적으로 자아가 별로 발달되어 있지 않다. 자신에 대해서나 자신이 지니고 있는 동기에 대해 분석하지 않는다. 그녀는 그저 단순히 존재할 따름이다. 대체로 그녀는 자기 주장을 하지 않는다."[1)]

하딩은, 이러한 아니마 여성은 남성의 무의식적인 여성상을 쉽게 투영 받아서 쉽게 그러한 여성상에 무의식적으로 자신을 맞추어 간다고 말한다. "그녀는 마치 자신의 의지와는 전혀 상관없이 자동으로 돌아가는 다면체 수정(水晶)과 같다. 이렇게 처음엔 한 면이, 그 다음엔 다른 면이 항상 보이게 되며, 그 보이는 면은 언제나 보는 사람의 아니마를 가장 잘 드러낸다.[2)]

페르세포네 여성의 타고난 감수성은 바로 그녀를 매우 유연하게 만든다. 그녀에게 중요한 어떤 사람이 어떠한 자아상이나 기대를 그녀에게 비추면 그녀는 처음부터 이에 저항하지 않는다. 마치 카멜레온과 같이 무엇이든 다른 사람이 자신에게 기대하는 대로 노력하는 형이다. 바로 이러한 자질이 그녀를 아니마 여성이 되도록 만드는 것이다. 그녀는 무의식중에 남자가 원하는 대로 자신을 맞추어 간다. 어떤 남자와는 컨트리 클럽에 아주 걸맞는 테니스 팬이 되며, 또 다른 남자와는 고속도로를 달려나가는 오토바이 뒷자리에 앉은 여성이 된다. 그녀는 제3의 남자에게 또 다른 유형이 될 수도 있는데, 아주 순진 무구한 처녀가 되는 것이다.

유아적인 여성

유괴되기 전의 페르세포네는 유아적인 여성으로서 자신의 성적인 매력이나 아름다움에 대해서 알지 못한다. 이러한 관능미와 천진함의 원형적인 결합이 미국 문화를 지배하고 있다. 그러므로, 바람직한 여성이란 성적 유희의 대상으로, 『플레이보이』 잡지에 누드로 포즈를 취하고 있는 이웃집 소녀 같은 상이다. 예를 들면 영화 「프리티 베이비」에서 브룩 실즈는 전형적인 유아적 여성 역을 맡았다. 그녀는 처녀이면서 사랑스러운 열두 살짜리 소녀로 사창가에서 가장 높은 값을 부르는 사람에게 자신의 처녀성을 파는 것이다. 이런 이미지는 그녀의 다음 영화 「푸른 산호초」와 「끝없는 사랑」, 캘빈 클라인 청바지 광고에서 계속된다. 동시에 언론 매체는 그녀의 경력과 생활을 엄격하게 통제하는 어머니를 가진, 보호받고 순종적인 페르세포네 딸로 그리고 있다.

페르세포네 여성은 반드시 나이가 어려야 할 필요도 없고, 또 자신이 육감적이거나 섹시한 여성인 것을 자각하지 못하도록 성적으로 미경험자이어야 할 필요도 없다. 그녀가 심리적으로 '코레'인 한, 그녀의 관능은 깨어 있지 않다. 남자들이 자신을 좋아한다는 사실을 그녀 또한 좋아한다고 해도 그녀는 정열을 지니고 있지 않으며, 아마 오르가슴을 느끼지도 못할 것이다.

페르세포네를 이상적인 여성형으로 꼽는 것은 일본이 미국보다 더욱 심하다. 일본에서 여성은 조용하고 예절 바르고 겸손해야 한다. 직접적으로 거절해서는 절대 안 된다는 것을 알게 되고, 딴 사람들의 의견에 동의하지 않아서 조화를 깨는 일은 피해야 하는 것으로 알고 자란다. 가장 이상적인 일본 여성은 우아하게 존재하나 항상 뒷전에 있으며, 남자의 요구에 즉각 부응하며 겉으로 보기에 자신의 운명을 받아들이는 여성상이다.

지하 세계의 안내자

페르세포네는 지하 세계를 유괴의 피해자로서 처음 경험했지만, 나중에 그녀는 지하 세계의 여왕이 되어서 그곳을 방문하는 다른 사람들을 안내하는 역할을 맡게 된다. 페르세포네 원형의 이러한 측면은 신화에 따르면 경험과 성장의 결과로 발전하게 된다.

상징적으로 볼 때, 지하 세계란 심리의 깊은 면을 나타내는 것일 수 있다. 다시 말해 개인의 무의식으로서 개개인의 기억과 느낌이 묻혀 있는 곳 또,

집단적인 무의식으로서 어떠한 자아상이나 유형, 본능, 감정들이 원형화되어 있고, 모든 인류에 의해서 공유되는 그런 곳을 말한다. 이러한 영역들이 분석된다면 지하 세계는 꿈속에 재현되기도 한다. 꿈꾸는 사람은 어쩌면 지하실에 있을지도 모른다. 때때로 많은 방과 복도를 가진 미궁과 같은 곳에 있을지도 모른다. 그 속에서 그녀는 사람이나 사물, 동물들과 마주치는데 그녀 자신이 이런 영역을 두려워하느냐 안 하느냐에 따라서, 그러한 것들을 무서워하고 두려워하거나, 흥미를 갖거나 한다.

지하 세계의 여왕이자 안내자인 페르세포네는 자아에 기초한 '현실' 세계의 실재와 심리 세계의 원형적인 무의식 세계 사이를 오가는 능력을 보이기도 한다. 페르세포네 원형이 활성화될 때 이 여성은 두 차원의 세계를 중재할 수 있고, 그녀의 인격 속에 이 둘을 통합할 수 있게 된다. 그녀는 또한 이런 꿈이나 환상 속에서 지하 세계를 방문하는 다른 사람들에게 안내자가 되기도 하고, 또는 이러한 현실에서 유괴되어 현실과의 연결을 잃은 사람들을 도와주는 역할을 할 수도 있다.

『나는 너에게 장미 정원을 약속하지 않았다』의 저자 한나 그린은 그녀의 자전적 소설에서 자신을 현실로부터 유리시키고 상상의 세계에 가두어 둔 열여섯 살 난 정신 분열증 환자이던 소녀가 어떻게 병이 들고, 병원에 보내졌으며, 또 어떻게 회복되었는가에 대해서 쓰고 있다. 그녀는 이것을 쓰기 위해서 자신의 경험을 생생하게 되돌려 보아야 했다. 처음에 'Yr 왕국'이라는 것이 그녀의 피난처였다. 즉 환상의 세계로 자신의 비밀 달력과 언어와 인물들을 갖고 있었다. 그러나 궁극적으로 이 지하 세계는 아주 무시무시한 현실로 되어 버렸다. 그녀는 그 안에 갇혀 거기를 떠날 수 없었다. "그녀는 윤곽 외에는 아무것도 볼 수 없었고, 회색의 연속이었으며 마치 그림처럼 부피가 없는 평면적인 세계가 되었다."[3] 그녀는 유괴된 페르세포네였던 것이다.

한때 정신병 환자였던 사람은 페르세포네처럼, 다른 사람이 지하 세계를 빠져 나갈 수 있도록 도와줄 수 있다. 한나 그린의 책『나는 너에게 장미 정원을 약속하지 않았다』, 실비아 플라스의 소설『벨자』와 그녀의 시, 도리 프레빈의 노래 등은 이러한 어두움에 빠져 들어간 또 다른 사람들을 도와, 그들이 현실 감각을 깨우치는 데 도움을 줄 수 있다. 이들은 병원에 입원한 적이 있는 정신병 환자들로, 회복 후에 그들의 좌절과 미칠 것만 같았던 심정들을 글로 옮겼다. 나는 우수한 정신병 치료사들을 몇 알고 있는데, 이 여성들 역시 젊었을 때 정신병으로 병원에 입원한 적이 있는 사람들이다. 그들도 얼마 동안은 이러한 무의식의 요소들에 완전히 포로가 되어 있었으며 일상적인 현실 감각을 잊고 있었다. 바로 이런 사람의 무의식과 어두움에 대한 직접적인 경험, 그리고 그것의 극복이 그들로 하여금 특별히 다른 사람을 돕는 데 유용하도록 하는 것이다. 이런 사람들은 자신이 그러한 세계에 빠져 들었던 과정을 알고 있다.

마지막으로 어떤 사람은 '코레'에게 잡힌 경험이 없이도 안내자 페르세포네를 안다. 많은 심리 치료사들은 환자들의 상상에서 나타나는 꿈들과 여러 이미지를 가지고 작업을 한다. 그들은 비록 무의식의 세계에 사로잡혀 보지는 않았지만 무의식에 대해서 대단히 감수성이 예민하다. 그들은 본능적으로 그것에 대해서 알며 지하 세계의 영역에 대해 익숙하다. 안내자 페르세포네는 그 사람의 심리 상태의 일부로, 자신이 마주치는 상징적인 언어, 의식, 광기, 전망 또는 황홀하고 신비한 경험을 친숙하게 느끼도록 해주는 책임을 지고 있는 원형이다.

봄의 상징

'코레'인 페르세포네나 '이름없는 처녀'는 많은 여성들에게 젊고 모든 것이 아직 불확실하지만 가능성이 넘쳤던 시절을 생각나게 한다. 다른 원형이 활성화되어서 그녀를 인생의 다른 단계로 이끌어 가기 전에, 누군가 또는 그 무엇이 나타나 자신의 인생을 바꿔 주기를 기다리던 때가 바로 이 시절이다. 여자의 일생을 계절별로 본다면 페르세포네 유형은 봄에 해당한다. 추수 뒤의 농한기와 삭막한 겨울이 지나고 나면 따뜻한 기운이 감돌고 밝은 햇살이 비추고, 푸르른 초목이 자라는 봄이 오는 것과 마찬가지로 페르세포네 유형은 상실과 좌절의 시간이 지난 뒤에 다시 여성 안에서 활성화된다. 각 시기마다 페르세포네 원형은 여자의 심리 상태에서 표면화되며 이 시기에 그녀는 다시 한번 새로운 영향력과 변화를 받아들일 수 있게 된다.

페르세포네 원형은 젊음, 생동감 그리고 새로이 성장할 수 있는 가능성을 뜻한다. 페르세포네 원형을 가지고 있는 여성은 변화에 민감하며 일생 동안 젊은 영혼을 갖는다.

페르세포네를 계발하기

페르세포네 원형이 지니고 있는 이해심은 많은 여성이 계발하면 좋을 자질이다. 이것은 특히 아테나나 아르테미스 여성들에게 필요한 자질인데, 그들은 자신이 원하는 것을 명확히 알고 단호하게 행동하는 습관을 가지고 있다. 그들은 언제 어떻게 행동해야 하는지가 불명확하다거나 어떤 것이 최우선 순위인가 확실하지 않을 때는 아무런 행동도 하지 않는다. 이럴 경우 이들은 상황이 변하거나 자신들의 감정이 명확해질 때까지 기다릴 수 있는 페르세포네 능력을 계발할 필요가 있는 것이다.

또 (때로는 극단적이기까지 한) 개방적이고 융통성 있는 페르세포네의 능력은 데메테르나 헤라 여성 또한 계발할 필요가 있는 자질들이다. 특히 그들이 (헤라처럼) 자신의 기대나 (데메테르처럼) 자신이 가장 잘 안다고 하는 확신에 사로잡혀 있을 경우에 이런 자질을 계발할 필요가 있다.

이러한 자질을 계발하기 위한 첫 단계는 수용적인 태도에 대해서 긍정적인 평가를 내리는 일이다. 다른 사람을 받아들이는 태도는 의식적으로 계발될 수가 있는데, 다른 사람들이 말하려는 것을 귀담아 듣고 그들의 입장에 서서 사물을 보려고 노력하며 비판적인 판단을 내리는 것을 삼가는 것이다.

자신의 심리 상태에 대한 수용적인 태도 역시 계발될 수 있다. 첫 번째 필요한 단계는 자신에게 더욱 친절해지는 것이다. 특히 자신이 쓸모없는 존재라고 느낄 때 필요하다. 많은 여성들은 이런 느낌을 갖는 시기가 단지 일시적인 것이며 영원한 것은 아니라는 것을 알고 난 뒤에야, 쓸모없는 존재라는 느낌이 다시 활동적이고 창조적인 자신으로 돌아가는 치유 과정이라는 것을 알게 된다.

꿈을 분석하는 것은 때때로 효과가 있다. 아침마다 자신이 꾼 꿈을 회상해서 적어 보도록 하는 것은 그 이미지들을 생생하게 유지하도록 해준다. 자신이 꾼 꿈을 기억해 내고 그것에 대해서 생각해 봄으로써 그 꿈이 의미하는 바에 대한 통찰력이 길러지게 된다. 사람들이 영감을 포착해 보려고 노력하고, 마음에 즉흥적으로 떠오르는 이미지들을 수용하는 것을 배울 때 영감 또한 계발될 수 있는 것이다.

페르세포네 여성

페르세포네 여성은 젊은이다운 기질을 가지고 있다. 그녀는 실제로도 나이보다 젊게 보일 수 있고, 성격상 어딘가 소녀다운 데가 있다. 즉 '연약한 나를 보살펴 주세요' 하는 요소를 가지고 있는데 이러한 요소는 중년 너머까지 지속되기도 한다. 나는 페르세포네 여성들은 버들가지와 같은 것을 가지고 있다고 생각한다. 그래서 그녀는 자신이 처한 상황에, 또는 자기보다 강한 성격의 소유자들에게 쉽게 순응한다. 그녀는 바람이 부는 대로 이쪽으로 갔다가 저쪽으로 갔다가 하는데, 바람이 약해지면 그녀가 자신을 바꾸기로 마음먹지 않는 한 언제 그랬냐는 듯이 제자리로 돌아온다.

어린 시절

전형적인 페르세포네 어린이는 때때로 마치 인형처럼 예쁘게 핑크빛 레이스가 달린 드레스를 차려입은, 말이 없고 나서지 않는 '착한 어린 소녀'다. 그녀는 행실이 좋은 어린아이로, 다른 사람을 즐겁게 해주려 하고 들은 대로 행동하며, 자기를 위해 골라준 옷을 입는다.

지나치게 과잉 보호적인 엄마는 딸이 아주 어릴 적부터 마치 감독과 보호가 필요한 깨어지기 쉬운 인형처럼 취급함으로써 주의 깊고 순응적인 페르세포네의 성향을 강화시킨다. 이런 유형의 엄마는 어린 딸이 아장아장 걸음마를 시작할 때 기쁨을 느끼기보다는 넘어져서 다칠까봐 더 걱정한다. 그리하여 새로운 것을 시작한다는 것은 뭔가 위험하고 걱정스러운 일이라는 암시를 계속 딸에게 보낸다. 딸이 혼자 힘으로 뭔가를 하려고 할 때 그녀는 "엄마에게 먼저 물어보아야 하지 않니" 하고 꾸짖는데, 이 말의 진정한 의미는 "내가 도와줄 때까지 기다려라" 하는 것이다. 이러한 상황에서 비록 말로 표현되지는 않았지만 그 상황이 딸에게 주는 교훈은 계속 의존적인 채로 남아 있으라는 것이다.

페르세포네 어린이는 내성적인 아이가 될 확률이 높은데, 우선 관찰을 해보고 뒤늦게 참가하기 때문에 천성적으로 조심성 많은 아이로 보인다.

외향적인 아이들이 우선 시도해 보고 경험을 해보는 반면, 이런 유형의 아이들은 어떤 일이 일어나고 있고 거기에 어떤 규칙이 적용되는가를 알 때까지 옆에서 지켜보기를 좋아한다. 그녀는 실제로 참가하기로 결정하기 전에 자신이 뭔가 하는 것을 머리 속으로 미리 상상해 보아야 한다. 그러나 그녀의 엄마는 때때로 이러한 내향성을 우유부단한 것으로 잘못 해석한다. 따라서 외향적이고 나쁜 의도가 없는 엄마는 딸이 마음을 정하기 전에 뭔가를 하도록 강요함으로써 어린 페르세포네 딸이 실제로 원하는 것이 무엇인가를 찾을 시간을 주지 않게 된다. 빨리 마음을 결정하도록 압력을 받은 딸은 엄마를 즐겁게 할 결정을 빨리 내리게 되면서, 수동적인 것이 차라리 낫다는 것을 점차 배우게 된다.

이와는 반대로 주위에서 도움을 준다면 이 어린 페르세포네는 자신이 원하는 바가 무엇인지를 알게 되는, 그녀 내면의 방법을 신뢰하는 법을 배우게 된다. 그녀는 점차적으로 내면의 수용적인 태도를 신뢰하게 되고 그녀 나름의 방식으로, 또 자신이 필요하다고 생각하는 만큼의 시간을 들여서 스스로 결정을 내릴 수 있다는 자신을 갖게 된다. 그녀의 선호도는 주관적으로 결정되며 그것은 그녀에게 아주 합당한 것이다. 그런데도 그녀는 그러한 것이 왜 옳은가를 논리적으로 설명할 수가 없는데 그 이유는 그녀의 감각이 내면에서 오는 것이기 때문이다.

부모

페르세포네 딸은 종종 데메테르-페르세포네 관계에서 보이는 전형적인 '엄마의 귀여운 딸'이다. 이런 형의 어머니는 종종 딸을, 자신의 자존심을 북돋워 주거나 또는 깎아내리는 분신처럼 취급한다. 이런 유형은 종종 어머니와 딸의 심리가 겹쳐지는 상태를 낳게 한다. 어머니가 딸애의 파티나

무용 또는 피아노 레슨 심지어는 친구까지 골라 준다. 그리고 그녀는 자신이 어릴 때에 원했거나, 가지지 못했던 것을 딸에게 해주려고 한다. 그리고 그녀의 딸이 다른 욕구를 가지고 있을 수도 있다는 것을 상상도 하지 못하는 것이다.

페르세포네 딸은 어머니가 원하는 것이 바로 자기가 원하는 것이라고 생각하며 이와 상충되는 일은 별로 하지 않는다. 성격상 그녀는 수용적이고 얌전하며 딴 사람을 즐겁게 해주고 싶어한다. (이와는 반대로 어린 아르테미스나 아테나형 아이들은 두 살만 되어도 입고 싶지 않은 옷을 입으라고 할 때, 또는 자기가 하고자 하는 일에서 주의를 돌려놓으려고 할 때 분명하게 "싫어" 하고 말한다.)

성취 지향적인 아테나 어머니는 이런 페르세포네 딸을 갖게 되면 내가 어쩌다 이런 딸을 갖게 되었을까 하는 의문을 품게 된다. 그녀는 한순간 아이의 어머니가 된 것을 기뻐했을지도 모른다. 그러나 곧 자신의 딸이 우유부단한 데다가 마음을 잘 표현하지 못하는 것에 좌절감을 느낀다. 아르테미스 어머니의 좌절은 또 다른 것이다. 아르테미스 어머니는 딸의 주관적인 감정을 더 잘 수용할 수 있다. 그러나 그녀는 딸이 의지가 박약하다고 화를 내게 된다. 그녀는 딸에게 "좀더 꿋꿋할 수 없겠니?" 하고 짜증을 내게 된다. 아르테미스와 아테나 어머니들은 페르세포네 딸들에게 어머니들이 소중하다고 생각하는 자질들을 개발시켜 줄 수도 있지만 아니면 뭔가 부적합하다는 느낌을 심어줄 수도 있다.

많은 페르세포네 딸들은 아버지와 친밀한 관계를 갖지 못한다. 어떤 아버지들은 데메테르 어머니들이 딸과의 관계를 독점하고 싶어하기 때문에 관계를 가질 기회를 잃기도 한다. 또는 그가 보수적인 남편일 경우 그는 결코 아기의 기저귀를 갈아주는 따위의 일은 하지 않는다는 자부심을 갖고 있으며, 딸을 기르는 것은 전적으로 어머니에게 맡기고 자신은 전혀 관여하지 않는다. 그렇지만 아들을 키우는 데는 매우 큰 관심을 보인다.

페르세포네 딸들에게 가장 이상적인 부모는 딸이 내면적으로 자신에게 중요한 것이 무엇인가를 깨달아 가는 과정을 존중해 주고, 그녀가 내린 결론을 믿어주는 부모일 것이다. 이러한 부모들은 그녀에게 다양한 경험의 기회를 제공해주지만 그러한 기회들을 강요하지는 않는다. 이런 부모들은 주로 그들 스스로가 내향성을 소중히 할 줄 아는 부모들이다.

사춘기와 청년기

어린 페르세포네가 고등학교 시절에 겪는 경험은 보통은 어렸을 적 생활의 연장선상에 있다. '엄마가 가장 잘 안다'는 식의 관계 속에서 그녀가 자랐다면, 어머니가 자신과 함께 쇼핑을 하고 옷을 골라주고 친구를 선택하거나 관심사를 선택하거나 새로운 데이트 상대를 만나는 것에까지 영향을 미친다. 딸의 경험을 통해서 다양한 삶을 살면서 어머니는 딸의 데이트, 과외 활동 등에 대해서 자세하게 듣고 싶어하고, 딸이 어머니에게 모든 것을 고백하고, 심지어는 비밀까지 공유하기를 기대한다.

그러나 청소년들은 어느 정도의 비밀과 사생활을 가질 필요가 있다. 성장의 이 단계에서 지나치게 간섭이 심한 부모들은 자식들이 독자적인 자아 정체감을 기르는 것을 방해하게 된다. 모든 것을 공유함으로써 청소년기의 딸은 어머니가 그녀 자신의 경험이어야 할 것에 영향을 미치도록 내버려두게 된다. 어머니의 걱정이나 의견 또는 가치가 그녀의 지각에 영향을 미치게 된다.

중류나 상류 계층의 페르세포네 여성들은 주로 대학에 가게 되는데 그것은 그녀와 같은 계층이나 배경을 가진 젊은 여성들이 가지 않으면 안 되는 곳이 바로 대학이기 때문이다. 그러므로 그들에게 대학이란, 페르세포네 딸들과 그녀의 친구들이 뛰노는 풀밭에 해당될 뿐이다. 교육이란 것은 이러한 유형의 소녀들에게는 그저 지나가는 과정일 뿐 미래의 직업이나 경력을 위한 준비 과정은 아니다. 그녀는 그저 숙제나 과제물을 빨리빨리 해치우기만을 원한다. 그녀는 쉽게 싫증을 내거나 자신감이 없기 때문이다. 이런 유형의 여성들은 몇 가지 유형의 전공 과목을 선택해 본다. 그녀가 한 가지 전공 과목에 매달릴 수 있게 된다면, 그것은 자신이 적극적으로 선택해서 그렇게 된 것이 아니고, 우연히 또는 가장 쉬운 길을 택하다 보니까 그렇게 되는 수가 종종 있다.

직업

페르세포네 여성은 계속 '전공 학생'으로 남거나 아니면 직장을 갖게 된다. 고등학교 이후가 되든, 대학 이후가 되든 그녀는 여러 직장을 갖는 경향을 보인다. 그리고 주로 친구들이나 가족들이 있는 곳으로 마음이 쏠리기 쉽다. 그녀는 언젠가는 자신이 흥미 있어 할 직장을 가지리라는 기대 속에 이 직장 저 직장으로 옮겨 다닌다. 아니면 그녀는 과제를 시간 안에 해내지 못하거나 너무나 일을 하지 않는다는 이유로 해고되기도 한다.

페르세포네 여성은 동기 유발이나 지속성 또는 감독을 필요로 하지 않는 직장에서 능력을 발휘한다. 그녀는 상관을 기쁘게 해주고 싶을 때 일을 아주 잘한다. 그러나 상관은 그녀에게 금방금방 해치워야 하는 구체적인 과제를 맡긴다. 장기간에 걸쳐서 해야 할 과제가 주어질 경우 페르세포네는 꾸물거리고 질질 끈다. 그녀는 마치 누군가가 그 과제로부터 자신을 구해줄 것을 기대하는 것처럼 아니면 이 세상의 모든 시간이 자기 것인 양 행동한다. 이 두 가지가 다 사실이 아닌 것이 될 무렵이면, 즉 과제물을 제출해야 될 시간이 왔을 때 그녀는 전혀 준비가 되어 있지 않다. 기껏 해봤자 그녀는 밤을 새워서 막바지에 당일치기로 일을 끝내고 만다.

'코레'를 닮은 여성에게 일은 별로 중요하지 않긴 하지만, 그녀가 지하 세계의 여왕과 같은 상태로 성숙한다면 상황은 상당히 달라진다. 그렇게 되면 그녀는 창조적이고, 심리적이며 영적인 분야에 관여할 가능성이 높다. 예를 들면 예술가라든가 시인, 정신과 의사 또는 무당이 되는 것이다. 어떤 일을 하든 그러한 일들은 매우 개인적이며 정통에서 벗어난 것이다. 그녀는 아주 개인적인 방법으로 일을 하게 되는데 그것은 대개 학위가 없어도 할 수 있는 일들이다.

여성과의 관계

젊은 페르세포네 유형의 여성은 그녀와 비슷한 다른 여성들과 친하게 지낸다. 그녀는 종종 고등학교나 대학교의 여학생 클럽에 속해 있는데, 자신만의 시간을 갖기보다는 다른 여자 친구들과 어울려서 새로운 상황을 자꾸만 찾아 나서기를 좋아한다.

그녀가 예쁘다면, 자신이 여성스럽지 않다고 생각하는 다른 여자 친구들에게 매력적이다. 다른 여자 친구들은 자신이 못 가진 여성스러움을 지닌 이러한 페르세포네 여성을 아주 특별한 친구라고 생각하게 된다. 그녀가 일생을 통해서 계속 귀중하고, 깨질 듯 말 듯 아주 소중하게 다루어야 할 존재처럼 취급받아 왔다면 그녀는 그러한 대접을 아주 당연한 듯이 받아들이게 된다. 그녀의 가장 친한 친구는 흔히 그녀보다 강한 개성을 지닌 여자 친구다. 페르세포네 여성은 자신의 동료들이나 또는 조금 나이 많은 여성들과의 관계에서 어머니 같은 모성적인 반응을 보이는데, 상대 여성들은 그녀를 좋아하고 그녀에게 그러한 것을 기대한다.

'소녀를 선호하는' 남성과의 관계

남성과의 관계에서 페르세포네 유형의 여성은 어린이 같은 여성으로 자기 주장이 없고 불확실하며 발랄하다. 그녀는 모든 여신 가운데 가장 불분명하고 위협적이지 않은 페르세포네 '코레'의 유형에 해당된다. 그녀가 "그래. 뭐든지 네가 원하는 대로 하자"고 말한다면 그것은 그녀의 진심이다.

세 유형의 남자들이 페르세포네 여성들에게 이끌리는데, 첫째는 그녀처럼 젊고 경험이 없는 남자, 둘째는 그녀의 순진함과 연약함에 이끌린 '강인한 남자', 셋째는 '성숙한' 여인에게 불편함을 느끼는 남자다.

우리가 첫사랑이라고 일컫는 것이 첫 번째 유형에 해당한다. 이는 고등학교나 대학교에서 맺는 관계로, 젊은 남성과 여성은 이성의 대등한 관계로 탄생하게 된다.

두 번째 유형은 전형적인 '좋은 집안의 정숙한 소녀'인 페르세포네와 강인하고 세상 물정에 밝은 남자 사이에 맺어지는 관계다. 이러한 남자들은 보호받는 특권층의 여성, 즉 그와는 모든 것이 반대인 여성에게 매력을 느낀다. 그녀는 이와는 반대로 그의 개인적인 매력 또 성적인 느낌, 그리고 지배적인 성격에 매력을 느낀다.

세 번째 유형은 여러 가지 이유 때문에 성숙한 여인과는 불편함을 느끼는 유형의 남성을 포함하게 된다. 좀 과장하자면 아버지 같은 남성과 딸 같은 여성과의 관계가 이러한 유형의 전형적인 예가 된다. 이 남성은 상대편 여성에 비해서 나이도 많고 경험도 많고, 키도 크고 강하고 또 똑똑한 반면, 여자는 어리고 경험도 없고 작고 연약하고, 교육도 적게 받고 덜 지적인 것으로 그려진다. 이러한 유형에 가장 잘 맞는 것은 바로 어린 페르세포네다. 더군다나 페르세포네는 많은 남성들이 어머니에게서 받는 이미지

(강인하다거나 즐겁게 해주기 어려운 여성)하고는 거리가 멀다. 그리고 바로 이러한 점이 어떤 남성들이 페르세포네 여성들을 좋아하는 이유다. 페르세포네 여성과 함께 있는 남성은 자신이 힘이 세고 지배적인 남성처럼 느낄 수가 있으며 그의 권위나 생각들이 도전받지 않는다고 생각한다. 그는 또한 그가 순수할 수 있고 미숙할 수도 있으며, 경쟁적이지 않을 수도 있고 비판받지 않아도 된다고 느낀다.

  남성과의 관계를 갖는 것이 페르세포네 여성에게는 지배적인 어머니와 떨어질 수 있는 수단이 될 수 있다. 이때 그녀는 페르세포네가 볼모가 되었던 것과 같은 과정을 겪게 된다. 연인과 어머니의 세력 다툼에서 소유의 대상이 되어 버리는 것이다. 그녀는 어머니가 착실하고 좋은 젊은이라고 생각하는 것과는 전혀 다른 유형의 남성과 사랑에 빠진다. 그녀는 때때로 다른 계층의 남자 또는 다른 인종의 남자를 고르기도 한다. 어머니는 그녀가 선택한 남자의 사람 됨됨이에 대해 불만이 많다. "그 남자는 아주 불친절하고 무례하구나." 또는 "아주 형편없는 사람이구나. 늘 딴소리만 하고 있거든" 하는 식이다. 그 남자는 딸을 보살핌이 필요한 공주처럼 대하지 않은 최초의 남자일 것이며, 딸이 그런 행동을 할 경우에 그 남자는 그것을 참지 못할 것이다. 그녀의 어머니는 섬뜩함을 느끼게 된다. 그녀는 고분고분한 딸에게 영향력을 미칠 수 있으리라고 확신하면서 딸의 선택에 대해 갖은 비난을 다한다. 어머니는 이 남자의 성격이나 개성 또는 배경에 대해서 한탄을 하고 때로는 딸의 판단 능력이나 가치관에 대해서조차 의문을 제기한다. 때때로 어머니는 이 남자가 자신의 적이 될 수도 있다는 것을 느끼게 된다. 그리고 실제로 어머니에게 저항할 수 있는 이런 능력이야말로 페르세포네 딸이 그런 남성에게 매력을 느끼게 되는 이유 중의 하나이기도 하다.

  이제 페르세포네 딸은 난생 처음으로 어머니와 대적하게 되고, 어머니가 갖고 있는 착한 딸의 기준에서 벗어나게 된다. 그녀의 어머니나 가족은 그녀가 그 남자를 만나는 것을 금지할 수도 있다. 그렇게 되면 그녀는 공개적으로 그러한 결정에 대해서 싸우기보다는, 우선은 안 만나겠다고 대답을 해놓고는 몰래 그를 만나러 나간다. 또는 그녀는 그 남자의 좋은 점들을 들어서 어머니를 설득해 보려고 노력한다.

어느 정도의 밀고 당기는 식의 갈등이 지난 뒤에 남자는 대개 그녀에게 어머니를 직접 만나게 해달라고 하거나 아니면 어머니로부터 인정받기를 포기하려고 한다. 그는 그녀에게 같이 살거나 결혼하거나, 함께 이곳을 떠나거나 아니면 어머니와의 관계를 끊자고 요구하게 된다. 연인과 어머니 사이에 끼여서 그녀는 다시 얌전한 딸로 어머니에게 되돌아갈 수도 있고, 아니면 드디어 어머니와의 관계를 끊고 남자에게로 돌아서게 되기도 한다.

그녀가 정말로 어머니에게서 벗어난다면 드디어 독자적이고 스스로 모든 것을 결정하는 한 인간의 삶을 시작하게 된다. 그녀가 이렇게 하는 것은 지배적인 어머니와 지배적인 남편을 맞바꾸는 위험을 안고 있기는 하다. 그렇지만, 보통은 일단 어머니에게서 떨어져 나오면 그녀는 변화하게 되고 예전처럼 남이 시키는 대로 행동하는 인간으로 남아 있지는 않게 된다. 어머니와의 재결합은 훨씬 뒤에 있게 되는데, 그것은 그녀가 자신의 감정적인 독립을 얻은 이후이다.

성생활

처녀 페르세포네 여성은 마치 잠자는 숲 속의 미녀나 백설공주와 마찬가지다. 즉, 자신의 성욕에 대해서 전혀 알지 못하며 어떠한 왕자님이 나타나서 그런 자신의 욕망을 일깨워 주기를 기다리는 것이나 마찬가지다. 많은 페르세포네 여성은 결국 성욕에 눈뜨게 된다. 그들은 자신이 정열적이고 황홀경을 느낄 줄 아는 여성임을 알게 되는데, 이러한 깨달음이 그들의 자아상에 긍정적인 영향을 미친다. 전에 그들은 마치 다 큰 여성인 척하는 어린 소녀들 같다고 느꼈다. (그러한 페르세포네 유형은 이 장의 뒤에 좀더 자세하게 이야기하겠다.)

결혼

결혼이란 페르세포네 여성들에게는 가끔 그저 그렇게 일어나는 일이다. 그녀는 어떤 남자가 자신과 결혼하고 싶어하고, 결혼 승낙을 하는 경우 납치되는 것처럼 결혼하게 된다. 그녀가 전형적인 페르세포네라면 그녀는 자신이 결혼을 원하는지 어떤지를 확신할 수가 없다. 그녀는 남자의 주장과 확신에 휩쓸려 버리고, 또한 결혼이란 누구나 다 하는 것이라는 문화적인 가정에 영향을 받아서 결혼을 해버린다. 본능상 페르세포네 여성은 전통적으로 여성적인 특성들을 지닌다. 그들은 더 강력한 사람의 뜻을 따르며 능동적이고 경쟁적이고 추진력이 있기보다는 수동적이다. 남성들이 그녀들을 선택하지, 그 반대의 경우는 일어나지 않는다.

일단 결혼을 하면 페르세포네 여성들은 페르세포네 신화에 상응하는 과정을 겪게 된다. 그래서 원치 않는 신부나 볼모가 되어서 어머니와 남편 사이에서 고민하게 된다. 또한 헤라, 데메테르, 아프로디테 원형이 결혼으로 활성화되었을 때, 영원한 소녀 또는 처녀였던 그녀가 유부녀, 어머니 그리고 성적인 여성이 되는, 원치 않는 변화가 일어날 수 있는 사건이 될 수도 있다.

새로 결혼한 남편은 페르세포네 아내와의 힘겨운 과정을 이렇게 묘사했다. "나는 그녀와 사랑에 빠져서 결혼을 하려고 했는데도, 그녀는 내가 한 모든 일들이 그녀의 일생을 망치기 위한 것인 양 나를 취급합니다. 지난

주에 나는 은행에서 서류를 받아야 할 필요가 있었는데, 그날 시간이 너무 없어서 그녀에게 그 일을 해달라고 부탁했죠. 그랬더니 그녀는 내가 마치 자기를 하인처럼 부려먹는다고 비난했습니다. 부부 관계를 갖는 것도 꼭 내가 먼저 시작해야 합니다. 그리고 그녀는 마치 내가 강간이라도 하는 것같이 받아들입니다." 그는 그들 사이에 일어나고 있는 일들 때문에 혼란스럽고 화가 나고 좌절감을 느끼게 된다. 그는 그녀가 자신을 마치 무감각하고 난폭한 짐승처럼 취급한다고 느낀다. 그녀가 마치 포로로 잡힌 페르세포네처럼 행동하고, 그는 그녀를 잡아서 감옥에 가둔 납치 유괴범 하데스처럼 되어 버리기 때문에 그 남성은 상처받고 무능력하게 된다.

원치 않는 신부가 된 페르세포네 여성은 자신의 결혼에 충실하기가 어렵다. 결혼은 했으되 마음은 딴 곳에 가 있는 경우가 많다. "나는 룸메이트와 함께 사는 거예요. 그리고 이것은 아주 지루한 일이랍니다. 그 남성은 내가 꿈꾸어 왔던 꿈속의 남자가 아니었어요. 그런데도 그는 내게 모든 것을 요구합니다. 집과 가족, 그리고 내게 의존해요. 그래서 나는 그러겠노라고 대답은 했어요"라고 한 여성은 말한다. 이런 페르세포네 여성은 그녀의 남편과 완전한 일심동체를 이루지 못한다. 감정적으로 그녀는 오직 자신의 시간 중 일부만을 결혼 생활에 소요하고 나머지 시간에는 다른 남성을 꿈꾸면서 보낸다.

자식과의 관계

페르세포네 여성은 아이를 갖더라도 데메테르 원형이 그녀 내부에서 활성화되지 않는 한 자신이 진정한 어머니라고 느끼지 않을 것이다. 그녀는 여전히 딸로 머물러 있고 싶고, 자신의 어머니가 '진짜 어머니'이고 자신은 그저 엄마 노릇을 해보는 것쯤으로 생각한다. 할머니가 되어 손자 손녀를 돌보는, 간섭하기 좋아하는 어머니는, 페르세포네 딸에게 어머니 자격이 없다고 느끼게 하고 어렵게 한다. 그녀는 이런 식으로 말한다. "넌 이렇게 연약한 애를 어떻게 다루는지 잘 모를 거야. 내가 하는 것을 봐라" 또는 "내가 이 애를 볼 테니 넌 좀 쉬어라" 아니면 "너는 아기한테 우유를 충분히 주지 않고 있구나. 병을 바꿔야 할 때다." 이런 충고들은 딸로 하여금 점차 자신감을 잃게 만든다.

페르세포네 어머니를 가진 아이들은 어머니에게 여러 반응을 보인다. 딸이 더 강한 의지와 분명한 생각들을 갖고 있다면 어머니가 자식들에게 무엇을 어떻게 해야 하는가를 말하기보다는 오히려 자식들이 어머니에게 이렇게 해야 한다고 말을 하는 상태가 된다. 그리고 딸이 점점 커감에 따라, 어떨 때는 열두 살이 채 되기도 전에 페르세포네 어머니와 역할을 바꾸어 하게 된다. 그리고 이런 딸들이 커서 어른이 되어 자신들의 어린 시절을 되돌아보면서 하는 얘기는 "나는 어머니가 없었어. 내가 오히려 어머니였어" 하는 식이다. 어머니와 딸이 둘 다 페르세포네 형이라면 둘은 매우 닮게 된다. 특히 그들이 함께 산다면 둘은 서로 무척 의존적으로 된다. 그리고 세월이 감에 따라서 마치 뗄려야 뗄 수 없는 자매처럼 보이게 된다.

씩씩한 아들을 둔 페르세포네 어머니는 자신이 아들에 의해서 질질 끌려 다니는 느낌을 가진다. 심지어는 유아기 때부터 이 어린 아들이 어머니를 두렵게 하는 수가 있는데, 그러한 어린 아들은 고집이 세고 화를 내서 마치 힘센 남성의 어린 유형처럼 페르세포네 어머니에게 비치기 때문이다. 페르세포네 여성은 관계를 유지하는 데 힘을 사용한다는 것은 전혀 생각해 보지도 못했기 때문에, 그녀는 아이에게 '누가 윗사람인가'를 보여 주지 못한다. 그녀는 아들의 욕구에 손을 들어버리며 한계를 정하는 데 실패하고 자신이 무능력하고 희생당했다고 느낀다. 아니면 그녀는 사태를 전환할 수 있는 간접적인 방법을 찾기도 한다. 아들에게 더 나은 분위기를 만들어 주거나 마음을 고쳐먹도록 아들을 구슬리거나 주의를 딴 데로 돌리든가, 아니면 완전히 동요되거나 당황해서 어린 아들이 죄의식을 느끼거나 부끄러워하도록 만든다.

페르세포네 어머니가 자식들을 사랑하며, 자신과는 전혀 다른 독립적인 기질을 갖고 있는 것에 대해서 탄복하고 자식들한테 간섭을 하지 않는다면 이러한 자식들은 잘 자란다. 페르세포네 어머니는 자식들의 상상력을 잘 키워줄 수 있고 자기 자신의 한 부분을 공유함으로써 자식들과 사이좋게 지낼 능력도 있다. 페르세포네 어머니 자신이 '코레'인 페르세포네를 벗어나 성숙할 수 있다면, 그런 어머니들은 창조력의 원천으로서 내면 세계의 가치를 자식들에게 가르쳐줄 수 있는 것이다.

중년

'코레' 페르세포네 원형은 영원한 젊음으로 남지만 인간 페르세포네는 점차 나이를 먹게 된다. 젊음을 잃게 되면서 그녀는 얼굴에 생기는 주름 때문에 스트레스를 받게 된다. 현실적인 장애들이 점점 명확해지면서 그녀는 가능성으로 꿈꾸어 왔던 것들이 하나 둘 자신에게서 멀어져 간다는 것을 느끼게 된다. 중년의 우울증은 이러한 현실이 그녀에게 명확해졌을 때 일어난다.

계속 자신을 처녀로 생각한다면 그녀는 현실을 부정하려 들 것이다. 젊음이라는 환상을 유지하기 위해서 성형 수술도 받을 것이다. 그리고 머리 스타일이나 옷은 훨씬 젊은 여성들에게나 맞을 듯한 것들을 고르게 된다. 그녀의 행동은 걷잡을 수 없게 되고 귀엽게 보이려고 애쓰게 된다. 그리고 세월이 감에 따라서 그녀의 행동은 더욱더 우스꽝스럽게 된다. 이런 여성의 경우 좌절은 결코 표면화되지 않는다.

그녀가 중년에 들어 뭔가 자신을 변화시키는 소속감을 느꼈거나 경험을 겪었기 때문에 더 이상 자신을 '코레' 페르세포네로 자각하지 않는다면, 좌절을 겪지 않고 지나갈 수도 있다. 그렇지 않다면 좌절이 그녀의 인생에서 전환점이 될 것이다. 이 전환점은 그녀에게 긍정적인 결과를 가져올 수도 있고 부정적인 결과를 가져올 수도 있다. 즉, 인생에 패배당한 채 계속 좌절된 상태로 인생을 살 수도 있고, 아니면 이런 좌절이 그녀의 한없이 이어져온 청소년기를 끝내고 성숙의 시작을 가져다줄 수도 있다.

노년

페르세포네 여성이 인생을 살아가면서 '코레'에서 지하 세계의 여왕으로 성숙해 갈 수 있다면 65세의 나이에 또는 그보다 더 나이가 들어서 그녀는 삶과 죽음이 지닌 의미를 잘 아는 노인으로서 살아갈 수 있다. 그녀는 신비롭거나 또는 영적인 경험을 했고, 늙어서 죽는다는 것에 대한 공포를 쫓아낼 수 있는 깊은 영적인 세계에 발을 들여놓게 된다. 그녀가 성숙하고 소속감을 가지고 다른 측면을 계발해낼 수 있었다면, 그리고도 아직 '코레' 페르세포네와 연관을 갖고 있다면 그녀는 마음으로나마 영원히 청춘인 상태로 머무를 수 있다.

어떤 여성이 페르세포네 유형으로 인생을 시작했으나 청년기 또는 중년기에 헤라나 데메테르, 아프로디테 유형이 활성화되는 단계를 겪었다면 노년에 이 여성에게서 페르세포네 유형을 찾아보기란 거의 힘들다. 아니면 가장 나쁜 경우는 페르세포네 유형의 여성이 결코 좌절에서 회복하지 못한 채, 인생의 실패를 겪고 현실로부터 움츠러들어서 자신의 내면 세계에 갇혀 지내는 것이다.

심리적인 어려움

페르세포네 여신은 하데스에 의해서 납치되어 강간당하고 또 한동안 무능력하게 사로잡혀서 원치 않는 신부로 지내기 전까지는 아주 천진난만한 딸이었다. 어머니의 노력으로 자유로워지기는 했지만 그녀는 몇 알의 석류씨앗을 먹었기 때문에 일 년 중의 일정 기간 동안은 어머니인 데메테르와 함께 지낼 수 있었지만, 그 나머지 시간은 하데스와 같이 지내야만 했다. 그녀가 지하 세계의 여왕이자 안내자가 된 뒤에야 비로소 자신의 인생을 살게 된다. 이렇게 신화의 서로 다른 단계는 실제 인생의 각 단계와 서로 상응한다. 마치 여신처럼 페르세포네 여성은 이런 단계를 통해서 점진적으로 발전하게 되며 각각의 일들이 일어날 때마다 점차 성숙하게 된다. 그렇지만 이런 여성들은 또한 어느 한 단계에 사로잡혀 있을 수도 있다.

헤라나 데메테르 원형이 강력한 본능으로 작용해 어떨 때는 여성이 성숙하기 위해서 이런 본능들이 억눌러져야 하는 것과는 반대로, 페르세포네 원형은 여성이 수동적이고 고분고분하게끔 영향을 준다. 그러므로 페르세포네 여성은 쉽게 남들의 지배를 받는다. 일곱 여신 가운데서 가장 형체가 약하고 불분명한 여신인 페르세포네는, 방향 감각이 없고 추진력이 없다는 특징을 지닌다. 그러나 이 모든 여신 중에서 그녀는 성장할 수 있는 가장 확실한 길을 가지고 있기도 하다.

나는 페르세포네 '코레'인가

'코레'로서 산다는 것은 아무에게도 어떤 것에도 얽매이지 않는 영원한 처녀임을 의미한다. 뭔가 결정적인 선택을 한다는 것은 다른 가능성을 배제하기 때문이다. 더군다나 이런 여성은 자신의 마음을 결정하는 데 시간이 아주 많이 남아 있는 것으로 느끼기 때문에 무엇인가 그녀의 마음을 움직이는 것이 나타날 때까지 기다리려고 한다. 그녀는 웬디와 피터팬 그리고 길 잃은 소년들이 사는 신비의 나라에 산다. 그녀가 성숙하고 싶다면 그녀는 현실 세계로 되돌아와야 한다. 웬디는 물론 이런 결정을 했다. 그녀는 피터에게 안녕을 고한 뒤, 창문을 통해서 자기가 떠났던 어린이 방으로 돌아간 후 자신이 성숙해졌다는 것을 알게 된다. 페르세포네 유형의 여성들에게 이러한 관문은 바로 심리적인 것이다.

성장하기 위해서 페르세포네 여성들은 스스로 무엇엔가 소속감을 가지고 그것에 맞춰서 살아가는 것을 배워야 한다. 그녀는 무슨 일이든 응낙을 하고, 자기가 하기로 한 것을 실행하는 데 어려움을 느낀다. 시간 내에 과제물을 제출하거나 학교를 끝마치거나 결혼을 하거나 애를 키우거나 직장을 유지하는 것은, 인생을 놀이로 생각하는 사람에게는 어려운 일이다. 성장하기 위해서 그녀는 자신의 우유부단, 수동성, 그리고 타성적인 습관과 싸워 이겨야 한다. 그녀는 자신의 마음을 확고히 정하고 비록 그것이 즐겁지 않더라도 자신의 결정에 따라서 열심히 일하는 법을 배워야 한다.

삼사십대 정도에서, 자신이 영원한 젊은이라는 페르세포네 여성의 환상을 깨고 현실이 비집고 들어온다. 그녀는 뭔가 잘못되어 가고 있다는 것을 감지한다. 생체 리듬에 의해서 그녀는 아기를 갖기에도 늦은 나이가 되어 버린다. 그녀는 자신의 직장이 장래성이 없음을 깨닫게 되거나 또는 거울을 보았을 때 자신이 늙어가고 있다는 것을 보게 된다. 주위를 둘러보면 친구들은 다 성숙해서 그녀만을 내버려둔 채 저 앞으로 가고 있음을 보게 된다. 즉, 친구들은 남편과 가족을 지키며 확고한 직장 생활의 경험들을 쌓아가고 있는 것이다. 그 친구들이 해놓은 일들은 다른 사람들에게도 중요한 일들이었고 그들은 뭔가 명확하게, 그러나 보이지 않는 방법으로 페르세포네 여성과는 상당히 다른 삶을 산 것이다. 인생이 이 친구들에게 영향을 미쳐서 뭔가 표적을 남겼기 때문이다.

여성이 '코레' 페르세포네의 태도를 취하고 있다면 그녀는 결코 결혼을 하지 않거나, 결혼을 하고서도 그것이 자신이 지켜야 할 어떤 실제적인 것이라고 생각하지 않는다. 그녀는 결혼을 영원한 처녀성의 관점에서 보는데, 말하자면 그녀에게 결혼은 죽음이므로 실제적인 결혼에 저항을 한다. 페르세포네의 관점에서 봤을 때 결혼이란 죽음의 사신인 하데스에 의한 납치일 뿐이기 때문이다. 이러한 결혼관과 남편관은 헤라의 결혼관과 상당히 다르다. 헤라 여성은 결혼에 대해서 긍정적인 기대를 갖고 있으므로 상대방 남성에 대해서 잘 알아야만 하고, 잘못된 결혼을 피하려 한다. 그렇지 않을 경우 즉, 결혼 생활이 만족스럽지 않다면 그녀는 환상에서 즉시 깨어난다. 이와는 정반대로 페르세포네 여성에게 결혼이란 항상 납치와 죽음을 뜻하는 것으로, 그것에 대항해서 싸우거나 저주해야 할 것으로 여기는데, 그녀는 이 우매한 가치관에 저항하여 싸워야만 한다.

페르세포네의 함정: 성격상의 결함

페르세포네가 어머니인 데메테르와 다시 만났을 때 어머니의 첫 질문은 "너 지하에서 아무것도 먹지 않았느냐?"였다. 페르세포네는 "몇 개의 석류 씨를 먹었다"고 대답하고는, 하데스가 강제로 먹였기 때문에 할 수 없이 먹었다고 거짓말을 한다. 페르세포네는 어머니가 자신에게 갖고 있는 기대에 어긋나지 않게 하기 위해서 이런 거짓말을 한 것이다. 그녀는 자신의 운명에 대해서 아무런 힘이 없고 따라서 책임을 질 수 없는 듯한 인상을 풍기지만 실제로는 자신의 운명을 결정하는 것이다. 씨를 삼킴으로써 페르세포네는 일정 시간을 하데스와 같이 보내는 것을 보장받게 된다.

간접적인 방법의 사용, 거짓말, 조작이 페르세포네 여성의 잠재적인 성격상의 문제들이다. 자신을 무능하게 느끼면서도 자신보다 힘센 사람에게 의존하면서, 그들은 자기가 원하는 것을 간접적으로 취득하는 법을 배우게 된다. 그들은 기회가 오기를 기다리거나 또는 아첨을 하기도 한다. 그들은 진실의 일부만을 얘기하거나, 상대방과 직접적으로 대면하기보다는 거짓말로 그 자리를 모면하려고 한다.

보통 페르세포네 여성은 분노를 피하고 싶어한다. 그들은 다른 사람들이 자신에게 화를 내는 것을 원하지 않는다. 그들은 자신들이 생각하기에 더욱 강력한 사람들의 관용이나 성의에 기대고 싶어한다. 그러므로 그들은 종종 어머니, 아버지, 남편, 고용주, 선생님을, 마치 자신이 그들의 총애를 받을 필요가 있는 보호자처럼 대우한다.

어떤 페르세포네 여성에게는 자기애가 또 다른 함정이 된다. 그들은 지나칠 정도로 자기 자신에게 집착해서 다른 삶과 관계를 맺을 능력을 잃어버리게 된다. 그들의 생각은 자신에 대한 관심으로 가득 차 버린다. "내가 어떻게 보일까? 나는 충분히 위트가 있을까? 아니면 내가 말하는 것이 지적으로 들릴까?" 그리고는 그들의 모든 에너지를 화장을 하고 옷을 입는 데에 써버린다. 이런 여성들은 몇 시간씩 거울 앞에서 보낸다. 상대방이란 오직 자기 자신의 모습을 비춰볼 수 있는 것밖에 아무것도 아니다.

지하 세계: 심리적인 병적 상태

신화에서 페르세포네는 지하 세계에 포로로 있는 동안 먹지도 웃지도 않는 슬픈 처녀였다. 이 단계는 어떤 페르세포네 여성이 겪어 나아가야 할 심리적인 병적 상태와 유사하다.

페르세포네 여성은 자신을 옭아매고 있는 사람이 자신을 지배하고 한계를 정할 때면 쉽게 우울증을 겪는다. 자신을 잘 규정하지 못하는 성격이므로 그녀는 상황을 바꾸기 위해서 자기 자신을 표현하거나 능동적으로 대처하기보다는, 자신의 내면 세계의 분노나 무관심을 차곡차곡 쌓아 놓는다. (분노가 내면으로 향한다. 말하자면, 이것이 억압의 상태이고, 발전하면 우울증이 된다.) 소외감, 부적절함, 자아 비판이 그녀의 우울증을 더욱 심화시킨다.

페르세포네 여성이 우울증에 걸릴 때, 그것은 극적이지 않고 점차 퇴색되어 가는 듯한 우울증이다. 그녀의 개성은 점차 움츠러들며 수동성은 점점 더 증대되며, 감정은 거의 느낄 수 없을 정도가 된다. 그녀는 가냘프고 허약해 보인다. 마치 페르세포네가 처음 지하 세계에 납치되었을 때처럼 그녀는 먹지도 않고 말도 하지 않는다. 시간이 지남에 따라 육체적으로 또 정신적으로 몹시 허약해진다. 의기소침해진 페르세포네를 지켜보는 것은 마치 꽃이 시들어 가는 것을 보고 있는 것과 같다.

이와는 대조적으로 우울해진 데메테르 여성들은 크게 다가오면서, 주위의 모든 사람들에게 커다란 영향을 미친다. 우울증에 빠지기 전에 그녀는 아주 활기차고 중심적인 인물이었다. 그러므로 그녀가 우울해지면 행동에 극적인 변화가 온다. 반면 페르세포네 여성이 우울해지면 그저 점차 시들해지는 유형을 보인다. 더군다나 우울증에 걸린 데메테르는 주위에 있는 모든 사람에게 죄의식과 무능함을 느끼게 하며 그녀가 퍼붓는 비난에 대해서 분노하게 만든다. 이와는 반대로 우울증에 걸린 페르세포네는 주위 사람들의 감정을 전혀 흐트러뜨리지 않는다. 그와는 달리 주위 사람들은 그녀로부터 단절된 것처럼 느낀다. 페르세포네 유형 여성들 자신이 바로 죄의식을 느끼고 비난받아야 한다 생각하고 자신을 무능하게 여긴다. 그리고 때때로 그녀는 자신이 말한 것이나 생각한 것, 행동한 것에 대해서 불필요할 정도로 죄의식을 느끼기도 한다. 결과적으로 우울증에 걸린 데메테르는 집 전체를 소용돌이 속으로 빠뜨리는 반면 우울증에 걸린 페르세포네는 조용히 뒷방으로 사라져 버린다.

어떤 페르세포네 여성들은 내면의 영상들, 묵상 그리고 환상의 세계 즉, 자신들만이 들어갈 수 있는 그늘진 세계로 퇴각해 버린다. 어떤 여성은 거의 대부분의 시간을 간섭이 심한 어머니나 폭력적인 아버지로부터 도피해서 자신의 내면 세계에 빠져 지내게 된다. 내가 만난 페르세포네 환자는 이렇게 말하곤 했다. "나는 거실 한구석에 나만의 특별한 장소가 있어요. 거기에는 나만의 나무가 있는데 그 나뭇가지가 거의 땅에 드리워서 나를 숨겨줄 수가 있지요. 그리로 나는 숨으러 가지요. 나는 바로 그곳에서 어린 아이가 되어 백일몽을 꿈꾸면서 다른 사람의 역할을 해보며 몇 시간씩을 보내는데, 그게 바로 진짜 나입니다."

때때로 그녀는 내면 세계에 집착해서 다른 사람과의 관계를 끊고 지내기도 하고, 또 현실 세계가 너무 어렵거나 과도한 요구를 한다고 느낄 때마다 그리로 퇴각한다. 그러나 어느 순간엔가 은신처처럼 느껴지던 곳이 감옥으로 변할 수도 있다. 마치 테네시 윌리엄스의 희곡 「유리 동물원」처럼 페르세포네 여성은 상상의 세계에 잡혀서 일상적인 현실의 세계로 돌아오지 못할 수도 있다.

현실로부터 점차 움츠러들면서 어떤 페르세포네 여성들은 정신병에 빠지는 듯하다. 그들은 상징적인 심상과 자신만이 알고 있는 은유의 세계로 빠져들고 자신에 대해서 왜곡된 시각을 갖게 된다. 때때로 정신병은 이런 여성들이 자신의 삶을 제한하고 있던 한계와 본질을 깨고 나올 수 있는 길을 마련해 주는 변신의 기회로 작용하기도 한다. 일시적으로 정신병자가 됨으로써 그들은 더 폭넓은 감정을 느낄 수 있게 되며, 자신의 더 깊은 내면 세계를 알게 된다.

그러나 정신병에 걸리는 것은 지하 세계에 영원히 감금될 위험성을 내포하고 있다. 마치 세익스피어의 희곡 「햄릿」에 나오는 오필리어처럼, 어떤 페르세포네 여성들은 현실이 매우 고통스러울 때에는 정신병 속에 계속 안주하면서 실제로 무엇이 일어나는가에 대해서 회피하려고 한다. 그러나 많은 경우 심리 요법의 도움을 받아서 정신병을 치유받게 되며, 성장하게 되고 자신에 대해 확신을 갖게 되면 독립심을 얻는다.

페르세포네가 지하 세계로부터 구출된 뒤 헤카테가 그녀의 변함 없는 친구였다. 천지와 하계를 다스리는 여신인 헤카테는 귀신과 악마, 마술과 마법의 초자연 세계를 다스린다. 정신병에서 벗어난 페르세포네 여성은 사건들의 상징적 의미를 감지하는 능력을 갖게 된다. 그녀가 병원에서 회복되어 현실 세계로 되돌아온다면 그녀는 좀더 다른 차원의 세계에 대해 알게 되는데, 이것은 헤카테를 친구로 가지는 것으로 상징된다.

성장하는 길

진정한 서약을 하기 위해서는 페르세포네 유형의 여성은 자신의 내면에 있는 '코레'와 싸워 이기지 않으면 안 된다. 그녀는 결혼을 하기로 결심해야 하며 마음속으로 부정하지 않고 진정으로 결혼에 충실하겠노라고 다짐을 해야 한다. 진정으로 그렇게 한다면 결혼은 점차적으로 그녀를 영원한 소녀로부터 성숙한 여인으로 변화시키게 된다. 직업을 택한다면 그녀의 개인적인 성장을 위해서 또한 성공하기 위해서 그녀는 확실하게 책임감을 갖고 그 직업을 계속 머물러 있을 필요가 있다.

그녀가 인생을 직시하고 자기 자신을 스스로 돌보게 되면, 페르세포네 여성은 '코레' 페르세포네를 극복하고 성장하게 된다. 많은 특권을 지닌 딸들은 이러한 최초의 독립심이 이혼을 한 뒤에 생겨난다. 그때까지 그들은 자신의 유형에 기대되는 그대로 행동을 한다. 그들은 보호받은 딸로서 적합한 젊은이들과 결혼을 한다. 그들이 이혼을 하는 이유 중의 하나는 결혼을 포로가 되는 것으로 생각하기 때문이다. 결혼이 그들을 성장시키지 못한다. 그 대신 그들은 이혼을 그 다음 관례로 생각하게 된다. 그들이 누군가를 위해서 무엇을 하거나 누군가를 비난하거나 할 상대를 잃어버렸을 때 페르세포네 여성은 성장할 수 있게 된다. 그들이 물이 새는 수도꼭지나 은행 잔고를 돌보거나 생계를 위해서 돈을 벌어야 할 때가 되었을 때 비로소 이러한 필요들이 그들에게 스승의 역할을 한다.

페르세포네 여성은 그들에게 내재해 있는 원형에 따라(이 책 전반을 통해 논의된 것처럼) 다른 여신 원형을 활성화하거나, 아니면 그녀 내면에 남성적 요소를 발전시킴으로써(아프로디테 장에서 설명될 것임) 몇 가지 다른 방향으로 성숙하게 된다.

정열적이고 관능적인 여성이 되는 것

페르세포네 여성은 성 관계를 가질 때 강간을 당했다고 느끼거나 아니면 그저 순응하는, 성적으로 둔감한 여성일 수 있다. 이러한 여성들은 그저 이런 식으로 말한다. "첫주가 지나고 난 뒤, 나는 그가 나와 관계를 하는 것에 굉장히 화가 나 있다는 것을 알았어요," "그때 사실은 요리법에 대해서 생각하고 있었어요," "정말 두통이 왔어요," "난 정말로 섹스가 싫어요." 그러나 그녀는 관능적이고 섹시한 여성으로 바뀔 수도 있다. 나는 내 치료를 받은 여성들이나, 나와 그 문제에 관해 상담을 했던 남성들의 아내에게 이러한 변화가 정말 일어났다는 얘기를 여러 번 들었다.

사실 페르세포네 여성이 성에 눈뜨는 것은 페르세포네 신화와 일치한다. 일단 페르세포네가 지하 세계의 여왕이 되자 그녀는 사랑과 미의 여신인 아프로디테와 관련을 갖게 된다. 페르세포네는 어떤 면에서 본다면 지하 세계의 아프로디테를 상징한다고 볼 수 있다. 페르세포네는 좀더 내면화된 성욕, 또는 잠복된 성욕을 의미한다. 신화에 의하면 아도니스는 아프로디테와 페르세포네에게서 동시에 사랑을 받았다. 그리고 이 두 여신은 석류를 상징으로 모셨다.

더군다나, 페르세포네가 하데스가 준 석류씨를 받았다는 것은 그녀가 자발적으로 그에게 돌아가기로 결정한 것을 의미한다. 그녀는 포로가 아니라 하데스의 아내이자 지하 세계의 여왕이 된 것이다. 실생활에서는 몇 년의 결혼 생활이 지난 뒤에 페르세포네 아내들은 자신들이 이기적이고 억압적인 남편의 포로로서 괴로운 결혼 생활을 하고 있다는 느낌을 떨쳐 버릴 수 있게 된다. 자신의 남편이 민감하고 멋있고 완벽하지 않은 남자인 것을 깨닫고, 자신을 사랑하고 있다는 것에 감사하게 된 뒤에야, 그녀는 다른 감정을 가질 수 있게 된다. 그녀의 인식이 바뀐 뒤에서야 남편은 결혼 생활 중 처음으로 그녀가 자기와 함께 하며 자기를 사랑하기 시작했다는 것을 느끼기 시작한다. 이렇듯 서로 믿고 존중하는 새로운 관계에 들어서서야 그녀는 처음으로 오르가슴을 느끼게 되고, 남편을 납치자인 하데스가 아니라 정열을 일깨우는 디오니소스로 보게 된다.

고대 그리스에서는 디오니소스가 가진, 사람을 흥분시키는 기운이 여성을 성적인 황홀경으로 몰아넣는 것으로 알려져 있다. 디오니소스는 그리스 여성들에 의해서 산 위에서 숭배되었는데, 그리스 여성들은 정기적으로 그들의 전통적인 점잖은 역할과 가정을 떠나서, 이런 종교적인 주신제에 참가했다. 디오니소스는 이런 여성들을 열정적인 이미지로 변화시킨다. 그리고 전통과 신화는 하데스와 디오니소스를 함께 연결시킨다. 디오니소스는 하데스가 없는 기간 동안 페르세포네의 집에서 잠을 자는 걸로 되어 있다. 철학자인 헤라클레이토스는 "하데스와 디오니소스 — 여자들이 이 남신들한테 미치고 열광하는데 — 사실은 이 둘은 하나이며 동일 인물이다…"라고 말했다.[4]

현대의 페르세포네 여성은 이런 디오니소스에 상응하는 인물을 갖기도 한다. 한 여성은 말하기를 "나는 남편과 헤어진 후 내 결혼 생활에 없었던 것을 찾기 위해 밖으로 나돌아다녔어요." 커피숍에서 그녀는 한 남성을 만나게 되는데, 두 사람은 연인이 된다. 그는 매우 관능적이며 그녀가 성에 흥미를 느끼도록 도와준다.

신비한 종교적 경험을 할 수 있는 능력의 발견

페르세포네 여신이 헤카테와 디오니소스에게 갖는 원형적인 친화력은 페르세포네 여성들이 어째서 극적인 경험을 하는 사제와 같은 자질을 갖게 되는가를 말해 주는 단서가 된다. 그들은 의식에 도취되어 자신들이 신의 영감을 받았다고 생각한다. 기독교에서는 이런 유형의 사람들이 신의 영감을 받아서 신의 목소리를 전달하는 사람들이 되기도 한다. 그리고 오늘날 영적인 춤을 통해서 여신의 영을 활성화하는 여신 숭배가 다시 살아나면서, 낮에는 전형적인 페르세포네였다가 밤에는 신비스러운 헤카테나 디오니소스의 미네드(그리스 신화에서 열성적으로 신을 섬기는 여자 — 옮긴이 주)가 되는 여성들도 있다.

영매나 무당의 능력을 계발하는 것

사신들과 대화하기 위해서 지하 세계를 방문하는 인간을 안내하는 안내자인 페르세포네를 은유적으로 보았을 때, 강령회를 열어서 죽은 영혼들이 자신들을 통해 얘기하도록 해주는 영매와 비슷한 기능을 가지고 있었다. 그리고 뭐든지 받아들이고 자신의 주관이 뚜렷하지 않으며 산만한 그녀의 성격은 쉽게 영감을 받아들이도록 한다. 무당의 능력을 계발하기 위해서 페르세포네 여성은 자신을 '코레'와 동일시하는 과정을 겪어야 한다. 즉, 페르세포네-헤카테의 요소를 계발해야 하는데, 이는 지하 세계의 자기 집에 있을 때에는 신비스러운 것을 무서워하지 않으며, 또 그녀가 위험한 교차로에 있게 될 때, 현명하게 어느 길이 안전한 길인가를 찾아내는 능력을 뜻한다.

지하 세계의 안내자가 되는 것

일단 페르세포네 여성이 자신의 깊은 내면 세계에 내려가서 깊은 원형의 내면 세계를 겪어 보고, 경험을 다시 음미하기 위해서 되돌아오는 것을 무서워하지 않게 되면, 그녀는 일상의 세계와 비일상의 세계를 왔다갔다하며 존재할 수 있는 능력을 갖게 된다. 그녀는 아주 두렵거나 무시무시하고 괴로운 경험이나 영상, 환각, 영적인 교류를 한 것이다. 그러므로 그녀가 배운 것을 전달할 수 있다면 그녀는 다른 사람을 위한 안내자가 될 수도 있다.

예를 들면 내가 정신과 레지던트였을 때 '레니'라는 정신 분열증에 걸린 소녀의 자전적인 소설은 정신 분열증에 걸렸을 때의 주관적인 경험을 내게 생생하게 전달해 주었다.[5] 그리고 지하 내면 세계에 떨어졌다가 되돌아온 페르세포네 여성은 심리 치료사가 될 수 있다. 그럼으로써 그녀는 다른 사람들을 자신의 깊은 내면 세계로 연결시켜서 그들이 거기서 발견한 것의 상징적인 의미와 이해를 도와줄 수 있는 안내자가 되는 것이다.

창조하는 여신

아프로디테

나는 사랑과 미의 여신인 아프로디테를 그녀만을 위해 마련된 창조하는 여신이란 유형으로 분류했는데 이는 그녀만이 지니고 있는 놀랍고 신비스러운 변화의 능력 때문이다. 그리스 신화에서 아프로디테는 숨막힐 듯한 모습을 하고서(세 명의 처녀 여신들을 제외한) 모든 인간과 신들이 사랑에 빠져 새 생명을 잉태할 수 있도록 한 여신이다. 아프로디테는 피그말리온을 위해서 동상을 살아 있는 여인으로 만들어 주었다. (이와는 반대로 아테나는 사람을 돌로 바꾸어 버렸다.) 그녀는 시와 설득력 있는 연설에 영감을 주며 사랑이 지닌 창조적이고 변화시키는 힘을 상징한다.

　아프로디테도 처녀 여신들과 상처받기 쉬운 여신들이 가지는 특성들을 어느 정도 공유하고 있으나 그녀는 이 두 그룹에 속하지 않는다. 아프로디테는 아르테미스나 아테나, 헤스티아처럼 자신을 즐겁게 하는 일을 하는 특성을 지녔으나 가장 관능적인 밀애를 갖는 여신이기 때문에 결코 처녀 여신이라고 할 수는 없다. 또한 그녀는 헤라나 데메테르, 페르세포네처럼 남신들과 관계를 가져서 아이들을 낳기도 했으나 결코 상처받기 쉬운 여인도 아니었다. 그들과는 달리 아프로디테는 결코 희생되지도 않았으며, 그 때문에 고통받지도 않았다. 관계를 가질 때 욕망은 항상 상호적이었고, 그녀는 결코 남성의 원치 않는 정열의 희생자가 아니었다. 처녀 여신들에게 중요한 타인으로부터의 독립이나 상처받기 쉬운 여신들의 특성인 타인과의 영원한 관계보다도, 사랑의 경험을 갖는 것이 아프로디테 여신에게는 더 소중했다.

창조하는 여신, 아프로디테는 이들 두 그룹의 여신들과 비슷한 점을 갖고 있지만 그들과 본질적으로 다른 여신이었다. 아프로디테에게 관계를 갖는 일은 중요했으나 상처받기 쉬운 여신들처럼 일생을 통한 언약은 아니었다. 아프로디테는 관계를 가져 새 생명을 탄생시키려 애썼다. 이 원형은 육체적인 접촉에서나 창조적인 과정에서 표현될 수 있다. 그녀가 추구하는 바는 처녀 여신들이 추구하는 바와는 달랐으나 자신에게 의미 있는 것에 초점을 맞추었다는 점에서는 같다. 누구도 그녀가 추구하는 목표로부터 그녀를 떼어놓을 수 없다. 그녀가 가치를 두는 것은 순전히 주관적인 것이며 성취나 객관적인 평가로 잴 수 없는 것이다. 역설적이게도 아프로디테는 겉으로 보기에 그녀와는 가장 다른, 조용하고 내성적인 헤스티아와 가장 비슷하다.

그 누구도 아프로디테가 자신의 미로써 유혹하면 저항할 수 없었다. 둘은 자석처럼 서로 이끌려서 화학 반응을 일으킨다. 그리고 그들은 모든 것을 제쳐두고 하나가 되기를 원한다. 그들은 좀더 가까워져서 함께 자고 서로를 알고 싶은 강렬한 열망을 느낀다. 이러한 욕망은 순전히 육체적인 것일 수 있으나, 이의 추진력은 더 깊게 심리적이거나 영적인 것에 있다. 성교는 의사 소통이나 친교와 동일한 말이며 이의 성취는 완벽이나 완성을 향한 본능을 뜻하며 결합은 서로 하나가 되는 것을 말하고, 서로를 안다는 것은 진정으로 서로 이해한다는 것이다. 상대방을 알고 싶어하고 자신을 알리고 싶은 욕망은 바로 아프로디테가 만들어낸 것이다. 이런 욕망이 육체적인 친밀을 뜻한다면 잉태와 새 생명이 이에 뒤따른다. 이런 결합이 영적이거나 심리적인 것을 뜻한다면, 심리적이고 감성적이고 영적인 영역에서 성장이 이루어진다.

아프로디테가 대인 관계에 미치는 영향은 낭만적이거나 육체적인 것에 그치지 않는다. 정신적인 사랑, 영적인 연결, 깊은 우정, 신뢰감, 감정 이입적인 이해 모두 사랑의 표현이다. 누군가에게 조언을 하고, 상담을 하고, 부모 노릇을 하고, 지도하고, 가르치고, 편집하고, 심리 치료와 분석을 할 때 일어날 수 있는 것과 마찬가지로 성장을 경험하거나, 자신의 비전이 지지되거나, 잠재력이 계발되거나 창조적인 영감이 떠오른다면 바로 아프로디테가 영향을 미치기 때문이다.

'무대 조명' 같은 의식

아프로디테가 지니고 있는 의식은 특이하다. 처녀 여신들이 가지고 있는 것은 집중된 의식$^{focused\ consciousness}$으로서 이 원형은 여성이 자신에게 중요한 것에 집중할 수 있도록 해준다. 상처받기 쉬운 여신들의 수용성은 산만한 의식$^{diffuse\ awareness}$과 동일하다. 아프로디테는 자신만의 독특한 의식을 가지고 있는데, 나는 이를 아프로디테 의식$^{Aphrodite\ consciousness}$이라고 부르겠다. 아프로디테 의식은 집중되어 있으면서도 수용적이다. 이러한 의식은 자신이 의도하는 바를 받아들이는 동시에 그것의 영향을 받는다.

아프로디테 의식은 상처받기 쉬운 여신들이 지닌 산만한 의식보다는 더 집중되고 강렬하다. 그러나 이 의식은 처녀 여신들이 가지고 있는 집중된 의식보다는 더 수용적이며 주의를 기울이는 것이다. 그러므로 이 의식은 거실에 걸어 놓은 램프처럼 모든 것을 부드럽게 비춰 주는 것도 아니며 그렇다고 스포트라이트나 레이저빔처럼 한곳을 강렬하게 비추는 것도 아니다. 나는 아프로디테 의식이 마치 극장의 무대를 비추는 빛과 같다고 생각한다. 우리의 경험은 이런 극장 불빛에 비침으로써 그 의미가 강화되고 극화되고 확대된다. 우리는 보고 들은 것을 받아들이고, 그에 반응한다. 이 특수 조명은 우리가 공감할 수 있도록 마음을 움직이고 장면이나 대사에 감명받도록 해주며, 우리가 보고 들은 것에 대한 반응으로서 우리의 느낌이나 감명, 기억을 이끌어 내는 것이다. 반면 무대 위에 있는 사람들은 관객이 보내는 일치감에 힘이 나고 흥이 오른 것이다.

무대 조명에 비친 것들은 우리의 주의를 끈다. 우리는 아무런 어려움 없이 우리가 보는 것에 주의를 이끌리며 편안한 상태에서 집중하게 된다. 황금빛의 아프로디테 의식에 비친 것은 무엇이든지 환상적으로 변한다. 사람의 얼굴이나 성격, 우주의 본질에 대한 생각, 또는 도자기의 투명함과 형태 등.

어떤 사람이나 장소, 생각, 대상을 상대로 사랑에 빠져본 사람은 아프로디테 의식에 의해 집중하고 받아들인다. 그러나 아프로디테 의식을 가진 사람이 모두 사랑에 빠지는 것은 아니다. 마치 상대방이 매혹적이고 아름다워서 '사랑에 빠진 것처럼' 상대방을 대하는 아프로디테의 방법은 아프로디테 원형을 내면화한 여성의 특성이다. 그리고 이는 사람을 좋아하고 그들에게 오로지 온 정성을 쏟는 많은 여성(남성)들이 정보를 연결하고 수집하는 자연스런 한 방법이다.

이런 여성은 마치 포도주 감식가가 흥미를 돋구는 새 포도주의 특성에 주목하고 주의를 기울이는 것과 같은 방법으로 사람을 받아들인다. 좀더 구체적으로 설명하자면 포도주광이 새 포도주를 알게 되었을 때의 기쁨을 상상하면 된다. 그녀는 포도주 잔을 불빛에 쳐들고 포도주의 색깔과 선명함을 주의 깊게 살펴본다. 그녀는 향내를 맡은 뒤 포도주의 특성과 부드러움을 알아보기 위해 한 모금 마셔본다. 그리고는 삼킨 뒤에 맛까지도 음미하는 것이다. 그러나 포도주에 대한 그녀의 사랑스런 주의와 관심이 특정 포도주만을 특별하게 생각하고 가치를 두고 즐기고 있는 것이라고 생각한다면 잘못이다.

바로 이 잘못이 아프로디테 의식을 가진 여성에게 반응을 보이는 사람들이 종종 저지르는 실수다. 그녀가 능동적으로 주의를 끌고, (단순히 평가하거나 비판적인 태도를 취하기보다는) 사랑스럽고 동의하는 태도로 반응을 보이기 때문에 그들은 매혹되고 관심을 가지게 된다. 그러나 그것은 단순히 그녀의 방식으로서 무엇이든지 그녀의 관심을 끄는 것에 잠깐 관여하는 것뿐인데, 결과적으로 상대편은 그녀에게 유혹될 수 있다. 그리고 실제로는 그렇지 않은데도 그녀의 태도는 마치 그녀가 황홀해하고 사랑을 느끼고 있다는 잘못된 판단을 일으키게 한다.

아프로디테 의식, 창조력 그리고 의사 소통

내가 하는 심리 치료가 '집중된 의식'이나 '산만한 의식'으로 설명될 수 없다는 것을 알면서부터 내가 아프로디테 의식을 갖고 있음을 발견했다. 예술가와 작가의 글을 비교했을 때 나는 창조적인 작업에 제3의 방식이 있다는 것을 발견했는데, 이를 나는 아프로디테 의식이라고 부르게 되었다.

심리 치료에서 나는 몇 가지 과정이 동시에 행해지는 것에 주목했다. 나는 동정심을 갖고 모든 주의를 기울여 환자가 하는 이야기를 듣고 있다. 그와 동시에 내 마음은 내가 듣는 것을 연결하면서 활발하게 활동하고 있다. 그 사람에 대하여 이미 알고 있는 것이 마음속에 떠오른다. 아마도 과

거의 꿈, 가족에 대한 지식, 예전에 일어난 사건, 또는 그의 인생과 관련이 있는 현재 일어나고 있는 사건들 등이다. 때로는 어떤 이미지가 떠오르기도 하고 그 일을 대변할 메타포가 생각나기도 한다. 아니면 그 대상이나 또는 표현 방법에 대해 나만의 감정적인 반응을 보이기도 한다. 상대편에게 열중하는 것이 일종의 자극이 되어서, 내 마음은 아주 활발하게 그러나 수용적인 태도로 작용한다.

분석하는 동안 내가 다루는 것은 마치 커다란 모자이크의 일부 같은 것으로 중요한 세세한 사항이 훨씬 크게 부각되고 그 사람에 대한 완전한 그림이 부분적으로만 완성된 것과 같다. 그리고 그 속에서 나 역시 그와 서로 주고받는 관계가 된다. 우리가 전환하는 작업을 하고 있다면 우리 모두를 감동시킬 만큼 강력한 감정이 우리 사이에 생긴다. 융이 말한 것처럼 정신 분석은 양쪽 모두의 성격을 포함한다. 의사와 환자의 의식적인 태도와 무의식적인 요소 모두가 양쪽 모두 깊이 영향을 받는 이 과정에 관여하는 것이다. 두 인격이 만나는 것은 마치 두 종류의 서로 다른 화학 물질을 섞는 것과 같아서 어떠한 협력이라도 이루어지기만 하면 둘 다 변화하게 된다.[1]

정신 치료를 하면서 나는 — 변화와 성장을 가져다 주는 상호 작용적이고 수용적인 아프로디테 의식 외에도 — 어느 정도 적당하게 감정적 거리를 유지하는 것이 필요하다는 것을 점차 깨닫게 되었다. 내가 환자와 너무 가깝거나 동일시하게 되면 나는 필수 불가결한 객관성을 결여하게 된다. 환자에게서 너무 멀리 떨어져서 환자에게 애정을 갖지 못한다면 나는 중요한 감정적인 연결을 잃게 되는데, 이 연결이 없이는 더 근본적인 변화를 일으키는 데 필요한 힘을 충분히 얻을 수 없다. 처녀 여신들처럼 상처받지 않으면서도 상처받기 쉬운 여신들처럼 몰두할 수 있는 자질을 가진 아프로디테에게 걸맞게 아프로디테 의식은 이 두 특징을 모두 갖고 있다.

아프로디테의 의식은 홀로 외로이 하는 일들을 포함하여 모든 창조적인 작업에 나타난다. 이 경우 사람과 일 사이에 이루어지며, 여기로부터 뭔가 새로운 것이 나타난다. 예를 들어 화폭을 앞에 놓고 그림을 그리려 하는 화가를 살펴보자. 몰두된 교감이 나타난다. 화가는 물감과 붓이 가져다 주는 창조적인 사건에 반응하거나 그것을 받아들인다. 그녀는 대담한 필치와 의미와 색깔로 활달하게 그림을 그리기 시작한다. 그리고는 화폭에 무엇이 나타났는가를 본다. 그것은 상호 작용이다. 자발적 행위와 기술이 섞인다. 그것은 미술가와 화폭 간의 상호 작용이다. 그리고는 이전에 존재하지 않았던 어떤 것이 창조되는 것이다.

더군다나 그녀가 그림의 세밀한 부분에 관심을 기울이고 있을 때에도 전체 그림이 그녀의 의식 속에 들어 있다. 때때로 그녀는 한 발짝 뒤로 물러서서 그녀가 창조하는 데 너무나 주관적으로 열중하고 있는 것을 객관적으로 바라본다. 그녀는 몰두하고 열중해 있으면서도 어느 정도는 객관적이고 자신을 떼어놓고 본다.

의사 소통이 잘 되고 창조 작업이 잘 이루어지는 과정에는 상호 작용이 있다. 예를 들면 대화는 진부하고 의미 없고 고통스러운 것일 수도 있고, 아니면 마치 아름다운 음악처럼 자발적이고 감동적이고 멋진 예술 같은 것일 수도 있다. 이때 영혼은 음악과 함께 비행하며 한순간에는 광시곡처럼 하늘 높이 날아올랐다가 그 다음 순간에는 가슴 깊숙이 심금을 울린다. 상호 작용은, 형태는 자발적이지만 그 내용은 무게가 있고 감동적이기도 한다. 대화를 나눌 때 각자는 상대편의 대화에 불꽃이 튀듯 반응하면서 흥분과 발견의 기쁨을 느낀다. 그들은 함께 아프로디테 의식을 경험하는데, 이것이 대화를 나누거나 창조적인 일을 해내는 데 필요한 힘의 장 또는 배경을 마련해 준다. 어떻게 음악이 전개될지 아니면 어떻게 대화가 전개되어 나갈지는 계획된 것도 아니고, 처음에는 알 수도 없다. 마치 새 생명이 태어나는 것처럼 발견하는 것이 창조성과 상호 작용의 핵심적인 요소다.

아프로디테 의식이 나타날 때는 항상 힘이 생긴다. 연인들은 건강으로 빛나며 힘이 넘쳐흐른다. 생각과 느낌을 자극하는 열띤 대화가 이루어진다. 두 사람이 진실로 만날 때 이 두 사람은 상대편에게서 힘을 받으며 대화 내용과는 상관없이 전보다 더 활력을 느끼게 된다. 그런데 정신 치료에서는 이 대화 내용이 매우 고통스런 주제일 수도 있다. 작업은 축 처져 있기보다는 아주 활동적이다. 함께 있는 상대방에 몰두해서, 또는 우리가 하는 것에 몰두해서 시간이 흐르는 것을 잊어버린다. 이 특성이 바로 아프로디테가 헤스티아와 나누어 가진 것이다.

꿈을 키워 주는 사람들

꿈을 이루기 위해서는 우선 꿈을 지녀야 하며 이를 믿고 추진해 가야 한다. 때로는 자신에게 중요한 사람이 그 꿈의 실현이 가능하다고 믿어 주는 것이 필수적이다. 이 사람이 바로 꿈을 키워 주는 사람인데, 이 사람의 믿음이 매우 중요한 역할을 한다. 『남자가 겪는 인생의 사계절』에서 대니얼 레빈슨은 젊은 남자가 성인으로 입문하는 과도기에 '특별한 여성'이 갖는 기능을 묘사했다. 레빈슨은 이 여성이 그의 꿈을 실현하는 데 중요한 역할을 한다고 주장한다. 그녀는 그가 꿈을 구성하고 실현하는 데 도움을 준다. 그녀는 꿈을 공유하고 그 남자를 꿈의 주인공으로 믿어 주고 축복해 주고 그와 함께하며 그리고 그의 포부를 꿈꾸고 희망을 살찌워줄 성역을 마련해 준다.[2]

이 특별한 여성은 토니 울프가 묘사한 '창부'[hetaira woman 3)](이 말은 고대 그리스에서 교육받고 학식 있으면서 대개 자유인이었던 고급 창부를 뜻하는 말에서 유래되었다)와 비슷하다. 그녀는 어떤 면에서는 일본의 게이샤와 비슷하다. 이런 여성이 남성과 갖는 관계는 관능적인 면과 동료 의식을 동시에 지닌다. 그녀는 그에게 영감을 주는 여인이거나 시인이 된다. 울프에 따르면 창부는 남성의 창조적인 면을 계발시키고 창조적인 일을 하도록 도와준다. 융식 분석가이자 옛날에 융의 환자였던 토니 울프는 그의 동료였으며 소문에 의하면 그의 연인이었다. 그녀 자신 또한 융의 특별한 여성이었으며, 융의 이론 체계를 확립하도록 영감을 불어넣어 준 창부 여성이었다.

어떤 여성은 자신을 특별한 여성으로 봐주는 여러 남자로부터 사랑을 받는 재능을 타고났다. 그녀는 남성들의 잠재력을 볼 수 있는 능력이 있으며 그들의 꿈을 믿어 주고 그들이 꿈을 이루도록 북돋아 준다. 예를 들면 루 살로메는 릴케, 니체, 프로이트같이 유명하고 창조적인 남성들에게 특별한 여성이자, 시인, 동료, 그리고 연애 상대였다.[4]

남성과 마찬가지로 여성도 그들의 꿈이 가능하다고 믿어야 하며 누군가 다른 사람이 성장하는 아프로디테 의식을 가지고 그들을 지켜보고 그들의 꿈을 지켜봐 주는 것이 필요하다. 사람들은 왜 여성 중에는 화가나 요리사, 지휘자, 철학자가 없는가에 대해서 생각해 보곤 한다. 그 이유 중의 하나로 여성에게는 꿈을 키워 주는 사람이 없었다는 것을 들 수 있다. 여성들은 남성들을 위해서 꿈밭을 일구어 주었다. 그러나 남성들은 일반적으로 여성들의 꿈을 잘 북돋아 주지 못했다.

이런 결과를 낳게 된 책임은 어느 정도는 여자의 상상력을 제한하고 기회를 억누른 전형화된 역할 분담에 있다. 그러나 이러한 방해 요소들은 점차 줄고 있으며 역할 모델도 점차 늘고 있다.

피그말리온 효과

내가 생각하기에 꿈을 키워 주는 이들, 즉 심리 치료사, 지도자, 선생님, 부모들이, 그들 밑에서 다른 사람들이 자기 재능을 꽃피우고 발전시키게 하는 것은, 심리학자 로버트 로젠탈이 피그말리온 효과라고 이름 붙인 것을 불러내는 것이다.[5] 이 말은 상대편의 행동에 대해서 긍정적인 기대를 할 때 얼마나 큰힘을 발휘하는가를 묘사하는 단어다. 이 말은 자신이 조각한 완벽한 조각상과 사랑에 빠진 피그말리온의 이름을 따 만들어졌다. 그 조각은 아프로디테에 의하여 갈라테이아라는 여인으로 환생한다. (조지 버나드 쇼의 연극「피그말리온」에서도 헨리 히긴즈가 꽃 파는 처녀를 숙녀로 만들고는 그녀와 사랑에 빠진다. 이 연극은 이후에 A. J 라너의「마이 페어 레이디」라는 브로드웨이 연극의 기초가 되었다.)

로젠탈은 학생들이 선생님의 기대가 높으면 높은 만큼, 또 낮으면 낮은 만큼 그에 따라 행동하는 것을 보았다. 그는 빈민 지역의 학생들이 학교에 오래 있을수록 성적이 더욱 나빠진다는 것을 연구했다. 이 학생들의 선생님들은 학생들의 학업 능력이 떨어진다고 믿는 성향이 있었다. 로젠탈은 선생님의 기대와 학생들의 성적 중 어느 것이 원인이고 어느 것이 결과인가를 구별해 내기 위한 연구를 고안해 냈다. 그는 우리의 기대가 상대편에게 큰 영향력을 미친다는 결론을 내렸는데 이를 우리는 종종 잊어버린다.

나는 로젠탈의 연구를 보면서 내 환자이던 제인을 생각했다. 스페인 가정 출신의 그녀는 학교 성적이 나빴다. 전 선생님이 그녀가 명석하지 못하다고 하여 처음에는 4학년에 입학했다. 그러나 새 선생님은 그녀를 다른 시각으로 보아서 제인이 더 잘하리라고 기대하고 이에 도전하도록 했다. 새 선생님의 이와 같은 관심은 아홉 살의 소녀를 반에서 일등을 하는 학생으로 만들었으며, 반에서 발표도 잘하고 긍정적인 자아를 갖게 되었다. 수

년 뒤 제인은 영감을 주는 선생님이 되어 자기 반 학생들의 잠재력을 일깨우는 일을 하게 되었다.

아프로디테의 피그말리온 효과는 또한 그녀의 연금술과 관련되어 있다. 중세 유럽에서 연금술은 납, 주석 따위를 금으로 바꾸기 위하여 여러 물질들을 섞는 물리적인 과정이었을 뿐 아니라 연금술사의 성격을 바꾸어 놓는 비법이 담긴 심리적인 노력이었다. 우리는 다른 사람에게 이끌려서 사랑에 빠질 때 아프로디테의 연금술을 경험한다. 우리는 아프로디테의 변화와 창조의 힘에 감동을 받았을 때, 그리고 어떤 대상이 우리의 사랑에 물들어 있기 때문에 이를 아름답고 가치 있는 것으로 볼 수 있는 우리의 능력에 감사할 때 또한 아프로디테의 연금술을 알게 된다. 모든 평범하고 계발되지 않은 것들이 일상 생활의 일정한 물질들인데, 이것이 아프로디테의 창조적이고 연금술적인 영향을 받게 되고 황금으로 변하는 것이다. 마치 피그말리온의 갈라테이아 동상이 사랑의 힘을 통해서 살아서 숨쉬는 여인으로 바뀐 것처럼….

아프로디테

사랑과 미의 수호신, 창조적인 여성, 연인

아프로디테 여신

로마인들이 비너스라고 부른 사랑과 미의 여신 아프로디테는 모든 여신 중에서 가장 아름다운 여신이었다. 시인들은 그녀의 얼굴과 육체의 아름다움, 그녀의 황금빛 머리카락과 빛나는 두 눈, 부드러운 피부와 아름다운 가슴에 대해 노래했다. 호메로스에 의하면 그녀는 잘 웃고, 아주 굉장히 매력적이었다. 그녀는 또한 조각가들이 즐겨 찾는 주제였는데, 이들은 그녀의 우아하고 육감적인 육체를 드러낼 수 있게 옷을 벗은 상태나 옷을 조금 입은 상태로 조각했다. 수많은 작품들 중에서 오직 로마인들의 복제품으로만 알려진 밀로의 비너스와 크니도스의 아프로디테가 가장 유명하다.

    그리스인들에게는 아름다움을 뜻하는 '황금빛'이라는 말이 아프로디테를 묘사하는 데 그리스인들이 가장 즐겨 썼던 수식어다. 아프로디테의 저명한 연구가인 폴 프리드리히에 따르면 황금과 꿀, 황금과 연설, 황금과 정액은 언어학상으로 연결되어 있으며 아프로디테의 출산과 언어 창조 능력을 상징하는 것이다.[1] 그녀는 서로 애무하며 사랑의 말을 주고받는 사랑의 새인 비둘기와, 아름다움과 짝지어 다니는 것으로 유명한 백조, 꽃 중에서도 특히 전통적으로 연인들이 주고받는 선물로 알려진 장미, 달콤한 향기와 과일 특히 황금빛 사과와 관능적이고 열정적인 붉은 석류(이 상징물은 페르세포네와 관련되어 있음)와 연관되어 있다.

계보와 신화

아프로디테의 신비로운 탄생과 근원에 대해서는 두 가지 설이 있다. 헤시오도스와 호메로스는 두 개의 상반된 이야기를 들려준다.

호메로스에 의하면 아프로디테는 평범하게 출생했다. 그녀는 단지 제우스와 바다 요정인 디오네의 딸이었다.

헤시오도스에 의하면 폭력 행위의 결과로 태어났다. 뒤에 티탄의 지배자이자 1세대 올림피아 신들의 아버지가 된 크로노스가 자기 아버지인 우라노스의 성기를 낫으로 잘라 바다에 던져 버렸다. 정자와 바다가 섞이면서 하얀 거품이 일고 거기서 아프로디테가 태어났는데, 대양이 임신한 결과 완전히 성장한 여신으로 나타난 것이다.

바다에서 탄생한 아프로디테의 이미지는 르네상스 시대의 보티첼리가 그린 「비너스의 탄생」 — 때때로 「조개 위의 비너스」라고 불리기도 하는 그림 —으로 영원하게 되었다. 그의 그림은 조개 위에 서 있는 우아하고 민감한 나상으로 장미꽃잎이 흩날리는 가운데 바람의 신에 의해 바닷가로 날려온 모습을 보여 준다.

아프로디테가 처음 상륙한 섬은 키테라 또는 키프로스 섬으로 되어 있다. 그리고 그녀는 에로스(사랑)와 히메로스(욕망)의 신과 함께 신들의 집회에 안내되어 신으로 받아들여졌다.

많은 신들이 그녀의 아름다움에 넋을 잃고, 그녀와 결혼하고 싶어했다. 남편이나 연인을 스스로 선택하지 못한 다른 여신들과는 달리(페르세포네는 납치를 당했으며 헤라는 유혹을 당했고, 데메테르는 강간을 당했다) 아프로디테는 자유롭게 선택할 수 있었다. 그녀는 장인의 신이자 대장간 불의 신인 헤파이스토스를 선택했다. 따라서 헤라가 거부한 아들이 아프로디테의 남편이 되었는데, 그녀는 가끔 남편 몰래 다른 남자를 사귀곤 했다. 아프로디테와 헤파이스토스는 자식이 없었다. 그들의 결혼은 미와 기능의 결합을 나타내기도 하는데 이로부터 예술이 탄생하는 것이다.

간통으로 말하자면 아프로디테는 2세대 올림피아 남신들과 관계를 가졌다. 아버지 세대의 신들인 제우스, 포세이돈, 하데스보다도 그 아들들과 관계를 가졌다. 아프로디테는 전쟁의 신인 아레스와 로맨틱하게 만났는데 그녀는 그와 오랫동안 관계를 가졌으며, 자식을 몇 두었다. 그녀의 또 다른 연인은 신들의 사자인 헤르메스로 영혼들을 지하 세계로 안내하고, 여행자, 운동 선수, 도둑, 사업가의 동행신이고, 의사 소통의 신이고, 악기의 창조자이자 올림포스의 책략가였다.

아프로디테와 아레스는 세 명의 자식을 두었는데, 딸은 하르모니아(조화)였고 두 아들은 디모스(공포)와 포보스(두려움)로 아버지를 따라 전쟁을 수행했다. 아프로디테와 아레스는 가장 억누를 수 없는 두 열정의 결합, 즉 사랑과 전쟁의 결합을 나타내는데 이 둘이 완벽한 균형을 이룰 때 바로 하모니, 즉 조화를 이루어낼 수 있는 것이다.

아프로디테와 헤르메스 사이에 난 자식은 부모의 아름다움과 성적 특성을 다 지닌, 두 사람의 이름을 딴 양성신인 헤르마프로디토스였다. 상징으로서 헤르마프로디토스는 (남성과 여성에게 다 호기심을 느끼는) 양성애자 또는 자웅 동체(전통적으로 남성적이라고 여겨지는 자질들 또는 여성적이라고 여겨지는 자질들을 한 사람이 다 갖고 있는 것을 말함)를 나타낸다.

또 다른 설명에 의하면 사랑의 신인 에로스는 아프로디테의 또 다른 아들이라 한다. 아프로디테와 마찬가지로, 에로스의 신화적 계보와 시작, 그가 우주에 출현한 시기에 대해서는 서로 상반된 이야기가 전해 온다. 헤시오도스에 의하면 에로스는 티탄과 올림포스 신들이 나타나기 전에 이미 나타난 창조의 주된 힘이었다. 에로스는 또한 아프로디테가 바다에서부터 나타날 때 동행한 신으로 전해진다. 그러나 나중의 신화는 그를 아프로디테의 아버지 없는 아들로 묘사한다. 그리스인들은 에로스를 주로 씩씩한 젊은이로 묘사해 왔으며, 로마인들은 그를 아모르로 불렀다. 시간이 지남에 따라 태초의 원동력으로 묘사된 에로스의 신화는 점차 희미해 가고, 오늘날에 와서는 쿠피도로 알려져 기저귀를 차고 활과 화살을 든 어린이의 모습으로 남아 있게 되었다.

아프로디테와 인간들

아프로디테와 인간의 관계는 그녀 신화의 중요한 부분을 차지한다. 신화에서 그녀는 자신에게 도움을 청하며 기도하는 남성에게 도움을 준다. 예를 들면 아프로디테는 히포메네스가 아탈란테와 경주하기 전날 밤 기도할 때 이에 응답했다. 그녀는 그에게 세 개의 황금 사과를 주고 이를 어떻게 사용하는가 가르쳐 줌으로써 그의 목숨을 구하고, 그가 사랑하는 아내를 얻도록 도와주었다.

앞에서 언급한 것처럼 아프로디테는 또한 키프로스의 왕인 피그말리온의 전설에 등장했다. 피그말리온은 자신의 이상적인 여성상을 상아로 새겼다. 그리고 그것을 쳐다보면 볼수록 자신이 만들어낸 조각상과 사랑에 빠져들어 갔다. 아프로디테 제전에서 그는 자신이 만든 조각상과 같은 아내를 갖게 해달라고 기도했다. 뒤에 그가 상아 조각에 키스를 하자 그 조각은 살아 있는 사람이 되었다. 그녀가 바로 그와 결혼을 한 갈라테이아로, 아프로디테가 그의 기원에 응답해준 것이다.

사랑과 미의 여신은 인간들과도 많은 염문을 뿌렸다. 예를 들어 아프로디테는 산비탈에서 황소를 붙잡고 있는 안키세스를 보자 곧 그(호메로스의 묘사에 따르면 '신과 같은 몸매를 한 인간')를 갖고 싶은 욕망에 붙잡혔다. 아름다운 처녀로 가장해서, 그녀는 다정한 말로 그의 열정을 눈뜨게 하고 그를 유혹했다.

뒤에 그가 깊이 잠들었을 때 그녀는 자신의 본래 모습을 드러내고 잠든 연인을 깨웠다. 그녀는 그에게 (후에 전설적인 로마의 창시자가 된) 아이네아스를 잉태했음을 알리고, 자신이 그의 아들의 어머니임을 그 누구에게도 발설하지 말라고 경고했다. 그러나 안키세스는 뒤에 술에 너무 취해 그가 아프로디테와 불륜의 관계를 가졌다는 것을 그만 발설하고 말았다. 그로 인하여 그는 벼락을 맞아 불구가 되었다.

또 하나의 유명한 아프로디테의 인간 연인은 미남이고 젊은 사냥꾼인 아도니스다. 아프로디테는 그의 생명을 염려하여 그에게 사나운 짐승을 피하라고 주의를 주었으나 사냥이 주는 스릴과 그의 대담 무쌍함이 그녀의 충고보다 더 강력했다. 하루는 그가 사냥을 나갔는데 개들이 멧돼지를 보고 미친 듯이 짖어댔다. 아도니스는 창으로 그 짐승에게 상처를 입혔는데, 상처의 고통으로 미쳐버린 이 짐승이 그에게 달려들어 그를 갈기갈기 찢어버렸다.

죽은 뒤 아도니스는 일 년 중 일정 기간 동안 지하 세계에서 벗어나 아프로디테와 함께 지내도록 허락받았다. 아프로디테는 아도니스를 페르세포네와 공유했다. 이 죽음과 환생의 신비한 주기가 아도니스 숭배의 기초가 되었다. 그가 해마다 아프로디테에게 되돌아오는 것은 번식력이 되살아남을 상징한다.

아프로디테는 또한 여자들에게도 큰 영향을 끼쳤다. 미라의 신화에서 볼 수 있듯이 아프로디테의 명령에 따를 수밖에 없고 누구든 그녀가 정한 사람에게 어쩔 도리 없이 이끌리는 인간 여성은, 자신이 커다란 위험에 처해 있음을 알게 될 것이다.

아프로디테를 섬기는 사제의 딸인 미라는 친아버지와 열정적인 사랑에 빠졌다. 여러 이야기가 전해지고 있는데 아프로디테가 이 금단의 정열을 일으키게 한 데는 미라의 어머니가 자기 딸이 아프로디테 여신보다 더 아름답다고 자랑했기 때문이라고도 하고 미라가 아프로디테를 숭배하기를 게을리했기 때문이라고도 한다. 어찌됐든 미라는 자신의 모습을 숨기고 밤에 몰래 아버지에게 접근하여 그의 정부가 된다. 저주받을 간통을 몇 번 저지르고 난 뒤 아버지는 자기를 유혹한 여인이 친딸이라는 것을 알게 된다. 공포와 혐오감으로 가득 차서, 그들이 함께 즐겼다는 것에 대해 딸을 벌해야 한다는 생각으로 그는 그녀를 죽이려 했다. 그녀는 달아났고 거의 잡힐 듯했을 때 신들에게 자기를 구해 달라고 기도했다. 즉시 그녀의 기도가 받아들여졌고 그녀는 한 그루의 향기 나는 몰약 나무로 바뀌었다.

파이드라는 아프로디테의 또 다른 희생자였다. 그녀는 아르테미스 여신에게 자신을 바치고 독신 생활을 해온 미남 히폴리토스의 계모로 불행한 운명을 타고났다. 아프로디테는 히폴리토스가 미의 여신인 자기와 자신에게 드리는 의식을 숭배하지 않는 것이 불쾌해서 파이드라를 이용했다. 아프로디테는 파이드라가 그녀의 의붓자식과 도저히 피할 수 없는 사랑에 빠지도록 했다.

신화에 의하면 파이드라는 열정에서 벗어나려고 애썼다. 그리고 자신의 죄스러운 욕망과 싸우다 못해 병에 걸리고 말았다. 마침내 그녀의 시녀가 파이드라가 괴로워하는 원인을 알게 되었고 그녀를 대신하여 히폴리토스에게 접근했다. 히폴리토스는 계모와 불륜의 관계를 가지라는 제의에 격노하고 분노하여 파이드라에게 비난을 퍼부었다.

창피를 당한 파이드라는 히폴리토스가 자신을 강간하려 했다는 거짓 모함의 유서를 남기고 자살해 버렸다. 히폴리토스의 아버지 데세우스가 돌아와서 아내의 죽음과 유서를 발견하고는 바다의 신인 포세이돈에게 자신의 아들을 죽여줄 것을 부탁했다. 히폴리토스가 해변을 따라 마차를 몰고 있을 때 포세이돈은 큰 파도와 바다 괴물을 보내어 그의 말을 겁주었다. 마차는 뒤집혔으며 히폴리토스는 죽음을 당했다. 따라서 아프로디테는 파이드라를 희생하는 것으로 복수를 한 것이다.

프시케와 아탈란테는 아프로디테의 영향으로 변화된 여인들이다. 에로스와 프시케 신화에서 프시케는 불행히도 너무나 아름다워서 사람들이 그녀를 제2의 아프로디테라 불렀다. 사람들은 신들에게 바쳐야 마땅할 경배와 숭배를 그녀에게 바쳤으며 이것이 아프로디테를 화나게 했다. 신화에서 프시케는 노여움을 사게 된 여신을 찾아 나선다.

아프로디테는 네 가지 숙제를 그녀에게 주었는데 그녀의 능력으로는 풀 수 없는 문제들이었다. 그러나 매번 뜻하지 않는 도움으로 프시케는 성공할 수 있었다. 아프로디테는 과제를 줌으로써 변화의 동인으로 작용했고 상처받기 쉬운 여신의 특성을 가지고 있는 인간 프시케는 이를 통해 성장했다.

아프로디테는 또한 처녀 여신 아르테미스와 비교되던 인간 아탈란테의 전설에서도 변화의 동인으로 작용했다. 앞서 언급했듯이 아탈란테는 경주에서 졌으나 아프로디테의 세 개의 황금 사과를 줍기로 결정함으로써 남편을 얻게 된다.

아프로디테 원형

아프로디테 원형은 여성의 사랑, 미, 성욕, 관능의 즐거움을 관장한다. 연인의 영역은 많은 여성에게서 강력한 힘을 끌어낸다. 여성의 성격을 가진 강한 힘으로서 아프로디테는 헤라와 데메테르, 나머지 두 개의 강렬한 본능 원형들처럼 많은 것을 요구할 수 있다. 아프로디테는 여성이 창조적인 기능과 생식 기능을 충분히 발휘하도록 몰아친다.

연인

자신을 사랑하는 이와 사랑에 빠지는 모든 여성은 그 순간 아프로디테 원형을 자신에게 내면화시킨 것이다. 평범한 인간에서 사랑의 여신으로 일시적으로 변화하여 그녀는 매력적이고 관능적이며 원형적인 연인이 된다.

아프로디테 원형이 가장 주된 여성은 쉽게 사랑에 빠진다. 그녀는 무성영화 시대의 스타 클라라 보우가 가졌던 성적 매력을 가지고 있다. 그녀는 자기만의 매력을 가지고, 다른 사람들을 성에 눈뜨게 하는 관능의 장으로 끌어들인다. '전압'이 올라가고 둘은 서로 가까워지는 만큼 매력을 느끼고 흥분에 몸을 떨게 된다.

중세 기독교와 이슬람교, 그 외의 가부장제 문화에서처럼 여성의 관능과 성욕이 비하될 때, 아프로디테 원형을 갖고 있는 여성은 창녀나 매춘부로 여겨졌다. 따라서 이 원형이 표현되면 그 여성은 도덕성의 기준으로 어려움에 처하게 된다. 아프로디테 여성은 추방을 당할 수도 있다. 예를 들어 청교도적인 뉴잉글랜드 지방을 무대로 한 나다니엘 호손의 소설 『주홍 글씨』에서 헤스터 프린은 그녀가 저지른 불륜 때문에 붉은 색으로 커다랗게 쓰인 A란 글자를 수놓은 옷을 입도록 강요당했다. 또한 여우 잉그리드 버그만은 이탈리아인 영화 감독 로베르토 로셀리니와의 불륜 관계와 연이은 결혼으로 대중의 비난을 받아 추방을 당했다. 성서 시대에 이러한 여성은 돌팔매질을 당했으며 현대 이슬람 국가에서는 아직까지도 죽음으로 그 대가를 치른다.

사랑에 빠지기

두 사람이 사랑에 빠지면 서로를 특별하게, 또 (황금빛의 아프로디테를 보듯) 대단하게 여기며 서로의 아름다움에 이끌리게 된다. 마력에 이끌려 서로를 찬탄하며 심취하게 된다. 상대방을 다른 사람에 비해서 특별하고 아름답게, 마치 신처럼 여기게 된다. 그들 사이에 채워진 힘이 감정적으로 충전되며 관능적인 '전기'가 방전되면서, 결과적으로 상대방은 서로에게 자석처럼 이끌리게 된다. 그들 둘을 감싸고 있는 황금의 공간에는 감각적인 관능이 강화된다. 그들에게는 음악이 더 아름답게 들리며 향내가 더 분명해지고 연인의 감촉과 느낌이 강화된다.

사랑에 빠진 사람이 상대편의 사랑을 얻지 못하게 되면, 그녀는 잔인한 욕망과 이루어지지 못한 갈망에 사로잡힌다. 그녀는 끊임없이 사랑하는 사람에게 빨려들어 가며 계속해서 좌절하게 된다. 사랑이 답을 받았다면 황홀했을 그만큼 강렬하게, 이제 그 대신 고통이 증폭되는 것이다.

아프로디테의 활성화

아프로디테의 탄생 신화가 두 가지가 있는 것처럼, 이 원형이 살아나는 데에는 두 가지 길이 있다.

첫 번째 방법은 아프로디테가 갑자기 성숙하고 기막힌 모습으로 무의식의 바다에서 위풍당당하게 출현한 것처럼 극적으로 시작되는 것이다. 사랑하는 대상도 없이 갑자기 본능적인 반응으로 애욕을 느꼈다면 이는 상징적으로 바다에서 아프로디테가 탄생했다는 헤시오도스 설화와 비슷하게, 감정적인 친숙함과는 '동떨어진' 애욕이다.

심리 치료 기간 중에 많은 여성이 기대 밖의 성적인 반응이 주는 압도될 듯한 느낌에 대하여 이야기했다. "나는 내가 전혀 알지 못했던 욕망에 사로잡혔습니다. 황홀하면서도 두려운 느낌이었죠." 일단 아프로디테의 힘을 느끼게 되면 많은 젊은 여성들은 자신이 성적인 접촉을 하고 싶어한다는 것을 깨닫게 된다. 어떠한 일이 일어날 수 있는가를 알게 되어 접촉을 피하려는 여성들도 있다. 두 명의 여자 환자가 이 대조되는 반응의 예가 될 수 있다. 한 사람은 성욕을 더욱 추구했다. "나는 단순히 데이트를 즐기는 척했지만 내가 진정으로 원한 것은 성적인 부분이었어요." 다른 환자는 장벽을 치려고 했다. "나는 데이트 약속을 취소하고 공부에 매달렸어요. 그리고 여학교에 가겠다고 고집했어요. 나는 안전하게 결혼할 때까지 내 마음을 일종의 수도원에 가두어 놓으려고 했어요. 결혼할 때까지는 유혹에 노출되지 않는 것이 나으리라 생각했지요." 이런 여성은 첫경험 후 일단 성의 맛을 알고 남성에게 성적으로 이끌리게 된다면, 경험을 되풀이하고 싶은 강력한 욕망으로 남녀 관계에 깊이 빠질 수 있다는 것을 알고 있다. 그렇다면 그녀는 그 남자와 하나가 되기를, 서로 녹아드는 환희에 그녀라는 개체가 잠겨들 수 있는 쾌락의 절정에 이르도록, 정열이 그녀를 성적 흥분의 도가니로 밀어 넣어 주기를 바란다.

원형이 활성화되는 두 번째 방법은 관계를 맺고 있는 도중에 일어난다. 이는 호메로스가 묘사한 평범한 아프로디테의 탄생과 그 뒤 제우스와 바다 요정 디오네의 딸로 성장하는 신화에 해당한다. 신뢰와 사랑이 자라고 두려워하는 마음이 점점 사라지는 것은 아프로디테의 탄생을 예고하는데, 이것은 사랑을 나눌 때 첫 오르가슴, 그리고 육체적 접촉에 대한 새로운 욕망으로도 알게 되는 것이다. 결혼 전 두 명의 애인이 있었고 이 년 동안 결혼생활을 해온 유부녀가 처음으로 오르가슴을 느꼈을 때 그녀는 이렇게 표현했다. "그것은 마치 이제야 내 육체가 성의 기교를 안 듯한 놀라움이었어요."

생식 본능

아프로디테는 종족 보존의 본능을 나타낸다. 성욕과 정열에 관련된 원형인 아프로디테는 여성이 피임을 하지 않는 한 그녀를 생명을 담는 그릇으로 바꿀 수 있다.

데메테르의 영향을 받은 여성이 아이를 갖기 위해서 성교를 하는 것과는 달리 아프로디테의 영향을 받은 여성은 남성에 대한 갈망이나, 성적 또는 낭만적인 경험을 하고 싶어하는 욕망의 결과로 아이를 갖게 된다. 아프로디테는 피임 수단이 정열의 순간을 약화시키거나 성교의 첫 순간을 흐리게 하니까 이를 사용하지 말라고 속삭인다. 이 여신의 속삭임을 듣게 되면 원치 않는 임신을 하게 될 위험이 커진다.

생식 본능에 맞게 배란기에 아프로디테의 영향을 가장 잘 느끼는 여성이 있다. 배란기는 생리 14일 전의 기간으로 임신이 가능한 때다. 이때가 그들이 가장 성적으로 민감하고 관능적인 꿈을 꾸는 때이며 성적 대상이 없다면 성 관계를 갖기를 가장 그리워하는 때이다.

창조력

아프로디테는 엄청난 변화의 힘을 가지고 있다. 그녀를 통해서 매혹, 결합, 수태, 새 생명의 탄생이 흘러나온다. 이 과정이 순전히 남녀 사이의 육체적인 결합일 때 아기가 잉태되는 것이다. 그리고 이러한 일련의 발생은 모든 창조적인 과정에서 똑같이 일어난다. 매혹, 결합, 잉태, 새로운 탄생. 새 창조물은 두 개의 사상의 결합으로 마침내 새로운 이론이 탄생하는 것처럼 추상적인 것일 수도 있다.

창조적인 작업은 마치 연인과 함께 하는 것처럼 한 예술가가 새로운 존재를 탄생시키기 위하여 상대방과 상호 작용하는 강렬하고 열정적인 몰두의 결과로 나타난다. 이 상대방은 그림, 무용, 음악, 조각, 시, 소설, 새 이론, 새 발명품일 수도 있는데 어느 일정 기간 동안 이의 창조자들은 자신의 대상에 완전히 몰두하고 매혹되는 것이다. 창조력 또한 많은 사람에게는 육감적인 과정이다. 이는 접촉과 소리, 상상력, 움직임, 때로는 냄새와 맛을 지닌 육감적인 경험의 순간들인 것이다. 창조 활동에 열중한 예술가는 마치 연인처럼 때때로 자신의 감각이 고조되고 여러 지각 경로를 통해서 감흥을 받는다는 것을 느낀다. 그는 시각적인 영상, 말의 운율 또는 율동을 창조하고 있을 때 복합적인 감흥이 서로 교감해서 새로운 것을 창조하도록 한다.

마치 연인 아프로디테가 단계적으로 많은 연애 사건을 일으켰듯이 창조적인 힘인 아프로디테는 집중적인 창작 활동이 하나 끝나면 연달아 그 다음 일에 몰두하도록 한다. 한 프로젝트가 끝나면 또 다른 가능성이 나타나서 그녀를 사로잡는다.

창조적이면서도 낭만적인 아프로디테의 특성이 한 여성에게 동시에 나타날 때도 있다. 그러면 그녀는 깊은 남녀 관계에 몰두하면서도 동시에 창조적인 일에 몰두하게 된다. 이런 여성은 마치 무용수 이사도라 덩컨과 작가 조르주 상드처럼 자신을 매혹하는 대상과 사람을 무조건 추구하게 되며 파격적인 삶을 살게 된다.

아프로디테를 계발하기

아프로디테는 관능적이거나 육감적인 경험에 가장 깊숙이 관여하고 있는 원형이다. 그러므로 예리한 지각이나 즉각적인 통찰력을 기르는 것은 아프로디테 원형을 부르는 것이다. 연인들은 자연스럽게 상대방의 취향, 체취, 아름다움에 맞추게 된다. 음악과 촉감의 자극은 그들의 즐거움을 더해 준다. 성 심리 치료사는 부부들에게 목표에 연연하지 말고 매순간의 감각을 즐기도록 지도한다.

죄의식과 단죄하는 태도가 사랑을 나누거나 예술품을 창조하는 기쁨에 장애 요소가 된다. 이러한 장애 요소는 사람들이 성에 대해뿐만 아니라 쾌락, 유희 그밖에 다른 비생산적인 활동에 대해서 거부감을 느낄 때 생긴다. 많은 사람들은 사랑과 미의 추구를 기껏해야 부질없는 짓으로, 최악의 경우는 죄를 짓는 것으로 판단한다. 예를 들면 아르테미스와 아테나 원형은 아프로디테처럼, 순간순간의 즐거움을 추구하는 것을 가치 없는 것으로 단정해 놓고 오로지 목표를 추구하는 데 초점을 맞춘다. 그리고 아프로디테는 헤라와 데메테르 원형이 우선 순위를 두는 일부일처제와 어머니 역할에 위협이 된다. 따라서 이들은 아프로디테에 대해 종종 비판적인 태도를 취한다. 그리고 마지막으로 페르세포네가 헤스티아 원형 속으로 숨어 버리게 되면 이런 여성들은 외부의 유혹에 대해서 더욱 무감각해지게 된다.

여성들이 아프로디테의 가치를 깨닫고 이를 계발하려고 하면 우선 그들은 이 원형을 활성화하기 위하여 상당한 심리적 변화를 겪게 된다. 그리고 그들은 아프로디테가 활성화되도록 시간과 기회를 마련해야 된다. 부부는 아이들 없이 휴가를 가지는 것이 필요할 것이다. 편안한 마음으로 즐기고 대화를 나누고 사랑을 나눌 장소가 필요하다. 또는 여성은 마사지를 주고받는 법을 배울 필요가 있다. 아니면 그녀는 자신의 육체를 편안히 받아들이고 즐길 수 있는 수단으로 벨리 댄스를 배워도 좋다. 자신의 육체를 받아들이는 것이야말로 육체적인 사랑의 기쁨을 맛보는 선행 조건이 된다.

 미술·시·무용·음악 등에 대한 관심을 계발하는 것도 심미적인 면에서 이와 유사한 역할을 한다. 시각·청각·근육 운동, 지각적인 경험에 완전히 빠져들 수 있는 능력을 계발할 수 있다. 일단 몰두하게 되면 그 사람과 심미안적인 매개 사이에 교감이 일어나며 그로부터 뭔가 새로운 것이 나타나게 된다.

아프로디테 여성

아프로디테가 아름다운 몸매와 황금빛 머리 카락을 가지고 알몸으로 바다에서부터 나타난 이래로 여우 진 할로우, 라나 터너, 마릴린 먼로 같은 섹시한 여성들은 사랑의 여신으로 간주되었다. 때때로 이런 여신 유형은 그 모습이나 금빛 머리칼 등 모든 면에서 같기도 하지만, 더 일반적으로 아프로디테 원형은 단지 외모보다는 성적 매력 때문에 잘 알려져 있다. 아프로디테 원형은 자석이나 전기처럼 개인적인 카리스마를 지니고 이것이 육체적인 아름다움과 결부되어서 특정 여성을 아프로디테로 만든다.

 아프로디테가 평범한 여성의 중요한 부분일 때 이 여성은 방 건너에 있는 남성을 끌어들이지는 못한다. 그러나 그녀에게 가까이 다가간 이들이라면 매력적이고 애교 있는 그녀를 발견한다. 아프로디테 자질을 지닌 많은 평범한 여성들은 사람 마음을 끄는 따뜻함과 자신도 모르는 자연스러운 관능미로 다른 사람들을 매혹시킨다. 이 '평범한 제인'들은 항상 주위에 남자들이 있는 듯한데, 그녀들보다 능력도 뛰어나고 객관적으로 보아도 더 아름다운 자매들은 전화 옆에 앉아서, 또는 춤 신청을 받지 못한 채 앉아서 "나는 없는데, 그녀가 갖고 있는 것은 무엇일까" 하고 곤혹스러워 한다.

어린 시절

어린 시절의 아프로디테는 순진 무구하고 시시덕거리기 잘하는 아이다. 그녀는 남자에게 반응하는 법을 알고 있거나 관심을 보이고 무의식적인 관능미를 갖고 있어서 어른들이 이렇게 말하곤 한다. "쟤가 크면 봐, 남자 꽤나 울릴 거야." 그녀는 주목받기를 좋아하고, 예쁜 옷을 입고 딴 사람들이 자신을 떠들썩하게 환대해 주는 것을 좋아한다. 그녀는 수줍음을 잘 타지 않으며, 그때부터 이미 관중을 매혹하는 즉흥적인 공연과 다른 주위를 끄는 행동들로 '작은 배우'라고 불린다.

여덟 살이나 아홉 살이 되면 대부분의 아프로디테 소녀들은 성급하게 어른 흉내를 내고 몸치장을 하고 화장을 해보려고 한다. 그녀들은 또래의 남자애에게 홀딱 반하거나 매력적인 남자 가수나 록그룹의 광적인 십대 팬이 되기도 한다. 어떤 어린 아프로디테들은 '꼬마 요정'이 되어 자신들의 성적 매력을 조숙하게 깨닫고, 나이 많은 남자들에게 장난기 어린 불장난을 하면서 자신이 지닌 매력과 힘을 즐기면서 좋아한다.

부모

어떤 부모들은 자신의 예쁜 딸을 작은 아프로디테로 키운다. 이런 부모들은 딸의 매력을 강조하고 어른에게 뽀뽀하도록 하며, 어린이 미인 대회에 참가시키고, 다른 모든 자질이나 능력은 젖혀 놓고 딸의 여성적인 매력에만 대체로 주목한다.

그러나 딸이 사춘기가 되어 성에 눈뜨게 되면 부모는 전혀 다른 반응을 보인다. 보통 파괴적인 행동이 나타난다. 부모는 처음에 딸이 성에 눈뜨도록 부추겨 놓고 이제 와서는 벌을 주려 한다. 이런 상황은 부모로 하여금 엿보는 취미를 가진 사람인 동시에 도덕군자가 되게 한다.

아버지들은 아프로디테 딸들의 점점 커 가는 성적 관심에 대해 다양한 방식으로 반응한다. 많은 경우 아버지는 딸이 점점 매력적으로 되어 가는 것에 대해 무심코 또는 무의식적으로 둘 사이의 감적이고 육체적인 거리감을 만드는 귀찮고도 소란스런 갈등을 드러낸다. 딸들은 종종 이러한 소동에 동조하는 듯한데 이것은 양쪽 모두가 근친 상간의 감정을 갖고 있다는 것을 깨닫지 못하도록 해준다. 어떤 아버지는 눈에 띄게 엄격해져 딸들이 데이트를 전혀 하지 못하게 하거나 간섭하고 통제하려 든다. 딸의 데이트를 일일이 감시하고 전화를 걸어오는 모든 남자 친구들을 호되게 야단친다. 그런가 하면 또 딸을 유혹하는 아버지들도 있다.

어머니들 또한 아프로디테 딸들에 대해 다양한 반응을 보인다. 어떤 어머니는 엄격해지고 딸의 행동을 통제한다. 심지어는 딸이 그 또래 친구들이 흔히 하는 정도의 것을 하고 있을 때조차도 십대의 음악이나 옷 입는 스타일에 대하여 과민 반응을 보인다. 이런 어머니들은 자신들의 옷 입는 방식을 강요하는데 이는 보통 온몸을 다 감추고 덜 매력적으로 보이게 하는 옷차림이며 많은 행동을 금하는 것이다. 그들은 딸의 남녀 친구 모두를 가로막거나 아니면 불쌍하게도 자신의 딸이나 아들을 '잠재적인 섹스광'처럼 취급한다. 아버지와 마찬가지로 어머니들도 아프로디테 딸들에 대해서 가둬 두려는 심리 상태를 갖게 될 수 있다.

참견하는 것은 아버지보다는 아프로디테 어머니에게 더 흔한 현상이다. 매력적인 딸을 지켜보려는 동기말고도 어머니는 딸을 통해서 자신의 삶을 살기 때문에 딸이 데이트를 어떻게 했는지 자세히 듣고 싶어한다. 이러한 엄마를 즐겁게 하기 위해서 딸은 소년들에게 인기가 있을 필요가 있다.

어떤 어머니는 딸이 아프로디테로 크는 것에 경쟁적으로 반응한다. 딸이 지닌 매력에 위협을 느끼고 그녀의 젊음에 질투하는 어머니는, 딸을 과소 평가하려 하며 기죽이는 비교를 하고, 딸이 남자 친구들과 시시덕거리면서 여러 가지 방법으로 딸이 점점 성숙해져 가는 것을 해코지한다. 동화 속에서 백설 공주의 계모는 계속 "거울아 거울아, 누가 이 세상에서 제일 아름답니?" 하고 물었다. 이러한 동화 속의 인물이 바로 위협당하고 따라서 적대적이 된 경쟁적인 엄마를 대표한다.

가장 도움이 되는 부모는 아프로디테 특성을 강조하지도 과소 평가하지도 않고, 딸을 예쁜 물건처럼 취급하지도 않는다. 부모는 딸의 다른 장점, 예를 들면 지능, 친절함, 재능 등을 평가하는 것과 똑같은 방식으로 딸의 매력을 긍정적으로 평가해 준다. 데이트를 하게 되었을 때 이런 부모들은 딸의 나이와 성숙도에 걸맞게 지도를 하는 동시에 한계를 그어준다. 남성들에게 매력이 있다는 것은 책망의 대상이 아니라 깨달을 필요가 있는 사실로 취급할 뿐이다.

사춘기와 청년기

아프로디테 여성에게 사춘기와 청년기는 중요한 시간이다. 그녀는 내면에 있는 아프로디테적 욕망과 다른 사람이 보이는 반응 사이에 끼어 있기 십상이다. 이중 가치관 속에서 성에 관심이 팔린 젊은이처럼, 성 경험에 대해 강한 욕구를 갖고 있는 여고생은 그 결과를 고려하고 행동해야 한다. 욕망대로 행동한다면 추문, 퇴색된 자존심, 부정적인 자아상이 뒤따를 것이다. 그리고 모범생들은 그녀를 피하고 성 관계를 맺고 싶어하는 젊은이들이 그녀 주위를 배회하겠지만 그들도 그녀를 지속적으로 사귀거나 졸업 파티의 상대자로 생각하지는 않는다.

통제되지 못한 아프로디테 원형은 또 다른 문제들을 일으킨다. 원치 않는 임신이 그 예다. 그리고 활성화된 아프로디테는 성병에 옮을 위험이 있다. 그리고 심한 투약은 나중에 암을 유발할 가능성을 높인다.

내면에 강한 아프로디테를 지니고 있는 젊은 여성에게 이를 어떻게 다루어야 할지를 가르쳐 주는 도움은 별로 주어지지 않는다. 대다수는 심각한 결과를 가져오는 성적 표현을 드러내는 것을 선택한다. 어떤 이들은 자신들의 성욕을 억누르는데, 그들은 주로 강력한 종교적 압박감을 느끼는 이들로 못된 감정을 품고 있는 자신을 비난하면서, 어찌되었든 죄책감을 느끼긴 하지만 말이다. 다른 여성들은 지속적인 관계 속에서 성욕을 표현하는데 이 선택은 그녀 내부에 헤라가 강할 때는 잘되어 가지만, 결국은 조혼이라는 결과를 낳기 쉽다.

아테나와 아프로디테를 둘 다 지니고 있는 젊은 여성이라면 그녀는 절제와 성욕을 적절히 사용하여 자신을 보호한다. 한 여성은 말하기를 "나는 내가 쉽게 사랑에 빠지고 성 관계를 갖고 싶어하는 욕망이 있다는 것을 알았을 때, 사랑에 빠지는 것을 너무 심각하게 받아들이지 않았어요. 나는 어떤 남자와 관계를 갖든 피임 수단을 신중히 사용했으며 이 모든 일을 비밀로 했어요."

아프로디테 여성이 대학에 가게 된다면 사교 생활이 그녀에게 가장 중요한 것이 될 것이다. 그녀는 학구적인 면보다는 사회 활동으로 유명한 대학을 선택한다.

그녀는 장기적인 계획을 세워야 할 학문적인 성취나 직업에는 별로 관심을 갖지 않는다. 전문인이 되려는 그녀의 관심은 이를 이루기 위하여 거쳐야 할 길고 고된 준비 기간을 생각할 때 수그러들고 만다. 그녀는 그 주제에 매혹되었을 경우에만 그 일에 몰두할 수 있는데 이는 주로 사람과 상호 작용하는 것을 포함한 창조적인 분야일 경우가 많다. 예를 들면 그녀는 연극을 전공하면서 이 역할, 저 역할을 해보게 된다. 그때마다 그녀는 자신의 역할에 빠져들어서 그녀 내부의 정열을 두드리게 되고 따라서 학교에서 가장 뛰어난 연극 전공 학생이 되기도 한다.

직업

아프로디테 여성을 감성적으로 끌어들이지 못하는 직업은 그녀의 흥미를 끌지 못한다. 다양성과 강렬함을 좋아하므로, 집안일이나 사무직 또는 실험실의 작업처럼 반복적인 일은 그녀를 지루하게 한다. 오직 그녀가 완전히 창조적인 일에 몰두되었을 때라야 그 일을 훌륭하게 해낼 것이다. 따라서 그녀는 미술·음악·문학·무용·연극 아니면 선생이나 임상 심리학자, 편집자와 같이 특별히 사람과 상호 작용하는 직업들을 택한다. 결국 그녀는 자신의 일을 싫어해서 그렇고 그런 직장을 갖고 있거나, 아니면 완전히 자신의 일을 사랑해서 모든 시간과 정열을 쏟는다. 그녀는 대부분의 경우 보수는 많으나 덜 매력적인 직업보다는 자신에게 흥미 있는 직업을 선호한다. 그녀는 자신의 일에 매혹된 결과 성공을 쟁취하기도 하나, 아테나나 아르테미스처럼 성공하기 위해서 일에 착수하지는 않는다.

남성과의 관계

아프로디테 여성은 자신에게 반드시 좋지만은 않은 남자에게 이끌린다. 다른 여신 원형들이 영향력을 갖지 않는 한 이들의 남성 선택은 아프로디테 여신의 선택과 유사하다. 즉, 헤파이스토스, 아레스, 헤르메스처럼 창조적이거나 복잡하고 분위기를 타거나 감정적인 남자를 선택한다. 이런 남성들은 높은 자리나 권위 있는 지위를 추구하지 않고 가장이 되거나 남편, 아버지가 되기를 원치 않는다.

내향적이고 집요한 헤파이스토스형은 억압된 분노를 가지고 이를 창조적인 일로 승화한다. 대장간의 신과 마찬가지로 그는 예술가인 동시에 감성적인 의미에서 절름발이일 수도 있다. 부모와의 관계는 헤파이스토스처럼 나쁠 수 있다. 그 역시 어머니의 기대에 미치지 못했을 때에 어머니로부터 거부당하고 아버지와의 관계도 끊어진 상태일 수 있다. 결과적으로 그는 여성과 애증이 얽힌 관계를 가지는데 그 여성이 그에게는 매우 중요하면서도 동시에 믿지 못할 사람일 수도 있는 것이다. 그리고 그는 남성들과 친밀함을 느끼지 못하는데 그에게는 다른 남성들이 낯설게 느껴지며 그들보다 자신이 열등하다고 생각한다.

때때로 너무 내성적인 헤파이스토스형의 남성은 대인 관계가 원만하지 못하여 잡담도 하기 어렵다. 따라서 다른 사람들은 그의 친구로 오래 남아 있지 못한다. 아프로디테 여성은 그 예외일 수 있다. 자신이 만나는 사람에게 전적으로 집중할 수 있는 그녀의 능력 덕분에 그녀는 그의 관심을 끌고 그가 매력적이라는 사실을 발견한다.

그녀에게 매력을 느끼고 매료당한 헤파이스토스 남성은 그의 성격대로 집요하게 반응하는데, 그들 사이의 정열적인 연결이 이루어진다. 그녀는 그의 강렬한 감정에 이끌려 그의 감정의 불꽃에 반응하는데 이는 다른 여성이 끼어들 여지를 주지 않는다. 그녀는 그의 깊은 에로틱한 특성을 감싸게 되는데, 이러한 그의 특성은 내내 잠복해 있다가 분노와 함께 그의 작업으로 승화하게 된다. 그녀가 그의 정열을 일깨울 때 이 두 연인은 솟아오르는 그의 감정에 놀라게 된다. 그가 장인이거나 예술가라면 그녀는 그가 만드는 아름다운 작품에 매혹되며, 이것이 또한 그의 창조성에 영감을 주게 된다.

헤파이스토스와 사랑을 하는 것의 문제점은 그가 숨기고 있는 감정의 종류에 따라 또 그의 심리적인 건강 상태에 따라 여러 가지가 있다. 극단의 경우, 그는 휴화산, 즉 잠재적인 편집광일 수 있는데, 그가 너무나 독자적이고 독재적이기 때문에 자신의 업적을 인정받지 못하는 고립주의자일 수도 있다. 게다가 아프로디테 여성이 다른 사람에게 매력을 주거나 느낀다면 그의 내면에 있는 분노, 열등감, 상실에 두려움이 불붙을 수 있다. 그가 진정으로 헤파이스토스 같다면 그는 자신의 질투를 자제할 수 있다. 그러나 이런 상황에서 헤파이스토스 남성 옆에 산다는 것은 마치 갇힌 화산 옆에서, 언제 화산이 폭발하여 하늘 높이 화산재가 날아 오를까 두려워하면서 사는 것과 마찬가지일 것이다.

매우 잘 지낼 수 있는 헤파이스토스와 아프로디테의 결합도 있다. 이 경우 헤파이스토스 남성은 내성적이고 창조적인 남성으로 주로 분노보다는 성격적으로 강렬하고 농도 깊은 다양한 종류의 감정을 느낀다. 그는 이러한 감정들을 작업을 통해서 그리고 몇몇 중요한 인간 관계에서 표현한다. 그는 그녀를 깊이 정열적으로 사랑하나 소유하려고 들지 않는다. 그의 강렬함이 그녀를 감정적으로 사로잡고, 그의 성실함이 그녀가 필요로 하는 안정감을 그녀에게 부여한다.

아프로디테 여성에게 쉽게 이끌리는 또 다른 남성형은 헤라와 제우스의 아들이자 전쟁의 신인 아레스처럼 경박한 남성이다. 이런 타입 남성의 실제 인생사는 신화에 나오는 아레스의 가족 관계와 상당히 비슷하다. 그는 아버지가 그들을 버리고 떠난 뒤 혹독한 어머니 밑에서 자라게 된다. 그는 감정적이고 정열적이며 뽐내는 남성으로 남성 우월주의 태도를 지닌다. 역할 모델을 제시하고 훈육을 시켜줄 진짜 아버지가 없는 상태에서 엄마하고만 자라 왔기 때문에 참을성이 없고 좌절을 잘 견디지 못한다. 그는 책임

맡기를 좋아하나 어려운 상황에서 허둥대기 때문에 좋은 지도자가 되기 어렵다.

아프로디테-아레스 결합은 화염 물질을 섞어 놓은 것과 같다. 둘 다 즉흥적인 경향을 공유하고 있다. 둘 다 심각하게 생각하기보다는 감각적으로 반응한다. 그들은 지금 해치우고 나중에 생각하는 성격의 사람들이다. 그들이 함께 있을 때에는 항상 에로틱한 감정의 불꽃이 튀거나 아니면 감정이 첨예하게 대립한다. 따라서 그들은 사랑을 나누거나 아니면 전쟁 중에 있다. 이 결합은 잘 싸우고 즉시 화해하는 연인들의 다툼을 만들어 낸다.

아프로디테와 아레스는 지속적인 관계를 갖기에 적합한 대상들이 아니다. 감정적으로 불타오르는 것말고도 으쓱거리는 남성 우월주의는 종종 심각한 경제적인 상황을 낳게 한다. 그는 전략적으로 사고하거나 절약할 능력이 없다. 순간의 기분으로 자신의 직업을 잃어버릴 말이나 행동을 한다. 게다가 여성이 정숙하지 못한 아프로디테의 성향이나 아니면 적어도 시시덕거리기 좋아하는 성격을 지니고 있다면 그녀는 그의 남성 우월주의를 위협하게 되고 그의 소유욕을 자극하게 된다. 그러면 그는 난폭해지는데 그가 한번 폭발하는 날이면 폭력과 공포를 자아내게 된다.

그러나 이 모든 위험한 불장난에도 불구하고 참을성 있고 조화로운 관계를 맺을 가능성이 있는 아프로디테-아레스 커플도 있다. 이 경우 남성은 충동적이고 매우 감정적이고 호전적인 성격을 갖고 있으나 비교적 바람직한 가족 상황에서 자랐기 때문에 적대적이지는 않다. 그리고 여성은 강한 헤라 원형을 지니고 있어서 그와 지속적인 관계를 발전시킬 수가 있다.

영원한 젊은이처럼 행동하는 남성은, 창조적인 잠재력을 지니면서도, 유치하고, 복잡하고, 주관적으로 집중하는 남성을 좋아하는 성향이 있는 아프로디테 여성들에게 매력적이다. 그들은 올림포스 신들 중 가장 젊은, 사자의 신인 헤르메스를 닮았다. 그녀는 그의 말재주 특히 그것이 시적일 때는 근사하다고 생각하고, 감정적이거나 사교적인 면에서 높은 곳에서 깊은 곳까지 금세 옮겨갈 수 있는 그의 능력에 매혹된다. 헤르메스 유형은 좀 느린 사람을 능치기를 좋아하는 책략가, 아니면 약간은 사기꾼 같은 사람일 수 있다. 그는 잠재력이 풍부하며 비록 훈련이 되어 있지 않으나 카리스마가 넘치고, 일이나 여성에 대해 성실하지 못하긴 하지만 아주 재능이 있다. 전형적으로 그는 그녀의 일생에 나타났다 사라졌다 한다. 그를 어디에 안주시키려는 것은 마치 수은을 붙잡으려고 하는 것과 같다. 그는 항상 불확실하게 말하며 같이 살거나 결혼을 할 것처럼 거짓 행세를 한다. 그러나 그녀는 결코 그의 말을 믿지 않는 것이 좋다. 그는 결코 말대로 실행할 리가 없기 때문이다. 그와의 성 관계는 예측할 수 없고 큰 대가를 치른다. 그는 결코 자라지 않는 장난기 있는 피터팬처럼 매력적이고 민감한 연인이다.

아프로디테-헤르메스 결합은 어떤 아프로디테 여성에게는 매우 잘 맞는데, 이 둘은 다 즉흥적인 성향을 지니고 성실하지 못하다. 그러나 아프로디테와 헤라 원형이 둘 다 강한 여성이라면 이 결합은 매우 고통스러운 것이 된다. 이런 여성은 그에게 깊은 정을 주게 되며 질투로 괴로워하게 된다. 둘 사이의 성욕은 강렬하다. 그녀는 일부일처제의 사고 방식을 가지고 결혼하기를 원하나 그가 왔다가 갈 수 있도록 모든 것을 알아서 처리해 주어야만 한다.

그러나 성숙한 헤르메스 남성은 일과 부부 관계를 성실하게 지속시킬 수 있다. (앞에서 언급한 것처럼, 그는 헤스티아 여성과 결혼할 수도 있다.) 그는 손에 잘 잡히지 않는 영원한 젊은이라기보다는 사업가나 전달자다. 그렇다면 아프로디테와 헤르메스 결합은 아주 좋은 것일 수 있다. 그들의 관계는 서로가 다른 사람과 시시덕거리거나 심지어 불륜의 관계를 맺는다고 해도 지속될 수 있는데 이는 두 사람 다 질투하거나 소유욕이 강한 사람이 아니기 때문이다. 더군다나 그들이 서로를 친구로 여기고 상대방의 스타일을 즐기기 때문에 관계는 더욱 굳건하다. 그녀는 그의 활발한 사회 활동에 잘 맞추어 가는데 이것이 그녀 자신의 활동 스타일과 잘 맞는다. 그들은 서로에게 강렬하게 이끌렸다가도 그 다음 순간에는 독립적이 되는데 이것이 그들 둘 다에게 잘 맞는다.

결혼

아프로디테가 헤라를 포함한 몇 개의 강한 원형 중의 하나라면 아프로디테 원형은 관능과 정열로 결혼 생활을 강화하고 생동감 있게 한다. 그러나 지속적인 일부일처제는 아프로디테 여성에게는 어려운 일이다. 다른 원형들이 아프로디테를 결혼 속에 포함시키는 데 영향력을 발휘하지 않는 한, 아니면 특별히 잘 맞는 배우자를 만나지 않는 한 그녀는 일련의 관계를 맺게 된다. 예를 들자면 여우 엘리자베스 테일러는 현대판 아프로디테의 이미지를 갖고 있는데, 그녀는 결혼을 여러 번 했다.

여성과의 관계: 신뢰받지 못하는 숙녀

아프로디테 여성은 다른 여성들로부터 특히 헤라 여성들로부터 신뢰를 받지 못한다. 그녀가 남자에 대해서 가지는 위력에 대해 의식하지 않으면 않을수록, 또는 책임을 느끼지 않으면 않을수록, 그녀는 더욱더 분열된다. 예를 들어 그녀가 파티에 가서 가장 근사한 남자와 강도 높고 낭만적인 대화를 나눈다고 치자. 그들이 서로 눈이 맞아 불꽃을 튀기고 남자가 그녀에게 점점 더 애정 어린 반응을 보이게 되면, 많은 여성들의 마음에는 질투, 부적당하다는 감정, 상실감이 솟아오르게 된다.

다른 여성들이 (특히 질투하거나 원한을 품은 헤라가) 그녀에게 분노하면 아프로디테 여성은 가끔 충격을 받는다. 그녀는 다른 여성에 대해서 나쁜 마음을 품는 경우가 거의 없고 소유적이거나 질투를 하지 않기 때문에, 그녀를 향한 적대감의 원인을 헤아리는 데 어려움을 겪는다.

아프로디테 여성에게는 여자 친구들(헤라 여성은 제외)과 그녀의 자발성과 매력을 좋아하는 사람들이 많다. 그들 중 대다수는 그녀와 마찬가지로 아프로디테 특성을 공유하고 있다. 다른 여성들은 그녀와 동행하거나 그녀의 낭만적인 모험들을 대리 경험하면서, 그녀의 수행원 역할을 하는 듯하다. 그러나 그녀의 우정은 친구들과 함께 짠 계획을 별 생각 없이 다룰 경우, 친구들이 그녀에 대해 인신 공격을 하지 않는 한에 있어서만 지속된다.

동성애자 아프로디테 여성은 이성애자에 비해서 오직 그녀의 성적 선호도만이 다를 뿐이다. 그녀 역시 아프로디테 의식을 갖고 관계에 임하며, 자신이 만들어낸 연금술에 반응한다. 그녀는 관계에 푹 빠져버리고 사랑에 자주 빠지며, 결과적으로 일련의 중요한 관계들을 맺게 된다. 인생에서 맛볼 수 있는 모든 경험을 하기를 원하므로 그녀는 종종 남녀 모두와 성 관계를 가진다. 남성이 기대하는 바대로 살아야 할 필요에 구속받지 않는 동성애자 아프로디테는 아마도 그녀의 이성애 상대자 이상으로, 아프로디테의 연인을 골라 선택할 수 있는 특권을 행사한다.

동성애자 사회가 제공하는 대안적인 생활 방식은 인습에 얽매이지 않는 그녀의 인생 철학과 잘 들어맞는다. 루스 포크가 그녀의 책 『사랑하는 여인들』[2]에서 제시했듯이 동성애자 여성들은 때때로 다른 여성과의 관계를 통해서 자신들의 내부에 존재하는 아프로디테를 발견한다. 작가는 다른 여성의 아름다움을 보면서 자신의 아름다움을 느끼고 다른 여성과 접촉하면서 자신이 접촉당하는 것처럼 느끼는 것에 대하여 묘사했다. 그녀에 의하면 각각의 여성들은 상대방을 거울처럼 비춰 주면서 자신의 여성적인 관능미를 발견하도록 해준다.

자식과의 관계

아프로디테 여성은 자식들을 좋아하고 자식들도 그녀를 사랑한다. 어린이는 어머니가 자신을 비판적이지 않고 사랑스런 눈으로 봐준다는 것을 감지한다. 그녀는 아이가 자신이 아름답다고 받아들여지고 있다고 느낄 수 있게 해준다. 때때로 그녀는 아이가 특별하다고 느끼게 해줌으로써 자식이 자신감을 갖고 능력과 재능을 개발할 수 있도록 도와준다. 그녀는 자식과 함께 놀이를 즐길 수 있고, 아주 쉽게 믿음을 갖도록 할 수 있다. 그녀는 자식들이 바르게 행동하도록 하고, 무엇이든지 그녀의 관심을 끄는 것에 대해 애정 어린 열정을 보임으로써 자식들을 격려한다. 이것은 어머니로서 아주 훌륭한 자질들이다. 아프로디테 여성의 자식들은 그녀가 데메테르 특성을 함께 지니고 있다면 그들의 개성을 잘 살리고 키울 수 있다.

아프로디테 어머니는 자신을 아름답다고 생각하는 자식들의 마음을 사로잡을 수 있지만, 그녀가 데메테르 원형을 결여하고 있다면 자식들의 심리적인 안정감과 지속성의 필요를 무시하고, 행동의 지속성이 없어, 자식들에게 부정적인 영향을 끼친다. 그녀의 자식들은 한 순간 그녀의 전적인 관심을 받으면서 매우 기뻐했다가 다음 순간 그녀의 관심이 딴 데로 가버리면 매우 쓸쓸해 한다. 내 환자 중 한 사람은 아프로디테 어머니를 두었는데 그녀의 어머니는 오랜 기간 동안 그녀를 가정부와 함께 내버려 두곤 했다. 그녀는 밖에 나갔다가 집으로 돌아올 때 특별한 경험을 할 수 있었는데, 이에 대해 그녀는 다음과 같이 말했다. "엄마는 집 밖으로 뛰어나와서 팔을 한껏 벌리고는 나를 받아 주었어요. 나는 이 세상에서 내 자신이 가장 소중한 사람처럼 느껴졌습니다." 그녀의 어머니는 '그녀에게 햇빛을 가져다'준 것이다. 어머니가 집에 없어서 화를 냈거나 심지어 엄마가 돌아왔다는 소식을 심술궂게 접수한 것까지는 아무런 문제가 되지 않는다. 그녀

어머니가 지닌 카리스마적인 아프로디테의 빛에 몸을 녹이기만 하면 모든 것이 용서되는 것이다. 그녀는 자신의 능력에 회의하면서 성장했는데 이는 약간 예외적이다. 자신이 쓸모없다는 느낌과 우울한 감정을 극복해야만 했다. 이러한 감정들은 엄마가 없을 때 그녀가 지닌 감정들이다.

　아프로디테 어머니가 지속적이지는 못하나 강렬한 관심을 아들에게 쏟을 때 이는 그 아들의 장래 여성과의 관계, 그의 자존심과 우울증의 잠복 성향에 영향을 미친다. 그녀는 그들 사이를 특별히 친근하게 만들고 아들이 지닌 남성의 싹을 유혹하여 그를 그녀에게 이끌어 당겨 놓고는 그녀의 관심을 딴 데로 돌려 버린다. 그녀의 애정을 얻으려는 경쟁 상대들, 때때로 새로운 남자 또는 다른 매혹적인 것이 그녀를 멀리 데려가 버리면 아들은 부당하고 유린되고 무능력하다는 느낌을 받거나 분노 때로는 수치심을 느끼게 된다. 어머니 일생에 나타나는 남자들에 계속해서 지는 경쟁으로, 아들은 개인적인 경쟁심을 느끼는데 대부분의 딸들은 이런 느낌을 가질 필요가 없다. 어른이 되었을 때 그는 엄마에게서 느낀 강렬하고 특별한 관계를 갈구하게 되는데 이번에는 그가 주도권을 잡으려고 한다. 어릴 적 어머니와의 경험에 기초하여 그는 여성의 정절을 믿지 못하고 그녀가 애정을 지키지 못할 것으로 느낀다.

중년

　육체적인 매력이 아프로디테 여성의 인생에 기쁨을 주는 주요 근원이었다면 어쩔 수 없이 나이를 먹게 된다는 것은 그녀에게 끔찍한 현실이 된다. 일단 그녀가 자신의 미가 퇴색해 간다는 것을 자각하거나 걱정하게 되면 관심이 딴 데로 옮겨져, 그녀가 상대방에게 완전히 몰두하기 어렵게 된다. 그녀는 육체적인 미보다도 아프로디테 특성이 사람들을 끌어들이게 하는 매력이었다는 것을 모를 수 있다.

중년의 아프로디테 여성은 자신의 배우자 선택에 대해 불행해 할 수도 있다. 그녀는 자신이 얼마나 자주 인습에 얽매이지 않고 부적합한 남자들에게 이끌렸는가를 상기하게 된다. 이제 그녀는 안주하고 싶어하는데 이전의 그녀는 이 가능성을 일축해 버렸다.

그러나 창조적인 일에 관여하고 있는 아프로디테 여성에게 중년은 그렇게 어렵지 않다. 이런 여성들은 아직 열정을 지닌 채, 흥미 있는 창조 작업에 몰두한다. 이제 그들은 영감을 불어넣을 더 많은 경험을 쌓고 더욱 세련된 기술로 자신을 표현한다.

노년

어떤 아프로디테 여성들은 그들이 내면의 아름다움을 꿰뚫어 보고 주목하는 대상과 언제든지 사랑에 빠질 수 있다. 그들은 우아하면서도 생명력을 지닌 채 늙는다. 사람들에 대한 관심이나 창조적인 작업에 관여하는 것이 그들 인생에서 가장 중요한 부분으로 남아 있다. 그들은 젊은이와 같은 태도로, 별 다른 의식 없이 경험에서 경험으로 사람에서 사람으로 자신이 매혹당한 대상을 향해 옮겨 간다. 영혼이 젊기에 그들은 다른 사람들에게 매력적이고, 여러 연령층의 친구를 사귄다. 예를 들자면 이모진 커닝햄은 구십대의 나이에도 불구하고 훌륭한 사진 작가로서 필름에 아름다움을 담는 작업을 계속했으며 그 결과 다른 사람들이 그녀의 모습을 사진에 담도록 했던 것이다.

심리적인 어려움

아프로디테를 강력한 원형으로 지니기는 쉽지 않다. 아프로디테의 타고난 성욕을 따르는 여성은, 한편으로는 성 관계를 갖고 싶어하는 자신의 욕망과 다른 사람에게 사랑의 감정을 불러일으키는 성향에다, 다른 한편으로는 본능에 따라 행동한다면 그녀를 난잡하게 보는 문화와 그렇게 하지 않더라도 주변에서 지분거리는 두 측면 사이에 처하게 된다.

나는 아프로디테 여성인가

아프로디테와 가장 비슷한 여성은 인생에 대한 관능적인 욕구와 화끈한 성격을 지닌 외향적인 여성이다. 그녀는 남성을 좋아하고 그녀의 매력으로 그들을 끌어들이며 그들에게 관심을 보인다. 그녀의 매력은 관능적이다. 그녀는 그 남자들이 자신을 특별하고 관능적이라고 느끼게끔 만든다. 이러한 관심은 그에게 상호적인 반응을 일으키게 하고 그들 사이에 에로틱한 매력을 발산시키며, 이것이 성 관계를 갖고 싶어하는 욕망으로 이끌어 간다. 그녀가 자신을 아프로디테와 동일시한다면 결과를 고려하지 않고 자신의 욕망에 따라 행동한다. 그러나 그 결과는 사회적인 단죄이거나 일련의 그늘진 관계이거나, 그녀에게서 성 관계만을 원하는 남성에게 착취당하거나, 그렇기 때문에 자존심에 상처를 입을 수 있는 것들이다. 그녀는 어떤 경우에 아프로디테를 억누르고 다른 경우에는 어떻게 대처해야 하는가를 배울 필요가 있다. 다시 말하면 현명하게 언제 누구와 관계를 할 것인가를 선택하고, 본능에만 쫓겨서 파괴적인 결과를 낳지 않게 하는 법을 배울 필요가 있다.

그녀의 다정하고 관심 있는 태도는 또한 남자들이 그녀가 특별히 그에게 관심이 있거나, 성적으로 끌렸다고 잘못 판단하게끔 만들 수 있다. 그러면 그녀가 그들을 거부했을 때 그녀는 남자들의 가슴에 상처를 입히거나 남자를 놀리는 여자로 생각되고, 남자를 유혹했다는 비난을 받게 된다. 이런 남자들은 자신들이 놀림을 받았다고 생각하고 적대적이 되거나 분노를 터뜨리게 된다. 원치 않는 심취와 분노에 찬 거부의 대상으로서 아프로디테 여성은, 상처받고 분노하게 되며 도대체 왜 자신이 그런 대접을 받아야 하는지 당황하게 된다. 아프로디테 여성이 반복되는 이런 오해에 대해 깨닫게 되면 그녀는 원치 않는 남성의 열정을 꺾는 법을 배울 수 있고, 더 사무적인 태도를 취함으로써 자신에게는 전혀 그럴 의사가 없다는 것을 상대편 남자에게 암시할 수도 있다.

아프로디테를 부정하기

아프로디테 여성이 성적 호기심에 대해 부정적인 분위기 속에서 자란다면, 남성에 대한 관심을 억누르고 자신의 매력을 무시하며 성적인 호기심을 갖는 자신을 잘못되었다고 생각하게 된다. 그러나 아프로디테 특성을 표현하려는 본능을 억누름으로써 생기는 죄의식과 갈등은 그녀를 우울하고 초조하게 만든다. 그녀가 자신을 훌륭하게 통제하여 자신의 성욕과 관능을 의식 속에서 찢어내 버릴 수 있다면, 그녀는 진정한 자아의 일부를 잃어버리면서 자신의 생동감과 자발성도 잃게 된다.

기분 내키는 대로 사는 것은 왜 위험한가

아프로디테 여성은 인생이란 감각적인 경험 이외에는 아무것도 아니라는 듯이 즉흥적으로 살아간다. 이런 여성은 순간에만 몰두하여 자신의 행동이 어떤 결과를 초래할지 또는 어떤 갈등을 일으킬지 전혀 생각하지 않는 것처럼 보인다. 이런 성향은 본능적인 불륜 관계를 맺는 것 외에도 관련된 사람 모두에게 문제를 일으킨다. 예를 들면 그녀는 살 형편이 못 되는데도 값비싼 물건들을 무조건 사들이며, 약속을 해놓고도 사람들을 눈이 빠지게 기다리게끔 만든다. 그녀는 대단한 정열로 온 주의를 기울여서 계획을 세워 놓고는 그 계획을 꼭 실천할 것처럼 보이지만, 약속된 시간이 다가왔을 때는 이미 다른 대상이나 다른 사람에게 빠져 버린 뒤다.

아프로디테 여성에게는 고통스럽기는 해도 경험이 가장 좋은 스승이다. 그녀는 일단 눈에 띄지 않으면 까맣게 잊어버리는 식으로 다른 사람들을 대하다가 이것이 그들을 상처 입히고 분노하게 한다는 사실을 배운다. 눈에 띄는 것은 닥치는 대로 사면서 자신의 재정적인 형편을 생각하지 않는다면 그녀는 곧 자신의 신용 카드가 날아가 버리고, 독촉장만이 날아오는 것을 발견한다. 즉흥적으로 그 자리에서 모든 일을 해치우는 강력한 습관에 스스로 대처하는 방법을 배울 때까지는, 자신과 다른 사람들에게 고통을 주는 이러한 행동 유형을 되풀이한다. 그녀는 마치 내일이란 없는 것처럼 살아간다.

아프로디테 여성이 자신이 행동한 결과가 무엇인가 숙고하는 법을 배우면 그녀는 덜 즉흥적이고 더 책임감 있게 행동할 수 있다. 그러나 실제적인 것보다는 감정적인 것이 그녀에게 우선한다. 그래서 그녀는 행동하기 전에 심사 숙고한다고 해도 다른 사람들에게 상처를 계속 입히는데, 이는 그녀가 궁극적으로 자기 마음속의 소리에 따르기 때문이다.

사랑의 희생자들

아프로디테 여성이 사랑을 하고 떠나간 뒤 상대편 남자는 희생자가 된다.

그녀는 아주 쉽게 사랑에 빠지고 사랑에 빠질 때마다 자신이 완벽한 남자를 만났다고 확신한다. 순간적인 환상에 빠져서 그 남자는 자신이 여신과 사랑에 빠진 남신처럼 느끼지만, 그는 곧 탈락되고 대체될 것이다. 결과적으로 그녀는, 이용만 당하고 버림받았다고 느끼는 상처받고 거부당하고 의기소침하고 분노한 일련의 남성들만을 남겨 놓을 뿐이다. 아프로디테 여성은 일련의 강도 높은 애인 관계에 빠지는데 그때마다 자신이 '진짜 사랑에 빠졌다'는 환상에 휩쓸린다. 이런 행동 유형에서 벗어나기 위해서 그녀는 우선 누군가를 있는 그대로 사랑하는 법을 배워야만 한다. 즉, 신이 아닌 불완전한 인간인 누군가를. 우선 그녀는 쉽게 심취해 버리는 습관에서 풀려나야 하는데 경험을 하고 나서야 이런 환상에서 벗어날 수 있다. 그래야만 그녀는 한 관계를 오래 지속할 수 있고 상대방의 결점을 받아들이며, 신이 아닌 인간으로서 서로를 사랑하는 법을 배우게 된다.

사랑의 '저주'

다른 사람을 사랑에 빠지게 하는 아프로디테 여신의 힘은 파괴적이기도 하다. 예를 들자면 이 여신은 때때로 사랑의 보답을 받을 수 없는 누군가를 사랑하도록 부추긴다. 아니면 그녀는 부끄럽거나 부정한 열정을 불태워서 갈등이나 창피를 당하게 하고 결국은 그 여성 자체, 또는 그녀의 긍정적인 면들을 파괴해 버리고 만다. 미라, 파이드라, 메데이아는 이와 같이 저주를 받은 신화 속에 나오는 세 여성이다. 결과적으로 그녀들은 사랑으로 인해 큰 낭패를 보았던 것이다. 그리고 아프로디테가 프시케에게 화가 났을 때 이 여신은 그녀가 인간 중에서 가장 야비한 남자와 사랑에 빠지도록 만들었다. 이 여신은 사랑이 고통을 줄 수 있다는 것을 잘 알고 있었다.

불행한 사랑의 포로가 되어 있는 여성은 현대판 아프로디테의 희생자라

할 수 있다. 어떤 이들은 정신병 의사에게 자신을 불행에서 구해 달라고 요청한다. 내 환자들은 주로 두 유형으로 나타났다. 첫째 유형은 자신을 함부로 취급하거나 무시하는 남자와 사랑에 빠져 있는 여성들이다. 이런 여성들은 사랑하는 남자의 인색한 주의를 끌기 위해 모든 면에서 복종하고 있었다. 이런 관계가 짧은 것일 수도 있고 몇 십 년에 걸친 긴 것일 수도 있다. 이런 유형의 특징은 그녀가 그 관계에 의해서 고문 받고 있으며, 실제 보이는 증거가 정반대임에도 불구하고 그 남자가 자신을 사랑한다고 자신을 확신시키려 애쓰며 괴로워한다는 것이다. 그녀는 우울하고 불행함에도 불구하고 자신의 상황을 떨쳐 버리는 것에는 매우 상반된 감정을 갖고 있다. 그러나 그녀가 나아지기 위해서는 이처럼 인이 박힌 것과 같은 파괴적인 관계를 포기해야만 한다.

둘째 유형은 더더욱 심각하다. 두 번째 유형의 여성들은 그녀와 아무런 관계를 갖고 싶어하지 않는다는 것을 명확히 하고 있는 남성에게 사랑에 빠져 있는 것이다. 그는 그녀를 피하고, 끊임없이 사랑을 구하는 그녀를 저주한다. 그녀는 소유욕에 가득 차서 몇 년에 걸쳐 그의 생활에 간섭하며 다른 관계를 맺을 가능성을 말살하고 있는 것이다. 그를 따라다니기 위해서 그녀는 그 남자를 따라 딴 도시로 이사를 하는 수도 있고 — 내 환자 중의 한 사람이 그랬다 — 아니면 그의 집에 몰래 침입하려다가 체포되거나, 그의 집에서 강제로 끌어내어지기도 한다.

이런 아프로디테의 저주에서 벗어나는 것은 쉽지 않다. 이로부터 벗어나기 위해서는, 그 여성이 자신의 애착에 내재된 파괴적인 측면을 깨닫고 그 관계를 포기하려는 마음을 지녀야 한다. 그를 다시 보고 간섭하고 싶은 유혹에서 벗어나기 위해서는 엄청난 노력이 필요하다. 그러나 그녀가 새로운 사랑을 맺기 위해서는 이를 실천하는 것이 꼭 필요하다.

성장하는 길

자신의 원형을 아는 것은 모든 유형의 여성에게 중요하지만 특히 아프로디테 여성에게 중요하다. 아프로디테 여성들은 쉽게 사랑에 빠지고 관능적인 경험을 하고 싶어하며 다른 여성과는 달리 강한 성욕을 가지고 있다는 것이 여신이 준 특성이라는 것을 앎으로서 도움을 받는다. 이런 깨달음은 아프로디테 여성들이 자신에 대해서 느끼는 죄책감을 없애는 데 도움을 준다. 이와 동시에 그들은 자신의 가장 첨예한 관심을 잘 감시해야 한다는 것을 깨달아야 한다. 여신들은 그렇게 하지 않기 때문이다.

아프로디테 여성들 내부에서 다른 여신 원형들은 선명하지는 않지만, 최소한 잠재적인 형태로서 존재하고 있다. 인생의 경험을 쌓음에 따라 다른 여신 원형들이 점차 그 영향력을 키워서 그 여성 심리 내부에 자리잡고 있는 아프로디테의 힘을 상쇄하거나 수정할 수 있게 된다. 아프로디테 여성이 자기 통제의 기술을 계발하거나 교육을 더 받게 되면, 아르테미스나 아테나 원형이 중요한 원형으로 성장하게 된다. 결혼해서 아이를 갖게 되면 헤라와 데메테르 원형이 지속적인 영향력을 미치게 된다. 명상을 통해서 헤스티아 원형을 계발하게 된다면 그녀는 자신의 본능적인 유혹에 좀더 효과적으로 대처할 수 있게 된다. 그리고 페르세포네의 내향성을 가꾸게 된다면 아프로디테 여성은 자신의 성적인 경험에 대한 욕구를 실제 생활이 아닌 상상 속에서 해소할 수 있게 된다.

아프로디테 여성이 자신의 유형을 의식하고, 자신의 행동으로 그 누구도 다치지 않게끔 사랑하기로 결정하면 큰 인식의 변화가 일어난 것이다. 일단 그녀가 자신에게 중요한 것을 우선적으로 따져서 그에 맞추어 행동하게 되면, 선택을 하고 결과를 예측할 수 있게 된다. 프시케 신화가 이런 여성이 따라가야 할 발전적인 과정을 묘사해 준다.

프시케 신화: 심리적인 성숙을 위한 상징

에로스와 프시케의 신화는 융 분석가에 의해서 여성의 심리를 분석하기 위해서 종종 사용되었는데, 그중에서 가장 유명한 것으로는 에리히 노이만의 책 『아모르와 프시케』, $^{Amor\ and\ Psyche}$ 로버트 존슨의 『그 여자』 ^{She} 란 책이 있다. 프시케는 임신을 하게 된 인간으로, 사랑의 신이자 아프로디테의 아들인 자신의 남편 에로스와 재결합하려고 한다. 프시케는 에로스와 다시 결합하기 위해서는 분노에 차 있고 적대적인 아프로디테 앞에 자신의 모습을 드러내야 한다는 사실을 깨닫고 그렇게 했다. 그녀를 시험하기 위해서 아프로디테는 그녀에게 네 가지 과제를 준다.

아프로디테의 이 네 과제는 중요한 상징적인 의미를 갖고 있다. 과제는 여성이 계발하여야 할 능력을 대표한다. 프시케가 과제를 하나씩 완수할 때마다 그녀는 자신이 이전에 갖지 못했던 능력을 습득해 간다. 이 능력은 융 심리학에 의하면 남성적 요소 아니면 여성 성격의 남성적인 특성과 같은 것이다. 프시케 같은 여성에게 남성적이라 느껴지고 노력해서 계발해야 할 이 능력들은, 아르테미스나 아테나 여성이 지닌 자연스런 특성들이다.

신화적 인물 프시케는 (아프로디테처럼) 연인이자 (헤라처럼) 아내였으며 (데메테르처럼) 임신한 어머니였다. 더군다나 신화 중에서 그녀는 지하 세계에 내려갔다가 되돌아온다. 따라서 그녀는 페르세포네도 닮은 것이다. 우선 관계부터 맺고 본능적으로나 감정적으로 반응하는 여성들은 이 각 과제로 상징되는 능력들을 계발할 필요가 있다. 그렇게 하면 그들은 자신들의 가능성을 점검해 보고 자신의 관심사에 확고하게 대처할 수 있게 된다.

과제 1: 씨앗 분류하기

아프로디테는 프시케를 어떤 방으로 데려가서 뒤섞인 채 산처럼 쌓여 있는 곡식들을 보여 준다. 옥수수, 보리, 수수, 양귀비씨, 완두콩, 편두, 강낭콩 등. 그리고 그녀에게 이 여러 종류의 씨나 곡식들을 모두 분류하라고 명령했다. 이 과제는 처음에는 불가능한 듯 보였으나 한 무리의 개미떼가 나타나서 산더미처럼 쌓인 곡식들을 분류해 주었다.

이와 마찬가지로 여성이 중요한 결정을 내릴 때는 서로 갈등을 일으키는 감정과 뒤엉켜 있는 우선 순위들을 분류를 할 필요가 있다. 특히 아프로디테가 그 상황에서 한몫을 하고 있다면 상황은 더욱 혼란스럽다. '씨앗 분류하기'가 의미하는 것은 내면적인 과제로서, 여성이 정직하게 자신의 내면을 들여다보고 자신의 감정, 가치, 동기를 걸러서 하찮은 일로부터 정말 중요한 것을 구별해 내는 것이다.

모든 것이 명확해질 때까지 행동하기를 보류하고 혼란 상황에 그대로 머무는 법을 배우게 되면, 그녀는 '개미를 신뢰하는 법'을 배우는 것이다. 이러한 벌레의 의미는 직관과 비슷한데 이런 작업은 의식적으로 통제되는 것이 아니다. 아니면 그녀가 의식적인 노력을 기울여 논리적이면서도 체계적으로 결정에 관련된 많은 요소들을 분류하고, 우선 순위를 정한다면 일이 명확해질 수도 있다.

과제 2: 황금 양털을 얻어오기

두 번째로 아프로디테는 프시케에게 태양의 무시무시한 숫양에게서 황금 양털을 얻어오라고 명령했다. 이 숫양들은 굉장히 크고 공격적이며 뿔이 달린 짐승들로 벌판에서 서로 힘 겨루기를 하고 있었다. 프시케가 그들에게 다가가서 털을 깎으려 한다면 그녀는 틀림없이 뼈가 부러지거나 짓밟힐 것이다. 이 과제 또한 불가능하게 보였으나 푸른 갈대가 그녀에게 다가와, 해질 때까지 기다려 숫양들이 흩어져서 휴식을 취할 때를 기다리라고 충고했다. 그래서 그녀는 숫양들이 자신의 털을 빗질하기 위해서 등을 문질러 댄 가시에서 안전하게 황금 양털을 얻어올 수 있었다.

상징적으로 황금 양털은 권력을 상징하는데, 이것은 여성이 이를 얻기 위해서 자신을 파괴하지 않고도 쟁취해야 할 힘을 뜻한다. 아프로디테 여성이나 다른 상처받기 쉬운 여성들이, 권력과 지위를 쟁취하기 위해 공격적으로 서로 싸우는 경쟁적인 세상에 나갔을 때, 그녀가 그 사회에 내재해 있는 위험들을 깨닫지 못한다면 상처를 입거나 아니면 환멸을 느끼게 된다. 그녀의 마음은 굳어지고 냉소적으로 될 수 있다. 그녀의 다정다감하고 신뢰하는 자아는 짓밟혀서 희생양이 될 수도 있다. 무장된 아테나라면 전쟁터의 한가운데에서 전략과 정치에 직접 관계하겠으나, 프시케 같은 여성은 오히려 관찰하고 기다리면서 간접적인 방법으로 점차 권력을 획득하는 것이다.

프시케를 파괴하지 않고 황금 양털을 얻는다는 것은 바로 권력을 획득하면서도 자비로운 사람으로 남아 있을 수 있다는 상징이다. 임상 치료에 임할 때 나는 이 과제를 기억하는 것이 자신에 대한 확신을 배우는 모든 여성에게 도움이 된다는 것을 알았다. 그렇지 않았더라면 오로지 그녀의 필요나 분노의 표현에만 초점을 맞추어서 그녀가 원하는 바를 얻게끔 도와주고, 그녀가 거칠고 파괴적인 상황에 놓여 있다는 것을 밝혀 내지 못하는 단편적인 대화밖에 하지 못했을 것이다.

과제 3: 크리스탈병 채우기

세 번째 과제로 아프로디테는 작은 크리스탈병을 프시케의 손에 쥐어 주면서 금단의 시냇물에서 물을 가득 채우라고 명령했다. 이 시냇물은 봄에 가장 높은 절벽의 끝에서 지하 세계의 깊은 곳까지 폭포가 되어 떨어진다. 상징적으로 이 시냇물은 인생의 순환적 흐름을 나타내는데, 프시케가 여기에 병을 담가 물을 채워야 하는 것이다.

깊게 파인 절벽 사이에서 용들의 보호를 받고 있는 얼음과 같은 물줄기를 보았을 때, 그녀는 이 과제 또한 불가능하게 느껴졌다. 그러나 이번에는 독수리가 그녀를 도우러 나타났다. 독수리는 풍경을 멀리서 조망해 보고, 자신이 필요로 하는 것을 잡아채어 갈 수 있는 것을 상징한다. 이는 '나무는 보되 숲을 보지 못하는,' 개인적인 관심사에 치중하는 프시케 같은 여성이 가지기 어려운 관점이다.

아프로디테 여성은 자신의 행동 유형을 멀찌감치 서서 관측하는 것이 무엇보다 중요하다. 그럼으로써 그녀는 경험을 종합하여 그녀의 인생이 어떤 형태를 취해야 하는가를 결정할 수 있는 것이다.

과제 4: 거절하는 법 배우기

그녀의 네 번째이자 마지막 과제로 아프로디테는 프시케에게 지하 세계의 페르세포네에게 내려가 작은 상자에 화장수를 담아오라고 시켰다. 프시케는 죽음의 과제를 받은 거나 마찬가지였다. 이번에는 높은 탑이 그녀에게 도움을 줄 차례였다.

이 과제는 전통적인 영웅이 용기와 결단력을 실험하는 것 이상이었다. 아프로디테가 이 마지막 과제를 특별히 어렵게 만들었기 때문이다. 프시케는 도중에 자신에게 도움을 청하는 세 명의 불쌍한 사람을 만날 것인데 그때마다 그녀는 그들의 탄원을 무시한 채 자비로운 마음을 접어두고 계속 전진해 나가야 한다는 명령을 받았다. 그렇게 하지 않는다면 그녀는 영원히 지하 세계에 남아 있어야 한다.

도움을 청하는 면전에서 이를 거부하고 목표를 향해 계속 나아가는 것은 처녀 여신 원형을 가진 여성들 이외에는 매우 어려운 일이다. 모성적인 데메테르 여성과 온순한 페르세포네 여성은 다른 사람의 필요에 가장 즉각적으로 반응하고 헤라와 아프로디테 여성은 그 중간쯤 된다.

세 번을 "안 돼요" 하고 말함으로써 완수하게 되는 프시케의 과제는 선택을 연습하는 것이다. 많은 여성들은 딴사람의 일로 자신을 빼앗기도록 내버려 두고, 자신의 일보다는 딴 일에 정신이 팔리기 쉽다. 그녀들이 거절하는 법을 배울 때까지는 그들이 목표로 세운 것이나 자신들에게 가장 중요한 일을 완수하지 못한다. 그것이 친구를 필요로 하거나 위로를 받고 싶어하는 사람이건, 사랑의 관계에 빠져들도록 하는 유혹이 필요한 사람이건 간에, 자신의 다정다감함에 대해 단호하게 거절하는 법을 배울 때까지 그녀는 자신의 인생 경로를 스스로 결정할 수 없다.

네 개의 과제를 통하여 프시케는 성장했다. 그녀는 용기와 결단력이 시험을 받으면서 자신의 능력과 힘을 길렀다. 그러나 그녀가 얻은 모든 것에도 불구하고 그녀의 기본적인 성향과 우선 순위는 바뀌지 않은 채로 남아 있다. 그녀는 사랑의 관계를 중요시하며 자신의 사랑을 얻기 위해서 모든 위험을 무릅쓰고 이를 쟁취하는 것이다.

어느 여신이 황금 사과를 얻는가?

옛날에 올림포스산에서 그랬던 것처럼 여신들간의 경쟁, 갈등, 동맹은 여성의 마음속에서 발생한다. 어느 원형을 가장 중시하는지? 어느 원형을 무시하는지? 그리고 얼마만큼 선택을 하는지? 옛날에 그리스 여신들이, 파리스가 마음먹기에 따라서 주었던 황금 사과를 얻기 위해 서로 다투던 것처럼, 이들 내부의 원형들은 서로 자신을 드러내려고 경쟁을 한다.

파리스의 결정

채찍과 불화의 신인 에리스만 빼놓고, 모든 올림포스 신들이 테살리아 왕 펠레우스가 아름다운 바다의 요정 테티스를 아내로 맞이하는 결혼식에 초대되었다. 에리스는 무시당한 것에 대한 복수로 초대받지 못했으면서도 이 대향연에 나타나, 가장 아름다운 여성에게 바친다는 글이 적힌 황금 사과를 손님들 사이에 던졌다. 사과가 마루 위로 데굴데굴 굴러가자 헤라, 아테나, 아프로디테는 서로 그것을 자기 것이라고 우겼다. 이 세 여신은 사과가 당연히 자기 것이 되어야 한다고 생각했다. 물론 그들은 자기들 중에서 누가 가장 아름다운지 결정할 수 없었다. 그래서 제우스에게 결정을 내려 달라고 간청했다. 제우스는 자신이 결정하지 않고, 양치기 파리스에게 인간의 눈으로 봤을 때 가장 아름다운 여성을 선택하라는 결정권을 주었다.

세 여신들은 이다산 비탈에서, 산의 요정들과 목가적인 생활을 하고 있는 파리스를 발견했다. 세 여신들은 번갈아 가며 그에게 뇌물을 주면서, 그의 결정에 영향을 끼치려 하였다. 헤라는, 파리스가 자기에게 사과를 준다면 아시아의 모든 왕국을 다스릴 권력을 주겠다고 제의했다. 아테나는 모든 전쟁에서 승리할 수 있게 해주겠다는 약속을 했다. 아프로디테는 이 세상에서 가장 아름다운 여성을 주겠다고 제의했다. 파리스는 주저함 없이 아프로디테를 가장 아름다운 여성으로 선언하면서, 그녀에게 황금 사과를 주었다. 그렇게 하여 그는 헤라와 아테나의 증오를 영원토록 받게 되었다.

파리스의 이러한 결정이 뒤에 트로이 전쟁을 일으키게 된다. 양치기인 파리스는 바로 트로이 왕자였다. 이 세상에서 가장 아름다운 여성은 바로 그리스의 왕 메넬라오스의 아내인 헬레네였다. 파리스는 헬레네를 납치하여 트로이로 데려옴으로써 보상을 받는다. 이 행동이 그리스와 트로이 사이의 전쟁을 일으키게 했으며, 그 전쟁은 십년간 지속되었고 트로이의 멸망으로 끝났다.

다섯 올림포스 신들이 그리스 편을 들었는데 헤라와 아테나는 파리스에 대한 적개심으로 그리스 편을 들게 되었으며, 포세이돈, 헤르메스, 헤파이스토스도 그 속에 속했다. 네 남신과 여신들이 트로이 편을 들었는데, 아프로디테, 아폴론, 아레스, 아르테미스가 그들이었다.

파리스의 결정은 또한 서구 문명에서 가장 위대한 문학과 연극에 영감을 주었다. 그 결정으로 인하여 일어난 사건들은 『일리아스』, 『오디세이아』, 『아네이드』(세 개의 가장 위대한 고전)와 비극들(아이스킬로스, 소포클레스, 에우리피데스)을 통해서 영원 불멸하게 되었다.

파리스의 결정이 갖는 현대적인 의미

현대 여성들은 파리스처럼 개인적으로 자신만의 선택을 해야 할 때가 있다. 올림포스의 손님들에게 제시되었던 것과 똑같은 질문들을 던져진다. 어느 여신이 황금 사과를 가질 것인지? 그리고 누가 선택을 할 것인지?

어느 여신이 황금 사과를 가질 것인가

신화에서는 단지 세 여신만이 황금 사과를 자신의 것이라고 주장했다. 그 세 여신은 헤라, 아테나, 아프로디테였다. 그러나 사람마다 마음속으로 생각하는 경쟁자가 다 다를 수 있다. 어쩌면 둘이나 셋, 또는 넷, 아니 일곱 여신으로 이루어진 어떤 조합이 황금 사과를 차지하기 위해 서로 갈등하는 관계에 놓일 수 있다. 각 여성의 내면에는 활성화된 원형들이 서로 우위를 점하기 위해서 또는 지배적이기 위해서 서로 경쟁하고 질투한다.

원래의 신화에서 가장 아름다운 이를 뽑는다는 것, 즉 헤라, 아테나, 아프로디테 중에서 누가 가장 탁월한가를 뽑는 것은 무엇을 의미하는가? 이 세 여신이 상징하는 것을 살펴보았을 때 나는 그들이, 여성이 일생에서 택할 수 있는 세 가지 주요 인생 항로를 대표한다는 사실을 깨닫고 놀랐다. 한 여성 내부에 있는 세 측면은 종종 갈등을 일으키는 것들이다. 헤라는 결혼을 최우선으로 여기므로 헤라의 목표와 동일시하는 여성을 뜻한다. 아테나는 지성을 사용하여 전문 지식을 얻는 것에 가치를 두므로, 아테나를 가장 아름답다고 생각하는 여성은 전문직에서 성공을 중요시하는 여성이다. 아프로디테는 미, 사랑, 정열을 좋아하고 창조력을 가장 중요한 가치로 여기므로, 이에 동의하는 여성은 지속적인 관계나 성취욕보다는 자신의 주관적인 인생의 생동감을 중요시하는 여성이다.

이들 선택들은 근본적으로 서로 다른데, 이 세 여신들이 각각 다른 유형에 속하기 때문이다. 헤라는 상처받기 쉬운 여신이고, 아테나는 처녀 여신이며, 아프로디테는 창조하는 여신이다. 여성의 삶에서 이들 유형들로 대표되는 세 개의 스타일 중의 하나가 보통 가장 지배적인 것이 된다.

누가 선택권을 가질 것인가, 어느 여신이 황금 사과를 가질지 누가 결정할 것인가

신화 속에서는 인간이 결정을 내렸다. 가부장제 문화에서는 남성이 결정을 한다. 물론 남자가 여성의 위치가 어떠해야 한다고 결정한다고 할 때 그 선택은 남성에게 편리하도록 한계가 정해져 있다. 예를 들면, 3K(아이, 부엌, 교회)$^{Kinder,\ Küche,\ Kirche}$는 대다수 독일 여성들의 삶의 테두리로 지정되어 있었다.

개인적으로 봐서는 어느 여신이 황금 사과를 가질 것인가란 질문은 끝없는 경쟁을 나타낸다. 부모, 친척들에서부터 선생님, 급우, 친구, 데이트 상대, 남편, 심지어는 자식들까지도 그녀가 그들을 기쁘게 해주겠다고 한 데 대한 보상인 황금 사과를 주거나 주지 않는 파리스의 결정을 끊임없이 계속한다. 예를 들어 경쟁을 좋아하는 테니스 선수(아르테미스나 아테나의 영향일 테지만)이자 조용하고 혼자 있기 좋아하는 성격(헤스티아 덕분으로)에다 어린 사촌들에게는 어머니(데메테르) 같은 어린 소녀가 있다고 한다면, 그녀는 자기가 어떤 일들을 할 때 다른 일을 할 때보다 더 인정을 받는다는 것을 알게 된다. 그녀의 아버지는 그녀가 테니스 게임을 잘할 때 칭찬하는가 아니면 작은 엄마 노릇을 잘할 때 칭찬하는가? 그녀의 어머니가 가치를 두는 것은 무엇인가? 식구들이 각자 조용한 시간을 보내기를 바라는 내성적인 가족인가? 아니면 누군가 혼자 있기를 원한다면 그것이 말도 안 되는 경우로 여겨지는 외향적인 가족인가? 그녀는 자신이 얼마나 테니스를 잘 치는가를 나타내지 않고, 항상 남자에게 지면서 뒷전에 앉아 있도록 기대되는가? 다른 사람들의 기대가 주어졌을 때 그녀는 어떻게 행동할 것인가?

이 여성이 자신에게 중요한 것이 무엇인가를 자기 아닌 딴 사람에게 결정하게 한다면, 그녀는 부모의 기대대로 살 것이며 그녀가 어떠해야 한다는, 그녀가 속한 사회 계급의 기대에 부응하게 될 것이다. 그녀의 인생에서 어느 여신이 숭배받아야 할 것인가는 다른 사람들이 결정할 것이다.

이 여성이 자신의 내면에 있는 여신의 힘에 기초하여 '어느 여신이 황금 사과를 가질 것인가'를 스스로 결정한다면, 무엇을 결정하든 그것은 그녀에게 의미가 있다. 그 결정이 그녀가 속한 가족과 문화의 지지를 받을 수도 있고 받지 않을 수도 있으나, 그 결정은 진정한 것이리라.

갈등 관계에 있는 여신들: 위원회에 비유될 수 있다

여성 내부에서 여신들은 서로 경쟁을 할 수도 있고 아니면 어느 한 여성이 지배할 수도 있다. 이 여성이 중요한 결정을 내려야 할 때마다 여신들간에 황금 사과를 차지하기 위한 경연 대회가 벌어질 수도 있다. 그렇다면 그 여성은 서로 경쟁적인 여러 우선 순위, 본능, 유형들 중에서 스스로 결정을 하는가? 아니면 여신이 그녀에게 내리는 결정에 그저 따르는가?

융 학파 분석가이자 내 스승인 조셉 휠라이트는 우리의 머리 속에서 일어나는 이런 일들이 마치 탁자에 둘러앉아 있는 갖가지 성격의 사람들로 이루어진 한 위원회와 같다고 말했는데 이 위원회에는 남자, 여자, 젊은이, 늙은이, 시끄럽고 요구가 많은 사람, 말이 없고 요구가 없는 사람들이 있다. 우리가 운이 좋다면 건강한 자아^{ego}가 테이블 제일 상석에 앉아서 위원회의 의장 노릇을 하면서 언제 누가 발표를 할 수 있는가를 결정해 줄 수 있다. 의장은 주의 깊은 관찰자이자 능력 있는 중역으로 질서를 지키는데, 이는 성능이 좋은 자아와 비슷한 자질이다. 자아가 잘 움직일 때는 바람직한 행동을 할 수 있게 된다.

위원회를 관장하는 일은 결코 쉽지가 않다. 특히 모든 여성의 내면에서 여신들이 서로 갈등을 일으키면서, 자신의 권력을 요구하고 주장하는 경우에는 더욱 그렇다. 이 여성의 자아가 질서를 유지하지 못할 때는 한 여신 원형이 이 틈을 타 그 성격을 전복할 수 있다. 그러면 상징적으로 그 여신이 이 인간을 통치하게 된다. 아니면 똑같이 강력한 원형들이 갈등을 일으키는 경우는 마치 내면에서 올림포스 전쟁이 일어난 듯하게 된다.

그 사람이 내면에 갈등을 일으키고 있을 때에, 결과는 그 사람 내면의 위원회의 위원들이 어떻게 서로 작용하느냐에 달려 있다. 다른 모든 위원회와 마찬가지로 한 집단의 기능은 의장과 위원들의 상호 작용에 달려 있는데, 즉 그들이 누구인가, 그들의 관점이 얼마나 강력한가, 그 그룹이 일을 처리하는 과정이 어느 정도 협조적인가 아니면 경쟁적인가, 그리고 의장이 어느 정도 질서를 지킬 수 있느냐에 달려 있는 것이다.

질서 정연한 과정:
자아가 의장의 기능을 잘 수행하고 있으며, 모든 여신들이 발표할 기회를 갖는다

첫째 가능성은 적절한 정보에 기초해 명확한 결정을 내릴 수 있는 주의 깊은 자아에 의해서 회의 과정이 착실하게 진행되는 것이다. 자아는 각 구성원과 그들의 서로 다른 필요와 동기에 대하여 잘 알고 있다. 자아는 성격의 모든 타당한 측면들에 대한 의견을 듣고 현실을 고려하면서, 긴장을 참아낸다. 성격의 총체를 이루는 각 여신들은 자신의 특수한 본능, 가치, 여성 성격의 한 측면을 대변하므로 한 여신이 주장할 수 있는 양은 그 특정 원형의 강도가 어느 정도인가, 또 그것이 그 주제에 대하여 어느 정도 관여하고 있는가, 또 의장인 자아가 어느 정도 그 여신의 주장을 허용하느냐에 달려 있다.

예를 들어 한 여성이 일요일에 무엇을 할 것인가를 결정하려 한다고 가정해 보자. 헤스티아는 혼자 있기를 좋아하므로 집에서 조용한 하루를 보내고 싶어한다. 헤라는 남편의 친척을 방문해야 한다고 느낀다. 아테나는 기획안의 자금을 지원받기 위해서 덜 끝마친 일을 해야 한다고 그녀에게 상기시킨다. 아르테미스는 여성 문제 회의에 참석해야 한다고 주장한다.

아니면 그 여성의 결정이 그녀 인생의 후반기에 대한 것이라고 치자. 이 때 성격의 모든 측면, 모든 여신들은 결과에 대하여 첨예한 관심을 가질 것이다. 예를 들자면 "이제 아이들도 다 자랐으니, 만족스럽지 못한 이 결혼을 끝낼 때가 아닌가?" 여기서 데메테르가 자신의 영향력을 행사할 수도 있다. 데메테르 원형은 헤라 원형과 연합하여 '아이들을 위해서'란 구실 아래 불행한 상황에 안주하도록 영향력을 끼칠 수 있다. 아니면 그녀는 아르테미스와 연합하여 독립을 더 좋아하게 될까?

아니면 이제 학교로 되돌아가거나 자신의 경력을 바꿀 때인가? 그렇다면 아테나나 아르테미스에게 주의를 기울여야 할까?

아니면 이제야말로 데메테르나 헤라가 주장을 할 차례인가? 자신의 모든 정력을 경력을 쌓거나 전문가가 되는 데 바쳐온 여성은, 목적지 또는 정체기에 도달한 중년에 서서 데메테르 덕분에 모성적인 본능이 솟아오르는 것을 느끼게 될까? 아니면 외로움을 느끼고, 부부가 된 사람들을 보면서, 이제까지 듣기를 거부해온 헤라의 말에 주의를 기울이며 결혼하기를 원하게 될까?

아니면 여신 중에서 가장 조용한 헤스티아가 자기 주장을 할 차례가 되어 중년의 여생을 관조와 영적인 가치를 추구하는 데 보내야 할 필요를 느끼게 될까?

중년에 들어섰을 때 여신들간의 새로운 세력 관계가 형성되거나 어느 한 여신이 새로이 모습을 드러낼 가능성이 있다. 이러한 잠재적인 권력 이동은 중년뿐 아니라 인생의 모든 단계에서, 즉 청소년기, 어른이 되었을 때, 은퇴할 때, 갱년기에 각각 나타날 수 있다. 변화의 시기가 도래했을 때 자아가 질서 정연하고 사려 깊고 의식 있게 이 과정을 관장하고 있다면, 그 여성은 우선 순위, 충성도, 가치, 현실 여건들을 심사숙고한다. 그녀는 서로 상반되는 선택 중의 하나를 고르도록 강요당하지는 않는다. 결론은 상황 파악이 끝난 다음에 내려지는 것이다. 이것이 일요일에 무엇을 할까 결정하는 것이라면 5분 정도의 시간이 걸릴 것이고, 그녀가 인생의 중대 변화에 대해 생각하고 있다면 5년이 걸릴 수도 있다.

한 예로 나는 몇 년간 아이 문제로 고민해 온 여성을 알고 있다. 그녀는 자신의 모성적 본능과 자신의 직업을 어떻게 조화시켜야 할지 고민하고 있었다. 만약 그녀의 남편과 그녀가 이 문제에 대하여 다른 생각을 갖고 있다면, 한 사람은 아이를 원하고 다른 사람은 아이를 원치 않는다면, 어떻게 할 것인가? 그녀는 이미 삼십대이고 어머니가 될 수 있다는 것은 제한된 시간에만 가능한 것이라면 어떻게 해야 할 것인가?

이 모든 질문들이 평생 아이를 갖지 않은 화가 조지아 오키프를 괴롭힌 질문들이다. 로라 리슬레의 전기에 의하면 오키프는 아주 어렸을 때부터 화가가 되고 싶은 강렬한 내적 욕망을 지니고 있었다. 또한 그녀가 스무 살 중반에 도달했을 때 친구에게 "나는 정말 아이를 갖고 싶어. 그러지 못한다면 내 인생은 결코 완벽한 것이 될 수 없을 거야"[1] 하고 고백했다. 그녀가 아이 문제로 고민할 때 그녀는 알프레드 스티글리츠와 깊은 사랑에 빠져 있었다. 그녀는 그와 동거하다가 나중에 결혼했다. 그는 현대 미술사에서 가장 영향을 끼친 사람 중의 하나다. 그의 화랑, 미술 및 미술가에 대한 그의 평가는 미술가들의 평판에 중요하게 작용했다. 스티글리츠는 오키프가 결코 엄마가 되어서는 안 된다고 확신하고 있었는데, 아이를 가지면 그녀가 미술에 몰두하지 못할 거라고 생각했기 때문이다. 오키프보다 서른이나 위이고 이미 다 자란 아이들의 아버지였던 스티글리츠는 또다시 아버지가 되기를 원하지도 않았다.

아이 문제로 그와 그녀 사이에 시작됐던 갈등은 1918년부터 5년간을 끌었는데, 두 사건으로 마무리되었다. 1923년에 그녀가 그린 100점의 그림들이 전시되었다. 아마 처음으로 그녀는 훌륭한 화가가 되겠다는 꿈이 이루어질 수 있다는 것을 확인받은 셈이었다. 같은 해에 스티글리츠의 딸이 아들을 낳았는데, 심한 산후 우울증에 걸려서 평생 동안 완전히 회복되지 못했다.

스티글리츠, 그들의 관계, 그리고 미술가로서의 그녀의 인생에 대한 관심들이 연합하여 오키프가 강한 모성 본능을 발휘하지 못하도록 작용했다. 헤라, 아프로디테, 아르테미스, 아테나가 모두 데메테르의 적이 된 것이다.

여신들의 연합에다 처한 상황이 아이를 갖지 않는 쪽으로 결정을 기울게 했으나, 오키프는 후회 없이 엄마가 될 가능성을 떨쳐 버릴 필요가 있었다. 그렇지 않았다면 이 문제는 완전히 해결된 것이라고 보기는 어렵다. 사람은 자신이 선택한 것이 아니라 외부 상황이나 내적인 본능에 의해서 뭔가 중요한 것을 포기하도록 강요받았다고 느끼게 되면, 분노하고 무능력하게 느껴지고 우울하게 된다. 후회가 그녀의 생명력을 휘어잡고는, 자신이 하는 일이 아무리 중요하다 하더라도 그 일에 완전히 몰두할 수 없게 만들기 때문이다. 오키프든 어떤 여성이든, 뭔가 중요한 것을 잃고서 창조적인 일에 몰두할 수 있기 위해서는, 그녀의 자아가 서로 자신들의 힘을 내세우는 원형들에 대해 단순히 기록이나 하는 수동적인 관찰자 이상의 것이어야 한다. 그녀는 능동적으로 결과를 수용해야 할 필요가 있다. 그러기 위해서 그 여성은 이렇게 말할 수 있어야 한다. "나는 내가 누구인지를 알았고 상황이 어떻다는 것도 알았지요. 나는 이 특성들을 나 자신으로 확신했으며, 현실을 있는 그대로 받아들이기로 했습니다." 그러고 난 후에야 그 문제에 쏠린 힘을 자유로이 다른 용도로 쓸 수 있게 되는 것이다.

시소 게임: 각 여신이 서로 지배하려고 싸우며 자아는 힘이 없는 상태

질서 정연한 과정이 가장 좋은 해결책인데, 불행하게도 내면의 갈등이 항상 이 방법을 취할 수 있는 것은 아니다. 어느 편이 권력을 잡든 자아가 수동적으로 따라가기만 한다면, 처음에는 이편이 이겨서 힘을 잡고 다음에는 저편이 이겨 힘을 잡는 시소 유형을 낳게 된다.

한 예로 유부녀가 불륜 관계를 끝내는 데 매우 우유부단한 경우를 들 수 있다. 그녀는 이 불륜 관계를 끝내지 않으면 결혼이 파탄날 수 있다는 것을 알고 있다. 그녀 내부의 갈등이, 마치 한때 트로이 전쟁이 그랬던 것처럼 해결될 수 없고 끝나지 않을 것처럼 느껴진다. 무능한 자아를 가진 여성은 되풀이해서 관계를 끝맺으려고 하지만, 항상 그 결정에서 움츠러들고 만다.

트로이 전쟁은 이 상황에 아주 적합한 은유다. 싸워서 얻은 헬레네는 결혼이냐 불륜이냐 하는 갈등의 한가운데 놓인 수동적인 자아와 같다. 이 수동적인 자아는 한편과 다른 한편의 소유물로서 인질이 되어 잡혀 있는 것이다.

 그리스 군은 헬레네를 남편에게서 도로 빼앗아 오려고 했다. 그리스 편에 선 사람들은 결혼의 수호자들이었다. 우선 첫 번째로 결혼의 여신인 헤라가 있는데, 그녀는 트로이를 멸망시키고 헬레네를 남편인 메넬라오스에게 되돌려줄 때까지 전쟁을 계속해야 한다고 주장했다. 또한 대장간의 신 헤파이스토스가 그리스를 도왔는데, 그는 아킬레우스를 위해 무기를 만들어 주었다. 헤파이스토스가 그리스 측을 동정한 것은 이해할 만한데, 자기 아내 아프로디테가 다른 남자와 사랑을 나눴기 때문이다. 또 다른 그리스의 동맹은 바다 속에 사는 가부장적인 신 포세이돈이었다. 그리고 가부장제의 수호자인 아테나도 자연히 합법적인 남편의 편을 들었다.

 이들 올림포스 신들은 여성 내부에서 결혼을 보전하려는 태도를 대표한다. 그들은 결혼을 신성한 의식이자 합법적인 제도로 보며, 아내는 남편의 소유물이라고 믿으며 남편에 대해 동정적이다.

 사랑의 여신이자 황금 사과를 획득한 아프로디테는 물론 트로이 편이었다. 흥미롭게도 남녀 쌍둥이인 아르테미스와 아폴론도 트로이 편을 들었다. 아마도 이들은 가부장제의 힘이 도전받을 때에만 허용될 수 있는 비전형적인 남녀의 역할을 상징하는 듯하다. 트로이 편을 든 네 번째 올림포스 신은 파리스와 마찬가지로 딴 남자의 아내와 사랑을 나눈 전쟁의 신 아레스였다. 아레스는 아프로디테의 연인이었다.

 이들 네 올림포스 신들은 여성 심리에서 가끔 불륜 관계를 맺도록 하는 요소나 태도를 대변한다. 그들은 성적인 열정과 사랑을 요구한다. 그들은 자율성, 즉 그녀의 성욕은 그녀 자신의 것이며 결혼이나 남편의 소유물이 아니라고 주장한다. 이들 넷은 전통적인 역할에 반기를 들며 충동적이다. 따라서 그들은 남편에 대한 전쟁 선언이랄 수 있는 불륜 관계를 일으키는 데 세력을 규합한다.

여성의 자아가 내면 갈등의 일시적인 승리자나 그녀를 쟁취하기 위한 외적인 경쟁에 수동적으로 따라간다면, 그녀는 삼각 관계에서 두 남자 사이를 왔다갔다 하게 된다. 이렇게 상반된 감정이 함께 존재하게 되면 양쪽 관계와 그와 관련된 모든 사람에게 해를 끼치게 된다.

혼돈에 빠진 위원회: 자아가 갈등하는 여신들에 의하여 압도된 상태

여성의 심리 내부에서 심한 갈등이 야기되고 자아가 질서를 유지할 수 없게 되면, 질서 정연한 과정은 시작조차도 못하게 된다. 이는 마치 자신의 관심사를 소리 높여 주장하고, 어떻게든 상대방의 의견을 끌어내리려고 소란을 피워 대는 것처럼, 각자 목청을 돋우어 시끄럽게 떠드는 상황을 가져온다. 그 여성의 자아는 내면의 목소리들을 구별하지도 못하게 되며, 내면에 엄청난 긴장만 쌓이게 된다. 이런 혼란이 일어나고 있는 여성은 뭔가를 해야 한다는 압박감을 느끼면서도 혼란스럽고 자신의 생각을 정리할 수 없게 된다.

내 환자 중의 한 사람이 이런 '혼돈에 빠진 위원회'를 갖고 있었는데, 그녀는 사십대 중반으로 남편과 헤어지려 하고 있었다. 다른 남자는 없었으며 이십 년간의 결혼 생활은 남들이 보기에는 이상적인 것으로 비쳤다. 그녀가 이혼을 심사숙고할 수만 있었다면 좀더 이성적으로 경쟁적인 여러 관점을 들을 수 있었을 것이다. 그러나 그녀가 남편에게 이혼을 생각 중이라고 얘기한 뒤 생각을 정리하기 위해 그의 곁을 떠났을 때, 내적인 혼란이 일어났다. 그녀는 이 상황을 "마치 머리 속에서 세탁기가 돌아가는 듯한, 아니면 내 자신이 세탁기 속에 들어앉아 있는 듯한 느낌이었어요"라고 말했다. 매우 위험하지만 합당한 결정에 대하여 그녀 내면 가운데 일부가 공포와 경고로 반응해 왔다.

얼마 동안 그녀는 움직일 수가 없었고, 그녀의 자아는 일시적으로 압도당하고 말았다. 그러나 포기하고 원래의 자리로 되돌아가는 대신 그녀는, 친구들과 함께 머물면서 생각을 정리하고 어느 정도 자신의 상황을 파악할 때까지 자신의 요구에 충실했다. 점차 그녀의 자아는 원래의 자리를 되찾고, 그녀는 경고와 공포의 목소리들을 듣고 생각할 수 있게 되었다. 마침내 그녀는 남편과 이혼했다. 그리고 일 년 뒤에 그녀는 자신이 올바른 결정을 했다고 확신할 수 있었다.

이런 상황에서 서로 상충하는 문제점들을 분류하기 위해서는 갈등을 일으키는 공포와 본능들에 대하여 누군가와 이야기하거나 써보는 것이 도움이 된다. 큰 골칫거리같이 보이던 일이 각각의 문제로 분석되면 자아는 더 이상 압도당하고 있다는 느낌을 갖지 않게 된다.

'혼돈에 빠진 위원회'는 새롭고도 위협적인 것을 자각한 데 대한 초기의 혼란스런 반응에 뒤따르는 일시적이고 단기적인 현상일 수 있다. 자아는 얼마 지나지 않아 질서를 되찾게 된다. 그러나 자아가 질서를 되찾지 못하면 정신적인 혼란이 정신병을 유발할 수 있다. 마음속에 상충되는 감정, 사고, 느낌들이 가득 차 있게 되고, 더 이상 논리적으로 생각하는 것이 불가능해지면 그 사람은 정상적으로 기능하지 못하게 된다.

총애받는 위원과 감시받는 위원:
편견을 가진 의장은 어떤 여신들은 총애하고 다른 여신들은 인정하지 않으려 한다

편견을 가진 의장은 오직 몇몇 총애하는 위원회 위원들만을 인정한다. 이 자아는, 자신의 필요와 감정과 관점을 표현하는 나머지 여신들을 침묵시킨다. 이 자아는 자신이 보거나 듣기를 원치 않는 것은 무엇이든 감시하고 따라서 표면상으로는 아무런 갈등이 없는 것처럼 보인다. '총애받는 여신의 지위'는 어떤 때는 몇 여신이, 어떤 때는 한 여신이 차지하기도 하는데 그녀의 관점이 지배적인 것이 된다. 자아는 바로 이 여신들과 동일시하게 되는 것이다.

한편 총애를 받지 못하는 여신들의 관점과 관심사는 억눌리고 그들은 말이 없거나 심지어는 위원회에 모습을 보이지도 않는다. 그 대신 그들의 영향력은 위원회 회의실 밖에서 느껴지는 것으로 의식 밖에서 영향을 미친다. 행동들, 정신에 의해 나타나는 신체 증상들, 침울한 기분이 이들 감시받는 여신들의 표현이다.

'행동으로 보여 주는 것'은 상충된 감정으로 인해 생긴 긴장을 줄이는, 무의식적으로 유발된 행동이다. 한 예로 결혼한 바버라는 시누이인 수전이 항상 자기 차를 얻어 탈 수 있다고 생각하는 것이 싫었다. 그러나 자기가 이기적이라고 느끼거나 죄의식을 갖지 않고서는 거절을 할 수 없었고, 스스로 화를 내는 것을 받아들일 수 없기 때문에 화를 낼 수도 없었다. 따라서 그녀의 자아는 의장으로서 헤라와 데메테르의 편을 들었다. 이 두 여신은 그녀가 남편 친척들을 잘 보살피고 돌보는 좋은 아내여야 한다고 주장했다. 그녀의 자아는 남을 보살피는 것을 싫어하는 처녀 여신들을 억눌렀다. 내적인 긴장이 점차 쌓이고 그녀는 이를 '행동'해 버림으로써 해소했다. 바버라는 수전을 데리러 가야 하는 약속을 잊은 것이다. 고의로 수전을 세워 두는 것은 매우 적대적일 수 있는 것으로, 아르테미스나 아테나라도 쉽게 제안하지 못할 일이다. 그러나 잊어버림으로써 바버라는 자신의 적대감을 해소하고, 수전의 습관을 꺾어 놓았다. 그리고 바버라는 자신의 분노와 독립에 관한 주장에 대해서는 무죄를 주장할 수 있다.

내 환자 중의 한 사람이 또 다른 좀더 적절한 예가 될 것이다. 그녀는 중요한 영화의 조연을 뽑는 오디션에 참가하게 되어 있었다. 배역을 뽑는 감독은 그녀가 그 역할에 꼭 들어맞는다고 생각하고, 그녀에게 한번 일을 해보자고 했다. 그것은 그녀에게 중요한 기회였다. 그런데 이 서른 살 먹은 여배우는 작은 소극장의 단원으로서 그 극장 감독과 동거를 하고 있었다. 그들은 질질 끄는 관계를 삼 년간 지속해 왔다.

그녀는 어떤 면에서 자신이 그보다 더 성공하게 된다면 그가 이를 참아내지 못하리라는 점을 알고 있었다. 그러나 그녀는 그 사실과, 그를 있는 모습 그대로 볼 수 있는 일련의 통찰력을 함께 억누르고 있었다. 그 영화에 대한 기회가 왔을 때 그녀는 오디션을 준비하고 마지막 순간까지 리허설을 했는데, 너무나 열중한 나머지 '시간을 놓치고 말았다.' 그녀는 약속을 잊어버리고 말았다.

따라서 그녀는 자신이 그 역할을 원하고 의식적으로 노력해 왔음에도 불구하고, 자신의 상충된 감정을 행동으로 발산해 버린 것이다. 아르테미스가 그녀에게 야망을 주고 아프로디테가 그녀의 재능을 표현하도록 도와주었다. 그러나 그녀는 역할을 맡게 되어 자신의 관계를 시험당하는 것을 무의식중에 두려워했다. 헤라는 관계에 우선을 두게 하고, 데메테르는 그 남자가 위협받거나 못난 사람처럼 느끼게 하는 것으로부터 방어해 주었다. 그녀가 그 역할을 시도해 보지 않기로 한 결정은 무의식 속에서 이루어진 것이다.

생각하는 것이 몸에 나타나는 정신 신체 상관의 증상들은 감시받는 여신들의 표현일 수 있다. 예를 들자면 아테나 특성을 지녀서, 도움을 청하거나 결코 다른 사람을 필요로 하지 않는 것처럼 보이는 독립적인 여성은 천식이나 궤양에 걸릴 수 있다. 아마도 이것이 그녀의 자아가 의존적인 페르세포네로 하여금 어머니의 보호를 받을 수 있게 하는 유일한 방도일 것이다. 아니면 너그럽고 푸근한 어머니 유형은 불안정한 고혈압을 유발할 수 있다. 특히 그녀가 자아를 상실한 듯 보일 때 그녀의 혈압은 정상에서 매우 높게 솟구칠 수 있다. 그녀는 자신의 우선 순위에 집중할 수 있을 만큼의 아르테미스를 갖지 못하고 있으나, 다른 사람의 필요에 우선적으로 반응할 때 긴장과 분노를 느낀다.

침울한 기분도 감시받는 여신을 반영하는 것일 수 있다. 행복하게 결혼한 여성이 자기와는 다른 길을 간 친구들의 소식을 들을 때 저 멀리 외떨어진 듯한 느낌이 드는 것은 그녀 내부의 처녀 여신들이 일깨워지는 것을 뜻할 수 있다. 월경 중에 직업 여성이 느끼는 막연한 불만은 충족되지 못한 데메테르일 수 있다.

변속하기: 몇몇 여신들이 번갈아 나타날 때

몇 여신들이 번갈아 지배적인 영향력을 행사할 때 여성은 자신이 한 사람이 아닌 몇 사람처럼 느껴진다고 말한다. 예를 들자면 캐럴린은 일 년에 몇 백만달러의 보험 실적을 올린다. 그녀는 최우수 사원으로 인정받고 있으며 고객들을 적극적으로 찾아다닌다. 일을 할 때 그녀는 아테나와 아르테미스의 효과적인 결합이다. 사업상의 호랑이가 집에 오면 얌전한 고양이가 되어 내면적인 헤스티아가 조용한 기쁨을 느끼듯이 집과 정원을 가꾸는 것이다.

레슬리는 그녀가 다니는 광고 회사에서 이상적인 여성이다. 그녀의 광고 문안은 그야말로 반짝거린다. 그녀의 창조력과 설득력은 그녀를 매우 능력 있는 사람으로 만든다. 그녀는 아르테미스와 아프로디테의 다이내믹한 결합이면서도 남편에게는 얌전한 페르세포네로 변신한다.

이 두 여성은 기아를 변속해 인격의 한 면에서 다른 면으로 옮겨가듯이 두 명의 다른 사람처럼 행동한다는 것을 알고 있다. 매일의 이런 변신이 그들에게는 아주 자연스럽다. 각 상황에서 그들은 저마다 진정한 모습을 느끼는데 그녀 내면의 여신들이 차례대로 나타나는 것이라 할 수 있다.

성격의 변화, 다시 말해 이것이냐 저것이냐를 선택하는 심리 유형에 관해 아는 것은, 많은 여성을 혼란시키기도 하고 즐겁게 하기도 하는데, 그들은 자신이 어떻게 느끼느냐에 따라서 대처법이 달라진다는 것을 잘 알고 있다. 그들이 공적인 자아인가, 사적인 자아인가, 어머니인가, 미술가인가, 즉 어떤 자아로서 반응하느냐에 따라, 또는 그들이 홀로 있을 때와 함께 있을 때 어떻게 반응하느냐에 따라 결과가 달라진다. 따라서 성격 프로필은 그 여성 내부의 '어느 여신'이 일을 떠맡느냐에 달린 것처럼 보인다. 한 여성 심리학자가 표현한 대로, "파티에서 나는 매우 외향적이지요. 이것은 내가 그런 가면을 써서가 아니라 진정한 내 자신의 일부이기 때문에 아주 멋진 시간을 보낼 수 있지요. 하지만 연구에 몰두할 때에는 난 매우 딴 사람이 된답니다." 그녀는 어떤 곳에서는 외향적이고 감정적으로 민감하고 관능적인 활달한 아프로디테다. 또 다른 곳에서는 주의 깊게 프로젝트를 진행하기 위하여 깊이 있는 사고를 하고, 조심스럽게 증거를 수집하여 증명하는 명석한 아테나다.

여성의 성격을 지배하는 하나의 대표적인 여신 유형이 있을 때 그녀의 심리유형 검사는 융 학파 이론에 부합한다. 그녀는 외부의 사건과 사람들에 즉각적으로 반응하는 외향적인 사람이거나 아니면 자신 내면의 느낌에 충실한 내성적인 사람일 것이다. 그녀는 사람과 상황을 판단하기 위해서 사고를 사용하거나 아니면 감정을 사용한 것이다. 그리고 오감을 통해 얻어진 정보를 신뢰하거나 아니면 직감에 의존한다. 때때로 생각, 느낌, 지각, 직관 네 기능 중에서 하나만이 잘 발달할 수 있다.

둘 이상의 지배적인 여신 원형을 갖고 있는 여성은 한 심리 유형에 꼭 부합하지는 않는다. 상황과 영향력을 미치는 여신에 따라서 외향적일 수도 있고 내성적일 수도 있는 것이다. 먼저 경우에는 외향적인 아르테미스나 데메테르가 황금 사과를 지닐 수 있고 나중 경우에는 내성적인 헤스티아나 페르세포네에게 이를 건네주는 것이다.

융 이론에 따르면 사고하고 느끼는 것은 평가하는 기능이고 지각하고 직관하는 것은 통찰하는 기능이다. 이 넷 중 하나가 가장 발달했을 때, 그 반대편은 이론상 가장 덜 의식화된 것이다. 이 이론은 전체 성격을 지지하는 여신 유형이 하나일 때 맞는다. 아테나 여성은 명확하게 사고하며 특성상 느낌을 받아들이는 능력은 거의 없다. 그러나 하나 이상의 여신이 영향력을 미칠 때, 이 이론은 맞지 않는다. 예를 들어 아르테미스가 아테나와 함께 동시에 활성화된다면 융 이론과는 달리, 느끼는 것과 사고하는 것이 똑같이 계발될 수 있다.

이와 같이 여성 내부에서 여신들이 협력하여 서로 차례를 지키는 상황에서는, 어느 여신이 황금 사과를 차지하는가는 상황과 과제에 달려 있는 것이다.

의식과 선택

일단 여성이 (그녀의 신중히 관찰하는 자아를 통하여) 여신 원형들에 대해 알게 되고, 내면 과정의 상징으로서 위원회를 자각하게 되면, 그녀는 두 개의 매우 유용한 통찰 도구를 갖게 된다. 그녀는 예민한 귀로 내면의 목소리 — 누가 이야기하는가, 어느 여신이 자신에게 영향력을 미치는가 — 에 귀기울일 수 있다. 이것이 그녀가 해소해야 할 갈등을 일으키는, 내면의 욕구들을 대표한다면 그녀는 주파수를 맞추어서 각 여신의 필요와 관심사를 들은 뒤 자신에게 가장 중요한 쪽으로 결정을 내릴 수 있다.

어떤 여신이 계발되지 못해 제대로 인지되지 못하고 오직 행동으로 보이는 에피소드나 심신증의 증상이나 침울한 기분으로밖에 표현되지 못한다면 그녀는 이들의 정체를 알기 위한 시간과 주의가 필요하다. 원형 유형에 대한 생각과 어떤 여신 원형이 있는가에 대한 지식은, 그녀가 주의 깊게 살펴야 할 여신들의 원형을 파악할 수 있게 도와준다.

모든 여신들이 여성 내부에 내면화된 유형인 만큼, 각 여성들은 특정 여신과 더 친숙해질 필요가 있음을 느끼게 된다. 이런 경우에 특정 여신의 힘이나 영향력을 강화하는 노력은 성공적일 것이다. 예를 들자면 다나가 논문을 쓸 때 도서관에서 자료를 찾는 작업은 그녀에게 매우 어려운 일이었다. 그러나 자신을 사냥을 하는 아르테미스라고 상상하자, 필요로 하는 글들을 찾는 도서관 일이 수월해졌다. 자신을 아르테미스라고 생각함으로써 임무를 완수하는 데 필요한 힘이 활성화된 것이다.

능동적으로 여신을 상상하는 것은 그 여성의 심리 내면에 활동하는 원형을 아는 데 도움을 준다. 그녀는 여신의 모습을 형상화해 볼 수도 있다. 일단 그녀 마음에 생생한 이미지를 갖게 된다면, 이 형상화된 모습과 대화를 나눌 수 있는지 살펴보자. 융이 발견하여 이름 붙인 '능동적인 상상력 active imagination'을 사용해 그녀는 질문을 하고 답을 얻을 수도 있다. '능동적인 상상력'을 사용하는 여성이, 자신이 의식적으로 만들어 내지 않은 대답을 잘 받아들여 듣는다면 자신이 마치 진정한 대화를 하고 있는 듯하다는 사실을 발견하는데, 이는 그녀의 일부인 원형의 모습에 대한 지식을 늘려 준다.

일단 그녀가 서로 다른 내면의 목소리를 알게 되면 그리고 서로 우선순위가 다른 데 대해, 충성심을 겨루는 것에 대해 듣거나 보거나 느끼게 되면, 그녀는 그들을 분류하고 자신에게 어느 정도 중요한지를 가늠할 수 있게 된다. 그러면 그녀는 의식적인 선택을 할 수 있게 되는 것이다. 갈등이 생겼을 때 그녀는 어느 것을 우선 순위에 놓아야 할지, 어떤 행동을 취해야 할지 결정한다. 결과적으로 그녀의 결정은 내면의 전쟁을 일으키는 대신, 내면의 갈등을 해소하게 된다. 단계적으로 그녀는 반복해서 자신을 위해 어느 여신이 황금 사과를 가질 것인가를 결정함으로써, 의식적인 결정권자가 되는 것이다.

14
모든 여성에게는 자기만의 주인공이 있다

모든 여성에게는 자기만의 잠재적인 영웅이 있다. 그녀는 출생에서 시작해 평생 지속되는 인생 여정의 주인공이다. 그녀는 자기만의 길을 여행하면서 당연히 고통과 외로움을 느끼고 상처를 입기도 하고, 확신이 흔들리며, 자신의 한계를 알게 될 것이다. 또한 그녀는 의미를 발견하고 장점을 개발하며, 사랑과 은총을 경험하고 지혜를 배우게 된다.

그녀 자신이 내린 선택, 남을 신뢰하고 사랑할 수 있는 능력, 경험에서 깨우침을 얻을 수 있는 능력, 무엇에 관여할 수 있는 능력에 의해서 그녀는 모양이 잡혀 간다. 어려움이 닥쳤을 때 자신이 할 수 있는 일을 생각해서 무엇을 할지 결정하고, 자신의 가치관과 느낌에 걸맞은 행동을 취하게 되면 그녀는 자기 신화의 주인공인 영웅으로 행동하는 것이다.

인생이 선택할 수 없는 상황들로 가득 차 있긴 하지만 항상 결정의 순간들, 즉 사건을 결정하거나 특성을 바꾸는 결정의 지점들은 있기 마련이다. 그녀 자신의 영웅 여행에서 주인공이 되기 위해서 그 여성은 자신의 선택이 매우 중요하다는 태도를 취해야 한다. 이 전제에서 삶을 시작해야 뭔가가 일어날 수 있다. 그 여성은 결정권자가 되고 자신이 어떻게 될 것인가 하는 모양을 잡는 주인공이 될 수 있다. 그녀가 어떤 일을 하느냐 하지 않느냐, 어떤 태도를 취하느냐에 따라서 성장할 수도 쇠약해질 수도 있다.

내 환자들은 그들에게 어떤 일이 일어났느냐가 그들의 모양을 잡는 것이 아니고, 그들 내면에서 무엇이 일어났느냐가 차이를 만들어 낸다는 사실을 내게 깨우쳐 주었다. 그들이 안팎으로 어떻게 느끼고 또 반응하느냐가, 그들이 직면한 상황의 불리함보다, 그들이 어떻게 되느냐에 더 큰 영향을 끼쳤다. 한 예로, 나는 굶주림과 난폭함, 몰매, 그리고 성희롱에 가득 차 있던 유년 시절을 견뎌낸 사람들을 만났다. 더군다나 (예상과는 달리) 그들은 자신들을 괴롭힌 어른처럼 되지 않았다. 그들이 경험했던 모든 나쁜 일들에도 불구하고 그들은 그때나 지금이나 변함없이 다른 사람에게 애정을 갖고 있었다. 악몽 같은 경험들의 흔적은 남아 있지만 그들은 상처입지 않고, 남을 사랑하고 신뢰하고 희망하는 온전한 자아를 보전하고 있었다. 그 이유를 캐물어 가면서 나는 주인공^{heroine}과 희생자^{victim} 간의 차이를 점차 이해하게 되었다.

어린 시절 그들은 스스로 무시무시한 연극에 나오는 주인공이라고 생각했다. 그들은 내면의 신화, 환상의 세계, 상상 속의 친구를 갖고 있었다. 난폭한 아버지로부터 매를 맞고 모욕을 당하면서도, 의기소침한 어머니로부터는 아무런 도움도 받지 못하고 자란 딸은 어렸을 때 이 무식한 가족과 자신은 아무 상관이 없다고, 그녀는 진짜 공주인데 호된 시험을 당하고 있다고 상상하면서 컸음을 회상했다. 매맞으면서 성희롱을 당하면서 자란 또 다른 어린이는 어른이 되어서도 성격을 제대로 형성하지 못한 채(구타당하면서 큰 어린이들은 결국에 가서는 자신의 아이를 또 다시 구타한다) 생생한 환상의 삶으로 도망쳤는데 그곳에서의 삶은 매우 다른 것이었다. 세 번째 유형은 스스로를 전사로 생각했다. 이들은 나이가 찼을 때 어떻게 하면 이 가족에게서 도망칠까를 미리 생각하고 계획해 두었다. 그 동안에 대응 방법을 결정했던 것이다. 어떤 사람은 "나는 우는 것을 누구에게도 보이지 않으려고 했어요"라고 말했다. (그녀는 그 대신에 남들이 안 보는 데서 눈물을 훔쳤다.) 또 어떤 이는 "나는 마음이 몸에서 떠났다고 생각했어요. 그가 내 몸에 손대기 시작할 때마다 나는 어디론가 가고 없는 거죠"라고 말했다.

이 어린이들은 주인공이자 결정권자였다. 그들은 자신이 어떻게 취급받는가와는 상관없이 자아 감각을 유지하고 있었다. 또 상황을 평가해, 그 경우에 어떻게 반응할 것인가를 정하고 미래에 대한 계획을 세워 두었다.

주인공으로서 그들은, 단순한 인간보다는 훨씬 강하지만 보호받는 그리스 신화의 아킬레우스나 헤라클레스 같은 반신만큼(만화에 나오는 영웅이나 존 웨인같이) 강하지 못했고 힘이 없었다. 조숙한 인간 여주인공들인 이 어린이들은 숲 속에 버려졌을 때, 마녀가 저녁 식사용으로 헨젤을 살찌웠을 때, 자신의 지혜를 사용해야만 했던 헨젤과 그레텔에 더 가깝다. 이 어린이들은 리처드 애덤스의 소설 『워터십 다운의 열한 마리 토끼』에 나오는, 새집의 꿈을 쫓던 토끼들과 비슷하다. 그들은 작고 힘없는 존재로, 참고 기다리면 나중에 더 좋은 곳에서 살게 되리라는 마음속의 신화로 지탱하고 있었다.

진 M. 오웰의 소설 『동굴 곰 씨족』^{*The Clan of the Cave Bear*}과 『말들의 계곡』*The Valley of Horses*에서 영웅적인 여행을 하는 아일라는 선사 시대 빙하기 유럽의 신화적인 영웅이다. 시대와 세부 사항이 다르고 매우 극적이긴 하지만 그 주제는 현대 인간 영웅들이 직면하고 있는 것과 놀랍도록 흡사하다. 계속해서 아일라는 적이나 위험에 직면해 어떻게 할 것인가를 결정해야 한다. 그녀는 자신을 평가 절하하고, 여자라는 이유로 할 수 있는 일을 제한하는 크로마뇽 문화 속에서 자란 신석기 시대의 고아였다. 그 문화 속에서는 그녀의 외모, 의사 소통과 주장하는 능력, 용기와 사고력 모두가 그녀에게 불리하게 평가되었다. 그러나 선택하지 않은 상황에 반응할 때 그녀는 용기가 치솟는 것이었다. 『말들의 계곡』에서 오디세이아 이야기의 전개는 (인간 영웅들에 의한 전형적인 여행처럼) 영웅적인 질문으로 시작하는 것이 아니라, 그녀와 비슷한 사람들을 찾기 위한 여행에서 시작되었다. 비슷하게도 실제 인간 여성의 인생 이야기도 여걸의 신화에서처럼 다른 사람에 대한 감정 또는 사랑의 끈이 핵심적인 요소가 된다. 여자 영웅은 사랑을 하거나 사랑하는 법을 배운 사람이다. 그녀는 자신의 뜻으로 동행인과 함께 여행하거나, 친구를 찾아서 아니면 친구를 되찾기 위해서 여행을 한다.

가야 할 길

모든 길에는 결정을 내려야 하는 중요한 분기점들이 있다. 어느 길을 택할 것인가, 따라갈 것인가? 자신의 원칙에 일관된 길을 갈 것인가, 다른 사람을 따라갈 것인가? 정직할 것인가, 속임수를 쓸 것인가? 대학을 갈 것인가, 직장을 가질 것인가? 아이를 낳을 것인가, 낙태를 할 것인가? 관계를 청산할 것인가, 유지할 것인가? 결혼을 할 것인가, 청혼을 거절할 것인가? 가슴에 멍울이 생겼을 때 즉시 의사를 찾아갈 것인가? 학교나 직장을 그만둘 것인가, 뭔가 다른 것을 찾을 것인가? 이혼을 불사하고 불륜 관계를 가질 것인가, 결혼 생활을 지속하기 위해서 포기할 것인가? 어떤 선택을 할 것인가? 어떤 길을 갈 것인가? 어떤 대가를 치를 것인가?

    나는 대학에서 들은 경제학 강좌 하나를 생생하게 기억하고 있는데 세월이 흘러가면서 나는 그것이 심리학에 적용될 수 있다는 것을 알았다. 어떤 물건의 참값은 그것을 얻기 위해서 우리가 포기하는 것이다. 즉 그것은 우리가 택하지 않은 것이다. 결정을 내리는 데 따르는 책임감은 매우 중요한 것이며 쉽지 않은 것이다. 여주인공이 되는 것은 그녀가 바로 그렇게 행동하기 때문이다.

이와는 반대로 주인공이 아닌 여성은 다른 사람의 결정에 따른다. 이것이 그녀가 원하는 것인가를 능동적으로 결정하기보다 그녀는 반신반의하면서 받아들인다. 그 결과는 종종 스스로를 희생자로 만든 사람으로 (일이 일어난 뒤에) 이렇게 말한다. "이것은 진정 내가 원하던 것이 아니었어. 이건 당신의 생각이었어." ("이렇게 일이 엉망이 된 것도 일이 이 지경이 된 것도, 또 이렇게 불행해진 것도 모두 당신 탓이야.") 아니면 그녀는 희생자처럼 느끼고, "우리는 항상 네가 원하는 대로 해왔어!" 하고 남을 탓한다. 그녀는 자신의 위치를 확고히 하지 못했다는 것을 결코 깨닫지 못한다. 아주 간단한 질문부터, ― "오늘밤에 무엇을 하고 싶지?" 했을 때 그녀의 대답은 "뭐든지 당신이 원하는 대로." ― 그녀의 무관심의 습관은 계속 자라서 마침내는 그녀의 인생이 자신의 손을 떠나게 된다.

또 다른 비영웅 유형이 있다. 그것은 인생의 갈림길에 선 여성이 자신이 어떻게 느끼는지가 불분명하고 우유부단하며 어떤 가능성도 놓치고 싶지 않아서 결정을 미루는 여성이 사는 삶이다. 그녀는 종종 영리하고 재능 있고 매력적인 여성으로 인생을 진지하게 대하지 않고 너무 심각한 관계가 되면 도망가고 너무나 많은 시간과 노력을 요청하는 직장에서도 달아나려고 한다. 물론 그녀의 우유부단한 자세는 현실에서 행동하지 않겠다는 것을 선택한 것이다. 그녀는 갈림길에서 뭔가를 기다리며 십 년을 보낼 수도 있는데 뒤늦게야 인생이 그녀를 스쳐가 버렸다는 것을 알게 된다.

따라서 여성은 수동적인 사람이거나 희생양, 상황이나 다른 사람에 의해서 움직이는 볼모가 아니라 결정권자이자 주인공이 되어야 할 필요가 있다. 주인공이 된다는 것은 내면적으로 상처받기 쉬운 여신 원형에 지배받아 왔던 여성에게는, 빛을 주는 새로운 가능성이다. 자신을 주장하는 것은

모든 여성에게는 자기만의 주인공이 있다 —— 381

얌전한 페르세포네 여성이나, 헤라처럼 항상 남자 우선인 여성, 또는 데메테르처럼 모든 사람의 필요를 보살펴온 여성에게는 영웅적인 과제다. 이렇게 하는 것은 또한 그들이 자라온 방식에 대한 거역이기도 하다.

더군다나 결정권자-주인공이 되는 것은 이미 자신이 그렇다고 잘못 알아온 많은 여성들에게 충격이다. 처녀 여신인 그녀들은 이미 아테나처럼 심리적으로 무장했거나, 아르테미스처럼 이미 남자들의 의견에서 벗어났거나 헤스티아처럼 자아 충족적이고 독자적일 수도 있다. 그들의 영웅적인 임무는 친밀함의 위험을 무릅쓰고 감정적으로 상처받기 쉽게 되는 것이다. 그들이 선택할 때 용기를 내야 하는 일들은 누군가를 신뢰하고 다른 사람을 필요로 하고 다른 사람을 책임지는 것이다. 이런 여성들에게 큰 소리로 이야기하거나 세상의 위험을 무릅쓰는 일은 쉬운 일이다. 그들에게 결혼을 하는 것과 어머니가 되는 것은 용기를 필요로 하는 일이다.

여주인공-결정권자는 그녀가 갈림길에 서 있을 때마다 프시케의 첫 번째 과제인 '씨앗 분류하기'를 되풀이해야 한다. 그리고 그때 무엇을 해야 하는가를 결정해야 한다. 그녀는 그 상황 속에서 우선 순위와 동기, 잠재성을 분류하기 위해 잠시 멈추어야 한다. 그녀는 어떤 선택들이 있는지 어떤 감정적인 대가를 지불해야 하는지 어디에서 결정을 유출해 내야 할지 무엇이 직감적으로 그녀에게 가장 중요한가를 잘 들여다볼 필요가 있다. 자신이 어떤 존재인가 하는 것과 자신이 무엇을 알고 있는가에 기반을 두고 어느 길을 택할 것인가를 결정해야 한다.

여기서 나는 다시 한번 내가 쓴 첫 책 『도와 인간 심리』에서 발전시킨 주제에 접근하게 된다. '가슴으로 길을' 선택할 필요성, 우선 심사숙고하고 그 다음엔 실행에 옮겨야 하고 합리적인 사고로 모든 인생의 선택들을 훑어보고는, 자신의 가슴이 요구하는 대로 선택해야 된다고 나는 생각한다. 그 어느 누구도 자신의 가슴이 요구하는 바를 말해줄 수 없고 논리로 답이 구해지지도 않는다. 때때로 한 여성이 그녀 인생에 큰 영향을 미칠 양자택일의 선택에 직면했을 때 누군가 다른 사람이 그녀 마음을 정하도록 압력을 가하는 수가 많다. '결혼해라!' '아이를 가져라!' '집을 팔아라!' '직업을 바꿔라!' '관둬라!' '이사해라!' '허락해라!' '거절해라!' 그 여성은 참을성 없는 상대방으로 인해 마치 자신의 심장이 압력 밥솥에 들어간 듯한 상태에서 결정을 강요받는 수가 있다. 그녀는 이것이 자신의 인생이고 그 결과를 안고 살아야 하는 것도 자신이라는 것을 자각하고, 자신의 시간을 충분히 갖고 스스로 결정을 내려야 한다고 주장할 필요가 있다.

명확한 사고를 개발하기 위해서 그녀는 또한 성급하게 결정하려 드는 내적인 압박감에 저항할 필요가 있다. 처음에는 아르테미스나 아프로디테, 헤라나 데메테르가 그들의 성격적인 강렬함이나 본능적인 반응으로 인해 지배적인 위치에 있을 수 있다. 이 여신 원형들은 헤스티아의 느낌이나 페르세포네의 자기 분석 또는 아테나의 냉정한 사고를 어지럽히려 들 수 있다. 그러나 이 나중 여신들은 하려고만 들면 그녀에게 더 완벽한 청사진을 제공해, 뒤에 나오는 모든 측면을 고려해서 결정을 할 수 있도록 해준다.

여정

자신이 주인공인 여행을 하다 보면 그녀는 과제나 방해물 또는 위험에 직면하게 된다. 그녀가 여기에 어떻게 반응하느냐와 무엇을 행하느냐가 그녀를 변화시킨다. 점점 자신에게 중요한 것이 무엇인가를 발견하고 그녀가 아는 바대로 행동할 용기가 있는지 없는지를 알게 된다. 그녀의 성격과 동정심이 시험을 받게 된다. 한편으론 그녀가 자신의 힘을 더 확실히 알게 되고 자신의 자긍심이 커질 때 또는 공포에 빠져 있을 때, 동시에 자기 성격의 어둡고 그림자진 측면들과 마주치기도 한다. 그녀는 상실, 한계, 또는 패배를 경험하면서 아마도 슬픔의 감정을 알게 될 것이다. 주인공의 여행은 발견과 발전의 여행으로 그녀의 모든 측면을 통합하여 하나의 전체로, 그러면서도 복합적인 성격으로 묶어 내는 작업인 것이다.

뱀의 위력에 대한 재선언

모든 여주인공은 뱀의 위력을 다시금 선언해야만 한다. 일의 성격을 이해하기 위해서 우리는 여신들에게로, 또 여성의 꿈으로 되돌아갈 필요가 있다.

많은 헤라 동상에는 뱀들이 옷자락에 휘감겨 있고 아테나는 뱀이 방패를 감고 있는 모습으로 그려진다. 뱀은 그리스 전 고대 유럽의 위대한 여신의 상징이었으며 한때 여신이 지녔던 위력을 상징하는 회상물의 역할을 한다. 이런 종류의 조각상 중 유명한 초기 작품 가운데 하나는 가슴을 다 내놓고 무기를 뻗쳐 든 채, 양손에 뱀을 든 여신의 모습이다.

여성이 자기 인생이 자신의 손안에 있음을 지각하기 시작할 때, 뱀은 종종 그 여성이 꿈속에서 조심스럽게 접근하는 미지의 두려운 상징으로 나타난다. 한 예로 결혼했다가 금방 이혼하여 혼자가 된 서른 살 여성의 꿈은 이러했다. "내가 산길을 가고 있었는데, 앞을 바라보면서 큰 나무 밑을 지나가게 되었어요. 커다란 암뱀이 평화롭게 나무 밑동에 감겨 있었어요. 나는 그 뱀이 독이 없다는 것을 알았고 두려워하지도 않았어요. 사실 그 뱀은 아름다웠지만 나는 주저했지요." 이와 비슷한 많은 꿈을 꾸게 되는데 거기에서 꿈꾸는 자는 그 뱀을 공포스럽거나 위험한 것으로 여기기보다는 그 뱀의 힘을 자각하거나 경외하는 것이다. "뱀이 내 책상 밑에 똬리를 틀고 앉아 있었어요…," "나는 앞뜰에 뱀이 똬리를 틀고 있는 것을 봤어요…," "뱀 세 마리가 내 방에 있었어요…."

여성이 자신의 권위를 주장하거나 어떤 결정을 하거나 자신만의 정치적인, 심리적인, 또는 개인적인 힘을 알게 될 때면 언제나 뱀 꿈을 꾸는 것이 보통이다. 뱀은 이 새로운 힘을 대표하는 것처럼 보인다. 뱀 상징은 여성 속에 있는 남성적 요소를 대변하는 남근 숭배 또는 남성적인 힘과 함께 여신들이 예전에 지녔던 힘을 대표한다. 때때로 꿈꾸는 자는 그것이 암뱀인지 수뱀인지 알기도 하는데 이는 그 뱀이 상징하는 힘의 종류를 명확히 하는 데 도움이 된다.

꿈에서처럼 깨어 있는 동안 이 꿈을 꾼 여성은 높은 자리나 자율성을 발휘할 수 있는 자리에서 새 역할을 하게 된 뒤에 생겨난 문제들을 극복하고 있을 수도 있다. 예를 들면, "내가 효율적일 수 있을까?," "이 역할이 나를 어떻게 변화시킬까?," "내가 강해진다면 사람들은 계속 나를 좋아해 줄까?," "이 역할이 내게 가장 소중한 관계들을 위협할 것인가?" 자신의 잠재력을 결코 느껴 본 적이 없는 여성이 이런 꿈을 꾸었다면, 이는 마치 그녀에게 꿈속에서 미지의 뱀에게 그랬던 것처럼, 자신의 새로운 힘에 매우 조심스럽게 접근해야 한다고 말하는 듯하다.

나는 그들 자신의 힘과 권위의 감각을 획득하는 여성을, 가부장제 종교가 여신들의 힘과 영향력을 빼앗아 버리고 에덴 동산에서 뱀을 악마로 규정짓고 여성을 열등한 성으로 만들었을 때 여신들과 인간 여성들이 잃어버렸던, 바로 그 '뱀의 위력을 재선언하는 것'이라고 생각한다. 그리고 나는 여성이 힘과 아름다움과 보살피는 능력을 가지고 새로이 나타날 가능성을 상징한 어떤 모습을 떠올린다. 그 모습은 아름다운 여성이나 여신의 상으로(로마의 테르미니 박물관에 있는 데메테르라고 생각되는데) 양손에 곡식 다발과 꽃 그리고 뱀을 든 채로 땅에서 솟아 나온 모습이다.

곰의 힘에 저항하기

여주인공-결정권자는 그녀의 남자 짝과는 달리 넘치는 모성 본능의 힘 때문에 위협받을 수 있다. 그 여성이 만약 아프로디테와 데메테르에 저항하지 못한다면 적절치 못한 시기나 불리한 상황 속에서 임신할 수 있다. 이렇게 되면 그녀는 자신이 선택한 길에서 멀어지게 된다. 결정권자가 자신의 본능의 포로가 되는 것이다.

예를 들면 한 대학원 여학생은 임신을 하고 싶은 욕망에 사로잡혀 자신의 목표를 거의 망각하고 있었다. 아이를 가져야 하겠다는 생각에 빠져 있었을 당시 그녀는 결혼한 상태에서 박사 학위를 얻기 위해 공부하고 있었다. 그러는 동안에 그녀는 꿈을 꾸었다. 꿈속에서 커다란 암곰이 그녀의 팔을 물고는 놔주지 않았다. 그녀는 허망하게도 자신의 몸을 빼려고 노력했다. 그리고 그녀는 몇 남성에게 도움을 청했지만 아무 소용이 없었다. 꿈속에서 그녀는, 샌프란시스코 메디컬센터 앞에 있는 동상을 생각나게 하는 엄마 곰과 새끼 곰의 동상 앞에 올 때까지 헤맸다. 그녀가 손을 동상 위에 얹자 곰은 그녀를 놓아주었다.

그녀가 꿈에 대해 생각했을 때, 그 곰은 모성 본능을 상징한다고 느껴졌다. 진짜 곰들은 연약한 새끼들을 매우 잘 보살피고, 보호 본능이 매우 강한 아주 훌륭한 어미들이다. 그리고 다 자란 새끼 곰들이 자신의 힘으로 살아야 할 때가 오면 그 어미 곰은 자신 곁을 떠나려 하지 않는 새끼들은 심하게 내몰면서 넓은 세상으로 나가 자신들을 스스로 지키라고 고집한다. 이러한 모성의 상징이 그 꿈을 꾸는 이를 꽉 붙잡고 그녀가 모성적인 곰의 이미지에 손을 댈 때까지 손을 놓아주지 않았던 것이다.

꿈꾼 이에게 이 꿈이 전달하는 바는 명확하다. 아이를 가지려는 생각을 학위를 끝마칠 때까지 보류하도록 약속하기만 한다면, 지금 임신을 해야겠다는 집착은 멀리 사라질 것이다. 그리고 그녀가 학위를 마치자마자 아이를 갖기로 남편과 합의를 보고 마음속으로도 약속을 한 뒤 그 집착은 당연히 사라졌다. 임신에 대한 생각에 방해받지 않고 다시금 그녀는 공부에 몰두할 수 있었다. 이미지를 쥐고 있는 한, 본능은 그 힘을 잃는다. 직장과 가정을 모두 지키기 위해서는 박사 학위를 받을 때까지 곰의 힘에 저항해야 한다는 사실을 그녀는 알고 있었다.

원형들은 여성의 현실이나 필요에는 상관하지도 않고 시간 밖에 존재한다. 여신이 영향력을 행사할 때 여주인공으로서 여성은 그 요구에 대해 된다, 안 된다, 또는 "지금은 안 돼"라고 말할 줄 알아야 한다. 그녀가, 의식적인 선택권을 행사하지 않는다면 천성적이거나 원형적인 유형이 그녀를 정복할 것이다. 그녀가 모성 본능에 붙잡혀 있다면 그 여성은 곰의 힘에 저항하면서도 그 중요성을 존중할 필요는 있다.

죽음과 파괴로부터 보호하기

영웅 신화에서 모든 주인공들은 그녀의 여정에서 뭔가 파괴적이거나 위험한 것들과 마주치게 되는데 이는 그녀를 파괴할 수 있는 것들이다. 이것은 또한 여성의 꿈속에서 매우 흔한 주제다.

예를 들면 한 여성 변호사는 꿈을 꾸었는데, 어린 시절에 다니던 교회 밖으로 걸어 나왔을 때 사나운 개 두 마리가 그녀를 공격했다. 그 개들은 그녀에게 뛰어올라 목을 물려고 하였다. "마치 그들이 급소를 물어뜯으려는 것처럼 느껴졌어요." 공격을 막기 위하여 팔을 쳐들었을 때 그녀는 그 악몽에서 깨어났다.

변호사 사무실에서 일하게 된 그녀는 자신이 취급당하는 방식에 점점 비참함을 느끼게 되었다. 남자들은 그녀를 단순한 비서쯤으로 여기는 듯했다. 심지어 그들이 그녀가 누구라는 것을 알고 있을 때조차 그녀는 종종 보잘것없고 천대받고 있는 것으로 느껴졌다. 당연히 그녀는 점점 비판적이고 점점 적대적으로 되어 갔다.

처음에 이 꿈은 그녀가 느끼고 있는 것에 대한 과장, 즉 늘 '공격을 당하고' 있는 상황을 나타낸 것으로 느껴졌다. 그리고 그녀는 자신 안에 뭔가 이 사나운 개들 같은 요소가 있지 않나 생각하게 되었다. 그녀는 이 직업을 가지면서 그녀에게 어떤 일들이 일어났는가를 생각해 보고, 자신이 통찰한 것에 대해 놀라고 충격을 받았다. "나는 적개심에 불타는 암캐로 변하고 있었어요." 그녀는 발랄했던 모습과 그녀의 어린 시절 교회에 다니면서 보냈던 행복했던 시간들을 회상하고, 그녀가 그곳에서 '물러 나왔다'는 것을 알았다. 그 꿈은 이를 시사하고 있었다. 꿈꾼 사람의 성격은 진짜로 파괴될 위험에 처해 있었는데, 그것은 그녀가 느꼈듯이 다른 이들을 향한 적대감 때문이었다. 그녀는 냉소적이고 적대적이 되었다. 꿈에서와 마찬가지로 현실에서도 (그녀가 미워한 상대방들이 아니라) 그녀 자신이 바로 위험에 처해 있었던 것이다.

마찬가지로 여신의 부정적인 측면이나 그림자도 파괴적일 수 있다. 헤라가 지닌 질투하고 앙심을 품고 분노한 모습은 독이 될 수 있다. 이런 감정에 사로잡히게 되고 또 그것을 알고 있는 여성은, 앙심을 품기도 하고 자신이 느끼고 행한 것에 대해 섬뜩하게 느끼기도 하면서 휘청거린다. 여신들과 싸움을 벌이고 있는 여주인공인 그녀는 뱀들의 공격을 받고 있는 꿈을 꿀 수도 있다. (이 뱀들이 상징하는 힘이 꿈꾸는 이에게 위험하다는 점을 의미한다.) 또 어떤 꿈에서는 독사가 꿈꾸는 이의 심장을 파고들었다. 또 다른 꿈에서는 뱀이 꿈꾸는 이의 다리를 독니로 꽉 물고는 놔주지 않았다. 현실에서 이 두 여성은 배신감을 극복하려고 애쓰고 있었고, 악의에 찬 감정으로 압도당할 위험에 처해 있었다. (사나운 개의 꿈에서와 마찬가지로 이 꿈은 두 단계의 의미를 지니고 있는데, 이는 그녀 주변에서 일어나고 있는 일과 그녀 내면에서 일어나는 일의 은유다.)

꿈꾸는 이에게 위험이 인간 형태로, 즉 사냥꾼 남자나 여자의 공격을 받는 형식으로 나타나면 그 위험은 종종 적대적인 비판이나 파괴적인 역할을 뜻한다. (반면 동물은 종종 느낌이나 본능을 대변하는 듯하다.) 예를 들면 자식들을 초등학교에 보낸 뒤 대학에 복학한 여성은 몸집이 큰 간수가 그녀의 길을 가로막는 꿈을 꾸었다. 꿈속의 이 인물은, 어머니가 그녀에 대해 내린 부정적인 평가와 그녀 자신이 동일시하고 있는 어머니 역할에 대한 형상화로 보인다. 이 꿈은 이런 동일시가 자신을 속박하는 것을 암시한다.

내면 형상의 적대적인 평가는 때때로 파괴적이다. 예를 들면 "너는 이 일을 할 수 없어. 너는 못나고 무식하고 능력 없고 바보이기 때문이야." 어떤 탄원을 해도 그들은 "너는 더 이상 요구할 권리가 없어"라고 말하는데, 이런 메시지들은 그녀의 자존심과 선의를 말살하면서 그 여인을 패배시킬 수 있다. 이렇게 공격적인 비평을 하는 사람들은 꿈속에서 종종 위협적인 남자로 나타난다. 이러한 내적 비판들은 보통 그녀가 주변에서 받아 온 반대나 적대감과 병행한다. 내면의 비평가들은 그녀가 몸담고 있는 가족과 문화가 한 말을 앵무새처럼 되뇌는 것이다.

심리적으로 보면 여주인공의 꿈이나 신화에 나타나는 모든 적이나 악마들은 인간 심리에서 그녀를 억누르거나 패배시키려는 파괴적이고 원시적이고 계발되지 못하고 왜곡된 어떤 것 또는 악을 상징한다. 사나운 개나 위험한 뱀에 대한 꿈을 꾼 여성들이 그들에게 상처를 줄 수 있는 적대적인 행동과 싸우고 있을 때, 또 마찬가지로 그들 내면에서 일어나는 것에 의해 위협받고 있음을 알아차리게 된다. 적이나 악마는 그녀 심리의 부정적인 측면이나 그림자 같은 요소로서, 내면의 아름다운 마음과 능력을 패배시키려고 위협하는 요소일 수 있다. 적이나 악마는 그녀를 상처입히고 지배하고 모욕을 주고 통제하려는 다른 사람들의 심리이기도 하다. 그리고 종종 그렇듯이 그녀는 이 둘 다에 의해 위협을 받기도 한다.

상실과 슬픔을 이겨 내기

상실과 슬픔은 여성의 삶과 영웅적인 신화의 또 다른 주제다. 어느 곳에서든지 누군가 죽거나 누구를 뒤에 두고 떠나야 한다. 대부분의 여성이 자신이 이룩한 업적보다는 자신이 맺고 있는 관계로 자신을 정의하기 때문에, 관계의 상실은 여성의 삶에 중요한 부분을 차지한다. 누군가 죽거나 그들을 떠나거나 멀리 이사하거나 잃어버리게 되면, 이것은 결과적으로 이중의 손실이 된다. 관계 그 자체의 손실과 정체감의 자료로서의 관계의 상실이다.

상대방과의 관계에 의존적이던 많은 여성들은 상실의 고통을 경험한 뒤에야 주인공의 길을 발견하게 된다. 예를 들면 임신한 프시케는 남편 에로스에게 버림을 받았다. 재결합 과정에서 그녀는 일을 시작하게 되었고 이를 통해 발전하게 된다. 이혼하거나 과부가 된 모든 연령의 여성들은 인생에서 처음으로 자주적인 결정을 해야만 한다. 한 예로 연인이자 동료였던 이의 죽음으로 아탈란테는 아버지의 왕국으로 되돌아가게 되는데 거기서 유명한 뜀박질 경주가 열렸다. 이는 관계를 상실한 뒤에 일을 시작하는 여성의 길과 상응한다. 그리고 아일라는 아들 듀르크를 놔둔 채로 기억과 슬픔만을 지닌 채 동굴 곰의 씨족을 떠나도록 강요당한다.

상징적으로 심리적인 죽음은, 우리가 어떤 것 또는 누군가를 떠나보내도록 강요당하고 상실로 괴로워할 때면 항상 일어난다. 죽음은 우리 자신의 한 측면일 수도 있고 과거의 역할, 예전의 지위, 또는 아름다움이나 젊은 특성들로, 이제는 지나가 버렸고 아쉬워해야 하는 것들이다. 아니면 그것은 죽음이나 멀리 헤어짐으로 인해 끝나 버린 관계일 수도 있는데, 그것은 우리에게 슬픔을 남긴다.

여성 내면의 주인공은 이 상실을 이겨 내고 다시 살아날 것인가? 슬퍼하면서도 앞을 향해 나갈 수 있을 것인가? 아니면 그녀는 포기하고 괴로움에 빠지거나 좌절감에 사로잡혀 그 시점에서 여행을 중단할 것인가? 중단하지 않는다면 그녀는 주인공의 길을 선택한 것이다.

어둡고 좁은 통로를 통과해 가기

대부분의 영웅적인 여행은 어두운 장소를 지나가게 되어 있는데 산속 동굴, 지하 세계, 미로를 지나 마침내 빛의 세계로 나아가게 된다. 아니면 이들은 황폐한 불모지나 사막을 여행하여 초원으로 가게 된다. 이 여행은 좌절의 시기를 통과하는 것과 같다. 실생활에서 여행자는 계속 움직이고 계속 기능하며 해야 할 일을 해내고 동료와 접촉을 계속하거나 혼자 일을 처리해 가면서 중단하거나 포기하지 않음으로써 어둠 속에서도 희망을 유지해야 할 필요가 있다.

어두움은 분노, 실망, 비난, 복수, 배신, 공포, 죄의식의 우울하고 침체된 감정을 나타내는데 이를 통과해야만 사람들은 침체에서 벗어날 수 있다. 그것은, 빛이나 사랑이 없을 때 인생이 무의미하고 질서 정연한 농담처럼 느껴지는, 영혼의 어두운 밤이다. 슬퍼하고 용서하는 것이 빠져나오는 길이다. 그런 뒤에는 생명력과 빛이 되돌아온다.

신화와 꿈에서 죽음과 부활이 상실, 침체, 회복의 은유라는 것을 깨닫는 것은 도움이 된다. 돌이켜볼 때 이러한 수많은 어두운 기간들이 고통의 시간을 통과하는 의식이었으며, 이를 통하여 여성은 가치 있는 것을 배우게 되고 성장하게 된다. 아니면 그녀는 얼마 동안 지하 세계의 페르세포네처럼 일시적인 포로였다가 나중에는 다른 사람의 안내자가 된다.

선험적인 기능을 불러일으키기

일반적인 영웅 신화에서 여행을 시작한 뒤에 위험이나 용, 어두움을 맞닥뜨려 극복하는 과정에서, 주인공은 어김없이 곤궁에 처하여 진퇴양난에 빠진다. 양쪽에 모두 불가능한 장벽이 있는 것처럼 보인다. 아니면 그녀는 길을 열기 위하여 수수께끼를 풀어야 한다. 그녀가 의식적으로 알고 있는 것이 충분치 못할 때 어떻게 해야 할까? 아니면 그 상황에 대한 상반된 감정이 너무 강하여 결정을 내리는 것이 불가능해 보일 때는? 위기에 처해 있을 때는?

주인공-결정권자가, 모든 길이나 선택이 재앙을 품고 있고 아니면 기껏해야 죽음으로 끝나는 불확실한 상황에 놓여 있다면, 그녀가 직면한 첫 번째 시도는 자아를 유지하는 일이다. 모든 위기에서 여성은 주인공으로 남아 있는 대신 희생자가 되고 싶은 유혹을 느낀다. 그녀가 주인공으로 남는다고 할 때, 자신이 어려움에 처해 있으며 패배할 수 있다는 것을 안다. 그러나 그녀는 '뭔가 변화할 수도 있다'는 가능성에 매달린다. 그녀가 희생자로 바뀌면 다른 사람이나 박복한 운명을 비난하고 술에 빠지거나 마약을 먹게 되고, 야비한 비난으로 자신을 공격하거나 완전히 포기하거나 심지어는 자살까지 생각하게 된다. 아니면 완전히 행동하기를 멈추거나, 아니면 히스테리에 빠지거나 공포에 질려서 주인공의 자리를 포기하고 누군가 다른 사람이 그 자리를 접수할 때까지 발작적이고 비정상적으로 행동한다.

신화에서건 실생활에서건 여주인공이 딜레마에 빠졌을 때는 할 수 있는 일이란 뭔가 기대하지 않던 도움이 나타날 때까지 자신의 자아를 유지하고 원칙과 충절을 지키는 것뿐이다. 해결이 나리라는 기대와 함께 그 상황에 머무는 것이 융이 이름한 '선험적인 기능'$^{transcendent\ function}$에 해당하는 내적인 단계다. 이 말은 문제를 풀기 위하여, 또는 내면이나 또는 그 이상의 어떤 깃으로부터 도움을 필요로 하는 자아(또는 주인공)에게 길을 보여 주기 위해, 무의식적으로부터 무엇인가가 솟아오르는 것을 뜻한다.

예를 들면 에로스와 프시케 신화에서 아프로디테는 프시케에게 그녀가 알고 있는 바로는 도저히 해결할 수 없는 네 개의 과제를 준다. 그때마다 처음에 그녀는 과제에 압도당했지만 그 뒤 개미, 푸른 갈대, 독수리, 탑의 도움이나 충고를 받게 된다. 마찬가지로 히포메네스는 그녀를 사랑하기 때문에 아탈란테를 이기기 위해 경주에서 경쟁해야 한다는 것을 알고 있었다. 경주 전날 저녁 그는 아프로디테에게 도움을 청하는 기도를 올렸으며 아프로디테는 그를 도와 경주에 이기고 아탈란테를 획득하도록 도와주었다. 이 모든 이야기들이 용감하거나 수적으로 열세한 병사들이 갑자기 나팔 소리를 듣고 기병대가 자신을 구하러 오는 것을 알게 되는 전통적인 서부 영화와 똑같은 줄거리를 지니고 있다.

이러한 '뭔가가 나타나서 구해줄 것'이라는 줄거리가 원형적인 상황이다. 구원의 주제는 인간의 진실에 호소하고 있으며 이것을 주인공 여성이 주의해서 들을 필요가 있다. 내면의 위기에 봉착해서 어떻게 해야 할지 모를 때 그녀는 포기하거나 공포에 쫓긴 행동을 해서는 안 된다. 모순을 의식 속에 붙잡아 두고 새로운 통찰력이나 상황이 바뀌기를 기다리고 명확한 사고를 위해 명상하거나 기도하는 것 모두가 무의식적으로 곤경을 통과할 수 있는 해결책을 이끄는 작업이다.

예를 들면 곰 꿈을 꾼 여성은 한창 박사 논문을 준비하는 과정에서 아이를 갖고 싶은 강한 욕망에 사로잡혔을 때 개인적인 위기가 도달한 것이다. 모성 본능이 그녀를 강력하게 휘어잡고 이전에는 억눌려 있었으나 지금 당장 실행해 주기를 요구한 것이었다. 꿈꾸기 전 그녀는 불만족스러운 상황에 붙잡혀 있었다. 그 상황을 바꾸기 위해서는 해결점에 논리적으로 이를 것이 아니라 가슴으로 느낄 필요가 있다. 꿈이 그녀에게 원형 수준으로 느낌을 전달해 주어 그녀가 아이를 가지려는 의도를 지니고 있음을 확실히 알게 되었을 때, 그녀는 편안한 마음으로 임신을 늦출 수 있었다. 그 꿈은 무의식으로부터 그녀를 구하기 위해 나타난, 그녀의 모순에 대한 대답이었다. 이러한 상징적인 경험이 그녀의 이해를 깊게 하고 그녀에게 즉각적으로 느낄 수 있는 통찰력을 제공하자 갈등은 사라졌다.

선험적인 기능은 동시 발생적인 사건들 즉 내면의 심리적인 상황과 외부 사건의 의미 있는 일치를 통해 표현되기도 한다. 동시적인 사건이 일어나면 그것이 마치 전율을 가져다 주는 기적처럼 느껴진다. 한 예로 몇 년 전 내 환자 중의 한 사람이 여성을 위한 재활 프로그램에 참여했다. 그녀가 일정 기간 중에 일정 액수의 돈을 모으게 되면 그녀는 그 기관으로부터 같은 금액을 받게 되는데 바로 이것이 그 프로그램을 지속할 수 있느냐 없느냐의 관건이 되는 것이었다. 마감일이 다가왔지만 그녀는 아직 필요한 액수를 모으지 못했다. 그렇지만 그녀는 자신이 참가하고 있는 프로젝트가 필요한 것임을 알고 있었고 따라서 그녀는 포기하지 않았다. 그때 우편으로 그녀가 필요로 하는 정확한 금액의 수표가 도착했다. 그것은 2년 전 그녀가 신청해 놓고 잊어버렸던 기대하지도 않았던 융자금과 그 이자였다.

대부분의 동시 발생적 사건들은 어떤 궁지에서 이같이 명백한 대답을 제공하지는 않는다. 그 대신 그것들은 감정적인 명확성이나 상징적인 통찰력을 제공함으로써 문제를 풀 수 있도록 도와준다. 한 예로 나는, 어느 특정 사람의 손을 거쳐 내용을 줄이고 좀더 대중성에 부합하도록 내 책을 다시 쓰자는 압력을 이전의 출판업자로부터 받았다. 내가 2년 동안 받아온 '이 책은 충분치 못하다'는 메시지는 나를 심리적으로 난타했으며 나는 녹초가 되었다. 나의 일부는 (그것은 마치 온순한 페르세포네처럼 느껴졌는데) 다른 사람이 그 일을 하도록, 그래서 책을 끝낼 수 있게 준비가 되어 있었다. 나는 모든 것이 다 잘되리라는 희망적인 사고의 영향을 받고 있었다. 그 중요했던 일주일이 지나고 난 뒤 나는 책을 그 작가에게 넘기기로 되어 있었는데 그때 바로 나를 돕는 사건이 발생했다. 바로 그 주에, 내 책을 다시 쓰기로 한 작가에 의해 자기 책이 다시 씌어진 적이 있는 영국인 저자가 내 친구에게 자기 경험을 얘기하게 된 것이다. 내가 말로 표현한 적은 없었으나 직관적으로 알고 있던 일을 그 영국인 저자는 말로 표현했다. "내 책에서 영혼이 갈취당했어요." 내가 그 말을 들었을 때 나는 통찰력이란 선물을 받았음을 느꼈다. 그는 내 책에 일어날 일을 상징화해 주었으며, 이는 내가 상반되는 감정에서 벗어나 자유롭게 주관적으로 행동할 수 있도록 해주었다. 나는 스스로 편집자가 되어 책을 끝마치기 위해 작업을 계속했다.

나는 이 동시 발생적 사건이 뜻하는 바를 크고 명확하게 들었다. 더 깊은 통찰력이나 도움들을 제공하는 사건들이 연달아 일어났다. 내게 제공된 교훈에 감사하면서 나는 고대 중국인들이 동시 발생과 선험적인 기능에 대한 신념을 표현한 말을 떠올렸다. "학생이 배울 준비만 되어 있으면 어디에나 스승은 있다."

창조적인 통찰력의 기능은 선험적인 기능과 유사하다. 창조적인 과정에서 아직 그 문제에 대해 알려진 해결 방안이 없을 때 예술가, 발명가, 문제 해결가는 답이 존재한다는 믿음을 갖고 해답을 구할 때까지 그 상황에 머무른다. 창조자는 때때로 긴장이 고조된 단계에 있다. 해볼 수 있는 모든 것, 또는 생각해낼 수 있는 모든 것을 행했다. 그러면 그 사람은 뭔가 새로운 것이 나타날 수 있는 심사숙고의 과정을 신뢰하게 된다. 전형적인 예가 벤젠의 화학 구조를 발견한 화학자 케쿨레다. 그는 이 문제와 계속 씨름했으나 답을 구할 수 없다가 마침내 꿈속에서 뱀이 자신의 꼬리를 물고 있는 꿈을 꾸었다. 그는 직관적으로 이 꿈이 답 — 환 형태를 한 원자 탄소 — 을 제공해 주었음을 알았다. 그리고 그는 이 가설을 실험해서 사실임을 증명해 냈다.

희생자에서 주인공으로 변신하기

영웅의 여행을 생각할 때 나는 알코올 중독자 재활원이 어떻게 알코올 희생자를 주인공으로 바꾸어 놓는가를 알고는 감명을 받았다. 알코올 중독자 재활원은 선험적인 기능을 일깨움으로써 결과적으로 어떻게 결정권자가 되는가를 가르쳐 준다.

알코올 중독자는 자신이 난감한 곤경에 처해 있음을 받아들이는 데서 시작한다. 그녀는 술을 계속 마실 수도 없고 끊을 수도 없다. 이 시점에서 실망에 빠져서 그녀는 서로를 돕는 여행을 동료들과 함께 시작하게 된다. 그녀는 자신을 위기에서 끌어내기 위하여 자신보다 강력한 힘에 호소해야 한다는 지시를 받는다.

알코올 중독 재활원은 환자가 뭔가를 변화시키기 위해서는 자신의 힘으로 변화시킬 수 없는 것을 받아들이고 그 차이를 알 필요가 있음을 강조한다. 환자에게 하루에 한 가지씩 가르치는 재활원의 원칙은 그 사람이 불안정한 감정에 쌓여 길을 명확히 볼 수 없을 때 무엇이 필요한가를 보여 준다. 점차적으로 알코올 중독자는 한 단계씩 결정권자로 변화해 간다. 그녀는 자신의 자아보다 강한 힘으로부터 도움을 받을 수 있다는 것을 발견한다.

그녀는 서로를 도울 수 있고 서로를 용서할 수 있다는 것을 알게 된다. 그리고 그녀는 자신이 능력 있고 다른 사람을 사랑할 수 있음을 깨닫게 된다.

마찬가지로 주인공의 여행은 개성 탐색 여행$^{individuation\ quest}$이다. 이 길을 따라 여행하면서 여주인공은 그녀에게 의미 있는 것을 발견하고, 상실하고, 또 재발견하는데 마침내 그녀는 자신을 실험하는 모든 상황 속에서도 이러한 가치들을 붙들고 있게 된다. 그녀는 되풀이하여 자신을 전복하는 위험에 맞닥뜨리는데 마침내는 자신의 자아를 잃어버릴 뻔한 위험을 극복하게 된다.

내 사무실에는 내가 몇 년 전에 그린 달팽이 껍질의 내부를 묘사한 그림이 걸려 있다. 그 그림은 나선 모양의 껍질 형태를 강조하는데 우리가 택한 길이 종종 나선 모양을 하고 있음을 상기시키는 역할을 한다. 우리는 되풀이하여 한 형태를 지니고 윤회하면서, 우리가 직면하고 극복해야 할 인과응보의 영역에 반복적으로 돌려 보내진다. 때때로 그것은 우리를 전복할 수도 있는 여신의 부정적인 측면이다. 데메테르나 페르세포네의 우울증에 걸릴 가능성, 헤라의 질투와 불신의 가능성, 난잡한 아프로디테나 파렴치한 아테나, 또는 잔인한 아르테미스가 되고 싶은 유혹들. 인생은 우리에게 되풀이하여 우리가 두려워하는 것, 우리가 의식할 필요가 있는 것, 아니면 우리가 극복할 필요가 있는 것들과 맞닥뜨릴 기회를 제공한다. 그때마다 우리는 나선형의 길을 따라 돌면서 우리에게 어려움을 주는 장소로 가게 되며, 바라건대 우리는 더 큰 깨달음을 얻고 다음번에는 더 현명하게 반응할 수 있게 되는 것이다. 그리고 마침내 인과응보의 장소를 평화롭게, 그리고 우리의 가장 깊은 가치와 조화를 이루면서 지나가게 되고, 다시는 부정적인 영향을 받지 않게 되는 것이다.

여행의 끝

신화의 끝은 어떻게 되는가? 에로스와 프시케는 재결합했으며 그들의 결혼이 올림포스산에서 인정받고 프시케는 '희열'(볼푸타스)이란 이름을 가진 딸을 갖게 된다. 아탈란테는 사과를 선택하고 경주에서 지고 히포메네스와 결혼한다. 아일라는 그녀와 같은 사람을 찾기 위해 유럽을 횡단하고 말들의 계곡에서 여행을 끝내는데, 거기서 존달라를 남편으로 맞고 사람들은 그녀를 열린 가슴으로 받아들였다. 여주인공이 자신의 용기와 능력을 증명한 뒤에 — 전형적인 카우보이 영웅들이 그랬듯이 — 말을 타고 석양으로 사라지는 것이 아님에 주목해야 한다. 그녀는 또한 정복자의 모습으로 남아 있지도 않았다. 결합, 재결합, 가정이 그녀의 여행이 끝나는 지점이다.

개성 탐색 여행 — 통합을 향한 심리적인 요청 — 은 반대되는 것들의 결합으로 (동양에서 환 속에 포함된 음과 양의 영상으로 상징되는) 즉, 성격의 남성적 측면들과 여성적인 측면들의 내적인 결혼으로 끝난다. 성을 지정하지 않고 좀더 추상적으로 말한다면 통합을 향한 여행은 능동적이면서도 수용적이고 자율적이면서도 친근하고, 일을 가지면서도 사랑할 수 있는 능력을 갖게 되는 결과를 가져온다. 이것들이 우리가 인생 경험을 통해서 알 수 있는 우리 모두의 내면에 타고난 우리 자신들의 모습들이다. 이러한 인간의 잠재력을 가지고 우리는 시작하는 것이다.

『반지의 제왕 1 — 반지 원정대』의 마지막 장에서는 반지를 끼어 보라는 마지막 유혹을 극복함으로써 권력이란 반지는 영원히 파괴되었다. 이러한 악과의 한판 싸움을 이기고 그들의 영웅적인 과제를 끝마친 뒤 호빗은 셔어의 집으로 돌아오게 된다. 『워터십 다운의 열한 마리 토끼』에 나오는 토끼들도 영웅적인 여행에서 살아남아 집으로, 새롭고 평화로운 마을로 돌아오게 된다. T. S. 엘리엇은 『네 개의 사중주』에서 이렇게 노래한다.

우리는 탐험하기를 중단하지 않아요
그리고 우리가 탐색을 모두 끝냈을 때
우리는 출발점에 되돌아와 있지요
우리 모두 처음부터 알고 있던 그 장소로…[1]

실제 인생과 마찬가지로 이 모두는 다소 평범한 결말인 듯 보인다. 회복된 알코올 환자는 지옥에 갔다가 다시 평범하고 건전한 사람으로 나타난다. 적대적인 공격을 막아 내고 자신의 힘을 내세우고 여신들과 싸웠던 여주인공들도, 이와 비슷하게 평범하게 평화로워 보인다. 그러나 셔어 집의 호빗처럼 그녀에게 언제 어느 때 새로운 모험이, 다시 한번 그녀의 존재 그 자체를 시험하기 위하여 나타날지 모른다.

우리가 함께 한 작업이 끝나고 내가 환자들에게 이별을 고해야 할 시간이 오면 나는 나 자신을, 그들이 가야 했던 어렵고 중요한 여행의 동반자처럼 느낀다. 이제는 그들 스스로 여행을 계속해야 할 시간이다. 아마도 나는 그들이 곤경에 처했을 때 동행했을 것이다. 나는 아마도 그들이 잃어버린 길을 찾도록 도와주었을 것이다. 어쩌면 나는 그들이 어두운 통로를 지날 때 옆에 있어 주었을 것이다. 그리고 무엇보다도 나는 그들이 좀더 명확히 보고 그들 스스로 선택할 수 있도록 도와주었다.

이제 이 책을 끝내면서 나는 내가 얼마 동안 여러분의 친구였기를 바라며, 내가 배웠던 것을 나누고 여러분 자신의 여행에서 결정권자가 될 수 있도록 도와 줄 수 있었기를 바란다.

여러분께 사랑을

부록
그리스 신화에 나오는 신들

등장 인물

가이아 대지의 여신, 우라노스^{하늘}의 어머니이자 아내이며, 티탄들의 부모.
데메테르 로마인에게는 케레스로 알려져 있다. 곡식 또는 농경의 여신. 가장 유명한 신화는 페르세포네 어머니 역할을 강조한 것이다. 상처받기 쉬운 여신.
디오니소스 로마인에게는 바쿠스로 알려져 있는 술과 황홀경의 남신. 여신 숭배자들이 해마다 산 위에서 마시며 노래하고 춤추는 주신제를 통하여 그와의 교감을 추구했다.
레아 가이아와 우라노스의 딸이자, 크로노스의 누이이자 아내. 헤스티아, 데메테르, 헤라, 하데스, 포세이돈, 제우스의 어머니.
아레스 로마인들에게는 마르스로 알려져 있는데, 호전적인 전쟁의 남신이다. 올림포스 열두 신 중의 하나로, 제우스와 헤라의 아들이다. 호메로스에 의하면, 어머니를 따른다 해서 아버지의 멸시를 받았다. 아레스는 아프로디테의 연인으로, 그들 사이에 세 명의 자식을 두었다.
아르테미스 로마인들은 디아나라고 불렀는데, 사냥과 달의 여신이다. 세 명의 처녀 여신 중의 하나로, 제우스와 레토의 딸이며, 태양의 신인 아폴론의 쌍둥이 자매다.
아킬레우스 트로이 전쟁에서 그리스편 영웅으로 아테나 여신의 총애를 받았다.
아탈란테 사냥과 달리기로 유명한 여인. 아프로디테의 세 개의 황금 사과 덕택으로

401

경주에서 히포메네스에게 지고, 그의 아내가 된다.

아테나 로마인에게는 미네르바로 알려져 있다. 지혜와 장인의 여신으로, 자신과 똑같은 이름을 지닌 도시 아테네의 수호신이자, 수많은 영웅들의 보호자이다. 보통 무장을 한 모습으로 묘사되며, 전쟁터에서 최고의 전략가로 알려져 있다. 그녀는 오직 제우스만을 부모로 인정했으나, 제우스의 첫 연인인 현명한 메티스의 딸로도 알려져 있다. 처녀 여신.

아폴론 로마인들도 아폴론이라 불렀으며, 미남으로 태양의 남신이자, 예술, 의학, 음악의 남신이다. 올림포스 열두 신 중의 하나이며, 제우스와 레토의 아들이자, 아르테미스의 쌍둥이 형제다. 때로는 헬리오스로도 알려져 있다.

아프로디테 사랑과 미의 여신으로, 로마인에게는 베누스로 알려져 있다. 대장간의 남신인 헤파이스토스의 신실하지 못한 아내로, 수많은 연인들로부터 많은 자식들을 낳았다. 전쟁의 남신인 아레스, 전령의 남신인 헤르메스, 아이네아스(로마인의 선조로 트로이 왕자)의 아버지인 안키세스가 그녀의 연인들로 유명했던 인물들이다. 창조하는 여신.

에로스 사랑의 신, 로마인에게는 아모르로 알려져 있다. 프시케의 남편.

우라노스 하늘, 아버지 하늘, 천국으로 알려져 있다. 가이아와 함께 티탄들의 부모였는데, 아들 크로노스에 의해 쫓겨났다. 크로노스는 아버지의 성기를 잘라 바다에 던져 버렸는데 (일설에 의하면) 거기에서 아프로디테가 탄생했다고 한다.

제우스 로마인들이 유피테르 또는 요브라 불렀는데, 하늘과 땅의 통치자이자 올림포스 신들의 왕이었다. 레아와 크로노스의 막내 아들로, 티탄들을 굴복시키고 우주의 통치자로 올림포스 신들의 위치를 확고히 했다. 헤라의 바람둥이 남편으로 여러 아내를 취하고 많은 간통 사건을 일으켰으며, 그로부터 수많은 자식들을 두었다. 이들 중 많은 자식들이 2세대 올림포스 신들 또는 그리스 신화의 영웅들이 되었다.

크로노스 또는 사탄(로마식). 티탄이자 가이아와 우라노스의 막내 아들로, 아버지를 추방하고 주신이 된다. 레아의 남편이자 여섯 올림피아 신(헤스티아, 데메테르, 헤라, 하데스, 포세이돈, 제우스)의 아버지로, 자식들이 태어나자마자 삼켜 버린다. 그 역시 막내 아들 제우스에 의해 권력을 빼앗긴다.

파리스 트로이 왕자로, 세계에서 가장 아름다운 여인인 헬레네를 뇌물로 약속한 아프로디테에게 '최고의 여신에게 돌아갈' 황금 사과를 주었다. 이미 그리스 왕, 메넬라오스에게 시집간 헬레네를 납치해 트로이로 데려옴으로써 트로이 전쟁을 일으키게 된다.

페르세포네 그리스인들이 코레 또는 처녀로 불렀으며, 로마인들은 프로세르피나라고 불렀다. 데메테르의 납치된 딸로, 지하 세계의 여왕이 된다.

포세이돈 바다의 신. 로마식 이름 넵투누스로 더 잘 알려진 올림포스 신. 데메테르가 납치된 딸을 찾아 헤매고 있을 때, 그녀를 강간했다.

프시케 인간 여성 영웅으로, 아프로디테의 네 과제를 완수하고 남편 에로스와 재결합한다.

하데스 또는 플루톤. 지하 세계의 통치자이며 레아와 크로노스의 아들. 페르세포네의 유괴범이자 남편이며 열두 올림피아신 중의 하나.

헤라 로마인에게는 유노로 알려져 있는 결혼의 여신. 제우스의 공식적인 동행자이자 아내로, 올림포스 여신들 중 가장 서열이 높다. 크로노스와 레아의 딸로, 제우스와 다른 1세대 올림포스 신들과 형제간이다. 호메로스는 질투에 찬 잔소리꾼으로 묘사했으며, 결혼의 여신으로 숭배되었다. 세 명의 상처받기 쉬운 여신 중의 하나로, 아내 원형을 대표한다.

헤르메스 로마식 이름 머큐리(메르쿠리우스)로 더 유명한데, 전령의 남신이자, 교역, 통신, 여행자, 도둑의 보호신이다. 그는 영혼들을 하데스에게 인도하는데, 페르세포네를 데메테르에게 되돌려 주기 위해 제우스가 그를 파견했다. 아프로디테와 불륜 관계를 가졌으며, 헤스티아와 함께, 가정과 신전에서의 종교 의식과 연관이 있다.

헤스티아 로마인에게는 베스타, 화로의 여신으로 처녀 여신이며 올림포스 신들 중 가장 알려져 있지 않다. 그녀의 불은 가정과 사원을 신성하게 만든다. 자아 원형을 상징한다.

헤카테 세 갈래 길이 난 갈림길의 여신. 괴기스럽고 신비한 것과 연관되어 있으며, 현명한 마녀를 나타낸다. 헤카테는 페르세포네가 지하 세계에서 돌아올 때 동행했으며, 이 처녀 여신과 달의 여신인 아르테미스와 관련이 있다.

헤파이스토스 로마인에게는 불카누스로 알려져 있는 대장간의 남신이자, 기술공의 보호자. 아프로디테의 오쟁이진 남편이고, 절름발이로 헤라가 거부한 아들.

여신 원형 도표

여신	유형	원형 역할	중요한 타자
아르테미스 (디아나) 사냥과 달의 여신	처녀 여신	자매 경쟁자 여성 운동가	자매 친구들(님프) 어머니(레토) 형제(아폴론)
아테나 (미네르바) 지혜와 수공의 여신	처녀 여신	아버지의 딸 전략가	아버지(제우스) 선택된 영웅들
헤스티아 (베스타) 화로와 사원의 여신	처녀 여신	처녀 고모 현명한 여성	없음
헤라 (유노) 결혼의 여신	상처받기 쉬운 여신	아내 서약자	남편(제우스)
데메테르 (시어리즈) 곡식의 여신	상처받기 쉬운 여신	어머니 양육자	딸(페르세포네) 또는 어린이들
페르세포네 (프로세르피나) 처녀, 지하 세계의 여왕	상처받기 쉬운 여신	어머니의 딸 감수성이 예민한 여성	어머니(데메테르) 남편(하데스/디오니소스)
아프로디테 (비너스) 사랑과 미의 여신	창조하는 여신	연인 (관능적인 여성) 창조적인 여성	연인들(아레스, 헤르메스) 남편(헤파이스토스)

융 심리학 유형	심리적인 어려움	장점들
외향적 직관적 감정적	감정적인 거리, 인정 없음, 복수	목표를 설정하고 도달할 수 있는 능력, 독립심, 자율성, 다른 여성들과의 우정
외향적 명확한 사고 감각적	감정적인 거리 교활함(술책) 동정심의 결여	명확하게 사고하고 실제적인 문제들을 해결하고 전략을 짤 수 있는 능력, 남성 들과 공고한 관계를 다짐
극히 내향적 감정적 직관적	감정적인 거리 사회적인 성격 결여	고독을 즐길 수 있는 능력, 영적인 의미 를 보는 안목 있음
외향적 감정적 감각적	질투, 원한, 복수, 파괴적인 관계에서 벗어나지 못함	일생을 통해 한 관계에 충실할 수 있는 능력, 정절 지킴
외향적 감정적	우울증, 과로 의존심을 부추기기 무계획한 임신	모성적이고 남을 보살필 수 있는 능력 풍부함
내향적 감각적	우울증, 조작 비현실적 세계로 움츠러듦	수용할 수 있는 능력, 환상과 꿈의 가치 를 평가할 수 있는 능력. 잠재적인 심리 적 능력
극히 외향적 극히 감각적	관계가 지속적이지 못함, 난잡함, 결과를 고려하지 못함	쾌락과 미를 즐길 수 있는 능력 관능적이고 창조적인 능력

주

각 장의 주요 참고문헌이 우선 열거되었으며 그 다음 주를 덧붙였다.

융의 저작 모음(약자로 *CW*)에 관한 모든 참고문헌은 아래의 책에서 취했다. *Collected Work of C. G. Jung*, edited by Sir Herbert Read, Michael Fordham, and Gerhard Adler; translated by R..F.C Hull; Executive Editor, William McGuire; Bollingen Series 20 (Princeton, N.J.: Princeton University Press).

서론: 우리 속에는 여신이 있다

Lerner, Harriet E. "Early Origins of Envy and Devaluation of Women: Implications for Sex Role Stereotypes." *Bulletin of the Menninger Clinic* 38, no. 6 (1974): 538-553.

Loomis, Mary, and Singer, June. "Testing the Biopolarity Assumption in Jung's Typology." *Journal of Analytic Psychology* 24, no. 4 (1980).

Miller, Jean Baker. *Toward a New Psychology of Women*. Boston: Beacon Press, 1976.

Neumann, Erich. *Amor and Psyche: The Psychic Development of the Feminine*. Translated by Ralph Manheim, Bollingen Series 54. New York: Pantheon Books, 1956.

1) Betty Friedan, *The Feminine Mystique* (New York: Dell, 1963), p. 69 [베티 프리단, 『여성의 신비』, 김행자 옮김, 평민사, 1996].
2) Joseph Campbell, *The Hero with a Thousand Faces*, 2nd ed. (Bollingen Series 17 Princeton, N.J.: Princeton University Press, 1968), p. 19 [조셉 캠벨, 『천의 얼굴을 가진 영웅』, 이윤기 옮김, 민음사, 1999].

1. 내 모습을 담고 있는 여신들

Jung, C. G. "Archetypes of the Collective Unconscious"(1954). *CW*, vol. 9, part 1 (1968), pp. 3-41.
Jung, C. G. "The Concept of the Collective Unconscious." *CW*, vol. 9, part 1, pp. 42-53.
Marohn, Stephanie. "The Goddess Resurrected." *Womenews* (Published by the Friends of the San Francisco Commission on the Status of Women) 8, no. 1 (June 1983).
Mayerson, Philip. *Classical Mythology in Literature, Art, and Music*. New York: Wiley, 1971.
Spretnak, Charlene, ed. *The Politics of Women's Spirituality: Essays on the Rise of Spiritual Power Within the Feminist Movement*. New York: Doubleday, 1982.
Stone, Merlin. *When God Was a Woman*. New York: Harvest/Harcourt Brace Jovanovich, by arrangment with Dial Press, 1978.

1) Anthony Stevens, *Archetypes: A Natural History of the Self* (New York: Morrow, 1982), pp. 1-5.
2) C. G. Jung, "The Concept of the Collective Unconscious"(1936), *CW*, vol. 9, part 1 (1968), p. 44, and "Archetypes of the Collective Unconscious"(1954), *CW*, vol. 9, part 1 (1968), pp. 3-4.
3) Hesiod, *Theogony*, in *Hesiod*, trans. Richard Lattimore (Ann Arbor, Mich.: The University of Michigan Press, 1959).
4) Marija Gimbutas, "Women and Culture in Goddess-Oriented Old Europe," in *The Politics of Women's Spirituality: Essays on the Rise of Spiritual Power Within the Women's Movement*, ed. Charlene Spretnak (New York: Doubleday, 1982), pp. 22-31.
5) Robert Graves, *The Geek Myths*, vol. 1 (New York: Penguin, 1982), p.13.
6) Jane Ellen Harrison, *Mythology* (New York: Harcourt Brace Jovanovich, 1963

[originally published 1924]), p. 49.

7) Merlin Stone, *When God Was a Woman* (New York: Harvest / Harcourt Brace Jovanovich, by arrangement with the Dial Press, 1978), p. 228.

2. 여신 살려 내기

1) C. G. Jung, "Psychological Aspects of the Mother Archetype"(1954), *CW*, vol. 9 part 1 (1968), p. 79.

2) Maxine Hong Kingston, *The Woman Warrior* (New York: Vintage Books / Random House, 1977) [M. H. 킹스턴, 『여인 무사』, 서숙 옮김, 민음사, 1981].

3) 월경 중의 이러한 여신 원형 변화는 내가 임상 치료 과정에서 관찰한 것에 근거한다. 월경 중에 독립적이고 능동적인(또는 공격적인) 태도가 의존적이고 수동적인 태도로 바뀜을 보고하는 연구 결과를 보려면 아래를 참조하라. Therese Benedek, "The Correlations Between Ovarian Activity and Psychodynamic Processes," in Therese Benedek, ed., *Psychoanalytic Investigation* (New York: Quadrangle / New York Times Book Co., 1973), pp. 129-223.

3. 처녀 여신들 셋

Gustaitis, Rasa. "Moving Freely through Nighttime Streets." *Pacific News Service*, 1981. Syndicated article(found, for example, in *City on a Hill Press*, University of California, Santa Cruz, April 9, 1981).

Harding, M. Esther. "The Virgin Goddess." In *Woman's Mysteries*. New York: Bantam Books, published by arrangement with Putnam's, 1973, pp. 115-149 [에스더 하딩, 『사랑의 이해: 달 신화와 여성의 신비』, 김정란 옮김, 문학동네, 1996].

Kotschnig, Elined Prys. "Womanhood in Myth and Life." *Inward Light* 31, no. 74 (1968).

Kotschnig, Elined Prys. "Womanhood in Myth and Life, Part 2." *Inward Light* 32, no. 75 (1969).

1) M. Esther Harding, "The Virgin Goddess," in *Women's Mysteries* (New York:

Bantam Books, published by arrangement with Putnam's, 1973), p. 147.

2) Irene Claremont de Castillejo가 묘사한 '집중된 의식'은 아니무스의 또는 남성적인 특성을 뜻한다. "집중하는 힘은 남성의 가장 뛰어난 능력이나 남성만의 특전은 아니다. 아니무스가 여성에게 이 역할을 한다", "여성이 아니무스의 도움이 필요한 때는 오직 집중된 의식이 필요할 때 뿐이다." Claremont de Castillejo, *Knowing Woman*, Chapter 5, "The Animus — Friend or Foe" (New York: Putnam's, for the C. G. Jung Foundation for Analytic Psychology, 1973), pp. 77-78에서 발췌. 나는 그녀의 용어를 사용하기는 하지만, 융의 여성 심리 모델에 입각하여 집중된 의식은 항상 남성적 특성이라는 그녀의 가정에는 동의하지 않는다.

3) Marty Olmstead, "The Midas Touch of Danielle Steel," *United* (United Airlines Flight Publication), March 1982, p. 89.

4) 여성 심리학의 심리 분석 이론에 대한 이러한 요약은 다음 책에 기초하고 있다.
Sigmund Freud from *The Standard Edition of the Psychological Works of Sigmund Freud*, ed. J. Strachey (London: Hogarth Press). 앞으로 이 책은 간단하게 *Standard Edition*이라고 표시함.
Sigmund Freud, "Three Essays on the Theory of Sexuality"(1905), *Standard Edition*, vol. 7 (1953), pp. 135-243.
Sigmund Freud, "Some Psychological Consequences of the Anatomical Distinction Between the Sexes"(1925), *Standard Edition*, vol. 19 (1961), pp. 248-258.
Sigmund Freud, "Female Sexuality"(1931), *Standard Edition*, vol. 21 (1961), pp. 225-243.

5) 융의 여성 심리학 이론에 관한 이러한 요약은 아래 책에 기초하고 있다.
C. G. Jung, "Animus and Anima"(1934), *CW*, vol. 7 (1966), pp. 188-211.
C. G. Jung, "The Syzygy: Anima and Animus,"(1950), *CW*, vol. 9, part 2 (1959), pp. 11-22.
C. G. Jung, "Women in Europe"(1927), *CW*, vol. 10 (1964), pp. 113-133.

6) C. G. Jung, *CW*, vol.7, p.209.

7) C. G. Jung, *CW*, vol.10, p.117.

4. 아르테미스

Guthrie, W. K. C. "Artemis." In *The Greeks and Their Gods*. Boston: Beacon Press, 1950, pp. 99-106.

Kerènyi, C. "Leto, Apollon and Artemis." In *The Gods of the Greeks*. Translated by Norman Cameron. N.Y.: Thames & Hudson, 1979. (Originally published 1951.)

Kerènyi, Karl. "A Mythological Image of Girlhood: Artemis." In *Facing the Gods*, edited by James Hillman. Irving, Texas: Spring, 1980, pp. 39-45.

Mayerson, Philip. "Artemis." In *Classical Mythology in Literature, Art, and Music*. New York: Wiley, 1971, pp. 150-169.

Moore, Tom. "Artemis and the Puer." In *Puer Papers*. Irving, Texas: Spring, 1979, pp.169-204.

Malamud, René. "The Amazon Problem." *Spring* (1971), pp. 1-21.

Otto, Walter F. "Artemis." In *The Homeric Gods*. Translated from the German by Moses Hadas. New York: Thames & Hudson, published by arrangement with Pantheon Books, 1979, pp. 80-90.

Schmidt, Lynda. "The Brother-Sister Relationship in Marriage." *Journal of Analytical Psychology* 25, no. 4 (1980): 17-35.

Zabriskie, Philip T. "Goddesses in Our Midst." *Quadrant* (Fall 1974), pp. 41-42.

1) Walter F. Otto, "Artemis." In *The Homeric Gods*, trans. Moses Hadas (New York: Thames & Hudson, 1979), pp. 86-87.

2) Callimachus, "To Artemis," in *Hymns and Epigrams*, trans. A. W. Mair (Cambridge, Mass.: Harvard University Press, 1969), p.63.

3) Lynn Thomas, *The Backpacking Woman* (New York: Doubleday, 1980), p. 227.

4) China Galland, *Women in the Wilderness* (New York: Harper & Row, 1980), p. 5.

5) Frances Horn, *I Want One Thing* (Marina del Rey, Calif.: DeVorss), 1979.

6) Laurie Lisle, *Portrait of an Artist: A Biography of Georgia O'Keeffe* (New York: Washington Square Press / Pocket Books / Simon & Schuster, published by arrangement with Seaview Books, 1981), p. 436.

7) Lisle, p. 430.

8) M. Esther Harding, *Woman's Mysteries* (New York: Bantam, 1973), p. 140.

9) "Meleager and Atalanta," in *Bullfinch's Mythology* (Middlesex, England: Hamlyn,

1964), p.101.
10) 이 부분은 Walter F. Otto (1979)가 아르테미스를 가리켜 한 말이다.
11) Bernard Evslin의 "Atalanta," in *Heroes, Gods and Monsters of the Greek Myths* (Toronto: Bantam Pathfinder, published by arrangement with Four Winds Press, 1975), pp. 173-190에서 인용한 것이다.

5. 아테나

Downing, Christine. "Dear Grey Eyes: A Revaluation of Pallas Athene." In *The Goddess*. New York: Crossroad, 1981, pp. 99-130.
Elias-Button, Karen. "Athene and Medusa." *Anima* 5, no. 2 (Spring Equinox, 1979): pp. 118-124.
Hillman, James. "On the Necessity of Abnormal Psychology: Ananke and Athene." In *Facing the Gods*. Edited by James Hillman. Irving, Texas: Spring, 1980, pp. 1-38.
Kerènyi, C. "Metis and Pallas Athene." In *The Gods of the Greeks*. Translated by Norman Cameron. New York: Thames & Hudson, 1979, pp. 118-129. (Originally published 1951.)
Kerènyi, Karl. *Athene: Virgin and Mother*. Translated by Murray Stein. Irving, Texas: Spring, 1978.
Mayerson, Philip. "Athena." In *Classical Mythology in Literature, Art, and Music*. New York: Wiley, 1971, pp. 169-175; pp. 431-433.
Otto, Walter F. "Athena" In *The Homeric Gods*. Translated by Moses Hadas. New York: Thames & Hudson, by arrangement with Pantheon Books, 1979, pp. 43-60.
Rupprecht, Carol Schreier. "The Martial Maid and the Challenge of Androgyny." *Spring* (1974), pp. 269-293.
Stein, Murray. "Translator's Afterthoughts." In Kerènyi, Karl, *Athene: Virgin and Mother*. Translated by Murray Stein. Irving, Texas: Spring, 1978, pp. 71-79.
1) Hesiod, *Theogony*, in *Hesiod*, trans. Richard Lattimore (Ann Arbor, Mich.: The University of Michigan Press, 1959), p. 177.

2) Wilfred Sheed, *Clare Booth Luce* (New York: Dutton, 1982).

3) Carol Felsenthal, *The Sweetheart of Silent Majority: The Biography of Phyllis Schlafly* (New York: Doubleday, 1981).

4) Walter F. Otto, "Athena," in *The Homeric Gods*, trans. Moses Hadas (New York: Thame & Hudson, by arrangement with Pantheon Books, 1979), p. 60.

5) 예를 들면, Henning과 Jardim이 연구한 25명의 기업 여성들(이들은 모두 전국적으로 알려진 큰 기업의 사장이나 계열사 부사장의 지위를 갖고 있었다)은 아테나 유형에 들어맞는다. 그들은 아버지의 딸들 — 성공한 아버지와 관심사와 활동들을 공유한 — 이었다. 제우스가 삼켜 버린 메티스와 마찬가지로 그녀들의 어머니들은 남편과 동등한 또는 우월한 학력을 갖고 있었다. 그럼에도 불구하고 25명 중 24명의 어머니는 가정 주부였고, 남은 한 명은 교사였다. 아버지-딸의 관계는 중요하고 생생한 추억으로 이야기되었으나 어머니-딸의 관계는 희미하고 평범했다. Margaret Henning and Anne Jardim, "Childhood," In *The Managerial Woman* (New York : Pocket Books/Simon & Schuster, 1978), pp. 99-117.

6) Christine Downing, "Dear Grey Eyes: A Revaluation of Pallas Athene," in *The Goddess* (New York: Crossroad, 1981), p. 117.

6. 헤스티아

Bradway, Katherine. "Hestia and Athena in the Analysis of Women." *Inward Light* 151 (1978), no. 91: 28-42.

Demetrakopoulos, Stephanie. "Hestia, Goddess of the Hearth." *Spring* (1979), pp. 55-75. 나는 주로 이 글에서 헤스티아 신화와 의례를 재구성했다.

"The Hymn to Hestia" and "The Second Hymn to Hestia." In *Homeric Hymns*. Translated by Charles Boer. Rev. ed. Irving, Texas: Spring, 1979, pp. 140-141.

Jung, C. G. "The Spirit Mercurius: Part 2: no. 3, Mercurius as Fire." *CW*, vol. 13, pp. 209-210.

Jung, C. G. "The Spirit Mercurius: Part 2: no. 8, Mercurius and Hermes." *CW*, vol. 13, pp. 230-234.

Kirksey, Barbara. "Hestia: A Background of Psychological Focusing." In *Facing the Gods*. Edited by James Hillman. Irving, Texas: Spring, 1980, pp. 101-113.

Koltuv, Barbara Black. "Hestia/Vesta." *Quadrant* 10 (Winter 1977), pp. 58-65.

Luke, Helen M. "Goddess of the Hearth." In *Woman : Earth and Spirit* (New York: Crossroad, 1981), pp. 41-50.

Mayerson, Philip. "Hestia (Vesta)." In *Classical Mythology in Literature, Art, and Music* (New York: Wiley, 1971), pp. 115-116.

Mayerson, Philip. "Hermes (Mercury)." In *Classical Mythology in Literature, Art, and Music* (New York: Wiley, 1971), pp. 210-226.

1) "The Hymn to Aphrodite I," In *Homeric Hymns*, trans. Charles Boer, rev. ed. (Irving, Texas: Spring, 1979), p. 70.

2) "The Hymn to Aphrodite I," p. 70.

3) Stephanie Demetrakopoulos, "Hestia, Goddess of the Hearth," *Spring* (1979), pp. 55-75.

4) T. S. Eliot, *Four Quartets* (New York: Harcourt Brace Jovanovich [no date], originally published 1943), p. 16.

5) C. G. Jung, "Concerning Mandala Symbolism," *CW*, vol 9, part 1, p. 35.

6) May Sarton, *Journal of a Solitude* (New York: Norton, 1973), pp. 44-45.

7) Ardis Whitman, "Secret Joys of Solitude," *Reader's Digest* 122, no. 732 (April 1983): 132.

7. 상처받기 쉬운 여신 셋

1) Irene Claremont de Castillejo. *Knowing Woman* (New York: Putnam's, for the C. G. Jung Foundation for Analytical Psychology, 1973), p. 15.

8. 헤라

Dowing, Christine. "Coming to Terms with Hera." *Quadrant* 12, no. 2 (Winter 1979).

Kerènyi, C. "Zeus and Hera" and "Hera, Ares and Hephaistos." In *The Gods of the Greeks*. Translated by Norman Cameron. New York: Thames & Hudson, 1979, pp. 95-98, 150-160. (Originally Published 1951.)

Kerènyi, C. *Zeus and Hera: Archetypal Image of Father, Husband and Wife.* Translated by Christopher Holme. Bollingen Series 65. Princeton, N.J.: Princeton University Press, 1975.
Kerènyi, Karl. "The Murderess—Medea." In *Goddesses of Sun and Moon.* Irving, Texas : Spring, 1979, pp. 20-40.
Mayerson, Philip. "Hera(Juno)." In *Classical Mythology in Literature, Art, and Music.* New York: Wiley, 1971, pp. 94-98.
Mayerson, Philip. "Medea." In *Classical Mythology in Literature, Art, and Music.* New York: Wiley, 1971, pp. 346-352.
Stein, Murray. "Hera: Bound and Unbound." *Spring* (1977), pp. 105-119.
    이 글이 헤라 원형을 구성하는 데 가장 중요한 자료였다. Stein의 글은 헤라의 짝짓는 본능과 그녀의 세 단계를 묘사하는 것과 관련되어 있다.
Zabriskie, Phillip. "Goddesses in Our Midst." *Quadrant* (Fall 1974), pp. 37-39.
1) Murray Stein, "Hera: Bound and Unbound," *Spring* (1977), p.108.
2) Nancy Reagan, *Quest* (1982). Similar sentiments by Nancy Reagan in *Nancy*, with Bill Libby (New York: Berkley, 1981).
3) Diana Trilling, *Mrs. Harris: The Death of the Scarsdale Diet Doctor* (New York: Harcourt Brace Jovanovich, 1981).

9. 데메테르

Demetrakopoulos, Stephanie. "Life Stage Theory, Gerontological Research, and the Mythology of the Older Woman: Independence, Autonomy, and Strength." *Anima* 8, no. 2 (Spring Equinox 1982): 84-97.
Friedrich, Paul, "The Fifth Queen: The Meaning of Demeter" and "The Homeric Hymn to Demeter." *The Meaning of Aphrodite*, Chicago: University of Chicago Press, 1978, pp. 149-180.
"The Hymn to Demeter." In *The Homeric Hymns*, translated by Charles Boer. 2nd ed., rev. Irving, Texas: Spring, 1979, pp. 89-135.
Jung, C. G. "Psychological Aspects of the Mother Archetype"(1954). *CW*, vol. 9, part 1 (1968), pp. 75-110.

Kerènyi, C. *Eleusis: Archetypal Image of Mother and Daughter*. Translated by Ralph Manheim. New York: Schocken Books, published by arrangement with Princeton University Press, 1977. Previously Printed in the Bollingen Series (1967).

Luke, Helen M. "Mother and Daughter Mysteries." In *Woman: Earth and Spirit*. New York: Crossroad, 1981, pp. 51-71.

Zabriskie, Phillip. "Goddesses in Our Midst." *Quadrant* (Fall 1979), pp. 40-41.

1) "Hymn to Demeter," in *The Homeric Hymns*, trans. Charles Boer, 2nd ed., rev. (Irving, Texas: Spring, 1979), p.89.

2) C. Kerenyi, *Eleusis, Archetypal Image of Mother and Daughter*, trans. Ralph Manheim (New York: Schocken Books, published by arrangement with Princeton University Press, 1977). Previously printed in the Bollinger Series (1967).

3) Susan Issacs, "Baby Savior," *Parents Magazine* (September 1981), pp. 81-85.

4) Pauline Bart, "Mother Portnoy's Complaints," *Trans-Action* (November- December 1970), pp. 69-74.

10. 페르세포네

Dowling, Colette. *The Cinderella Complex: Women's Hidden Fear of Independence*. New York: Summit Books, 1981. 『신데렐라 콤플렉스』는 페르세포네 유형을 묘사한다. 이 책은 어떻게 가정과 문화가 이 원형(확신과 독립심의 억제를 포함하는 걱정)을 강화시키는가를 아주 잘 설명하고 있다.

Downing, Christine. "Persephone in Hades." *Anima* (1977) no. 1 (Fall Equinox): 22-29.

"The Hymn to Demeter"(the Abduction of Persephone). In *The Homeric Hymns*, translated by Charles Boer. 2nd ed., rev. Irving, Texas: Spring, 1979, pp. 89-135.

Kerènyi, C. *Eleusis: Archetypal Image of Mother and Daughter*, translated by Ralph Manheim. New York: Schocken Books, reprinted by arrangement with Princeton University Press, 1977. Previously printed in The Bollingen Series (1967).

1) M. Esther Harding, "All Things to All Men," in *The Way of All Women* (New York: Putnam's, for the C. G. Jung Foundation for Analytic Psychology, 1970), p. 4.

2) Harding, p. 16.

3) Hannah Green, *I Never Promised You a Rose Garden* (New York: Signet Books / New American Library, by arrangement with Holt, Rinehart, and Winston, 1964).
4) Walter F. Otto, *Dionysus: Myth and Cult*, trans. with an Introd. by Robert. B. Palmer (Bloomington: Indiana University Press, 1965), p. 116.
5) *Autobiography of a Schizophrenic Girl*, with analytic interpretation by Marguerite Sechehaye. Translated by Grace Rubin-Rabson (New York: Signet Books/New American Library, published by arrangement with Grune & Stratton, 1970).

11. 창조하는 여신

Tennov, Dorothy. *Love and Limerence: The Experience of Being in Love*. New York: Stein & Day, 1979.

1) C. G. Jung, "Problems of Modern Psychotherapy"(1931), *CW*, vol. 16 (1966), p.71.
2) Daniel J. Levinson, *The Seasons of a Man's Life* (New York: Ballantine Books, published by arrangement with Alfred A. Knopf, 1979), p. 109 [대니얼 레빈슨, 『남자가 겪는 인생의 사계절』, 김애순 옮김, 이화여자대학교 출판부, 1996].
3) Toni Wolff, "A Few Thoughts on the Process of Individuation in Women," *Spring* (1941), pp.91-93.
4) H. Peters, *My Sister, My Spouse: A Biography of Lou Andreas-Salome* (New York: Norton, 1962).
5) Robert Rosenthal, "The Pygmalion Effect Lives," *Psychology Today* (September 1973), pp. 56-62. (Definitive text: Robert Rosenthal and Lenore Jacobson. Pygmalion in the Classroom: Teacher Expectation and Pupil's Intellectual Development (New York: Holt, Rinehart, & Winston, 1968).

12. 아프로디테

Friedrich, Paul. *The Meaning of Aphrodite*. Chicago: University of Chicago Press, 1978.
주로 이 자료에서 아프로디테 신화와 상징들을 재구성해 냈다.
Kerènyi, Karl. "The Golden One — Aphrodite." In *Goddesses of the Sun and Moon*.

Translated by Murray Stein. Irving, Texas: Spring, 1979, pp. 41-60.

"The Hymn to Aphrodite," "The Second Hymn to Aphrodite," and "The Third Hymn to Aphrodite." In *The Homeric Hymns*, Translated by Charles Boer. 2nd ed., rev. Irving, Texas: Spring, 1979, pp. 69-83.

Johnson, Robert. *She: Understanding Feminine Psychology*. New York: Harper & Row, 1977 (Originally published 1976).

Mayerson, Philip. "Aphrodite (Venus)." In *Classical Mythology in Literature, Art, and Music*. New York: Wiley, 1971, pp. 182-210.

Neumann, Erich. *Amor and Psyche: The Psychic Development of the Feminine*. Translated by Ralph Manheim. (Bollingen Series 54) New York: Pantheon, 1956.

Otto, Walter F. "Aphrodite." In *The Homeric Gods*, translated by Moses Hadas. New York: Thames & Hudson, published by arrangement with Pantheon Books, 1979, pp. 91-103.

Zabriskie, Philip. "Goddesses in Our Midst." *Quadrant* (Fall 1979), pp. 36-37.

1) Paul Friedrich, *The Meaning of Aphrodite* (Chicago: University of Chicago Press, 1978), p.79.

2) Ruth Falk, *Women Loving* (New York: Random House; and Berkeley: Bookworks, 1975).

13. 어느 여신이 황금 사과를 얻는가?

Jung, C. G. "Psychological Types." *CW*, vol. 6.

Mayerson, Philip. "The Trojan War." In *Classical Mythology in Literature, Art, and Music*. New York: Wiley, 1971, pp. 375-422.

1) Lisle, Laura. *Portrait of an Artist: A Biography of Georgia O'Keeffe* (New York: Washington Square Press / Simon & Schuster, by arrangement with Seaview Books, 1981), p.143.

14. 모든 여성에게는 자기만의 주인공이 있다

Adams, Richard. *Watership Down.* New York: Avon Books, published by arrangement with Macmillan, 1975.
Auel, Jean M. *The Clan of the Cave Bear.* New York: Bantam Books, by arrangement with Crown Publishers, 1981.
Auel, Jean M. *The Valley of Horses.* New York: Crown Publishers, 1982.
Tolkien, J. R. R. *The Fellowship of the Ring Trilogy.* New York: Ballantine Books, by arrangement with Houghton Mifflin, 1965. [존 로날드 로웰 톨킨,『반지의 제왕 1 — 반지 원정대』, 한기찬 옮김, 황금가지, 2002].
1) T. S. Eliot. *Four Quartets* (New York: Harcourt Brace Jovanovich, no date), p.59.

부록: 그리스 신화에 나오는 인물들

Zimmerman, J. E. *Dictionary of Classical Mythology.* New York: Bantam Books, by arrangement with Harper & Row, 1964. Source for pronunciation of names.

참고문헌

이 참고문헌은 네 부분으로 나뉘어 있다. 1. 신화학, 2. 원형 심리학(융 분석 심리학), 3. 여성 심리학(융 이외), 4. 일반 심리학

1. 신화학

Bullfinch's Mythology. Middlesex, England: Hamlyn, 1964.

Bullfinch's Mythology: The Greek and Roman Fables Illustrated. Compiled by Bryan Holme, with an Introduction by Joseph Campbell. New York: Viking Press, 1979.

Callimachus. "To Artemis." In *Hymns and Epigrams*. Translated by A. W. Mair. Cambridge, Mass.: Harvard University Press, 1969.

Campbell, Joseph. *The Hero with a Thousand Faces*. 2nd ed. Bollingen Series 17. Princeton, N.J.: Princeton University Press, 1968.

Campbell, Joseph. "Joseph Campbell on the Great Goddess." *Parabola* 5, no. 4 (1980).

Evslin, Bernard. "Atalanta." In *Heroes, Gods and Monsters of the Greek Myths*. New York: Bantam Pathfinder, published by arrangement with Scholastic Magazine, 1975. (Originally published 1966.)

Friedrich, Paul. *The Meaning of Aphrodite*. Chicago: University of Chicago Press, 1978.

Garnell, L. R. [Lewis Richard]. *The Cults of the Greek States*. New Rochelle, N.Y.: Caratzas Brothers, 1977. vol. 1, chaps. 7, 8, 9 (Hera); vol. 1, chaps. 10, 11, 12 (Athena); vol. 2, chaps. 13, 17, 18 (Artemis); vol. 2, chaps. 21, 22, 23 (Aphrodite); vol. 3, chaps. 2, 3, 4 (Demeter-Kore); vol. 5, chaps. 8 (Hestia). (Originally written between 1895 and 1909.)

Gimbutas, Marija. *The Goddesses and Gods of Old Europe: 6500-3500, Myths and Cult Images*, Berkeley and Los Angeles: University of California Press, 1982.

Graves, Robert. *The Greek Myths*. 2 vols. New York: Penguin, 1979, 1982. (Originally published 1955.)

Graves, Robert. *The White Goddess*. New York: Farrar, Straus & Giroux, 1980. (Originally published 1948.)

Guthrie, W. K. C. *The Greeks and Their Gods*. Boston: Beacon Press, 1950.

Hadas, Moses, ed. *Greek Drama*. New York: Bantam, 1982. (Originally published 1965.)

Hamilton, Edith. *Mythology*, Boston: Little, Brown, 1942.

Harrison, Jane Ellen. *Mythology*. New York: Harcourt Brace Jovanovich, 1963. (Originally published 1924.)

Hesiod. *Theogony*. In *Hesiod*, translated by Richard Lattimore. Ann Arbor, Michigan: The University of Michigan Press, 1959.

Homer. *The Iliad*. Translated by Richard Lattimore. Chicago: University of Chicago Press, 1951.

The Homeric Hymns. Translated by Charles Boer. Irving, Texas: Spring, 1979.

James, E. O. [Edwin Oliver]. *The Cult of the Mother Goddess*. London, England: Thames & Hudson, 1959.

Kerènyi, C. *The Heroes of the Greeks*. London: Thames & Hudson, 1959.

Kerènyi, C. *The Gods of the Greeks*. Translated by Norman Cameron. New York: Thames & Hudson, 1979. (Originally published 1951.)

Kerènyi, Karl. *Athene: Virgin and Mother*. Translated by Murray Stein. Zurich, Switzerland: Spring, 1978.

Kerènyi, Karl. *Goddesses of the Sun and Moon*. Translated by Murray Stein. Irving, Texas: Spring, 1979.

Mayerson, Philip. *Classical Mythology in Literature, Art, and Music*. New York: Wiley,

1979.

Monaghan, Partrica. *The Book of Goddesses and Heroines*. New York: Dutton, 1981.

Otto, Walter F. *The Homeric Gods*. New York: Thames & Hudson, 1979. (Originally published 1954.)

Spretnak, Charlene. *Lost Goddesses of Early Greece: A Collection of Pre-Hellenic Mythology*. Boston: Beacon Press, 1981. (Originally published 1978.)

Walker, Barbara G. *The Woman's Encyclopedia of Myths and Secrets*. San Francisco: Harper & Row, 1983.

Zimmerman, J. E. *Dictionary of Classical Mythology*. New York: Bantam Books, 1978. (Originally published 1964.)

2. 원형 심리학(융의 분석 심리학)

Berry, Patricia. "The Rape of Demeter/Persephone and Neurosis." *Spring* (1975).

Bradway, Katherine. "Hestia and Athena in the Analysis of Women." *Inward Light* 41, no. 91 (1978).

Claremont de Castillejo, Irene. *Knowing Woman*. New York: Putnam's Sons, 1973. Published for the C. G. Jung Foundation for Analytic Psychology.

Demetrakopoulos, Stephanie A. "Hestia, Goddess of the Hearth: Notes on an Oppressed Archetype." *Spring* (1979).

Demetrakopoulos, Stephanie A. "Life Stage Theory, Gerontological Research, and the Mythology of the Older Woman: Independence, Autonomy, and Strength." *Anima* 8, no. 2 (1982).

Downing, Christine. "Persephone in Hades." *Anima* 4, no. 1 (1977).

Downing, Christine. "Coming to Terms with Hera." *Quadrant* 12, no. 2 (1979).

Downing, Christine. *Goddess: Mythological Images of the Feminine*. New York: Crossroad, 1981.

Downing, Christine. "Goddess Sent Madness." *Psychological Perspectives* 12, no. 2 (1981).

Downing, Christine. "Come Celebrate with Me." *Anima* 9, no. 1 (1982).

Elias-Button, Karen. "Athena and Medusa: A Woman's Myth." *Anima* 5, no. 2 (1979).

Goldenberg, Naomi R. "Archetypal Theory after Jung." *Spring* (1975).

Hall, Nor. *The Moon and the Virgin: Reflections on the Archetypal Feminine.* New York: Harper & Row, 1980.

Harding, M. Esther. *The Way of All Women.* New York: Putnam's, 1973. Published for the C. G. Jung Foundation for Analytical Psychology.

Harding, M. Esther. *Woman's Mysteries: Ancient and Modern.* New York: Bantam, 1973. (Originally published 1971.)

Harding, M. Esther. "The Value and Meaning of Depression." *Psychological Perspectives* 12, no. 2 (1981).

Heisler, Verda. "Individuation through Marriage." Psychological Perspectives 1, no. 2 (1970).

Hillman, James. "Anima." *Spring* (1973).

Hillman, James. "Anima II." *Spring* (1974).

Hillman, James. *The Dream and the Underworld,* New York: Harper & Row, 1979.

Hillman, James. "Ananke and Athene." In *Facing the Gods,* edited by James Hillman, Irving, Texas: Spring, 1980.

Hillman, James, ed. *Facing the Gods,* Irving, Texas: Spring, 1980.

Johnson, Robert. *She: Understanding Feminine Psychology.* New York: Harper & Row, 1977. (Originally published 1976.)

Jung, Emma. Animus & Anima. New York: Spring, 1969. (Originally published 1957.)

Jung, C. G. All references to Jung's Collected Works are taken from Collected Works of C. G. Jung, edited by Sir Herbert Read, Michael Fordham, and Gerald Alder; translated by R. F. C. Hull, Executive Editor, William McGuire, Bollingen Series 20, (Princeton, N.J.: Princeton University Press).

Jung, C. G. *The Practice of Psychotherapy.* In *Collected Works of C. G. Jung,* vol. 16. 1966.

Jung, C. G. *Two Essays on Analytic Psychology.* In *Collected Works of C. G. Jung,* vol. 7. 1966.

Jung, C. G. *Alchemical Studies.* In *Collected Works of C. G. Jung,* vol. 13. 1967.

Jung, C. G. *Archetypes of the Collective Unconscious.* In *Collective Work of C. G. Jung,* vol. 9, part 1. 1968.

Jung, C. G. *Psychological Types.* In *Collected Works of C. G. Jung,* vol. 6. 1971.

Jung, C. G., and Kerènyi, C. *Essays on a Science of Mythology: The Myths of the Divine Child and the Divine Maiden*. Translated by R. F. C. Hull. Bollingen Series 22, New York: Harper & Row, 1963. (Originally published 1949.)

Kerènyi, C. *Zeus and Hera: Archetypal Image of Father, Husband and Wife*. Bollingen Series 65. Princeton, N.J.: Princeton University Press, 1975.

Kerènyi, C. *Eleusis: Archetypal Image of Mother and Daughter*. New York: Schocken, 1977. (Originally published 1967.)

Kerènyi, Karl. "A Mythological Image of Childhood: Artemis." In *Facing the Gods*, edited by James Hillman. Irving, Texas: Spring, 1980.

Kirksey, Barbara. "Hestia: A Background of Psychological Focusing." In *Facing the Gods*, edited by James Hillman, Irving, Texas: Spring, 1980.

Koltuv, Barbara Black. "Hestia/Vesta." *Quadrant* 10, no. 2 (1977).

Kotschnig, Elined Prys. "Womanhood in Myth and Life." *Inward Light* 31, no. 74 (1968).

Kotschnig, Elined Prys. "Womanhood in Myth and Life, Part 2." *Inward Light* 32, no. 75 (1969).

Laub-Novak, Karen. "Reflections on Art and Mysticism." *Anima* 2, no. 2 (1976).

Leonard, Linda Schierse. *The Wounded Woman: Healing the Father-Daughter Relationship*. Boulder, Colo.: Shambhala Publications, 1983. (Originally published 1981.)

Lockhart, Russell A. "Eros in Language, Myth, and Dream." *Quadrant* 11, no. 1 (1978).

Loomis, Mary. "A New Perspective for Jung's Typology: The Singer-Loomis Inventory of Personality." *Journal of Analytical Psychology* 27, no. 1 (1982).

Loomis, Mary, and Singer, June. "Testing the Bipolarity Assumption in Jung's Typology." *Journal of Analytical Psychology* 25, no. 4 (1980).

Luke, Helen M. "The Perennial Feminine." *Parabola* 5, no. 4 (1978).

Luke, Helen M. *Woman, Earth and Spirit*. New York: Crossroad, 1981.

Malamud, René. "The Amazon Problem." *Spring* (1971).

Mattoon, Mary Ann. *Jungian Psychology in Perspective*. New York: Free Press Macmillan, 1981.

Moore, Tom. "Artemis and the Puer." In *Puer Papers*. Irving, Texas: Spring, 1979.

Neumann, Erich. *The Great Mother: An Analysis of the Archetype*. Translated by Ralph

Manheim. London: Routledge & Kegan Paul, 1955.
Neumann, Erich. *Amor and Psyche: The Psychic Development of the Feminine.* Translated by Ralph Manheim. Bollingen Series 54. New York: Pantheon Books, 1955.
Neumann, Erich. " The Psychological Stages of Feminine Development." *Spring* (1959).
Perera, Sylvia Brinton. *Descent to the Goddess: A Way of Initiation for Women.* Toronto: Inner City Books, 1981.
Rupprecht, Carol. "The Martial Maid and the Challenge of Androgyny (Notes on an Unbefriended Archetype)." *Spring* (1974).
Schmidt, Lynda. "The Brother-Sister Relationship in Marriage." *Journal of Analytical Psychology* 25, no. 1 (1980).
Singer, June. *Androgyny.* New York: Doubleday, 1976.
Singer, June. "Rise of the Androgyny Phenomena." *Anima* 3, no. 2 (1977).
Spretnak, Charlene. "Problems with Jungian Uses of Greek Goddess Mythology." *Anima* 6, no. 1 (1979).
Stein, Murray. "Hera: Bound and Unbound." Spring (1977).
Stein, Murray. "Translator's Afterthoughts." In Karl Kerènyi, *Athene: Virgin and Mother.* Translated by Murray Stein. Zurich: Spring, 1978.
Stevens, Anthony. *Archetypes: A Natural History of the Self.* New York: Morrow, 1982.
Ulanov, Ann Belford. "Archetypes of the Feminine." In *The Feminine in Jungian Psychology and Christian Theology.* Evanston, Ill.: Northwestern University Press, 1971.
Wheelwright, Jane. *Women and Men.* San Francisco: C. G. Jung Institute of San Francisco, 1978.
Wolf, Toni. "A Few Thoughts on Individuation in Women." *Spring* (1941).
Zabriskie, Philip. "Goddesses in Our Midst." *Quadrant* 17, (1974).

3. 여성 심리학(융 이외)

Applegarth, Adrienne. "Some Observations on Work Inhibitions in Women." *Journal of the American Psychoanalytic Association* 24, no. 5 (1976).

Bart, Pauline B. "Portnoy's Mother's Complaint." *Trans-Action* (November-December 1970).

Bart, Pauline B. "Depression in Middle-Aged Women." In *Women in Sexist Society*, edited by Vivian Gornick and Barbara K. Moran. New York: Basic Books, 1971.

Benedek, Therese, and Rubinstein, Boris B. "The Sexual Cycle in Women: The Relationship Between Ovarian function and Psychodynamic Processes." *Psychosomatic Medicine Monographs* 3, nos. 1, 2 (1942). Edited for inclusion in Therese Benedek, *Psychoanalytic Investigations: Selected Papers*, "The Correlation Between Ovarian Activity and Psychodynamic Process." New York: Quadrangle, 1973.

Bernardez-Bonesatti, Teresa. "Women and Anger: Conflicts with Aggression in Contemporary Women." *Journal of the American Medical Women's Association* 33, no. 5 (1978).

Besdine, Matthew. "Mrs. Oedipus." *Psychology Today* (March 1971).

Carmen, Elaine; Russo, Nancy F.; and Miller, Jean B. "Inequality and Women's Mental Health: An Overview." *American Journal of Psychiatry* 138, no. 11 (1981).

Chernin, Kim. *The Obsession: Reflections on the Tyranny of Slenderness*. New York: Harper & Row, 1981.

Chesler, Phyllis. *Women & Madness*. New York: Doubleday, 1972.

Chicago, Judy. *Through the Flower*. New York: Doubleday, 1977.

Dowling, Colette. *The Cinderella Complex: Women's Hidden Fear of Independence*. New York: Summit Books, 1981.

Erikson, Erik. "Inner and Outer Space: Reflection on Womanhood." *Daedalus* (1964).

Freeman, Jo, ed., *Women: A Feminist Perspective*, 2nd ed. New York: Basic Books, 1979.

The Female Experience. From the editors of *Psychology Today*. Del Mar, Calif.: CRM, 1973.

Field, Joanna. *A Life of One's Own*. Los Angeles: Tarcher, 1981.

Friedan, Betty. *The Feminine Mystique*. New York: Dell, 1964.

Galland, China. *Women in the Wilderness*. New York: Harper & Row, 1980.

Gilligan, Carol. *In a Different Voice: Psychological Theory and Women's Development*. Cambridge, Mass.: Harvard University Press, 1982.

Gornick, Vivian, and Moran, Barbara K., eds. *Women in Sexist Society*. New York: Basic Books, 1971.

Gray, Elizabeth Dodson. *Why the Green Nigger: Re-mything Genesis*. Wellesley, Mass.: Roundtable Press, 1979.

Greer, Germaine, *The Female Eunuch*. New York: McGraw-Hill, 1971.

Griffin, Susan. *Rape: The Power of Consciousness*. New York: Harper & Row, 1979.

Heilbrun, Carolyn G. *Toward a Recognition of Androgyny*. New York: Harper & Row, 1974.

Heilbrunm Carolyn G. *Reinventing Womanhood*. New York: Norton, 1979.

Hennig, Margaret, and Jardim, Anne. *The Managerial Women*. New York: Simon & Schuster, 1978.

Horner, Matina. "Why Bright Women Fear Success." In *The Female Experience*, from the editors of *Psychology Today*. Del Mar, Calif.: CRM, 1973.

Howell, Elizabeth, and Bayes, Marjorie, eds. *Women and Mental Health*. New York: Basic Books, 1981.

Koedt, Ann; Levine, Ellen; and Rapone, Anita, eds, *Radical Feminism*, New York: Quadrangle, 1973.

Kolbenschlag, Madonna. *Kiss Sleeping Beauty Good-Bye: Breaking the Spell of Feminine Myths and Models*. New York: Doubleday, 1979.

Lakoff, Robin, *Language and Woman's Place*. New York: Harper & Row, 1975.

Lederer, Wolfgang. *The Fear of Woman*. New York: Harcourt Brace Jovanovich, 1968.

Lerner, Harriet E. "Early Origins of Envy and Devaluation of Women: Implications for Sex Role Stereotypes." *Bulletin of the Menninger Clinic* 38, no. 6 (1974).

Martin, Del. *Battered Wives*, New York: Simon & Schuster, 1977.

Miller, Jean Baker. *Psychoanalysis and Women*. New York: Brunner / Mazel, 1973. (Paperback edition, Baltimore: Penguin, 1979.)

Miller, Jean Baker. *Toward a New Psychology of Women*. Boston: Beacon Press, 1976.

Nadelson, Carol C., and Notman, Malkah T. *The Woman Patient. Vol. 2: Concepts of Femininity and the Life Cycle*. New York: Plenum Press, 1982.

Notman, Malkah T., and Nadelson, Carol C. "The Rape Victim: Psychodynamic Considerations." *American Journal of Psychiatry* 133, no. 4 (1976).

Ochs, Carol. *Behind the Sex of God: Toward a New Consciousness — Transcending*

Matriarchy and Patriarchy. Boston: Beacon Press, 1977.
Person, Ethel Spector. "Women Working: Fears of Failure, Deviance and Success." *Journal of the American Academy of Psychoanalysis* 10, no. 1 (1982).
Rohrbaugh, Joanna Bunker, ed. *Women: Psychology's Puzzle.* New York: Basic Books, 1979.
Rossi, Alice S. "Life-Span Theories and Women's Lives." *Signs* 6, no. 1 (1980).
Rubin, Lillian B. *Women of a Certain Age: The Midlife Search for Self.* New York: Harper & Row, 1979.
Scarf, Maggie, *Unfinished Business: Pressure Points in the Lives of Women.* New York: Ballantine Books, 1981.
Seiden, Anne M. "Overview: Research on the Psychology of Women. Part 2. Women and Families, Work, and Psychotherapy." *American Journal of Psychiatry* 133, no. 10 (1976).
Seidenberg, Robert. "The Trauma of Eventlessness." In *Psychoanalysis and Women*, edited by Jean Baker Miller. Baltimore: Penguin, 1973.
Spretnak, Charlene, ed. *The Politics of Women's Spirituality: Essays on the Rise of Spiritual Power Within the Feminist Movement.* New York: Doubleday, 1982.
Staines, Graham; Tarvis, Carol; and Jayaratne, T. E. "The Queen Bee Syndrome." In *The Female Experience*, from the editors of *Psychology Today.* Del Mar, Calif.: CRM, 1973.
Steinem, Gloria, *Outrageous Acts and Everyday Rebellions.* New York: Holt, Rinehart, & Winston, 1983.
Stone, Merlin. *When God Was a Woman.* New York: Harcourt Brace Jovanovich, 1976.
Symonds, Alexandria. "Violence Against Women: The Myth of Masochism." *American Journal of Psychotherapy* 33, no. 2 (1979).
Thomas, Lynn. *The Backpacking Woman.* New York: Doubleday, 1980.
Weissman, Myrna M., and Kaplan, Gerald L. "Sex Differences and the Epidemiology of Depression." In *Gender and Disordered Bahavior*, edited by E.S. Gomberg and V. Franks. New York: Brunner / Mazel, 1979.
Weisstein, Naomi. "Psychology Constructs the Female." In *Radical Feminism*, edited by Anne Koedt, Ellen Levine, and Anita Rapone. New York: Quadrangle, 1973. (Also published in *Woman in Sexist Society*, edited by Vivian Gornick and

Barbara K. Moran. New York: Basic Books, 1971.)

4. 일반심리학

Erikson, Erik, *Childhood and Society*. 2nd ed. New York: Norton, 1963.

Feinstein, A. David. "Personal Mythology as a Paradigm for a Holistic Public Psychology." *American Journal of Orthopsychiatry* 49, no. 2 (1979).

Freud, Sigmund, *The Standard Edition of the Psychological Works of Sigmund Freud*, ed. J. Strachey. London: Hogarth Press.

Gardner, Earl R., and Hall, Richard C. W. "The Professional Stress Syndrome." *Psychosomatics* 22, no. 8 (1981).

Gendlin, Eugene T. *Focusing*. New York: Bantam Books, 1981. (Originally published 1978.)

Harris, Mark. "Teaching Is a Form of Loving." *Psychology Today* (September 1973).

Jaynes, Julian. *The Origin of Consciousness in the Breakdown of the Bicameral Mind*. Boston: Houghton Mifflin, 1976.

Levinson, Daniel. *The Seasons of a Man's Life*. New York: Ballantine, 1979.

Neugarten, Bernice L., ed. *Middle Age and Aging: A Reader in Social Psychology*. Chicago: University of Chicago Press, 1968.

Metzner, Ralph. *Know Your Type*. New York: Doubleday, 1979.

Rosenthal, Robert. "The Pygmalion Effect Lives." *Psychology Today* (September 1973).

Rosenthal, Robert, and Jacobson, Lenore. *Pygmalion in the Classroom: Teacher Expectation and Pupil's Intellectual Development*. New York: Holt, Rinehart, & Winston, 1968.

Richards, M. C. (Mary Caroline). *Centering in Pottery, Poetry, and the Person*. Middleton, Conn.: Wesleyan University Press, 1975. (Originally printed 1961.)

Safan-Gerard, Desy. "How to Unblock." *Psychology Today* (January 1978).

Sheehy, Gail. *Passages: Predictable Crises of Adult Life*. New York: Dutton, 1977.

Tennov, Dorothy. *Love and Limerence: The Experience of Being in Love*. Briarcliff Manor, New York: Stein & Day, 1979.

옮긴이의 말

「또 하나의 문화」의 '해를 보내는 모임'이 있던 1989년 12월 28일, 조혜정 선생님으로부터 *Goddesses in Everywoman*이라는 제목의 책을 전달받았고 번역을 부탁받았다. 그 당시 우리는 미국에서 공부를 마치고 귀국한 지 얼마 되지 않았을 때였다. 선생님은 이 책이 다양한 여성들의 모습을 구현한 내용이라는 것과 미국에서도 반응이 좋은 베스트셀러였다는 말씀을 하셨다. 방금 미국에서 왔건만 우리로서는 저자도 책도 모두 처음이었다. 집에 돌아와서 우선 한번 죽 읽어 보았다. 그 당시 이론적이고 추상적인 논의에 기울어 있던 우리는 도대체 이렇게 도식적이고 대중적인 글이 어떻게 해서 「또 하나의 문화」의 여러 동인들의 관심을 끌게 되었을까가 오히려 궁금했다.

그 후로 번역을 끝내기까지 한 줄 한 줄 곱씹어 보면서 우리가 얻은 느낌은 두 가지로 요약할 수 있다. 우선은 『우리 속에 있는 여신들』을 번역하면서 우리 자신의 경험을 우리 자신의 심리적 특성과 연결해 생각해 보게 되었을 뿐 아니라, 우리가 겪은 주변의 여성들에 대한 경험도 그들의 인성과 연결해 보는 기회를 갖게 되었다는 것이다. 이것은 나와 남에 대한 평가 이전에 나와 남을 이해하고, 나아가서 수용할 수 있는 장을 마련하는 것을 말한다. 우선 우리만 해도, 아이를 낳은 후 우리에게서 표출되는 모성을 보고 신기해 했는데 그것은 데메테르 원형의 표출이었다거나, 지나온 삶을 생각할 때 아르테미스 소녀와 처녀로, 헤라와 데메테르로, 아테나와 헤스티아로 우리의 지배적 성향이 상황과 시간에 따라 변해 간 것을 반추해 보게 된 것이다. 그리고 각 원형들을 읽어갈 때마다 떠오르는 얼굴들이 있었다. 아르테미스와 데메테르를 보면서는 엄마를, 아테나를 보면서는 가장 친한 친구를, 하는 식이다. 이런 대비를 통해서 우리는 나와 그들을, 그리고 더 보편적으로 여성의 다양한 경험을 좀더 객관화해서 여성 심리라는 틀을 통해 생각해 보고 이해할 수 있는 기회를 갖게 되었다.

그런데 우리의 두 번째 느낌은 일종의 우려인데 그것은 바로 앞에서 이야기한 도움과 동전의 양면을 이루는 것이다. 그것은 정형화의 문제다. 극단적으로 말하면 우리는 아마도 우리 자신을 정형화함으로써 어쩌면 '나는 어쩔 수 없다' 같은 더 분명한 패배 의식을 가질지도 모른다. 정형화는 나에 대한 절망감, 또는 상황에 대한 회피와 자신에 대한 변명하기를 가속할 수 있다. 같은 맥락에서 정형화는 근거 없고 우스꽝스러운 우월 의식을 뒷받침해 줄지도 모르며 또한 상대방에 대한 규정과 정형화로 상대방에게 열린 미래의 가능성을 닫아 버릴지도 모른다. 요약하면 정형화는 범주화를 통하여 나와 남을 편하게 해주지만 동시에 정형화는 나와 남을 닫아 버릴 수 있다.

『우리 속에 있는 여신들』을 쓴 볼린이 정형화가 갖고 있는 양면성의 문제를 모를 리가 없는데, 저자 자신이 이 글을 쓰게 된 입장을 여기서 다시 한번 요약해 보자.

볼린은 융의 심리학을 근간으로 하고 있는 정신 분석학을 받아들이고 있다. 융의 심리학은 인성에 대한 연구가 중심을 이루는데, 요약하면 의식의 차원과 무의식의 차원으로 나누어서, 여성의 경우 의식의 영역에서는 여성적 인성을 갖고 있고 무의식의 영역에서는 남성적 요소(아니무스)를 갖고 있으며, 남성의 경우 의식의 영역에서는 남성적 인성을 갖고 있고 무의식의 영역에서는 여성적 요소(아니마)를 갖고 있다. 이것이 융이 본 여성과 남성의 보편적인 모습이다. 그런데 여성이 남성적 인성을 보여 주는 경우(논리적이고 합리적으로 사고하며 객관적으로 판단하는 능력), 그 여성은 남성의 인성보다 열등할 수밖에 없는데 그녀의 남성적 인성은 자연스러운 의식 내의 인성의 표현이 아닌 무의식 내의 요소를 계발한 부자연스러운 것이기 때문이다. 융에 의하면 현대 사회에서 남성과 경쟁하는 여성은 자신의 여성적 본성과 조화롭지 않은 일을 하고 있는 것이다.

볼린의 연구 목표는 전통적인 융의 여성 심리학의 기초 위에서 페미니즘의 입장을 수용, 통합하는 것이었다. 그것은 구체적으로 무의식의 남성적 요소를 계발하여 억지로 남성적 인성을 보여 주는 여성과, 여성으로서 자연스럽게 남성적 인성을 갖고 있는 여성을 분리하는 작업을 말한다. 예를 들면 아르테미스와 아테나는 억지로 남성적 요소를 계발한 남성보다 열등한 여성이 아니고, 자연스럽게 의식의 영역에서 합리적이고 논리적이고 객관적인 판단을 하고 있는 잘 발달된 인성을 갖고 있는 여성을 말한다. 그러므로 볼린의 논의를 크게 두 가지로 요약한다면 ① 남성적 성향을 보이는 여성들이 심리적으로 전혀 문제가 없는 잘 발달된 인성을 가지고 있는 여성이라는 것과, ② 여성들 자신이 자신의 지배적 성향을 객관적으로 파악하고 난 후 자신의 부족한 점을 계발하는 노력을 함으로써 통합된 여성상을 구현하도록 하자는 것으로 볼 수 있다.

결국 볼린의 연구를 확대해서 이해한다면, 볼린은 정형화를 통해 자신을 분석하고 이해한 후 그 '정형화를 넘어서기'를 제안하고 있다고 말할 수 있다. 그리고 이것이 동시에 옮긴이로서 독자에게 하고 싶은 말이기도 하다. 정형화는 나와 우리의 공동체를 형성하기 위해 필요한 과정이다. 비록 부분적으로 표출될 뿐이라 하더라도 여성 심리를 주제화하고 범주화하는 작업은 여성 경험을 체계적으로 이해하기 위해 반드시 필요한 과정이기 때문이다. 이 책을 읽으면서 이 과정을 충분히 즐긴 후 이 책의 범위를 뛰어넘는 것, 그것이 이 책이 제시하는 방향이라고 생각한다.

이론적으로 말한다면 여성 심리를 정형화하는 것은 보편성 표출 면에서 어렵다. 우리가 '여성'에 대해 말하려 하고 '여성'을 주제화함으로써 그것을 관심의 초점에 놓으려고만 해도 '여성'은 그 모습을 감추어 버린다. 그러나 여성 심리의 정형화가 부분적인 면만을 표출할 뿐이라고 하더라도 지금의 상황에서 여성 심리를 주제화하지 않는다면 '여성'에 대한 논의들은 앞으로 더욱더 '개념 없는 보편성'만을 드러내게 될 것이다. '개념 없는 보편성'으로는 아무것도 인식하고 계획할 수 없다. 그것은 삶의 흐름 속에 수동적으로 스스로를 맡겨 버리는 것이며 여성 심리의 구체적 차이를 일방적으로 매도하는 것으로서, 오히려 절망의 표현에 불과하다고도 할 수 있다.

이제 우리들이 우리 나라에 들어온 지 여러 해가 흘렀다. 여성학을 가르치면서, 그리고 우리 사회의 여성 문제를 읽으면서, 처음에 의아해 했던「또 하나의 문화」동인들의『우리 속에 있는 여신들』에 대한 관심을 이제는 이해할 수 있을 것 같다. 그것은 우리 사회의 여성 심리에 대한 '개념 없는 보편성'으로부터의 탈피를 이 책에서 부분적으로나마 얻을 수 있다고 생각한 데서 시작하지 않았을까 하는 것이다. 구체적으로 여성들간에 자기와 다른 여성을 도저히 참을 수 없어 하는 분위기, 여성들간의 차이를 거부하는 분위기는 여성 문제를 풀어 가는 데 파편화를 일으키는 가장 큰 걸림돌 중의 하나다. 여성들간의 다양성을 인정하고 나와 너의 다름을 받아들일 수 있는 상황을 마련하고자 하는 것은, 그것이 앞으로의 여성 운동을 풀어 가는 데에 활성화와 연대를 가능하게 한다는 점에서도 중요한 것이다. 다양한 여성 심리에 이름을 붙여줌으로써 자신과 남을 구체적으로 파악할 수 있고 그럼으로써 여성들 서로간에 이해가 가능하게 된다면, 지금의 상황에서 정형화 과정은 오히려 우리 모두에게 도움이 된다고 생각한다.

옮긴이

찾아보기

가까이하기 어려움: 아르테미스 여성 101
가부장제: 역사적 기원 40-42
'가슴으로 길을' 선택하기 382
가이아 38, 39, 244; 계보 402
가족: 여신 활성화에 미치는 영향 48-49
간접적인 방법의 사용: 페르세포네 여성 298
갈등: 여신들 사이에서 361-374
갈라테이아 316-317, 322
갈림길: —의 여신 '헤카테'를 보라
갑옷을 입은 아테나 여성 108, 118-119
갤런드, 차이나 79
결합과 통합: 여주인공의 여행의 끝 398-399
결혼: 데메테르 여성 253; 아르테미스 여성 89; 아테나 여성 132-135; 아프로디테 여성 341; 페르세포네 여성 291-292; 헤라 여성 119-201, 211-214; 헤스티아 여성 171-172
경력 '직업'을 보라
고대 유럽 41
고독: 헤스티아 56, 57, 155, 157, 164-165
곡식: —의 신 '데메테르'를 보라
곰: — 꿈 386; —의 힘 저항하기 386-387
공예: —의 여신 '아테나'를 보라
괴테, 요한 본 143
교육 '사춘기와 청년기'를 보라
교활함: 아테나 여성의 144-145
국제 분석 심리학회 29
『그 여자』 352
그레이브, 로버트 41
그리핀, 수전 182
그린, 한나 278-279
글라우케 223
꿈: 곰 386-387; 뱀 384-385, 388-389; 위험 387-390; 남성적 요소와 여성적 원형 구별하기 68-70; 신화와 — 25-26
꿈을 키워주는 사람: 창조하는 여신 314-315
끈질김: 데메테르 여성 238-239
「끝없는 사랑」 277

『나는 너에게 장미 정원을 약속하지 않았다』 279
낙태 237, 380
남근 선망 64-65
남녀 동등권 개정안(ERA) 9, 27, 77, 117, 128
남무 41
남성과 동일시하기: 아테나 행동 유형 62
남성과의 관계: 데메테르 여성 250-252; 아르테미스 여성 89-93; 아테나 여성 129-131; 아프로디테 여성 336-341; 페르세포네 여성 288-290; 헤라 여성 209-211; 헤스티아 여성 172-174
남성성 콤플렉스 64, 65, 67
남성으로부터 분리: 아르테미스 행동 유형 61-63
남성으로부터 움츠러들기: 헤스티아의 행동 유형 162
『남자가 겪는 인생의 사계절』 314
남편 '결혼'을 보라
『내가 원하는 것은 하나』 96
너트 41
『네 개의 사중주』 158, 398
넵투누스 '포세이돈'을 보라
노년: ―과 여신 바꾸기 56; 데메테르 여성 258-259; 아르테미스 여성 95-96; 아테나 여성 138-139; 아프로디테 여성 34; 페르세포네 여성 294; 헤라 여성 217-218; 헤스티아 여성 175-176
노이만, 에리히 24, 352
능동적 상상력 375

니나 41
니어, 홀리 60
니오베 73, 101-102
니체, 프리드리히 315
닉슨 대통령 117
닌갈 41

다나에 112
다우닝, 크리스틴 148
달: ―의 여신 '아르테미스'를 보라
'달빛의 통찰력' 78
대장간: ―의 신 '헤파이스토스'를 보라
대지의 어머니 '가이아,' '위대한 여신'을 보라
덩컨, 이사도라: 아프로디테 여성 329
「데메테르 찬가」 231, 232, 270
데메테르 13, 28, 35-40, 42, 44, 47-56, 63, 67-68, 75, 93, 97, 107, 126, 136, 148, 157, 166, 169, 172, 174-175, 184-191, 201, 204, 214, 221, 231-272, 273-274, 280-281, 283-284, 291-292, 295-296, 298, 300, 308, 320, 325, 328, 330, 343, 351-352, 356, 360, 363, 365, 370-373, 382-383, 385-386, 397: ― 계발하기 242-243; ― 불러내기 55; ― 여성, 243-259; ― 여신 231-235; ― 원형 235-243; ―의 모성 본능 236-238, 260-262; ―의 부모 244-245; 강하고 지속적인 모성 본능 238-239; 결혼 253; 계보와 신화 232-235, 401; 나는 ― 여성인가 259-260; 남성과의 관계 250-252; 노년 258-

259; 빈 둥지 증후군 240-241, 264-265; 사춘기와 청년기 245-246; 상대적인 힘 44; 상처받기 쉬운 여신 184-192, 성생활 253; 성장하는 길 266-269; 수동적인 공격 행위 263-264; 심리적인 어려움 259-265, 405; 아낌없이 베푸는 어머니 239-240; 어린 시절 244; 어머니로서 35, 235-236, 241-242, 253-257; 여성과의 관계 248-250; 원형 역할 404; 융 심리학 유형 405; 음식 보급자 238; 의존심을 부추기는 성향 261-262; 자식과의 관계 253-257; 장점 405; 중년 257-258; 중요한 타자 301; 직업 246-247; 파괴적인 어머니 ─ 241-242
데모폰 233, 237, 239, 268
데세우스 324
『도와 인간 심리』 382
『도자기, 시 그리고 사람을 중심으로』 17
『동굴 곰 씨족』 379, 390
동시 발생적인 사건: 페르세포네 394-395
드볼츠 가족: 데메테르 원형 237-238
디모스 320
디아나 '아르테미스'를 보라
디오네 40, 319, 327
디오니소스 36, 40, 151, 194, 304-305: 계보 401

랭글리 포터 정신 의학 연구소 26
러너, 알란 제이 316

레니 306
레다 111
레빈슨, 대니얼 314
레아 39, 151, 166, 193, 205, 231, 244: 계보 401
레이건, 낸시: 헤라 여성 197-198
레이건, 로널드 197
레토 40, 71-73, 76, 82, 84, 102
로셀리니, 로베르토 326
로이드, 크리스 에버트 81
로젠탈, 로버트 316
루 살로메 314
루미스, 메리 30
루스, 클레어 부스: 아테나 여성 115
루스, 헨리 R. 115
리슬레, 로라 364
리처드, M. C. 17
리치, 아드리엔느 59
릴케, 라이너 315

「마이 페어 레이디」 316
마이아 40
만다라 159
『말들의 계곡』 379-380, 398
'말없는 다수의 연인' 118
머큐리 '헤르메스'를 보라
먼로, 마릴린 331
메넬라오스 358, 367
메데이아 349: ─의 신화 222-225; ─ 증상 222-225
메두사 110: 아테나 여성의 ─ 효과 141-144

메르쿠리우스 153, 161: 계보 403
메타네이라 233, 268
메트라 고아원 33
메티스 40, 110, 123, 148
멜레아그로스 104-105
명상: —과 헤스티아 여성 54, 156-157, 163-164
모성 본능: 데메테르 원형과 — 235-238; —과 문제점 260-261
모습(persona): 헤스티아 여성의 — 계발하기 179-180; 헤스티아 여성의 —의 부족 167, 176-177
목표물을 겨냥하는: 아르테미스 여성 76
문화: 여신에게 끼치는 —의 영향 49-51
미국 예방 정신 의학회 29
미국 정신 분석 학회 29
미국 정신 의학회 9-10, 22, 29
미네르바 '아테나'를 보라
미드, 마거릿 52
미라 349: —의 신화 323
「미즈」잡지 75
미켈란젤로 251
밀로의 비너스 318

바다: —의 신 '포세이돈'을 보라
바트, 닥터 폴린 240
『반지의 제왕』 398, 418
발을 묶는 관습 50
『배낭 여행을 하는 여자』 78
뱀: — 꿈 384-385; —의 위력 재선언 384-385
버그먼 잉그리드 325-326

베스타 '헤스티아'를 보라
베스타의 처녀 152-153
벨레로폰 110
『벨자』 279
보우, 클라라 325
보티첼리 319
봄: —의 상징, 페르세포네 여성 279-280
부모: 데메테르 여성 244-245; 아르테미스 여성 82-85; 아테나 여성 121-123; 아프로디테 여성 332-334; 페르세포네 여성 283-285; 헤라 여성 205; 헤스티아 여성 166-167
북캘리포니아 정신 의학회 22
분노: —를 일로 바꾸기 227-228; 아르테미스 여성의 — 99-100; 헤라 여성의 — 201-202, 222-225
불카누스 '헤파이스토스'를 보라
『불핀치의 그리스 로마 신화』 99
비너스 '아프로디테'를 보라
「비너스의 탄생」 319
빈 둥지 증후군 240-241, 264-265

사건들: —과 여신 활성화 53
사냥: —의 여신 '아르테미스'를 보라
사랑: —의 신 '아프로디테'를 보라; —의 희생자들 348-349; —의 저주 349-350
『사랑의 이해』 58
『사랑하는 여인들』 342
사춘기 '사춘기와 청년기,' '부모'를 보라: —와 여신 활성화 51
사춘기와 청년기: 데메테르 여성 245-

246; 아르테미스 여성 85-86; 아테나 여성 123-125; 아프로디테 여성 334-336; 페르세포네 여성 285-286; 헤라 여성 205-207; 헤스티아 여성 167-169
사탄 '크로노스'를 보라
사턴, 메이 163
산만한 의식: 상처받기 쉬운 여신 185-189
삶의 단계 '어린 시절,' '사춘기와 청년기,' '중년,' '노년'을 보라: —와 여신 활성화 55-56
상드, 조르주 329
상실: 이겨 내기 390-391
상처받기 쉬운 여신들 37-38, 184-306: — 극복하기 190-191; 데메테르 184-191, 231-269; 상처받기 쉬움과 희생 188-189; 상처받기 쉬움에 대한 경멸 98-99; 의식의 특징 185-187; 존재와 행위의 유형들 190; 페르세포네 184-191, 270-306; 헤라 184-230
새로 태어남: 헤라 여성 230
생식 본능 328
선험적 기능: — 불러일으키기 392-396
성생활: 데메테르 여성 253; 아르테미스 여성 88; 아테나 여성 131-132; 아프로디테 여성 307-309, 316-319, 325-328; 페르세포네 여성 290-291; 헤라 여성 211; 헤스티아 여성 170-171
성장하는 길: 데메테르 여성 266-269; 상처받기 쉬운 여신 극복하기 190-191; 아르테미스 여성 104-107; 아테나 여성 146-149; 아프로디테 여성 351-356; 페르세포네 여성 302-306; 헤라 여성 225-230; 헤스티아 여성 178-183
세밀레 40
셀레네 75
셰익스피어, 윌리엄 301
소포클레스 359
쇼, 조지 버나드 316
수동적인 공격 행위: 데메테르 여성 263-264
술: —의 신 '디오니소스'를 보라
쉴즈, 브룩 276
슐라플리, 필리스 117-118, 128
스타이넘, 글로리아 77-78
STOP ERA 117-118
스톤, 멀린 42
스티글리츠, 알프레드 365
스티븐스, 앤터니 33
스틸, 다니엘 61
슬픔: — 이겨 내기 390-391
시리우스: — (별)자리 74
시소 게임: 여신들의 갈등 상황에서 366-368
시카고, 주디 59-60
『신이 여자였을 때』 42
신전 화로 지키기: 헤스티아 여성 157-158
『신통기』 38
신화와 전설: —과 꿈 25-26; —의 가부장제 40-42; 데메테르 232-235; 메데이아 222-225; 메두사 110; 미라 323

; 아도니스 272-273, 304, 322; 아라크네 111-112; 아르테미스 72-75; 아탈란테 26, 104-107, 321, 324, 393, 398; 아테나 109-112; 아프로디테 319-321; 에로스와 프시케 24-25, 26, 272, 324, 352-356, 382, 390, 393, 398; 원형의 표현으로— 35-36; 이아손과 황금 양털 110, 223-225; 이피게네이아 103-104; 칼리돈의 멧돼지 99-100, 105; 통찰력의 도구 24-31; 파리스의 결정 358; 파이드라 323- 324; 페르세포네 28, 232-235, 270-273; 피그말리온과 갈라테이아 307, 317, 321-322; 헤라 193-196; 헤스티아 151-154

실망으로 끝난 기대감: 헤라 여성의 — 220

심리 치료사: 페르세포네 여성 279, 306

심리적인 어려움: 데메테르 여성 259-265, 405; 아르테미스 여성 96-104, 405; 아테나 여성 139-145, 405; 아프로디테 여성 346-351, 405; 페르세포네 여성 296-302, 405; 헤라 여성 218-225, 405; 헤스티아 여성 176-178, 405

싱어, 준 30

아가멤논 103, 111, 132

아기-엄마 유대감 33-34

아낌없이 베푸는 어머니: 데메테르 여성 239-240

아내: 여신 원형 '헤라,' '결혼'을 보라

『아네이드』 359

'아니마 여성': 페르세포네 여성 275-276

아니마와 아니무스: 원형 68-70; — 이론 29, 65-66

아도니스 272-273, 304, 322; —의 숭배 322

아라크네: —의 신화 111-112, 128

아레스 36, 40, 195, 228, 320, 358, 367: 계보 401; 남성, 아프로디테 여성과 함께 336-337, 338-340

아레투사 74, 76

아르테미스 12-14, 26-27, 57-70, 71-109, 113-114, 118, 121, 131, 141, 154-156, 180-181, 186, 188, 190, 194-195, 202-203, 214, 238, 241, 254, 280, 284, 307, 323-324, 330, 336, 351-352, 358, 360, 363, 365, 367, 370-375, 382-383, 397: — 계발하기 79-81; — 불러내기 55; — 여성 81-97; — 여신 71-75; — 원형 75-81; —과 여성 운동 76; —의 상대적인 힘 44; 가까이하기 어려움 101; 결혼 89; 계보와 신화 71-75, 401; 나는 — 여성인가 97-98; 남성과의 관계 89-93; 노년 95-96; 달빛의 통찰력 78; 목표물을 겨냥하는 궁수 76; 부모 82-85; 사춘기와 청년기 85-86; 상처받기 쉬움에 대한 경멸 98-99; 성생활 88-89; 성장하는 길 104-107; 심리적인 어려움, 96-104, 405; 아탈란테 신화 105-107; 어린 시절 81; 어머니로서 — 34, 93-94; 여성과의 관계 87-88; 원형 역할 404;

융 심리학 유형 405; 자식과의 관계 93-94; 자연으로 돌아간 — 77-78; 잔인함 102-103; 장점 405; 중년 94-95; 중요한 타자 404; 직업 86-87; 처녀 여신 57-70, 75; 큰언니 77, 87-88; 파멸로 이르게 하는 분노 99-100

『아르테미스에게 바치는 노래』 72

아모르 '에로스'를 보라

아모르와 프시케: —의 신화 '에로스와 프시케의 신화'를 보라

『아모르와 프시케』 24, 352-353

아버지: —의 영향 '부모'를 보라

'아버지의 딸': 아테나 여성 116-118

아빌라의 테레사 157

아쉬토레스 41

아스타르테 41

아이기나 194

아이네아스 322

아이리스 234

아이스킬로스 359

아킬레우스 103, 109, 111, 132, 144, 367, 379: 계보 401

아탈란테: —와 칼리돈의 멧돼지 104-107, 321, 324, 390, 393, 398; —와 황금 사과의 신화 104-107, 321, 324, 390, 393, 398; —의 신화 99-100; 계보 401-402

아테나 13, 28, 30-31, 35-37, 40, 42, 44, 46-70, 108-149, 154-157, 172-173, 258, 280, 284, 307, 330, 335-336, 351-352, 354, 357-360, 363, 365, 367, 370-374, 382-384, 397: — 계발하기 119-120; — 불러내기 55; — 여성 120-139; — 여신 108-112; — 원형 112-120; —의 부모 121-123; —의 상대적인 힘 44-45; 갑옷을 입은 — 118-119; 결혼, 132- 135; 계보와 신화 109-112, 402; 교활함 144-145; 나는 아테나 여성인가 140-141; 남성과의 관계 129-131; 노년 138-139; 메두사 효과 141-144; 사춘기와 청년기 123-125; 성생활 131-132; 성장하는 길 146-149; 심리적인 어려움 139-145, 405; 아버지의 딸 116-118; 어린 시절 121; 어머니로서 — 34-35, 135 -137; 여성과의 관계 127-129; 원형 역할 404; 융 심리학 유형 405; 자식과의 관계 135-137; 장인 116; 장점 405; 전략가 114-116; 중년 137-138; 중요한 타자 404; 중용의 덕 118; 직업 125-127; 처녀 여신 57-70

아폴론 36, 40, 72-74, 89-91, 102, 111, 151, 182-183, 358, 367: 계보 402

아프로디테 13, 28, 30-31, 36, 38, 40, 42-44, 47, 49, 50-51, 53, 55, 58, 63, 67-68, 70, 87, 89, 91, 93, 105-107, 131, 151, 157, 171, 191, 202, 211, 222-224, 228, 236, 246, 253, 272-273, 291, 295, 303-304, 307-360, 365, 367, 371-373, 383, 386, 393, 396, 397: — 계발하기 330-331; — 부정하기 347; — 불러내기 55; — 여성 28, 331-345; — 여신 318-324; —와 인간들 321-324; —의 부모 332-334; —의

상대적인 힘 43-44; ― 의식 30, 309-314; ―의 활성화 326-328; 결혼 341; 계보와 신화 319-321, 402; 나는 아프로디테 여성인가 346-347; 남성과의 관계 336-341; 노년 345; 사랑의 희생자들과 사랑의 저주 349-351; 사춘기와 청년기 334-336; 생식 본능 328; 성생활 307-309, 316-317, 325-329; 성장하는 길 351-356; 심리적인 어려움 346-351, 405; 어린 시절 332; 어머니 ― 35; 여성과의 관계 341-342; 연인 ― 325-326; 원형 역할 404; 융 심리학 유형 405; 자식과의 관계 343-344; 장점들 405; 중년 344-345; 중요한 타자 404; 직업 336; 창조력 328-329; 창조하는 여신 307-317; 프시케 신화 351-356

「아프로디테에게 바치는 노래」 151

악타이온 74, 76, 78, 101-102

안키세스 322

알코올 중독자 재활원 396

애덤스, 리처드 379

애플게이트, 에밀리 237-238

앨로, 로절린 115

어두운 곳: ― 통과하기 391-392

어린 시절: 데메테르 여성 244; 아르테미스 여성 81; 아테나 여성 121; 아프로디테 여성 332; 페르세포네 여성 282-283; 헤라 여성 204; 헤스티아 여성 165-166

어린 아이 마음 갖기 147-148

어머니-아기 유대감 33-34

어머니: ― 되찾기 148-149; ―의 원형 34-35; 어머니로서의 여신 원형 '자식과의 관계'를 보라

어머니들: 어린 여신 원형들에 미치는 영향 '부모'를 보라

어머니의 딸: 페르세포네 여성 274-275

억압하는가, 억압받는가: 헤라 여성 221-222

언약을 지키는 능력: 헤라 여성의 ― 198-199

'언제나 가까이 있는' 여신: 아테나 120

에디, 메리 베이커 239

에로스 38, 319, 321: 계보 402; ―와 프시케 24-26, 272, 324, 352-356, 382, 390, 393, 398

에리스 357

에버트, 지미 82

에어하트, 아멜리아 59

에우로페 112

에우리피데스 359

에일레이티아 195

엘레우시스 제전 232-233, 235-236, 239, 265, 270-271

엘리엇, T. S. 158, 398-399

여성 권리 위원회 22

여성 운동 22: ―과 데메테르 여성 248; ―과 아르테미스 여성 76-77; ―과 아테나 여성 128-129

여성 심리학; 프로이트의 ― 64-65; 융의 ― 65-66

여성과의 관계: 데메테르 여성 248-250; 아르테미스 여성 87-88; 아테나 여성

127-129; 아프로디테 여성 341-342; 페르세포네 여성 287; 헤라 여성 28; 헤스티아 여성 170
『여성과 자연』 182
『여성의 신비』 22
여신: ─ 바꾸기 30-31, 56, 363-364, 372- 374; ─ 살려 내기 46-56; ─ 선택하기 357-376; ─ 원형 35-38, 404 -405; ─들의 상대적인 힘 31, 42-44; 데메테르 184-191, 231-269; 상처받기 쉬운 ─ 184-306; 아르테미스 57-107; 아테나 57-70, 108-149; 아프로디테 307-356; 역사와 신화 40-42(각각의 여신에서 계보와 신화를 찾아 보라); 족보 38-40, 401-403; 창조하는 ─ 307-356; 처녀 ─ 57-183; 페르세포네 184-191, 270-306; 헤라 184-230; 헤스티아 57-70, 150-183
여신 살려 내기 46-57: 가족 환경과 여신들 48-49; 삶의 단계에 따른 여신들 55-56; 여신들 불러내기 54-55; 여신에 끼치는 문화의 영향 49-51; 여신에 끼치는 호르몬의 영향 51-52; 여신을 활성화시키는 행동들 54; 여신을 활성화하는 인물과 사건들 53; 타고난 성향 48
『여신』 148
여신들 불러내기 54-55
여신들과 동일시하기: 데메테르 259-260; 아르테미스 96-97; 아테나 140-141; 아프로디테 346-347; 페르세포네 296-298; 헤라 218-220; 헤스티아 177
여신을 활성화시키는 행동들 54
『여인 무사』 50, 408
『여자의 길』 275
연인: 아프로디테의 ─ 325-326
영감 281, 305
영매 305
예언: ─의 신 '아폴론'을 보라
오나시스, 아리스토텔레스 134
오나시스, 재클린 케네디 134
오디세우스 109, 111, 272
『오디세이아』 109, 272, 359, 380
오레스테스 111, 128
오로빈도 아슈람 239
오리온 74, 91
오세트 41
5월 광장의 어머니들 239
오웰, 진 M. 379
오키프, 조지아 96, 364-366
오토, 월터 F. 120
올림포스산의 열두 신 36
우라노스 38, 39, 244, 319: 계보 402
우울증: ─에서 회복하기 268-269; 데메테르 여성의 ─ 240-241, 264-265, 300; 페르세포네 여성의 ─ 294-295, 299-302
우즈, 로즈메리 117
울프, 토니 314-315
『워터십 다운의 열한 마리 토끼』 379, 398
원형들: ─ 대 아니무스 68-70; 정의된 ─ 37; 활성화된 ─ 47

월경 주기와 여신 바꾸기 52
위대한 여신: — 원형 42-44; —의 숭배와 몰락 41-42
윌리엄스, 테네시 301
유노 '헤라'를 보라
『유리 동물원』 301
유아적인 여성: 페르세포네 여성 276-277
유피테르 '제우스'를 보라
율리시즈 '오디세우스'를 보라
융, C. G. 10, 21, 23-24, 26, 29-30, 35, 41, 47, 58, 64-67, 70, 98, 111-113, 116, 125, 159, 179, 185, 275, 280, 312, 315, 352, 361, 373-375, 393-394: —의 여성 심리학 65-66
융 연구소, 샌프란시스코 21, 23, 26
음식 보급자: 데메테르 여성 238
의술: —의 여신 '아테나'를 보라
의식의 특징: 상처받기 쉬운 여신 185-187; 창조하는 여신 309-311; 처녀 여신 60-61
의식과 경배: 헤스티아 여성 152-154
의존심: — 부추기는 데메테르 여성 261-262
이난나 41
이슈타르 41
이시스 41
이아손과 아르고나우타이 110, 223-225
이오다마 127
이피게네이아: —의 신화 103-104
인간들: 아프로디테와 — 321-324
인물: —과 여신 활성화 53

『일리아스』 109, 359
임신 39, 43, 47, 51-52, 93, 110, 112, 128, 194, 235-237, 242, 245-246, 248, 252, 257, 260, 319, 328, 335, 352, 386-387, 390, 394, '자식과의 관계'를 보라: —과 여신 활성화 51-52

자기 자신을 향한 의식 155, 159-160
자기애: 페르세포네 여성의 — 299
자식과의 관계: 데메테르 여성 253-257; 아르테미스 여성 93-94; 아테나 여성 135-137; 아프로디테 여성 343-344; 페르세포네 여성 292-294; 헤라 여성 214-216; 헤스티아 여성 174
자신을 성찰해 보기 146-147
『자연 속의 여인』 79
작은곰자리 194
잔인함: —과 아르테미스 여성 102-103
장인: 아테나 여성 116
적극성: 헤스티아 여성에게 필요한 — 180-182; —의 부족 176-177
전략가: 아테나 여성 114-116
전령: —의 신 '헤르메스'를 보라
전사: 여성 — 377-399
전쟁: —의 신 '아레스'를 보라
정신병: 페르세포네 여성의 — 301-302
제우스 27, 36-37, 39-40, 71-73, 82, 109-112, 115, 121-123, 128, 133, 143, 148, 151, 188, 192-194: 계보 402; — 텔레이오스 209, 220
조작: 페르세포네 여성과 — 298-299
존슨, 로버트 352

주인공: — 되기 377-399; 가야 할 길 380-383; 곰의 힘에 저항하기 386-387; 뱀의 위력에 대한 재선언 384-386; 상실과 슬픔을 이겨 내기 390-391; 선험적인 기능을 불러일으키기 392-396; 어둡고 좁은 통로를 통과해 가기 391-392; 여행의 끝 398-399; 죽음과 파괴로부터 보호하기 387-390; 희생자에서 주인공으로 변신하기 396-397

중년: —과 여신 바꾸기 55-56, 363-364; 데메테르 여성 257-258; 아르테미스 여성 94-95; 아테나 여성 137-138; 아프로디테 여성 344-345; 페르세포네 여성 294-295; 헤라 여성 216-217; 헤스티아 여성 174-175

중용의 덕: 아테나 여성의 이상 118, 139

지하 세계: —의 신 '헤카테'를 보라; —의 안내자, 페르세포네 277-279, 306; —의 여왕, 페르세포네 270-273, 277-279

지혜: —의 여신 '아테나'를 보라

지혜로운 할머니: 헤스티아 여성 158-159

직업: 데메테르 여성 246-247; 아르테미스 여성 86-87; 아테나 여성 125-127; 아프로디테 여성 336; 페르세포네 여성 286-287; 헤라 여성 207-208; 헤스티아 여성 169-170

질서 정연한 과정: 여신들의 갈등 상황에서 362-366

짐부타스, 마리아 41

집단 무의식 35

'창부' 314

창조력: 아프로디테 여성의 — 311-314, 328-331

창조적인 통찰력 395-396

창조하는 여신 38, 307-356: '무대 조명' 같은 의식 309-311; 꿈을 키워 주는 사람들 314-315; 아프로디테 318-356; 창조력 311-314; 피그말리온 효과 316-317

채찍과 불화: —의 신 '에리스'를 보라

처녀: 페르세포네 '코레'를 보라

초점을 맞춘 의식: 처녀 여신들의 — 60-61

출산: —의 여신 '아르테미스,' '에일레이티아'를 보라

칼라스, 마리아 134

칼리돈의 멧돼지 신화 99-100

칼리마쿠스 72

칼리스토 194

캘리포니아 대학: 로스앤젤레스의 — 41; 산타 크루즈의 — 26

캘리포니아 의과 대학 랭글리 포터 정신의학 연구소 26

캠벨, 조셉 25, 407

커닝햄, 이모진: 아프로디테 여성 345

케네디 대통령 22, 134

케르베로스 272

케쿨레 396

켈레오스 233

코레: 페르세포네 270, 273, 277, 279, 287-288, 294-296, 298, 302, 306; 계보 403
쿠피도 321
크니도스의 아프로디테 318
크로노스 39-40, 151, 166, 193, 205, 231, 319: 계보 402
큰곰자리 194
큰언니: 아르테미스 여성 77, 87-88
클레몽, 아이린 185
클리타임네스트라 103, 111
키신저, 헨리 130
키클로푸스 73
킹스턴, 맥신 홍 50

타고난 성향과 여신 원형 48
타노버 박사 201-212
타사자라의 선원 165
『타임』 115
타티우스 73, 76
탄탈로스 38, 40
태양: ―의 신 '아폴론,' '헬리오스'를 보라
터너, 라나 331
터윌리거, 엘리자베스 95
테레사, 마더 157, 239
테르미니 박물관 385
테일러, 엘리자베스 341
테티스 357
토머스, 린 78
통합: 여주인공의 여행의 끝 398-399
트랜스퍼스널 심리학회 29

트로이 전쟁 103, 111, 114, 144, 180, 358, 366-367
트로이의 헬레네 358, 366-367
티탄 38-40, 72, 193, 319, 321
티폰 194

파괴: ―로부터 보호하기 387-390
파괴적인 어머니: 데메테르 여성 241-242
파리스 367: 계보 402-403; ―의 결정 357-359
파이드라 349; ― 신화 323-324
판 73
팔라스 127
페가소스 111
페르세우스 110
페르세포네 12-13, 28, 35-38, 40, 44, 47-49, 52, 55, 67-68, 75, 84, 165, 184, 191, 201-202, 231-232, 234-236, 249-250, 254, 259, 264-265, 268-306, 308, 319-320, 322, 330, 351-352, 355-356, 371-372, 374, 382-383, 392, 395, 397: ― 불러내기 55; ― 여성 281-302; ― 여신 270-273; ― 원형 273-281; ― 원형의 계발 280-281; ―의 부모 283-285; ―의 상대적인 힘 45; 결혼 291-292; 계보와 신화 232-235, 271-273, 403; 나는 '코레'인가 296-298; 남성과의 관계 288-290; 노년 295; 봄의 상징 279-280; 사춘기와 청년기 285-286; 상처받기 쉬운 여신 184-189; 성격상의 결함 298-299; 성생활

290-291; 성장하는 길 302-306; 심리적인 어려움 296-302, 405; 심리적인 질병에 걸리기 쉬움 299-302; 아니마 여성 275-276; 어린 시절 282-283; 어머니의 딸 274-275; 여성과의 관계 287; 원형 역할 404; 유아적인 여성 276-277; 융 심리학 유형 405; 자식과의 관계 35, 292-294; 장점 405; 중년 294-295; 중요한 타자 404; 지하세계의 안내자 277-279; 직업 286-287; 코레-처녀 원형 273-274

페미니즘: 페미니스트 운동 '여성 운동'을 보라

펠레우스 357

편견: 여신들의 갈등 상황에서 369-372

평화 봉사단 81

폐경: ─과 여신 활성화 51-52, '중년'을 보라

폐경기 이후와 여신 바꾸기 56, '노년'을 보라

'폐경기의 열정' 52

포보스 320

포세이돈 36, 39-40, 73, 151, 182-183, 233, 320, 324, 358, 367: 계보 403

포크, 루스 342

「포트노이 어머니의 불평」 240

폰다, 제인 90

표준 여성상: ─의 영향 23

프레빈, 도리 279

프로세르피나 '페르세포네'를 보라

프로이트, 지그문트 64-65, 67, 315: ─의 여성 심리학 64-65

프리단, 베티 22, 220, 407

프리드리히, 폴 318

「프리티 베이비」 276

프시케 350: ─와 에로스 (신화) 24-26, 272, 324, 352-356, 382, 390, 393, 398; 계보 403

플라스, 실비아 279

『플레이보이』 276

플루톤 '하데스'를 보라

피그말리온 307, 316, 317, 321: 창조하는 여신의 ─ 효과 316-317

하늘: ─의 신 '우라노스'를 보라

하데스 28, 36, 39, 40, 232-235, 250, 254-255, 270-272, 292, 296, 298, 304, 320: 계보 403

하딩, M. 에스더 58, 98, 275-276

하르모니아 320

하토르 41

할로우, 진 331

해리스, 진 201-202

해리슨, 제인 42

「햄릿」 301

'행동으로 보여 주는 것' 370-372

허스트, 패티 28

헤라 13, 27-28, 35-37, 39-40, 42, 44, 46, 49-53, 55-56, 63, 67-68, 72, 89, 91, 97, 99, 111, 113, 131, 141, 159, 166, 171-173, 175, 184-232, 236, 241, 244, 246-247, 253, 272-273, 280-281, 291, 295-296, 298, 304, 308, 320, 325, 330, 335, 338-342, 351-352, 356-360,

363-365, 367, 370-371, 379, 382-384, 388, 397: ― 계발하기 202-203; ― 불러내기 55; ― 여신 192-196; ― 원형 196-203; ―의 부모 205; 결혼 199-201, 211-214; 계보와 신화 193-196, 403; 나는 ― 여성인가 218-220; 남성과의 관계 209-211; 노년 217-218; 메데이아 증상 222-225; 부정적인 모습 201-202; 사춘기와 청년기 205-207; 상대적인 힘 44; 상처받기 쉬운 여신 184-191; 성생활 211; 성장하는 길 225-230; 심리적인 어려움 218-225, 405; 아내 196-198; 어린 시절 204; 억압하는가, 억압받는가 221-222; 언약을 지키는 능력 198-199; 여성과의 관계 208-209; 원형 역할 404; 융 심리학 유형 405; 자식과의 관계 34, 214-216; 장점 405; 중년 216-217; 중요한 타자 404; 직업 207-208; 헤라 여성 28, 203-218

헤라클레스 111, 272, 379

헤라클레이토스 304

헤르마프로디토스 320

헤르메스 40, 153, 160-162, 173, 181, 182, 234, 264, 271, 320, 336, 339-340, 358: ― 남성과 아프로디테 여성 336, 339-341; ― 남성과 헤스티아 여성 172-174, 181-182; 계보, 403; ― 신과 헤스티아의 관계 153, 160-162

헤베 195

헤스티아 13, 28-30, 35-37, 39, 40, 44, 46, 51-52, 54, 56-70, 113, 139, 150-183, 186, 191, 307-308, 314, 330, 340, 351, 360, 363-364, 372-373, 382-383: ― 계발하기 162-164; ― 불러내기 55; ―에 대한 과소평가 178; ―와 헤르메스 153, 160-162, 172-174, 181-182; ―의 부모 166-167; ―의 상대적인 힘 44; 결혼 171-172; 계보와 신화 151-154, 403; 고독 164; 나는 헤스티아인가 34-35, 177; 남성과의 관계 172-174; 노년 175-176; 사춘기와 청년기 167-169; 성생활 170-171; 성장하는 길 178-183; 신전 화로 지키기 157-158; 심리적인 어려움 176-178, 405; 어린 시절 165-166; 여성 28-29, 164-176; 여성과의 관계 170; 여신 150-154; ― 원형 역할 404; 원형 154-164; ― 융 심리학 유형 405; 의식과 경배 152-154; 자기 자신을 향한 의식 155, 159-160; 자식과의 관계 174; 장점 405; ― 중년 174-175; 중요한 타자 404; 지혜로운 할머니 158-159; 직업 169-170; 처녀 여신 57-70; 화로 지키기 157-158

헤시오도스 38-39, 110, 319, 321, 327

헤이든, 톰 90

헤카테 75, 95, 233, 302, 305, 306: 계보 403

헤파이스토스 36, 40, 109, 194, 227, 228, 320, 336-338, 358, 367: ― 남성과 아프로디테 여성 336-338; 계보 403

헥토르 144

헬리오스　233
호르몬: 여신 활성화에 끼치는 영향 51-52
호메로스　54, 120, 151, 193, 231-232, 318-319, 322, 327
『호메로스의 신들』　120
호손, 나다니엘　325
혼, 프란시스　96
혼돈　38: 여신들의 갈등　368-369
화로: ―의 여신 '헤스티아'를 보라; ―지키기, 헤스티아 여성　157-158
휘트먼, 아디스　164
휠라이트, 조셉　361-362

희생: ― 대 남성적 요소 68-70; ― 원형 58-60; ―되기 쉬움, 상처받기 쉬운 여신의 ― 188-189; ―의 적극성, 새로운 심리학 이론 63-66; 아르테미스 71-107; 아테나 57-70, 108-149; 의식의 특징 60-61; 존재와 행위의 유형들 61-63, 66-68; 처녀 여신들 36-37, 57-183; 헤스티아 57-70, 150-183
희열　398
히메로스　319
히포메네스　100, 105-107, 321, 393, 398
히폴리토스　93, 323-324

우리 속에 있는 여신들
심리여성학

개정판 1쇄 발행 | 2003년 10월 15일
개정판 11쇄 발행 | 2025년 10월 15일
지은이 | 진 시노다 볼린
옮긴이 | 조주현·조명덕
펴낸이 | 유승희
펴낸곳 | 도서출판 또하나의문화
04057 · 서울 마포구 와우산로 174-5 대재빌라 302호
전화 | (02)324-7486
팩스 | (02)323-2934
이메일 | tomoonbook@gmail.com
출판등록 | 제 9-129호 1987년 12월 29일
ISBN 89-85635-56-5 03330

* 잘못된 책은 바꾸어 드립니다.
* 책값은 표지에 있습니다.